本书的出版受到中国海洋大学一流大学建设专项经费资助

本书为国家社科基金项目"马克思主义视野下的当代大陆新儒学思潮演进研究"（批准号：16CKS050）阶段性成果；山东省高校人文社科研究计划自筹经费项目"比较哲学视域下的易道形而上学探源——以'象'为中心的《周易》思想研究"（批准号：J16WA01）、青岛市社会科学规划项目（批准号：QDSKL1601029）结项成果

易道形而上学何以可能

一种比较哲学视域下的《周易》思想研究

杨生照　著

中国社会科学出版社

图书在版编目(CIP)数据

易道形而上学何以可能：一种比较哲学视域下的《周易》思想研究／杨生照著 .—北京：中国社会科学出版社，2019.3
ISBN 978-7-5203-4194-3

Ⅰ.①易⋯　Ⅱ.①杨⋯　Ⅲ.①《周易》—研究　Ⅳ.①B221.5

中国版本图书馆 CIP 数据核字（2019）第 047897 号

出 版 人	赵剑英	
责任编辑	韩国茹	
责任校对	张爱华	
责任印制	张雪娇	

出　　版	中国社会科学出版社	
社　　址	北京鼓楼西大街甲 158 号	
邮　　编	100720	
网　　址	http://www.csspw.cn	
发 行 部	010-84083685	
门 市 部	010-84029450	
经　　销	新华书店及其他书店	
印刷装订	环球东方（北京）印务有限公司	
版　　次	2019 年 3 月第 1 版	
印　　次	2019 年 3 月第 1 次印刷	
开　　本	710×1000　1/16	
印　　张	20	
插　　页	2	
字　　数	326 千字	
定　　价	88.00 元	

凡购买中国社会科学出版社图书，如有质量问题请与本社营销中心联系调换
电话：010-84083683
版权所有　侵权必究

序

杨国荣

中国哲学以"道"为形上观念。作为宇宙人生的普遍原理,"道"一方面被用以解释、说明世界之中各种不同的现象,后者既包括天地万物,也涉及社会领域;另一方面又被视为存在的终极根据:千差万别的各种事物,其最终根源往往都被追溯到"道"。《周易》言简意赅地表述了这一点:"形而上者谓之道,形而下者谓之器。"这里的"形而上",首先区别于经验世界中千差万别的现象而体现了存在的统一性:以道为存在的终极原理,千差万别、无限多样的事物和现象扬弃了彼此的分离而呈现了内在的关联。

《周易》中关于道的另一重要观念是"一阴一阳之谓道"。所谓"一阴一阳",主要指"阴"和"阳"两种对立力量之间的相互作用,"一阴一阳之谓道"所涉及的,不外乎世界的变迁、演化。作为现实的存在,世界不仅千差万别,而且处于流变过程之中,这种变化过程可以通过什么来把握?其中是否存在内在的法则?"一阴一阳之谓道",可以看作是对以上问题的解释。

关于道的如上看法,从不同方面展现了中国哲学中的形上之思。从更为原初的形态看,《周易》的形上学涉及"象"。以爻的组合为形式,《周易》中的卦象表现为一种形象化的符号。作为符号,卦象既包含多方面的含义,又有自身的特点,并体现了双重品格:一方面,卦象有形有象,不同于一般的抽象概念而呈现为特定的感性形态;另一方面,它又以普遍的方式表征不同的存在,并通过综合的形态(易)"弥纶天地之道"。

卦象作为形象性的符号,不同于逻辑的概念,形上的哲学义理则通常以概念化的方式来表达。这里涉及卦象这种形象性的符号表达形式和概念性的表达形式之间的关联。言（爻辞、概念）和象（卦象）如何相互关联？形象化的卦象是不是表达了一般逻辑的概念无法表达的东西？卦象在表达形上义理方面有什么样的独特优势？这都是需要加以考虑的问题。从哲学的层面来说，形上之思是一种理论化的思维，理论化的思维最后需要通过概念来实现，就此而言，以形象化的卦象方式来表达内在的义理，似乎也有其限度。卦象与形上之思的如上关系，无疑有其值得关注之点。

具体而言，一方面，卦象指向并象征具体的事与物，所谓"拟诸形容，象其物宜，是故谓之象"（《周易·系辞上》），另一方面，它又内含义与理，并被规定为表示普遍之意的符号形式，所谓"圣人立象以尽意"（《周易·系辞上》）；一方面，卦象由爻所构成，而爻的数、位都按一定的秩序排列，从而，卦象也都具有相对的确定性，另一方面，通过改变卦象中的任何一个爻或爻位，卦象本身便可以转换（由某一卦象转换为另一卦象），从而，卦象也呈现流动性或可变动性；一方面，卦象作为一种由爻构成的特定符号，不同于一般的语言，另一方面，它又与语言紧密相关：不仅每一卦名通过语言来表示，而且对卦象中各爻的说明（爻辞），也总是借助语言而展开。要而言之，以卦象为形式的"象"在总体上表现为特殊与普遍、形象与观念、静与动、语言与非语言的统一。这种表达形式使其中包含的形上内涵呈现比较独特的形态。

以卦象的方式抑或用概念的方式来表达，涉及的首先是表达形式，在实质的层面，二者最终都以意义的把握为指向。意义本身涉及不同方面，以《周易》而言，其中既关乎哲学层面的意义，也有象数层面的意义，后者同时包含某种神秘意蕴。事实上，《周易》的哲学意义与神秘性意义往往纠缠在一起。进而言之，《易经》本与占卜相关，占卜则涉及人的行为与对象世界的关系（包括对行为结果的预测）。对《周易》而言，卦象总是关联外部世界，并表征着不同的事与物："变化者，进退之象也，刚柔者，昼夜之象也。"这里所说的"变化"意谓爻象的变化，"进退"则指自然与社会领域的变迁，"刚"与"柔"分别表示阳爻（刚）与阴爻（柔），"昼夜"则是自然的现象。然而，另一方面，与人的行为相联系，卦象又关乎吉凶："圣人设卦观象系辞焉，而明吉凶。""吉凶"属价值领域的现象："吉"与"凶"分别表示正面或肯定性的价值与负面或否定性的价值；以象明吉凶，意味着赋予卦象以价值的意义。价值内涵的渗入，从另一方面赋予卦象所指向的形上意义以复杂的形态。

《易道形而上学何以可能——一种比较哲学视域下的〈周易〉思想研究》一书原系杨生照博士的学位论文，现经作者修订而以学术著作的形式呈现，作为导师，我感到欣慰。该书从形而上的层面，对《周易》的哲学思想做了较为深入的考察。通过对《周易》特殊的文献构成、文本性质，及其所蕴含的特殊思想观念的讨论研究，探讨了《周易》内含的形而上学思想所以建构的根据。作者不仅关注殷周之际思想的变迁，而且注意揭示易筮之后蕴含的哲学意蕴，相关的论述既包含对中西形上思想的比较和辨析，也有基于本体论等视域的理论考察。当然，作为蕴含丰富形上之思的文献，《周易》在形式和内容上呈现复杂的形态，其中的表达形式和理论内涵，都需要做更为细致、深入的考察与分析，从比较的视域看，关于康德哲学与《周易》形上思想之间的关系，也有待更确切的把握。不过，作为探索性的著作，该书对推进传统形而上学以及《周易》思想的研究，无疑都有积极的意义。

目　录

引论 ……………………………………………………………（ 1 ）
第一节　"学问家"与"思想家"
　　　　——《周易》研究的两种方式或进路 …………（ 1 ）
第二节　新轴心时代价值规范体系的重建
　　　　——本书的现实指向 ………………………………（ 9 ）
　　一　关于第二次社会与思想文化的大转型 ……………（ 10 ）
　　二　关于新轴心时代价值规范体系的重建 ……………（ 14 ）
第三节　易道形而上学何以可能
　　　　——本书的理论问题 ………………………………（ 16 ）
第四节　以"象"为中心的《周易》文本及其思想研究
　　　　——本书的研究方向、基本思路与思想视域 ……（ 22 ）
　　一　以康德的"形而上学奠基"之思为参照 …………（ 23 ）
　　二　从卜筮之书到易道形而上学 ………………………（ 25 ）
　　三　以"象"为中心的存在之思 ………………………（ 31 ）

第一章　从卜筮之书到群经之首
　　　　——《周易》文本的历史衍化及其与轴心期大转型
　　　　　的关系 ……………………………………………（ 36 ）
第一节　人更三圣，世历三古
　　　　——《周易》文献构成的衍化与轴心期大转型 …（ 37 ）
第二节　从卜筮之书到群经之首
　　　　——《周易》文本性质的衍化与轴心期大转型 …（ 49 ）
　　一　《易》本卜筮之书 …………………………………（ 50 ）
　　二　《易》成群经之首 …………………………………（ 56 ）

三　从卜筮之书到易道形而上学何以可能 …………（60）

第二章　龟象筮数
　　——《周易》筮占的理性成分 ……………………（64）
第一节　易筮的解释学化 …………………………………（64）
第二节　易筮的现实根源与理论依据 ……………………（66）
第三节　易筮的思想观念及其本质特征 …………………（70）
　　一　偶然性与必然性的统一——易筮的思想观念 ………（71）
　　二　"人谋"与"鬼谋"的统一——易筮的本质特征 ……（75）
第四节　龟卜与易筮各有起源、互有影响 ………………（79）
第五节　从"观"到"观念"——"观"的哲学意义 ……（82）
第六节　以天象为对象的普遍之"观" …………………（84）
第七节　以数观世界及其科学意义 ………………………（88）

第三章　抽象与具象
　　——《周易》卦爻象的二重性品格 ………………（96）
第一节　《周易》文本的特殊文献构成及其与《周易》思想观念和易学表现形式之间的关系 ……………（96）
第二节　历史的与哲学的
　　——关于《周易》卦爻象的两种研究进路 …………（101）
第三节　从"重卦说"到"筮数说"
　　——关于《周易》卦爻象之起源的讨论 ……………（106）
第四节　抽象与具象
　　——《易》象的两重性 ………………………………（112）
第五节　卦爻象的抽象意义及其形式推演 ………………（116）
第六节　卦象的具象意义及其内在关联 …………………（121）

第四章　自天祐之，吉无不利
　　——《周易》卦爻辞的观念转向 …………………（128）
第一节　观象系辞
　　——《周易》卦爻辞的形上根源 ……………………（129）
第二节　象、辞相应
　　——卦爻辞的形式上的严整性 ………………………（131）

第三节　象辞与占辞
　　——《周易》卦爻辞的文体结构 …………………………（138）

第四节　爻象以情言
　　——《周易》卦爻辞中的象辞 ……………………………（142）
　一　兴于诗——《周易》古歌的本源意义 …………………（142）
　二　天人之际——《周易》象辞的基本思想 ………………（149）

第五节　吉凶以情迁
　　——《周易》卦爻辞中的占辞 ……………………………（154）
　一　自天祐之，吉无不利——易筮的观念转向 ……………（155）
　二　有孚——占筮的前提性观念及其转变 …………………（161）

第五章　易与天地准
　　——易道形而上学的基本构成 ……………………………（165）
第一节　"先天综合判断"是何以可能的 ……………………（166）
第二节　象辞相应之理
　　——易道形而上学的基本构成 ……………………………（177）

附录一　从"是什么"到"何以可能"
　　——形而上学的本质内涵及其基本问题 …………………（184）
　一　问题发生的根源 …………………………………………（185）
　二　问题本身的形式结构 ……………………………………（186）
　三　存在问题及其结构的特殊性 ……………………………（190）
　四　"是什么"与"何以可能"——形而上学的两种发
　　　问和思想方式 ……………………………………………（195）
　五　从"是什么"到"何以可能"——形而上学的建
　　　构与奠基 …………………………………………………（215）

附录二　《周易·乾卦》卦名新解 ……………………………（221）
　一　乾之再问 …………………………………………………（221）
　二　象、辞之探 ………………………………………………（224）
　三　纯阳之象 …………………………………………………（225）
　四　群龙之歌 …………………………………………………（227）
　五　本源之观 …………………………………………………（229）

附录三　求真与招魂：史学视域中的"易学三期说"与
　　　　 "德性天人观"
　　　　　——钱穆的易学思想 ………………………………（231）
　一　从破除门户到史学立场——钱穆易学思想的研究进
　　　路 …………………………………………………………（233）
　二　求真：从"疑古剥皮法"到"易学三期说"——钱
　　　穆易学研究的史学方法及其基本观点 …………………（242）
　三　招魂：从"德性天人观"到中西哲学会通——钱
　　　穆对中国文化精神的探寻及其复兴之展望 ……………（260）
　结语　"真"何以求　"魂"何所附 ……………………（292）
参考文献 …………………………………………………（298）
后记 ………………………………………………………（305）

引　论

第一节　"学问家"与"思想家"
——《周易》研究的两种方式或进路

本书乃是对作为中国传统文化典籍中最重要的经典文本——《周易》的考察研究。毋庸置疑，无论是在中国传统哲学中，还是在中国现代哲学中，《周易》[①] 都是最重要的一部经典。作为中国现存最古老的文献之一，从思想史的角度来说，它已然被看作是中国思想的源头。作为"群经之首""百家之源"[②]，它一直都是任何一个中国哲学和中国文化研究者的必

[①]　对于"周易"一词所包含的具体内容似乎一直都没有一个统一的规定，它有时候只被用来指《易经》（即所谓《周易》古经部分），有时候则被用来指《易经》和《易传》（亦称《周易》大传）的合称。《周礼·春官宗伯》载："太卜……掌三易之法，一曰连山，二曰归藏，三曰周易。其经卦皆八，其别皆六十有四。"又载："筮人掌三易，以辨九筮之名。一曰连山，二曰归藏，三曰周易。九筮之名，一曰巫更，二曰巫咸，三曰巫式，四曰巫目，五曰巫易，六曰巫比，七曰巫祠，八曰巫参，九曰巫环，以辨吉凶。"这表明，《周易》本来就是指作为占筮之书的"上古三易"之一，它大体相当于后世的《易经》部分，而作为"十翼"的《易传》之所以能够与《易经》一起被纳入到《周易》之中去，主要是因为它一方面是迄今所见最早的《周易》注释文本，另一方面由于它与先秦儒家，尤其是孔子的关系，随着孔子圣人地位的确立，它也逐渐上升到经典的地位。本书为避免名称使用混乱和出于名称使用的准确性考虑，书中所称之"周易"就是指《易经》，至于作为对《易经》之最早注释文献的"十翼"则称《易传》。关于"周易"名称的辨析，可参见周山《〈周易〉诠释若干问题思考》，《安徽师范大学学报》（人文社会科学版）2003 年第 4 期。

[②]　当然，《周易》之能够成为"群经之首"和"百家之源"并非一朝一夕之事，而是经历了一个相当长的历史衍化过程，并且涉及许多可能的相关因素。宽泛而言，它首先乃是与《周易》文本及其筮占的特殊性（包括特殊的文献构成方式及其所蕴含的特殊思想观念）有关，其次也跟轴心时期人们对它的不断应用（主要指占筮之用）、学者们对它的不断引证与诠释（主要指对其中哲理的阐发）有关。本书主要侧重于前一方面，即《周易》文本及其筮占（与龟卜及殷商卜辞等其他卜筮方式与卜筮文本相比）的特殊性方面对《周易》思想做出详细阐发，从而对作为轴心时期价值规范体系之核心的易道形而上学的建构之可能性的原因或条件做出某种思考。只是这种关于《周易》文本及其筮占之特殊性的阐发和思考本身，究其实质而言，也仍是一种诠释。

修课程，也正因为此，自先秦时期到现当代，中国哲学史上几乎每一个重要的哲学家都对《周易》进行过或多或少，或深或浅的研究。① 所以，正是在这个意义上甚至可以说，《周易》是一部中国哲学史，或者从更广的层面上来说，是一部中国学术史，在相当程度上也是一部易学史。易学的研究遍布着中国思想文化的各个领域，从本体论到认识论、从价值观念到思维方式等，几乎无处不渗透着《周易》思想精神的影响。即使说易学的研究和发展创造了中华文明，亦不为过。成中英先生甚至说："中国文化故可称为'易的文化'，中国哲学故可称为'易的哲学'，而中国人的思维方式亦可称为'易的思维方式'。"② 故《四库全书总目提要》有云："易道广大，无所不包。"③ 诚哉，斯言！

然而，上述一席话作为几乎是任何人作文时皆会有的"导入语"，其实只是向我们标明了本书的研究对象，即《周易》文本在中国传统文化的发展延续中所据有的重要地位，以及由此重要地位引出的《周易》研究的重要性，却并未显现出其研究的必要性，尤其是在当代中国哲学研究中的必要性。或许有人可能会对这里区分重要性和必要性的做法提出质疑，事实上，此区分并非是出于某种"求雅换词"的需要，而是从根本上来说它们关涉两种完全不同的学术研究的方式和态度。一般来说，选择

---

① 对于《周易》研究或涉及在中国哲学史上的普遍性，如果说可能有所疑问的，那就是先秦时期的孟子和明代的心学家王阳明。因为在《孟子》一书中基本未见提及与《周易》相关的内容，同样，就王阳明的著作和思想来看，由于他上承孟子心性之学，故谈及《周易》思想的似乎也很少。然而，这些并不能说明，他们没有读过或研究过《周易》，甚至受到过《周易》思想的影响。其实如果我们稍加留心便不难发现，无论是孟子，还是王阳明，他们的思想与《易传》思想多有相近或相通之处，也就是说，作为对《周易》最早注释文献的《易传》其实可以成为我们研究孟子、王阳明与《周易》之间思想关联的重要桥梁。首先，就孟子而言，侯外庐先生曾从方法论上分析《易传》与思孟学派的精神分不开，刘大钧先生则指出周人的尚中思想与孔孟儒家强调的"中庸之道"（或称"中道"）思想有着密切的联系。（参见刘大钧《周易概论》，巴蜀书社1999年版。）其次，就王阳明来说，他在被贬谪贵州龙场驿丞之时曾作《玩易窝记》，从中不难窥见其后来的良知之说与玩味《周易》之间的关联痕迹；另外，在《传习录》中也曾记载他从心学的角度对卜筮活动的理解，即："卜筮者，不过求决狐疑，神明吾心而已。"（参见潘雨廷《王阳明之易》，载《易学史丛论》，上海古籍出版社2007年版。）

② 成中英：《论易之原始及其未来发展》，载《易学本体论》，北京大学出版社2006年版，第41页。

③ （清）纪昀、（清）陆锡熊、（清）孙士毅等：《钦定四库全书总目·经部·易类》，中华书局1997年版，第3页。

对某位思想家或某个经典文本的思想观念①进行研究，就其研究方式和态度而言大体可分为两种，笔者于此借用20世纪90年代中期李泽厚先生曾在给香港《二十一世纪》杂志的一封信中对当时中国大陆学术界之研究现状所作出的一个令人振聋发聩的概括，即所谓"思想家淡出，学问家凸显"②中的说法，一种可称之为"学问家"的研究方式，另一种则可称之为"思想家"的研究方式。前者，即所谓"学问家"的研究方式，亦可称之为一种客观对象化的研究方式，这种研究方式的要求是，尽量不带任何个人的主观意见或情感喜好，从而希望做到一种纯客观的认识、把握和叙述；当然，这并不意味着与之相应的后者，即所谓"思想家"的研究方式便是一种"郢书燕说"式的，或者说是一种抹杀任何客观性，并从而随意带入个人主观意见或情感喜好的主观化的研究方式，相反，笔者所谓"思想家"的研究方式乃是指以某种现实关怀为指向，或以某种理论问题为核心线索的思想研究。与"学问家"相比，"思想家"的指向性、目的性则显得更明显，或者说是问题意识更加突出。与"思想家"的研究方式相应，问题意识也存在着两种表现形式，即一种表现为以某种现实性的关怀为指向，另一种表现为以某个理论性的问题为核心线索。前者由于它与现实生活的相关性，故往往呈现出一种历史性、当下性的特点，而后者由于它指向的是理论层面，所以往往呈现出一种普遍性、恒常性的品格。对于任何一个伟大的思想家来说，他绝不是一个整日躲在书斋里"两耳不闻窗外事，一心只读圣贤书"的人；相反，他对于当时的现实生活层面的经济、政治、社会等各方面问题也必然持以相当的关注和敏锐的目光，将现实层面的问题转化或曰上升为理论层面的问题，并对之进行深入的思考分析，只有如此，新的思想的产生方才得以可能。也可以说，正是因为此，哲学才是"自己时代的精神上的精华"（马克思：《〈科隆日报〉第179号社论》）。

---

① "观念"一词在当今的哲学著作中几乎可以说是俯拾即是，然而却鲜有人对之作出相应的辨析，这就导致了对"观念"一词的使用在相当程度上表现出某种混乱的特点。本书对"观念"一词的使用乃是具有特定的含义的，简言之即是："观念"出于"观"，而"观"又与"所观者何""以何而观"两方面有关，详见下文对"观"的哲学意义的讨论部分。

② 参见《二十一世纪》1994年6月号。原文为：《90年代大陆学术时尚之一是思想家淡出，学问家凸显，王国维、陈寅恪被抬上天，陈独秀、胡适、鲁迅则"退居二线"。》

冯友兰先生曾在其《新理学》一书的开篇就提出所谓"接着讲"和"照着讲"的区分，即他的新理学体系"是'接着'宋明以来的理学讲的，而不是'照着'宋明以来的理学讲的"①，以此来表明他的新理学体系与传统的宋明理学的不同。那么，冯友兰先生所谓"接着讲"和"照着讲"究竟有什么分别呢？他又为什么要特别提出这样的分别呢？他说：

> 中国需要现代化，哲学也需要现代化。现代化的中国哲学，并不是凭空创造一个新的中国哲学，那是不可能的。新的现代化的中国哲学，只能是用近代逻辑学的成就，分析中国传统哲学中的概念，使那些似乎是含混不清的概念明确起来，这就是"接着讲"与"照着讲"的分别。②

从冯先生的这段话来看，"照着讲"的意义基本上是不言自明的，即它只要求研究者对所研究的对象作一种客观上的描述，并不指向某个特定的现实的或理论的问题，更不要求作进一步的思想阐发或体系建构；而"接着讲"则不同，它具有鲜明的问题意识，即所谓"中国"的"现代化"的问题，而"中国"的"现代化"这一问题则内在地蕴含着所谓"中国哲学"的"现代化"的问题。如果说，强调"中国哲学"本身的研究体现的是哲学的"民族化"③的特点，那么，所谓"中国哲学"的"现代化"在相当程度上便可以说是体现了"民族化"和"现代化"的统一。所以，"民族化"和"现代化"便构成了冯友兰先生建构"新理学"思想体系的基本问题，同时也是现当代中国哲学研究的基本问题。当然，就冯友兰先生本人的哲学研究工作来说，他更加注重"接着讲"这也是很显然的，而且他"用近代逻辑学的成就，分析传统哲学中的概念"，从而建构起来的"新理学"思想体系亦是"中国哲学"的"现代

---

① 冯友兰：《新理学》，载《三松堂全集》第四卷，河南人民出版社2001年版，第4页。
② 冯友兰：《中国哲学史新编》第七卷，载《三松堂全集》第十卷，河南人民出版社2001年版，第621页。
③ 冯友兰先生曾称金岳霖先生所著《论道》的哲学体系"不仅是现代化的，而且是民族化的"。参见冯友兰《中国哲学史新编》第七卷，载《三松堂全集》第十卷，河南人民出版社2001年版，第616页。

化"过程中不可忽视的典范。当代著名易学家、哲学史家朱伯崑先生在其代表作《易学哲学史》的《台湾版序言》中也曾这样说道:"对古代哲学典籍的研究,向来有两种途径:历史的叙述和哲理的阐发。借用冯友兰先生的话说,前者可称之为'照着讲',后者称之为'接着讲'。"① 联系到前述"学问家"和"思想家"的区分来说,所谓"学问家"的研究工作也可以说就表现为一种"历史的叙述",而所谓"思想家"的工作则相应地表现为一种"哲理的阐发"。

发生在20世纪30年代德国哲学界两位重要哲学家,即恩斯特·卡西尔(Ernst Cassirer)和马丁·海德格尔(Martin Heidegger)之间的那场著名的"达沃斯辩论",在某种程度上可以看作是此处所谓"学问家"和"思想家"两种研究方式之对置的最好的注脚。这场辩论的导火索是海德格尔在其《康德与形而上学疑难》(Kant und das Problem der Metaphysik)(又称《康德书》)一书中对康德哲学所做的一种"创造性的解释"②,亦即"将康德的《纯粹理性批判》阐释成形而上学的一次奠基活动"③,这在相当程度上乃是针对新康德主义对康德哲学所采取的知识论(或曰"认识论",即西文Epistemology或Theory of knowledge)④ 进路的研究,或者说是实证科学化的阐释而发的,他说:

> 当《纯粹理性批判》这部著作被阐释为"关于经验的理论",或者甚至被阐释为实证科学的理论时,它的意图就一直从根本上被曲解了。《纯粹理性批判》与"知识论"完全没有干系。如果一般说要想

---

① 朱伯崑:《易学哲学史》(一)之《台湾版序言》,昆仑出版社2009年版,第49页。
② 张祥龙:《海德格尔思想与中国天道——终极视域的开启与交融》,生活·读书·新知三联书店1996年版,第74页。
③ [德]海德格尔:《康德与形而上学疑难》,王庆节译,上海译文出版社2011年版,第1页。
④ 值得说明的是,其实从原始内涵上来说,Epistemology要比Theory of knowledge更加丰富,甚至更加深沉:Theory of knowledge指的是关于某些存在者领域的知识的研究,以实证科学为代表,而Epistemology则不仅包含关于某些存在者领域的知识的研究,更有关于存在者之为存在者的存在本身的形上智慧的探索。冯契先生曾指出,Theory of knowledge与Epistemology的分离,亦即知识与智慧的分离,在相当程度上导致了近代西方"科学主义与人文主义、实证论与非理性主义的对立",后者亦即是"近代西方科学和人生脱节、理智和情感不相协调的集中表现"。(参见冯契《认识世界和认识自己》,华东师范大学出版社1996年版,第10—11页。)

能够容许这种作为知识论的阐释的话,那最好就说,《纯粹理性批判》不是一种关于存在物层面上的知识(经验)的理论,而是一种存在论知识的理论。①

我将新康德主义理解为这样一种对《纯粹理性批判》的见解,它将纯粹理性中的那个一直推进到先验辩证论的部分,说明为与自然科学相关的知识理论。而在我看来,重要的地方在于指出,在此作为科学理论而被提出的东西对康德来说并不重要。康德并不想给出任何自然科学的理论,而是要指出形而上学的问题,更确切地说是存在论的问题。②

平心而论,海德格尔说《纯粹理性批判》与知识论毫无关系,这是有失偏颇或过头的。因为很显然,从最直接的意义上来看,康德的《纯粹理性批判》在内容上的确有相当大的篇幅涉及对作为科学知识的纯粹数学和纯粹自然科学(亦即物理学)之所以可能的条件及根据的讨论,这些讨论究其实质而言,正是属于知识论(或认识论)的内容。但就其指出康德《纯粹理性批判》同时亦涉及或指向形而上学(或曰存在论③)的问题来说,则亦是没有问题的,因为康德的确亦曾将其《纯粹理性批判》中的核心问题概括为:"形而上学作为科学是如何可能的?"④ 并对历史上曾出现过的形而上学体系以及未来可能作为科学出现的形而上学,都作出了许多讨论。对于海德格尔所做的创造性的解释,作为新康德主义的代表人物、同时也是"康德专家"的卡西尔则更多持一种否定的态度,他说:

---

① [德] 海德格尔:《康德与形而上学疑难》,上海译文出版社2011年版,第13页。引用时对译文有所改动。

② 《达沃斯辩论:在恩斯特·卡西尔与马丁·海德格尔之间》,参见海德格尔《康德与形而上学疑难》附录Ⅳ,上海译文出版社2011年版,第263页。

③ 值得说明的是,同样作为西文ontology译名而产生的"存在论"与"本体论"这两个概念,在本书中都将会出现,所以需要先对此两个概念的使用与意义做出界定,即:就本书而言,"存在论"概念主要是在西方哲学的意义上作为ontology的译名而专指西方哲学中通过逻辑分析的方法对概念on展开的理论研究的意义上使用的,而"本体论"概念则不只是作为ontology的译名使用的,而是在中西哲学所具有的某种共通意蕴上使用的(参见本书附录一中关于中国是否有哲学,及中国哲学中是否有形而上学与本体论的讨论)。

④ [德] 康德:《纯粹理性批判》,邓晓芒译,人民出版社2004年版,第17页。

"在这里,海德格尔已不再作为评注者在说话,而是作为入侵者在说话,他仿佛是在运用武力入侵康德的思想体系,以便使之屈服,使之效忠于他自己的问题。针对这种入侵,必须要求恢复秩序:完整地恢复康德的学说。"① 在卡西尔看来,海德格尔的这种创造性的解释在相当程度上是曲解了康德哲学,而这种曲解本身的目的则是为进一步论证和说明海德格尔是为自己的哲学思想服务的,即"将形而上学问题作为一种基础存在论的问题展现出来"②,后者同时也就是海德格尔《存在与时间》一书所着力阐发的思想。针对海德格尔的这种曲解,卡西尔提出的要求便是要"完整地恢复康德的学说"。对于这样的批评,海德格尔后来在《康德书》的第二版序言中做出了一个有意思的回应。他说:

> 我的阐释的强暴性(Gewaltsamkeit)不断地引起不满。人们对这一强暴的谴责完全可以在这部作品中找到很好的支持。每当谴责将矛头对准思想者之间所要进行的一场思想对话之际,哲学历史的研究甚至总会站在谴责的这一方。历史语文学有着自身的任务,与它使用的方法相异,一场思想的对话遵循不同的法则,这些法则更加容易被违反。③

不难看到,海德格尔尽管承认了他在对康德哲学的形而上学(或存在论)的阐释中所带有的某种"强暴性",这体现在他的阐释从历史语文学的角度来看,确实存在着某些弱点,但是,海德格尔却同时把这种阐释看作是"思想者之间所要进行的一场思想对话"。作为"思想对话",它在研究任务和研究方法上都跟历史语文学有所不同,而就海德格尔本人来说,很显然他更强调的是前者而不是后者,因为只有前者,亦即"思想对话"才能促进"对思想本身的激发和归依"④。在此,如果说,卡西尔提出所谓

---

① [德] E. 卡西尔:《康德与形而上学问题——评海德格尔对康德的解释》,张继选译,《世界哲学》2007年第3期。

② [德] 海德格尔:《康德与形而上学疑难》,上海译文出版社2011年版,第1页。引用时引文有所改动。

③ [德] 海德格尔:《康德与形而上学疑难》第二版序言,上海译文出版社2011年版。

④ 张祥龙:《海德格尔思想与中国天道——终极视域的开启与交融》,生活·读书·新知三联书店1996年版,第74页。

"完整地恢复康德的学说"的历史语文学的要求更多体现为一种"学问家"的研究方式,那么,海德格尔所做的"创造性的解释"则更多体现为一种"思想家"的研究方式。这一点在卡西尔的批评中已经得到了印证,即海德格尔"运用武力入侵康德的思想体系",实质上乃是为了"使之效忠于自己的问题",即海德格尔在《康德与形而上学疑难》一书中提到的"形而上学奠基"(the laying of the foundation of Metaphysics)的问题。这个问题是康德的,也是海德格尔的,更是所有进行形而上学理论的探索者和建构者都必须思考的问题。可以说,海德格尔正是从"形而上学奠基"这一问题意识出发才使得他与康德之间的所谓"思想对话"成为可能。

实际上,就历史上的易学研究本身来看,它大体上也一直存在着两种方法或途径,对此张其成先生在其《象数易学》一书中曾有所说明:

> 对《周易》的研究在方法途径上向来就有学理阐释与文献考证之别。前者关注于揭示或发挥《周易》的道理("易之道"),目的在于建立思想理论体系;后者关注于对《周易》文句、字义的训释考证("易之文"),目的在于求取《周易》的本来意义。当然两者并非完全割裂。[①]

此处所谓易学研究中的"学理阐释"和"文献考证"这两种方法途径,其实也正是上述"思想家"和"学问家"两种学术研究方式在《周易》文本研究中的运用和体现。既然"思想家"的研究方式总是与某种问题意识联系在一起,因此,只有从某种问题意识出发来对《周易》进行研究,才可能产生新的易学思想或建构起新的易学理论,而《周易》这个经典文本之研究的必要性也才能真正展现出来。

总而言之,任何真正有意义或有价值的思想的提出,总是以某种问题意识作为前提条件。而当某种问题意识将研究者和研究对象联结起来之时,或者说是,当这种问题意识将某个研究对象呈送给研究者之时,该研究的必要性就产生了。也就是说,任何研究的必要性,在相当程度上正是基于

[①] 张其成:《象数易学》,中国书店2003年版,第5页。

某种问题意识才是可能的。所以，就本书对《周易》这个经典文本的研究来说，要想展示出其研究的必要性，那么首先就是要阐明本书的问题意识，尤其是这种问题意识与《周易》这个经典文本之间具有一种怎样的本质勾连。

当然，需要补充说明的是：首先，之所以在这里特别引用冯友兰先生"接着讲"和"照着讲"，以及卡西尔和海德格尔之间的争论作为范例，当然不是因为他们的讲论和争论的思想意义仅限于所谓的"学问家"与"思想家"这两种学术研究方式的差异和对置；相反，更重要的原因在于他们所讲论和争论的目的和内容与本书对《周易》的思想研究有着非常密切的关联，后者简言之就体现为中国哲学的现代化以及形而上学的奠基与重建等问题。由于下文将有详细讨论，故此处暂不赘述。其次，笔者在这里有意提出所谓"学问家"和"思想家"这两种学术研究方式的差异和对置（而非对峙），也并不是要完全肯定其中某一个而否定另一个，而且，其实这里所谓"学问家"和"思想家"的对举并不具有一种绝对性的意义，而只具有某种相对性的意义。因为在人文科学（Humanities）的研究领域中，一方面，事实上根本不可能存在一种所谓不带任何个人目的、主观意见或情感喜好的，从而试图达到某种纯客观的认识和把握的研究；另一方面，也不能因为没有那样一种纯客观的认识和把握的研究，就意味着可以作"郢书燕说"式的研究，相反，任何人想要成为"思想家"，在相当程度上首先得具有"学问家"的工夫。也就是说，所谓"学问家"和"思想家"的研究方式之间并非非此即彼的关系，而毋宁说是一种相互涵摄的关系。而这也正是笔者前面用"对置"而不用"对立"或"对峙"的原因所在。前面所引张其成先生的一段话中最后他补充强调"两者并非完全割裂"显然也是出于这样的考虑。所以，从一个更加根本的层面上来说，任何有意义的学术研究都应当同时具备这两方面，即：须当以真正的思想为指向，同时以扎实的学问为基础。

第二节　新轴心时代价值规范体系的重建
——本书的现实指向

如前所述，要想展示出《周易》研究在当代中国哲学研究中的必要性，首要的事情就是阐明本书的问题意识，尤其是这种问题意识与《周易》文本之间具有一种怎样的本质勾连。问题意识往往可能表现为两种形式，即一种表现为以某种现实性的关怀为指向，另一种表现为以某个理论性的问题为核心线索，前者由于它与现实的相关性，故而往往呈现出一种历史性、当下性的特点，而后者由于它指向的是理论的层面，所以往往呈现出一种普遍性、恒常性的品格。当然，问题意识的这两种表现形式之间也不是截然分开的，而是也存在着内在的逻辑关联，从本节所要论述的现实指向到下一节所要提出的理论问题之间的进展在相当程度上亦将表明这一内在逻辑关联的实在性。所以，首先需要阐明的便是本书的现实指向。

每个时代都有它自己的时代精神，也有属于它自己的时代问题，往往正是这两者的共同作用才构成了时代发展的动力。就现当代中国来说，它的主要问题可以概括为：传统价值规范体系已然崩坏，新的适合于当代中国的价值规范体系又亟待构建。前者被学界看作是中国第二次社会与思想文化的大转型，后者则被学界称为所谓"新轴心时代"或"第二个轴心时代"。① 当然，这两者并不是截然分开的，相反它们在相当程度上其实是重合的，它们共同构成了中国的近代化（乃至现代化）进程。

一 关于第二次社会与思想文化的大转型

传统价值规范体系的崩坏，从历史上来看，它可以上溯到19世纪中叶，亦即鸦片战争时期；从具体内容上来看，它包括作为制度规范的形下

---

① 所谓中国社会与思想文化的第二次大转型显然是对第一次大转型来说的，后者被德国哲学家雅斯贝尔斯（又译"雅斯贝斯"）称为"轴心时代"（the Axial Period，又译："轴心期"、"轴心时期"，关于"轴心时代"思想的具体讨论详见本书第一章）。而所谓"新轴心时代"或"第二个轴心时代"的提法，就是在"轴心时代"理论的基础上提出的，主张该提法的主要以以色列希伯来大学的社会学家艾森斯塔特（Shmuel N. Eisenstad）、哈佛大学燕京学社原社长杜维明先生（现为北京大学高等人文研究院院长）及北京大学哲学系原教授汤一介先生为代表，其基本指向可概括为：在经济全球化、科技一体化的背景下寻求文化发展的价值多元化及自身民族文化的身份认同，而这在相当程度上则又以各民族自身文化主体性的确立为前提。就中国文化而言，具体就体现为中国现代价值规范体系的重建。当然，也有学者对此"新轴心时代"或"第二个轴心时代"的提法提出了某些质疑。（参见何二元《慎谈"新轴心时代"》，《中州学刊》2006年第1期。）

传统之礼的崩坏和作为传统之礼之形上根基的心性论形而上学（本体论）的瓦解或解构。

首先，就历史而言，众所周知，19世纪中叶发生的鸦片战争已被看作是中国步入近代化进程从而走向世界的一个重要转折点。鸦片战争研究专家茅海建先生曾对这次战争的意义给予了如下定位：

> 如果我们把视野放大，从今天的角度去探讨150多年前这次战争的意义。我们会首先看到，这场战争把中国拖入世界。从此开始，中国遭受了列强的百般蹂躏；从此开始，中国人经受了寻找新出路的百般苦难。
>
> 鸦片战争的真意义，就是用火与剑的形式，告诉中国人的使命：中国必须近代化，顺合世界之潮流。这是今天历史学界都会同意的观点。①

茅先生的这两段话的意思可概括为：鸦片战争迫使中国不得不开始告别旧社会、旧思想，迎接新社会、新思想，从而将中国历史也融入世界历史的洪流之中，只是这种告别和迎接的方式对于苦难的中国人民来说似乎颇为残酷了些。学界将从鸦片战争之后的中国历史统称为第二次社会与思想文化的大转型（或转变）。称之为"第二次"，自然是针对"第一次"而言的。冯友兰先生亦曾这样说道：

> 两次大转变（将中国历史——引者按）划分了三个时期。头一次转变是在春秋战国，产生了一个封建主义的大帝国，它一直持续到鸦片战争，封建制度发生根本动摇，第二次转变即从那时开始⋯⋯
>
> 中国社会的第二次大转变从19世纪中叶开始，大概要持续两个世纪，才可完成。②

---

① 茅海建：《天朝的崩溃——鸦片战争再研究》，生活·读书·新知三联书店1995年版，第24—25页。
② 冯友兰：《"是几时孟光接了梁鸿案"？——答〈光明日报〉特派记者问》，载《三松堂全集》第十三卷，河南人民出版社2001年版，第446页。

可以看到，冯友兰先生不仅将鸦片战争看作是中国社会第二次大转型，亦即中国近代化进程的开始，而且甚至还从时间上对此转变过程做出了大胆的预测。就后者而言，笔者认为，此次转型过程到底会持续多久其实并非我们所能轻易预测的，但它却昭示出这样一个事实，即当代中国仍处于这一进程之中，并且它还将持续相当长的时间。

其次，就大转型所涉及的具体内容而言，它不仅涉及社会规范及政治制度层面，同时还涉及思想文化层面。前引冯友兰先生的话即已经提到鸦片战争对两千年封建专制制度的根本动摇；伴随着政治制度的动摇的同时，还有作为传统社会中基本道德规范系统的封建礼教的崩坏，后者尤以五四新文化运动中所谓"打倒孔家店""提倡新道德，反对旧道德"的口号为代表。当然，从更深层次来看，作为传统社会规范系统的封建礼教的崩坏其实已然涉及思想文化的层面，它亦体现为从形而下之域进一步扩展和上升到形而上之域。就形而上之域来看，此转型主要表现为一批致力于中国哲学现代化的哲学家们通过引进西方哲学的分析方法、思想范畴或理论框架等对中国传统哲学中的概念范畴、思想理论进行分析、改造，乃至解构与重建，这方面的工作可以冯友兰、金岳霖、牟宗三、唐君毅等为代表。要而言之，自鸦片战争之后，中国的近代化进程正是伴随着传统的价值规范体系的瓦解而进行的。黄玉顺先生曾这样说道：

> 中国思想文化的第二次大转型是一个横跨了所谓"近代"、"现代"和"当代"的历史运动，直到今天，我们大家还身处其中。至少从洋务运动起，这个过程就已开始了，接下来是维新运动、民主革命运动、五四新文化运动……一直到最近的90年代兴起的传统文化热，其中包括"易经热"。[①]

在这段话中，黄先生通过对近现代中国历史的一个简单回顾，一方面讲述了第二次大转型过程中所经历的一些具有代表性的重要的政治、文化事件；另一方面也向我们透露出转型时期中国社会与思想文化的一个重要

[①] 黄玉顺：《中西之间：轴心时代文化转型的比较——以〈周易〉为透视文本》，载《面向生活本身的儒学——黄玉顺"生活儒学"自选集》，四川大学出版社2006年版，第183页。

特点,即剧变性。在这种剧变的社会与文化环境中,又呈现出这样一种困境,即冯契先生所说的"传统的价值观被抛弃了,但新的价值观又确立不起来。形成了一种价值失落、价值真空的状态。"① 在这样的"真空"状态下,国人唯利是图、道德衰败已令人担忧,这也是有目共睹的。

当然,如果我们放眼整个世界就会发现,这种社会与文化的剧变性其实不仅仅只是在中国存在,毋宁说它乃是整个现代世界发展的基本状况。胡塞尔(E. Husserl)在其《弗赖堡就职讲座》中曾对此世界的剧变性有所描述:

> 命运将我们以及我们的生活劳作置于这样一个历史时代之中,它在人类精神生活作用的所有领域中都是一个剧烈变化着的时代。那些在以往世代辛劳和斗争中已经成为和谐、一致的东西,那些在任何文化领域中似乎作为不变的风格,作为方法和形式而已经固定下来的东西,现在重又变化了。于是人们在寻找新的形式,以便使不满足的理性能在其中得到更自由的发挥。在政治中是如此,在经济生活中、技术中、在优美的艺术中是如此,而且在科学中也是如此。甚至连数学的自然科学,这些完善的理论传统典范,在短短的几十年中其面貌就发生了多么彻底的变化啊!②

从胡塞尔的描述中我们也不难看到,与中国近代化进程中传统价值规范体系的瓦解相应,整个世界范围内在相当程度上也呈现出一种试图打破旧秩序,重建新秩序的趋向。就哲学领域而言,一方面,现代西方哲学中的几大重要思潮,如现象学存在主义、语言分析哲学、后现代解构主义等都在不同程度上呈现出解构甚至拒斥形而上学的倾向,尽管从某种意义上来说它们本身仍然还是无法逃避作为一种形而上学的"叙述"的命运;另一方面,在上述几大思潮之间也呈现出某种相互对立的状态,这种对立具体就体现为科学主义和人文主义、实证主义与非理性主义之间的对峙。

---

① 冯契:《人的自由与真善美》,华东师范大学出版社1996年版,第127页。
② [德] 胡塞尔:《纯粹现象学及其研究领域和方法——弗赖堡就职讲座》,载倪梁康选编《胡塞尔选集》,上海三联书店1997年版,第151—152页。

一言以蔽之，无论是现当代的中国，还是整个世界，似乎都仍未走出"诸神纷争"的时代。

二 关于新轴心时代价值规范体系的重建

中国的近代化乃至现代化进程并不是单向度的，而是同时展开为两个向度，即一方面是要打碎或解构旧的传统价值规范体系，另一方面则是探寻新的价值规范体系的重建之路，二者分别从消极意义和积极意义两个方面使中国走向世界成为可能，而这或许才是所谓第二次中国社会和思想文化大转型（或大转变）中所谓转型（或转变）的真正和全部含义。冯友兰先生就曾这样说道："新思想总是发生在大转变时期。"[①] 正是在这个意义上，所谓第二次中国社会和思想文化大转型又称"新轴心时代"。当然，对于在相当程度上正处于"价值失落""价值真空"的当代中国来说，重新构建适合当代中国的价值规范体系本身亦当是最首要的事情。就构建新的价值规范体系的内容和特点而言，它一方面应包括形而上学与形而下学的统一，另一方面应包括现代性与民族性的统一，二者从不同的侧面体现了普遍性诉求与特殊性要求的统一，即不仅要强调文化发展的个性多样化，而且也要强调不同文化之间的理解、互动与交流。

同样，不唯中国如此，从世界范围内来看，其实也已然呈现出某种新的趋向，如英美分析哲学与大陆哲学之间已从曾经一度地老死不相往来的对峙状态转而开始进行对话与融合，这种对话与融合将为一种新的世界哲学的思考与建构提供可能的方向。

以上略述本书研究的现实指向，即新轴心时代价值规范体系的重建。那么，这一现实指向与本书的《周易》研究之间究竟有何本质勾连呢？尤其是这种现实指向何以使得当代的《周易》研究不仅仅只是具有一种重要性，而且同时具有一种必要性呢？简言之，这一方面是由于《周易》文本的历史衍化与轴心时代第一次社会与思想文化大转型之间有着密切的关联；另一方面则是与新轴心时代（即第二次大转型时期）价值规范体系的重建必须依靠回归或回顾轴心时期（即第一次大转型时期）价值规范体系的建

[①] 冯友兰：《"是几时孟光接了梁鸿案"？——答〈光明日报〉特派记者问》，载《三松堂全集》第十三卷，河南人民出版社2001年版，第446页。

构过程的研究有关。就前一方面而言，无论是从文献构成的衍化（即从"八卦"到《易经》再到《易传》）来说，还是从文本的性质，亦即文本在哲学史或思想史上所发挥的作用和地位的衍化（即从作为卜筮之书到作为群经之首，这一衍化在相当程度上其实体现的正是古人对《周易》思想观念的理解的衍化）来说，《周易》文本可以说都是最具典型性的，或者更确切地说，《周易》文本的上述衍化在相当程度上见证并参与了中国古代第一次社会与思想文化大转型亦即轴心时代价值规范体系的建立。正是这种关系为《周易》研究在后世两千年中国传统文化之延续发展过程中能够占据核心地位奠定了基础。（关于《周易》文本的历史衍化与中国古代轴心期大转型之间的关系，可参见本书第一章，此处不作详细讨论。）就后一方面来说，雅斯贝尔斯在提出他的轴心期思想的同时还强调指出：

> 直至今日，人类一直靠轴心期所产生、思考和创造的一切而生存。每一次新的飞跃都回顾这一时期，并被它重燃火焰。自那以后，情况就是这样。轴心期潜力的苏醒和对轴心期潜力的回忆，或曰复兴，总是提供了精神动力。对这一开端的复归是中国、印度和西方不断发生的事情。[①]

这就是说，作为中华文明的原创时期，轴心时期的思想创造始终为后世的文化发展提供着某种原动力，后世文化的每一步发展都是在回顾这一原创时期的思想历程的基础上才产生的，而这种原创时期的思想历程具体就体现在轴心时期所产生的那些作为思想结晶的经典著作之中。同样，今日之中国要重建新的价值规范体系，其途径或出路亦不外乎此，即必须回归到轴心时期的思想创造中去寻找思想资源和精神动力。正是基于这两个方面的关系和因素，今天的《周易》思想研究就决不仅仅只是具有一种出于"发思古之幽情"的重要性，而且还具有一种承担着所谓中华民族伟大复兴的必要性。余敦康先生在谈到20世纪90年代兴起的"易学热"时曾指出：

[①] [德] 卡尔·雅斯贝尔斯：《历史的起源与目标》，魏楚雄、俞新天译，华夏出版社1989年版，第14页。

近几年来，中国兴起了一股研究《周易》的文化热潮。人们称之为寻求中国文化之根。为了探讨中国现代文化的走向问题，驱使着人们不断地向起源复归，而找来找去，总是找到了《周易》这部古老的典籍。这种情形也可以用殊途同归、一致百虑那句老话来形容。目前这股研究《周易》之风方兴未艾，尚无法预料是否会出现如同熊十力、金岳霖、冯友兰那样的能够代表一个时代的哲学大师。但有一点是可以肯定的，那就是，通过这种研究，体现在《周易》中的中国哲学的精神以及中华民族的文化价值理想必将为更多的人所认识，薪火相传，为21世纪中国文化的复兴奠定一个坚实的基础。①

显然，在余敦康先生看来，探寻中国文化在当代的可能走向，这只能通过"向起源复归"的方式到"中国文化之根"中去寻找。这个"根"便是蕴藏着中国哲学与中国文化根本精神的《周易》，并且，也只有通过对《周易》的研究，才能为中国文化的复兴奠定"坚实的基础"。那么，接下来的问题便是，对于《周易》这样一个如此重要和典型的经典文本或著作，它到底能够为我们提供何种思想资源和精神动力？当然，在思考此问题之前，我们首先还面临的是，针对《周易》，我们究竟可以提出一个什么样的问题，才可能既与《周易》文本本身的特点相关涉，又切中作为本书现实指向的当下价值体系重建的问题？这就涉及作为问题意识的另一种表现形式，即以某个理论性的问题为核心线索来展开对某个对象或文本的研究，它乃是对作为问题意识的前一种表现形式的现实指向的进一步升华。

第三节　易道形而上学何以可能
——本书的理论问题

如前所述，本书之所以要对《周易》展开思想研究的一个现实指向乃是新轴心时代如何重建价值规范体系的问题，而对此问题进行思考和解

---

① 余敦康：《回到轴心时期——金岳霖、冯友兰、熊十力三先生关于易道的探索》，载《易学今昔》，广西师范大学出版社2005年版，第270页。

答的一个重要甚至可以说是根本的方案便是"回到轴心时期"①，即回到中国古代第一次社会与思想文化大转型时期价值规范体系的建构过程中寻找思想资源和精神动力。正因为此，作为曾经见证并参与中国古代第一次社会与思想文化大转型的经典文本《周易》被赋予了某种研究的必要性，那么问题是，《周易》这样一个重要且典型的文本究竟能为我们提供什么资源和动力呢？尤其是，我们究竟可以提出一个什么样的理论问题，才可能既与《周易》文本本身的特点相关涉，又切中作为本书现实指向的当下价值体系重建的问题？

具体而言，尽管前文曾将新轴心时代价值规范体系的重建作为本书的现实指向而提出，但事实上不难看到，这一所谓的现实指向所关涉的问题不仅仅只是属于现实层面的问题，而且也涉及理论层面的问题。这是因为，任何一种价值规范体系的建构，它都不仅包括形而下层面的制度规范建构与知识论研究，而且还包括以本体论（或存在论）研究为核心内容的形而上学的理论沉思。所以，前文所谓以新轴心时代重建价值规范体系为内容的现实指向在相当程度上就其实质而言乃是一个当代的或当下的理论性问题：就其作为一个当代或当下的问题来看，它显然具有某种特殊性的意义；但就其涉及的理论层面来说，它又呈现出某种普遍性的特点。当然，从形而上学与形而下学之间的关系来说，以本体论为核心的形而上学沉思构成了以制度规范和知识论为内容的形而下学建构之所以可能的根据和基础，从而具有更加优先性的地位。也就是说，形而上学的理论沉思在逻辑上总是先行于形而下的制度规范和知识论建构，前者为后者的展开提供着理论的准备与先导。关于价值观与价值体系的问题，杨国荣先生曾指出：

> 价值观是一种评价性的观点，它既涉及现实世界的意义，也指向理想的境界。具体而言，价值观总是奠基于人的历史需要，体现了人的理想，蕴含着一般的评价标准，形成为一定的价值取向，外化为具体的行为规范，并作为稳定的思维定式、倾向、态度，影响着广义的文化演进过程。不同时期的文化创造，总是受到特定价值观的范导，

---

① 余敦康：《回到轴心时期——金岳霖、冯友兰、熊十力三先生关于易道的探索》，载《易学今昔》，广西师范大学出版社2005年版，第256页。

文化本身在某种意义上也可以看作是价值理想的外化或对象化。从社会的运行到个体的行为，文化的各个层面都受到价值观的内在制约，因此，可以说，价值观在文化系统中处于核心地位。一般说来，价值观是由一系列价值原则组成的：价值原则凝聚了人们对善恶、美丑的最基本的看法。正是相互关联的价值原则，构成了文化的价值体系。①

在这段话中，杨先生首先点明了价值观所具有的二重性意义，即由一系列价值原则组成的价值观，它"既涉及现实世界的意义，也指向理想的境界"：就其涉及现实世界的意义而言，它更多与形而下的社会生活实践有关；就其指向理想的境界来说，它主要与形而上的哲学沉思与理论建构相联系。其次，杨先生认为，作为人们对世界和人类自身存在的一些基本看法，不同的价值原则彼此之间并非完全隔绝，而总是相互关联，它们不仅构成了某种文化的价值体系，而且在文化系统中占有着核心地位。所以，如果说，由若干价值原则构成的价值体系在某个文化系统中具有核心地位，那么，以本体论为核心内容的形而上学的理论沉思则在相当程度上构成了价值体系建构的前提和基础。黑格尔著名的"神""庙"之喻曾从否定的角度表明了形而上学在文化系统中的根本性地位："一个有文化的民族竟没有形而上学——就像一座庙，其他各方面都装饰得富丽堂皇，却没有至圣的神那样。"② 要而言之，文化系统的更新与发展离不开价值体系的重建，而价值体系的重建则又以形而上学的重建为前提和基础。

与形而上学的理论沉思在价值体系建构乃至整个文化系统中的基础性与核心性地位相联系，作为本书思考和解决新轴心时代如何重建价值规范体系之问题的基本方案，所谓"回归轴心时期"，亦即回到中国古代的轴心时期价值规范体系之建构过程中寻找思想资源与精神动力，这首先就表现为对轴心时期形而上学的理论建构之何以可能的追问与思考。而作为见证并参与轴心时期价值规范体系建构的《周易》文本，毋庸置疑，必定也参与了作为价值规范体系建构之前提与基础的本体论形而上学的理论建

---

① 杨国荣：《善与价值系统》，载《历史中的哲学》，华东师范大学出版社2009年版，第1页。

② [德]黑格尔：《逻辑学》上卷，杨一之译，商务印书馆1966年版，第2页。

构。或者，与其说《周易》见证和参与了轴心时期形而上学的理论建构，不如说，整个中国轴心时期形而上学的理论建构就是围绕或借助于对《周易》古经的研究、运用与诠释而展开的，作为十翼的《易传》便是这一形上学理论建构之展开的具体体现和最终结果。作为传世通行本《周易》的基本组成部分，自汉以后直至近代疑古思潮产生以前的两千年里，《易传》和《易经》一直都被看作是一个不可分割的整体，"牵经合传""以传解经"构成了两千年易学研究的基本特征。正是基于《易传》和《易经》之间的这种紧密联系，笔者更愿意将围绕《周易》的诠释而展开的、以《易传》为核心的轴心时期哲学形上学的理论建构称之为或概括为"易道形而上学"。之所以作这样一种概括，一方面自然是出于形式上的讨论方便考虑；另一方面就实质而言，无论是在价值原则上，还是在思想内容上，《易传》都很难被简单划归为某一个特殊或具体的学术流派，诸如儒家、道家或阴阳家，甚至是墨家、法家等，毋宁说它乃是一套以儒家价值原则为主导，以道家思想为补充，并融合了先秦诸子百家的思想观念体系。余敦康先生也曾基于类似的理由，将《易传》中的思想体系概括为"易道的思想体系"[①]，并指出：

> 《易传》不仅……综合总结了轴心期各家的文化创造，而且作为一部解经之作，自觉地接上了中国文化的发展源头，融汇为一种代表中国文化根本精神的统一的易道。既然如此，我们就用不着去追究它的学派属性，勉强地去把它归结为某一个学派的作品。[②]

依余敦康先生之见，如果说，《周易》或《易经》构成了先秦诸子百家的思想源头，亦即所谓"百家之源"，那么，《易传》则可以看作是对先秦诸子百家思想的一个综合与总结，它为《周易》之最终发展衍化成为群经之首以及整个中国文化根本精神的确立奠定了重要的思想基础。将《易传》中围绕对《周易》之诠释而展开的哲学形上学理论建构概括为

[①] 余敦康：《先秦文化的发展与〈周易〉的形成》，载《易学今昔》，广西师范大学出版社2005年版，第29页。

[②] 同上书，第30页。

"易道形而上学",将整个《易传》中的思想体系概括为"易道的思想体系",这不仅可以体现《易传》上接中国文化发展源头(《周易》),下启中国文化根本精神(余敦康先生称之为"太和"①)的本质特点与思想意义,而且还可以避免关于《易传》思想之学派属性的争论。

值得补充说明的是,其实余敦康先生将《易传》中的思想概括为"易道的思想体系",在相当程度上正是针对学术界曾经出现的关于《易传》文本及其思想的学派归属问题的争论而发的,即《易传》思想究竟是姓儒、还是姓道、抑或姓阴阳等的争论。众所周知,无论是在近代疑古思潮产生以前,学者们根据司马迁《史记·孔子世家》中"孔子晚而喜《易》,序《彖》《系》《象》《说卦》《文言》。读《易》,韦编三绝。"和班固《汉书·艺文志》中"人更三圣,世历三古"的记载,将《易传》看作是孔子所作,还是在疑古思潮产生以后,学者们逐渐将《易传》看作是孔门后学之作,但似乎基本都不出儒家学派的范围。直至20世纪80年代,有学者提出所谓"道家主干说",如周玉燕、吴德勤曾作文《试论道家思想在中国传统文化中的主干地位》,并指出:"中国传统文化从表层结构看,是以儒家为代表的政治伦理学说;从深层结构看,则是道家的哲学框架。"② 其后,陈鼓应先生也指出:"在中国哲学史上占主干地位的是道家而非儒家"③,其中的一个重要的立论根据便是,他认为"《易传》(以及20世纪70年代新出土的《帛书易传》——引者按)在思想内容上乃属道家系统之作而非习称儒家典籍"④,"《易传》的哲学思想,是属于道家,而非儒家"⑤,并特别强调指出:"我这样说并不是基于学派的成见,而是还回历史的本来面目。"⑥ 陈鼓应先生的这一看法如果真的成立的话,那么无论是对于传统儒学来说,还是对于中国哲学史研究而言,都不啻为一个沉重的打击,甚至整个中国哲学史都意味着要重新来写。事实

---

① 余敦康:《〈周易〉与中国传统文化的关系》,载《易学今昔》,广西师范大学出版社2005年版,第11页。

② 周玉燕、吴德勤:《试论道家思想在中国传统文化中的主干地位》,《哲学研究》1986年第9期。

③ 陈鼓应:《老庄新论·香港版序》,上海古籍出版社1992年版,第4页。

④ 同上。

⑤ 陈鼓应:《易传与道家思想·序》,生活·读书·新知三联书店1996年版,第1页。

⑥ 陈鼓应:《老庄新论·序》,上海古籍出版社1992年版,第3页。

上，就陈鼓应先生的"道家主干说"的立论根据来看，主要有两点，即一是依据《老子》中更多涉及形而上的天道的思考，而《论语》中孔子之言更多体现为一些"道德教训"[①]认为，"道家的创始人老子是中国历史上第一位哲学家，他在中国哲学史上第一个建立了相当完整的形上学体系"[②]；二是依据《论语》所载子贡之语"夫子之文章，可得而闻也；夫子之言性与天道，不可得而闻也"（《论语·公冶长》）认为，只有道家追问"性与天道"等形而上的问题，儒家不思考"性与天道"等形而上的问题，也就是说，只有道家讲形上学，儒家只讲现实的伦理政治学说，没有形上学。依据这两点，陈鼓应进一步指出，后世的儒者即使有所谓形而上的思考，乃至形上学的理论建构，那也是因为吸纳了道家的思想才有的。如果从形上学在某个价值体系乃至思想文化中的核心性和基础性地位来说，中国哲学与中国文化中的形而上学的哲学沉思和理论建构都应该算是道家思想的延续和发展的结果。仅就陈先生的上述论据和推理来看，应该说"道家主干说"这一看法似乎还是有其相当的道理和说服力的。然而，如若我们进一步认真考虑一下先秦时期的哲学发展史，我们便不难看到：首先，就先秦诸子百家的学派划分来说，迄今所见的最早的出处应该就是《史记·太史公自序》所载司马谈的《论六家要旨》，也就是说，从已有的史料来看，是司马谈第一次将先秦诸子分为所谓"六家"，即阴阳家、儒家、墨家、法家、名家、道家。其后班固在《汉书·艺文志》中进一步扩展为"十家"，即儒家、道家、阴阳家、法家、名家、墨家、纵横家、杂家、农家、小说家等，并强调"诸子十家，其可观者九家而已"。那么，在司马谈之前，尤其是在先秦时期，所谓的"道家"究竟是否已经形成为一个类似于儒家、墨家那样的具有团体性甚至是组织性特点的"学派"，似乎还不得而知。其次，就儒道思想的区别来说，仅仅依据子贡所谓"夫子之言性与天道，不可得而闻也"（《论语·公冶长》）之语，显然并不能就此断定孔子乃至儒家不作形而上的思考、不讲形而上学的建构。正如前文曾指出的，在任何价值体系的建构乃至文化系统的更新

[①] ［德］黑格尔：《哲学史讲演录》第一卷，贺麟、王太庆译，商务印书馆1959年版，第119页。

[②] 陈鼓应：《论道家在中国哲学史上的主干地位——兼论道、儒、墨、法多元互补》，载《老庄新论》，上海古籍出版社1992年版，第324页。

发展中，形而上学的沉思与建构都具有极其基础性的地位和优先性的意义，也就是说，一定的价值原则、价值体系必定是建立在一定的形上学观念基础之上的，所以，孔子以及后世儒家学者所构建的儒家价值体系中也必定蕴涵着某种属于儒家的形上学思想观念作为前提。因此，直接说孔子及儒家不对"性与天道"作形上之思，不作形上学理论建构，从学理上来看，恐怕亦是难以成立的。清代学者戴震就曾指出："余少读《论语》，端木氏之言曰：'夫子之文章可得而闻也，夫子之言性与天道不可得而闻也。'读《易》，乃知言性与天道在是。"（《孟子字义疏证·序》）显然，在戴震看来，孔子不仅有性与天道之思和之言，而且其言就在《易传》之中。再次，就先秦诸子百家的产生来说，它们可能都是出自一个共同的源头，即《周易》。不仅如此，秦汉以后的两千多年的中国哲学和中国文化的延续和发展，也都离不开对《周易》的研究、应用与诠释。所以，与其纠结于中国哲学何者为主干，以及《易传》思想姓儒还是姓道等问题的争论，不如进一步往前追溯，即从中国哲学与中国文化的源头《周易》着眼，将整个中国哲学与中国文化都看作是易学的展开。

既然围绕《周易》的研究和诠释而展开的，以《易传》为代表的形上学体系被概括为"易道形而上学"，并且价值规范体系的建构总是必须以本体论的形上之思与理论构建为前提，那么本书的理论问题便可表达为：作为中国古代轴心时期价值规范体系之核心与基础的易道形而上学建构是何以可能的？或者简言之即是，易道形而上学何以可能？对于这一问题的追问与思考，不仅始终紧扣着《周易》文本本身（即"易道"），而且也为我们进一步深入思考价值规范体系之建构的可能性条件提供了前提与基础（即"形而上学"）：前者蕴涵着一种对中国文化之思想源头与精神特质的关注与传承，后者则体现出对更一般层面乃至更普遍意义上的价值体系和文化系统之构建、更新及发展问题的关切与思考。也就是说，对易道形而上学何以可能的思考从一个侧面体现了普遍性追求与特殊性关注之间的统一。

第四节 以"象"为中心的《周易》文本及其思想研究
——本书的研究方向、基本思路与思想视域

在摆出本书的研究对象（即《周易》）和阐明本书的核心问题（包括

现实指向与理论问题）之后，接下来拟对本书的研究方向、基本思路及思想视域作一简要论述。

一 以康德的"形而上学奠基"之思为参照

如前所述，以《周易》文本作为研究对象，以新轴心时代价值规范体系的重建作为现实指向，与形而上学的理论建构在价值体系建构乃至文化系统的更新发展中所具有的基础性与优先性地位相联系，本书的理论问题被概括表达为：易道形而上学何以可能？

从易道形而上学何以可能这个理论问题所涉及的内容（即易道形而上学的建构）及其发问方式（即何以可能的发问方式①）中，只消我们稍微对哲学史有一点常识性的了解，便不难看到它与康德在《纯粹理性批判》中提出的核心问题，即"形而上学作为科学是如何可能的"②之间的相似性和相关性：这里的相似性主要与何以可能这一发问方式有关，而所谓相关性则体现在它们的研究内容都是指向某种形而上学之可能性条件或根据的思考，后者用海德格尔的话来说即是"为形而上学奠定基础"，亦即所谓"形而上学奠基"。③在康德那里，作为一种科学的形而上学与传统形而上学的根本区别在于，前者乃是要求具有一种像纯粹数学和纯粹自然科学一样的普遍必然有效性。所以，康德对科学的形而上学何以可能的

---

① 关于"何以可能"的发问方式在形而上学研究中的重要意义的讨论，详见本书附录一"从是什么到何以可能"。
② ［德］康德：《纯粹理性批判》，邓晓芒译，人民出版社2004年版，第17页。
③ "奠基"（Fundierung）本是胡塞尔现象学的一个基本概念，他曾给出一个经典的定义，即："如果一个α本身本质规律性地只能在一个与μ相联结的广泛统一之中存在，那么我们就要说：一个α本身需要一个μ来奠基。"很显然，胡塞尔对"奠基"的这个定义，更多是一种形式层面的定义，并体现的是一种逻辑学角度的思考，即：只要α存在，μ就存在，从α中可以必然地推出μ，μ是α的必要条件。后来海德格尔在有所修订意义上继承了这个概念，特指所谓"形而上学奠基"，即为传统的存在论（Ontology）哲学奠定基础，亦即他的"基础存在论"（Fundamentalontologie，又译为"基础本体论""基本本体论"或"基始存在论"等）。所谓"形而上学奠基"就其实质内容而言，就是探寻那个"原初所予"，或者更具体而言就是一种具有"明证性"（Evidenz）的"自身所予"（self-given）。此具有"明证性"的"自身所予"在胡塞尔那里表达为"纯粹先验意识"，而在海德格尔那里表达为"存在"（Sein）或"生存"（Existenz）；前者展开为一套先验的意识现象学描述，后者则展开为一种"此在"（Dasein，又译"缘在""亲在"等）生存论分析。

追问与思考，就其实质和重点而言，首先不在于形而上学本身是否可能，而在于它的科学性，亦即普遍必然有效性的特点。因为就形而上学本身的可能性来说，康德认为它作为人的一种自然倾向，已然被历史上所出现的诸多形而上学系统的事实所证明。众所周知，在《纯粹理性批判》中，康德对于"形而上学作为科学是如何可能的？"这一问题的思考与解答，主要分为两个步骤：一是通过对纯粹数学和纯粹自然科学的考察，指出一切具有普遍必然有效性的科学知识的共同本质在于它们都是"先天综合判断"[1]；二是通过对人的认识能力，尤其是理性的认识能力的分析与考察，来思考"先天综合判断是如何可能的"[2] 这一问题，后者进一步展开为对"先天综合判断"之所以可能的先天（a priori）条件、先验（transcendental）根据的探究，并构成了整个《纯粹理性批判》一书的主体部分。如前所述，论者（其中尤以新康德主义为代表）多以康德的《纯粹理性批判》为一部知识论著作，但实际上康德的这一研究工作的真正意义，首先并不在于为科学及知识论（或认识论，即 theory of knowledge）的研究奠定基础，而乃是在于为形而上学（或本体论，即 ontology）的建构奠定基础，因为在康德那里，科学作为一种事实性的存在，已然具备了相当完备的形态。也就是说，康德所思考的真正问题，或者说真正目的并不是作为科学的"先天综合判断"何以可能，而是作为形而上学的"先天综合判断"何以可能，因为与作为人的自然倾向的形而上学一样，作为科学的"先天综合判断"也已作为经验事实摆在我们面前。所以，毋宁说，康德乃是通过对作为科学的"先天综合判断"何以可能的研究，从而为作为形而上学的"先天综合判断"的构建提供参考。正因为此，海德格尔将康德的《纯粹理性批判》看作是一次为形而上学奠定基础的活动，显然不仅没有问题，而且是深有所见的。黄裕生先生亦曾指出："'先验综合知识（判断）是如何可能的'首先就不是一个认识论（Erkenntnistheorie）的问题，而是一个有关存在者如何存在的存在论（Ontologie）的问题。"[3] 黄先生这里所谓的"存在论"，它作为形而上学

---

[1] ［德］康德：《纯粹理性批判》，邓晓芒译，人民出版社 2004 年版，第 11—14 页。
[2] 同上书，第 15 页。
[3] 黄裕生：《真理与自由——康德哲学的存在论阐释》，江苏人民出版社 2002 年版，第 76 页。

研究的核心部分，乃是以"作为存在的存在"作为研究内容，并包括一切存在者的普遍本质（essence）及其基本实存（existence）两个方面，所以也被称为"一般形而上学"。（关于形而上学的本质内涵及其基本问题的讨论，详见本书附录一。）

基于本书"易道形而上学何以可能"的问题与康德"形而上学作为科学何以可能"的问题之间的相似性和相关性，康德的上述思想进路对于本书研究的展开无疑具有相当重要的参考价值，而本书下面对于《周易》思想的若干研究可以说也正是在康德关于形而上学的奠基之思的启发下展开的。具体而言，这种参考与启发首先体现为：正是由于形而上学同科学一样，都是人类认识世界和认识自己，亦即理解和把握普遍存在的基本表现形式，所以，对"科学的形而上学何以可能"的思考便必然意味着指向对人类认识能力的考察，即从主体的理性认识能力中探寻使科学的形而上学得以可能的根据或条件。通过这种考察，一方面为人类认识自身存在的意义与价值提供了重要的思考角度；另一方面也为人类认识作为整体的世界存在奠定了重要的基础。与此相应，由于易道形而上学的建构就其内容而言，同样涉及对人类自身存在和作为整体的世界存在的意义和价值的理解与把握，亦即《论语》所谓对"性与天道"的理解与认识，所以，本书对于易道形而上学何以可能的思考便意味着指向作为源头的《周易》文本本身，即通过对《周易》文本的基本性质（即在历史上作何之用，据何地位），以及其中所蕴含的特殊思想观念的考察研究，来探寻易道形而上学之所以可能的原因或根据。通过这种考察，一方面可以使我们进一步加深对《周易》文本本身之思想意义和价值的认识；另一方面也可以为我们思考如何构建新的形而上学提供重要的理论参考。

二　从卜筮之书到易道形而上学

以易道形而上学的建构何以可能的问题为最终指向，以《周易》文本的基本性质及其所蕴涵的特殊思想观念的发掘与考察为基本进路，本书的《周易》研究主要展开为五个部分：

第一部分：从卜筮之书到群经之首——《周易》文本的历史衍化及其与轴心期大转型之间的关系。此部分构成本书的第一章。尽管本书的核心问题乃是易道形而上学何以可能这样一个理论问题，但是，对此问题的思考则是指向作为易道形而上学建构之源头的《周易》文本本身，即通过对《周易》文本的基本性质，及其所蕴涵的特殊思想观念的考察研究，来探寻易道形而上学之所以可能的原因或根据。作为一种文本个案研究，它与思想专题研究有所不同：思想专题尽管也会涉及一些具体的人物、文本等历史时空中的个案，但就其以思想作为内容与指向而言，它更多乃是与一种概念化的考察研究有关，并呈现出一种理论的形态；而文本个案研究尽管也涉及思想观念层面，但就其作为个案文本而言，它首先是一定时空条件下的思想产物，也就是说，它具有某种历史性的特点。所以，在进一步详细展开对《周易》进行思想观念层面的讨论和研究之前，有必要先行从文本的层面上对《周易》进行讨论和界定，其内容主要包括《周易》文本的作者、创作时间，及其基本性质（即它在历史上作何之用，据何地位）。此亦即是孟子所说的"知人论世"。[①]

如前所述，之所以选择《周易》文本进行研究，其中最重要的原因便是《周易》文本见证并参与了中国古代第一次社会与思想文化大转型，以及轴心时期价值规范体系的建立。也就是说，与许多古代其他哲学文献或经典的产生不同，《周易》文本并不是某一个人在某个短时间内完成的著作，相反，从其最初产生到最终贞定乃是经历了一个长期的历史衍化过程，此亦即班固《汉书·艺文志》所谓"人更三圣，世历三古"；与此文献构成的历史衍化相联系，《周易》的文本性质（包括其在历史上作何之用与据何地位）也发生过极大的变化，即《周易》文本最初只是众多卜筮之书中的一种，但后来却逐渐发展衍化为一部哲学经典，甚至是群经之首。通过考察，我们还将发现《周易》文本的历史衍化（包括文献构成的衍化与文本性质的衍化）在时间上与中国古代轴心期社会与思想文化社会大转型基本对应，即都是从殷周之际经春秋战国直至汉初八百年左右的时间，这也从一个侧面表明了《周易》文本的典型性。另外，本章对《周易》文本性质的讨论亦将为下文对《周易》思想的研究提供方向：一方面，尽管《周易》后来发展成为了群经之首，但其最初却是为卜筮预测吉凶之用而作，这就意味着，对《周易》思想的研究首先应当从卜筮

[①] 《孟子·万章下》。原文为："颂其诗，读其书，不知其人，可乎？是以论其世也。"

的角度展开；另一方面，《周易》之成为群经之首乃是许多因素共同影响的结果，其中的一个重要因素可以说正是易道形而上学的哲学理论建构。正是易道形而上学哲学理论的建构，使得《周易》不再仅仅停留于卜筮之用，而是发展成为一本哲学著作，所以，对易道形而上学何以可能问题的思考，同时在相当程度上也关涉对《周易》之如何成为群经之首的思考，后者乃是属于经典诠释学的内容。

第二部分：龟象筮数——《周易》筮占的理性成分。此部分构成本书的第二章。本书第一部分关于《周易》文本的历史衍化的讨论将表明，《周易》最初乃是众多卜筮之书中的一种，即它最初乃是为卜筮之用而作。所以，对于《周易》思想的研究首先应当从卜筮的角度展开，即通过对《周易》筮占与龟卜等其他卜筮形式的比较，从而彰显易筮本身的理性成分。易筮的理性成分，从表面上来说，主要是指《周易》文本及其筮占表现出一种解释化，或称之为解释学化的特点；从更深层面上来说，易筮不仅有其现实根源，而且更有其理论依据：所谓现实根源乃是与人自身存在的有限性这一本质规定有关，而所谓理论依据则是与易筮以数为占的特点相联系，后者进一步使得《周易》文本及其筮占呈现出一种"象—数统一"的特点。从思想特征上来看，与龟卜只承认偶然性和只有"鬼谋"不同，易筮不仅蕴涵着偶然性与必然性相统一的思想观念，而且体现了"人谋"与"鬼谋"相统一的本质特征。进一步从形而上的层面来说，易筮之所以以数为占，乃是根源于作《易》者以数观世界的思想活动，这种独特的思想活动，不仅使作为筮数之符号化记录的卦爻象系统呈现出抽象与具象的二重性的品格，而且也为后来易道形而上学之建构奠定了理性的基础。

第三部分：抽象与具象——《周易》卦爻象的二重性品格。此部分构成本书的第三章。《周易》卦爻象的起源问题一直是历代易学研究中的重点课题，同时也几乎是《周易》研究中争议最多的一个问题。本书根据传统的"龟象筮数说"认为，在迄今所见的各种关于卦爻象起源的说法中，以"伏羲仰观俯察说"和"筮数说"最具合理性，因为这两种说法与易筮以数观世界的方式"若合符节"。也就是说，《周易》卦爻象乃是中国古人，尤其是作《易》者以数观世界的产物，此即是《易传·系辞上》所谓"圣人立象以尽意"，这里的"意"便是"圣人"或作《易》

者依据筮数之变的特点而做出的对作为整体的世界之发展变化规律的理解与认识。基于筮数之二重性特点的讨论，即它作为中国古人观世界的基本方式既来源于现实生活经验，又超越于现实生活经验的特点，本书将指出，《周易》卦爻象不仅仅只具有传统易学所认为的具象性的特点，而同时兼具抽象性与具象性的双重品格，并将《周易》卦爻象的这种双重品格概括为一种"象—数统一"的特点。与这种抽象性与具象性的双重品格相联系的是，《周易》卦爻象一方面呈现出一种数学的形式化的特点，另一方面又具有多种实质性的象征意义：前者使得卦爻象能够展开为一种形式化的推演，后者则使得卦爻象始终不离具体事物而存在。

第四部分：自天祐之，吉无不利——《周易》卦爻辞的观念转向。此部分构成本书的第四章。同样作为占卜活动的记录，与殷商卜辞相比，《周易》卦爻辞无论是在形式上，还是在实质上，都呈现出许多不同之处：从形式上看，殷商卜辞由于它是一卜一记，加之卜者没有对之进行归纳整理，所以它更多体现出一种杂乱无章的特点；而《周易》卦爻辞则由于它是著筮数变的记录，与筮数变化规律性相应的乃是卦爻象变化的规律性，通过对这种变化规律性的发现与认识，筮者往往在经过一段时间以后会对这种筮占记录进行归纳整理，所以，《周易》的卦爻辞并不显得杂乱无章，而是在相当程度上表现出一种明显经过精心编排的有序性的品格。此即《易传·系辞上》所谓"圣人设卦观象，系辞焉而明吉凶"，这里的象不仅是指狭义的卦爻象，而且还可以指作为整体的宇宙或世界之发展变化的天象。因为卦爻象本身便是圣人以数观天象，即所谓"观象设卦"[①]的结果。从实质上看，殷商卜辞中不仅鲜有对过往经验的总结，而且依据龟卜所呈现之兆象而断定的吉凶，它作为神意的显示，乃是不可随意更改的，与之相应的是，人只能"听天由命"；而《周易》卦爻辞中不仅有吉凶占断的记录，而且更有各种生活经验的记录，这使得依据《周

[①] 值得说明的是，这里的"观象设卦"并非《周易》原文，而是从原文"圣人设卦观象，系辞焉而明吉凶，刚柔相推而生变化"修改而来。因为这种修改，所以《周易》原文中"观象"的意义与本书此处的"观象"的意义便有了一定的区别，即：《周易》原文"设卦观象"的"象"主要是指作为符号系统的卦爻象，而本书此处"观象设卦"的"象"则更多指的是一种具有本体论意义的"天象"。前者乃是为"系辞"而"明吉凶"、从"刚柔相推"中领悟宇宙"变化"发展原理做准备，后者则是要为作为符号系统的卦爻象奠定一种本体论的根据。

易》进行占筮的人不再是仅仅依据卦爻象所显示的吉凶天命而行事，而是会联系各种生活经验，其中不仅包括对筮者自身的生活境遇、道德品性的考虑，而且还包括对筮者自己所生活的周遭世界之发展变化规律的考虑。这些多重因素考虑的结果便是，人们不再相信所谓"我生不有命在天乎"（《尚书·西伯戡黎》）的宿命论或命定论，而是转而开始相信"我命由我不由天"的思想，即逐渐认识到通过增进自身对世界发展变化之规律（即"天道"）的认识和提升自身德性品格的培养（就提升人自身的德性品格的培养而言，它又与人类对自身的本质规定的把握及其自身存在的意义和价值的确认有关，亦即与对人之性的认识有关），便可以在相当程度上掌握自己的命运。此即《周易·大有卦》上九爻所谓"自天祐之，吉无不利"，这里的"自天祐之"并不是指听天由命，而是指依照天道法则行事方能得到天的佑护，才能实现"吉无不利"的愿望。与此相应的是，《周易》的卜筮则更多沦为某种程式化的操作活动，它的意义也主要在于为人们提供某种心安的东西。如陈来先生曾指出："人们对《周易》的利用，在春秋时代，已经渐渐超出了筮问活动的范围，而是把《周易》的卦爻辞与其占问分开，使卦爻辞体系成为独立的文本体系，而加以称引，以说明、证明某种哲理或法则。"① 这里的"哲理或法则"，就其实质内容而言，正是指作为天道的自然法则和作为人道的社会准则。如果说，殷商卜辞中更多体现出的是一种宗教的迷信色彩，那么，在《周易》卦爻辞中则已然表现出相当的理性化的品格。正是《周易》卦爻辞的这种形式上的有序性特点和实质上的理性化品格，为其能够被人们广泛引用和研究诠释，从而实现从卜筮之书到群经之首发展衍化提供了可能的前提，并为易道形而上学的建构奠定了重要的基础。

第五部分：易与天地准——易道形而上学的基本构成。此部分构成本书的第五章。如前所述，康德对于科学的形而上学何以可能的思考，乃是通过将纯粹数学和纯粹自然科学的命题的本质规定为"先天综合判断"，并通过对人的理性认识能力的考察来思考"先天综合判断"何以可能的

---

① 陈来：《古代思想文化的世界——春秋时代的宗教、伦理与社会思想》，生活·读书·新知三联书店2009年版，第33—34页。

问题。根据康德对"纯粹理性"所做的批判性的考察，使"先天综合判断"得以可能的根源或条件主要有三个，即：一是感性直观提供感觉经验以为知性思维提供知觉材料；二是知性思维提供知性范畴以规范整理杂多的感性材料；三是先验想象力提供先验的图型，即时间使得感性材料和知性范畴之间不仅具有一种源始的本质统一性，而且还进一步使得二者的综合统一得以先天必然地发生。康德的如上思考进路及其思想成果为本书研究易道形而上学何以可能的问题提供了重要的启发意义和参考价值。只不过与康德那里由于对人的理性认识能力的有限性的揭示，从而最终科学的思辨形而上学被不得不宣告破产[①]不同，围绕《周易》而展开的中国易道形而上学则是作为事实已经摆在我们面前的，以《易传》为代表的一套涵摄天人的哲学形而上学建构便是最直接的体现，甚至是以人文主义和自然主义为本质特点的先秦儒家形而上学和道家形而上学在一定程度上也可以看作是一种易道形而上学的体现。当然，正如本书的核心问题所指示的，这里更重要的还不在于易道形而上学作为事实已然存在的问题，而是在于易道形而上学的建构到底是如何可能的，或者更确切地说，《周易》文本及其筮占中到底为易道形而上学的建构提供了何种可能性的条件或根据。本书通过对《周易》筮占及《周易》文本中的特质的发掘与考察进而认为，易道形而上学的建构之所以可能，这是因为《周易》一书在某种程度上也呈现出一种"先天综合判断"的特点，即在《周易》文本及其筮占中也同样存在着类似于康德所提出的构成"先天综合判断"的三个主要部分：《周易》筮占、《周易》卦爻象和《周易》卦爻辞。即使它们在内涵上与康德所提出的三个部分不必完全相同，但至少在功能方面具有一定程度的共通性。

[①] 当然，值得说明的是，康德并没有将所有的形而上学都宣告破产。美国哲学家梯利曾指出："康德认为在下列的几种意义上的形而上学是可能的：（1）研究认识论；（2）关于自然的形式和规律的绝对知识；（3）关于意志的规律或形式的绝对知识。即道德哲学；（4）建立在道德规律之上的关于精神世界的知识；（5）具有某种程度的盖然性的关于宇宙的假设。"（参见［美］梯利《西方哲学史》，葛力译，商务印书馆1995年版。）不难看到，这五种可能的形而上学事实上主要分为两类：一是作为一种特殊形而上学的关于经验世界的自然科学，以及与之相关的认识论；二是关于道德的形而上学，以及与之相关的人类精神世界的知识。除此之外的所有超越感性经验（即超验的）的形而上学作为知识都是不可能的。

三 以"象"为中心的存在之思

作为构成认知活动过程的重要因素,思想视域与研究者的专业身份、价值立场、学术观点等具有显性特征的因素不同,它更多体现为一种隐性的存在,即它往往蕴藏在研究者的专业身份、价值立场、学术观点等因素的背后,甚至可能也不为研究者本人所自觉。尽管如此,它又是一种绝不可忽视的存在,因为它不仅决定着研究者从事研究活动的基本方式,而且在相当程度上对于研究者最终成果的形成具有某种方向性的指引作用。基于思想视域对于研究活动的这种重要意义,以"性与天道"(《论语·公冶长》)(或存在)之终极性追问与思考为内容和指向的哲学形而上学的研究,更加理应对自身的思想视域有所自觉及检视。

构成研究者之思想视域的基本条件,即它一方面与研究对象的客观规定有关,另一方面又与研究者自身的学术知识背景相联系,并且这两者又共同统一于研究者与研究对象之间的交互作用之中,后者(即研究者与研究对象之间的交互作用)主要展开为一种实践基础上的本源之观。具体到本书研究的思想视域来说,它体现为一种以"象"为中心的存在之思:所谓"以象为中心"乃是就《周易》文本的基本特质与核心要素而言;所谓"存在之思"则是说本书以"性与天道"的易道形上学理论探究为目的与指向。

首先,作为本书研究对象的《周易》文本,其基本特质与核心要素可概括为"象";尽管在整个《周易》古经中没有出现过一个"象"字。《左传·昭公二年》记载:"韩宣子来聘,见《易象》与鲁《春秋》,曰'周礼尽在鲁矣。吾乃今知周公之德与周之所以王也。'"这是迄今所见最早将《周易》与"象"合称的。尽管我们今天尚不能完全确定这里的《易象》一书到底为何书,以及究竟有什么具体内容,但至少可以想见的是,这应该是一本以象解《易》的著作。姜广辉先生曾通过区分"秘府之《周易》"与"方术之《周易》"(前者用于演德,后者用于占筮)以及相关考证与猜测,认为韩宣子在鲁国所见之"《易象》的内容可能与今本《周易》大象(即《易传·大象传》——引者按)有某种内在联系",并在此基础上对

"文王演《周易》"的传说给予了很有新意和启发的解释。① 而今本《易传·大象传》正是通过对卦象的分析来解释卦名,并从而推出卦德,后者亦即是"从卦象引出来的义理",是"人看了这个卦,而觉悟出来的人生哲学"②。这也表明,今本《易传·大象传》的象同时兼有卦象与天象③两重意义。《易传·系辞下》也曾明确指出:"易者,象也。"这是历史上第一次将"易道"径直理解和规定为象的记载。只是这个"象"究竟所指为何,《系辞传》作者仅仅给出了一个极其简单概括的回答和解释,即:"象也者,像也。"尽管这还是一个非常简略的解释,但已然足以给后世易学研究提供了某种参考,并为易学的不断发展指明了某种方向。下文的研究将进一步表明这一点。台湾著名易学史家高怀民先生亦曾谈道:

> 易学与其他哲学殊不相同的面貌特点之一,是它的"象"。象就是符号,易学的创立是先有符号,筮术及文字均为倚象而后起。而且,象是直接表现易道,筮术则是透过一套设计方法求得象,再据象以演说易道;文字也是据象以阐释道。所以在易学中,象的重要性远超过筮术及文字,可以说离开象便没有易学。④

高怀民先生在这里不仅将象看作是整个易学区别于其他哲学的根本特点,而且还赋予了象比筮术及文字等易学中其他要素更加重要的地位;但是他仅仅从符号的角度来理解易学之象则未免有些狭隘,因为作为符号的象主要就是指卦爻之象。而在易学中,尤其是在易道形而上学中,所谓象实则远非仅只是指卦爻之象,相反它还有着更加宽泛且深沉的内在意蕴,后者也是本书将要着力挖掘和阐发的意义和内容。胡适先生早就指出:"所谓观象,只是象而已,并不专指卦象,卦象只是象之一种符号而已。"⑤ 尽

---

① 姜广辉:《"文王演〈周易〉"新说——兼谈境遇与意义问题》,《哲学研究》1997年第3期。
② 李镜池:《周易探源》,中华书局1978年版,第231页。
③ 此所谓天象主要是指日升日落、风雨雷电等自然现象。
④ 高怀民:《先秦易学史》,广西师范大学出版社2007年版,第8页。
⑤ 胡适:《胡适论观象制器的学说书》,载蔡尚思主编《十家论易》,上海人民出版社2006年版。

管胡适也没有明确说出所谓易象究何所指,或者到底包含哪些内容,但就其指出易象"并不专指卦象"这一点来看,表明了他的确有所见和视野开阔。王树人先生则从中西哲学比较的角度提道:"与西方形而上学之道从'实体'出发相比较,'易道'则是从非实体的'象'出发。非实体的'象'构成'易道'体系的始源性范畴。""'易道'无论多么广大深邃,都有得以生成的始源。这个始源就是'象'。或者说,'易道'始于'象',源于'象'。没有'象',就没有'易道'。就是说,'象'在《周易》中具有决定一切的重要性。"① 王先生不仅指出了象在《周易》及易道中的核心与基础地位,而且还通过与西方形而上学之实体性特征的比较,指出了易道之象的非实体性品格,后者同时也被他称作是整个"中国传统思维的本质内涵与基本特征",即所谓"象思维"。② 贡华南先生曾通过对中西哲学思维方式的比较,指出:"与西方哲学视觉优先发展起来的'沉思'不同,中国哲学则优先发展了一条以'感'为基础的'感思'之路。"③ "与重感相应,中国哲学追求普遍性、真理性的道路与西方哲学也不同。感而言,感而书,在概念层次上则是:感化为'象'。……以感为基础的范畴在中国哲学中被称为'象'。……建立在'感'之上的范畴不同于建立在'看'之上的范畴(即'相'),其中最不同的一点是'相'通过'抽象'而成,强调在范畴中抽离出时间、空间及人的存在要素;而以'感'为基础的范畴是通过'立象''取象'而成,它自觉赋予范畴以时间、空间特征及人的存在要素的介入。"④ 贡华南先生将象看作是中国哲学的"感思"特征在概念或范畴层次上的基本表达,这种看法在一定程度上乃是赋予了象的某种本体论的地位。要而言之,象的这种核心与基础地位,不仅仅只是体现在《周易》文本以及易学研究中,它同时还体现在广义的整个中国文化之中。当然,这其实也是跟《周易》及易学在中国传统文化中的核心地位本身分不开的。近年来,王树人、喻柏林、张祥龙、贡华南等一些学者,一方面借鉴西方现代哲学,尤其是现象

---

① 王树人:《回归原创之思——"象思维"视野下的中国智慧》,江苏人民出版社2005年版,第4页。
② 同上书,绪论第1页。
③ 贡华南:《味与味道》,上海人民出版社2008年版,第212页。
④ 同上书,第213页。

学思想方法；另一方面通过与西方传统哲学的比较，从而提出了"象思维"作为中国传统哲学思维的本质内涵与基本特征，并对之予以了较多关注与讨论，在学界产生了广泛的影响。① 如王树人先生曾指出："中国传统之思是'象思'，或'象以尽意'，而西方则是'言思'，或'言以尽意'。"② 如果说，王树人、喻柏林、张祥龙等学者着重通过对"象思维"（尤其是它与"概念思维"之间的关系）的研究考察在中国传统哲学的思维方式研究上的确做出了许多新的且具有启发意义的成果，那么，他们将象的研究主要局限在思维方式层面，而忽视了对象本身所可能具有的本体论意义的阐发，则似乎又有所偏狭。本书在对《周易》文本思想的研究中，将不仅会注意象在中国古代哲学的思维方式形成上的重要意义，而且对于象在构建易道形而上学乃至一般形而上学的基础性意义亦将予以必要的重视与阐发。概而言之，即以象为中心。

另外，值得补充说明的是，如前所述，陈来先生曾将《周易》一书的特质与基础概括为数，那么，这与此处所极力强调的象的基础性地位之间是否冲突呢？答案显然是否定的。原因很简单，这从易学研究中所谓"象数派"与"义理派"这两大流派的区分中即可看出端倪，即：陈来先生此所谓数其实更多是就《周易》筮占，以及由筮占而确定的卦爻象的特点而言的，而本书所谓象则并不专指卦爻象，而是在一种更加宽泛而统一的本体论意义上说的。当然，即使是从狭义的卦爻象来说，"象—数"在《周易》及易学研究中仍然据有着某种基础性的地位。刘大钧先生曾指出："象数含蕴含着义理，义理脱胎于象数！假若我们把象数看作是一棵长青不老之树，那么，我们可以说，义理则是这棵树上结出的丰硕之果。"③ 张其成先生亦曾提道："象数为《周易》之体，义理为《周易》之用。"④ 朱子的《周易本义》便是一部将义理的探讨建基于象数的研究

---

① 王树人、喻柏林对于中国传统文化之"象思维"的研究阐发，可参见《传统智慧再发现》（上、下卷），作家出版社1997年版；张祥龙对于"象思维"的研究，可参见张文《概念化思维与象思维》，《杭州师范大学学报》（社会科学版）2008年第5期。

② 王树人：《回归原创之思——"象思维"视野下的中国智慧》，江苏人民出版社2005年版，自序第6页。

③ 刘大钧：《"卦气"溯源》，载廖名春选编《周易二十讲》，华夏出版社2008年版，第300页。

④ 张其成：《象数易学》，中国书店2003年版，第76页。

之上的代表作；即使是号称"尽扫象数而专究义理"的王弼，在其《周易注》中也不可避免地不时要借助卦爻象的分析来理解和解释卦爻辞。

其次，如前所述，对于经典文本的研究途径主要有两种，一种是文献章句的考辨，另一种是哲理思想的阐发，本书作为对易道形而上学之可能性的条件或根据的研究，更多涉及的是一种理论性的探索，故研究方法和途径自然当以后者为主，而以前者为辅。杨国荣先生便曾一再指出："哲学的沉思总是难以回避存在问题。"[①] 存在问题作为哲学探究的本质内涵和题中之意，并非西方哲学的专属，它作为一种终极性的智慧的探问，同时也展开于中国哲学中。无论是作为本书的核心问题"易道形而上学何以可能"的问题，还是西方哲学中"作为存在论的一般形而上学何以可能"的问题，它们在相当程度上指向的都是一种存在之思。尽管由于《周易》文本本身的特殊性，即其因年代久远，导致各个部分的产生时间和作者皆无从确证（虽不乏相当多的学者也曾对之做出许多稽查考辨，然而结果仍是莫衷一是），但是就本书的研究目的而言，文献乃至语言层面的精确考辨实亦没有必要。所以，对于一些有分歧的重要问题，本书将基本采用通识之见，以免陷入"死于句下"之嫌。

[①] 杨国荣：《成己与成物——意义世界的生成》，人民出版社2010年版，自序第1页。

第一章　从卜筮之书到群经之首

——《周易》*文本的历史衍化及其与轴心期大转型的关系

尽管本书的核心问题乃是易道形而上学何以可能这样一个理论问题，但是，对此问题的思考则是指向作为易道形而上学建构之源头的《周易》文本本身，即通过对《周易》文本的基本性质，及其所蕴涵的特殊思想观念的考察研究，来探寻易道形而上学之所以可能的原因或根据。作为一种文本个案研究，它与思想专题研究有所不同：思想专题尽管也会涉及一些具体的人物、文本等历史时空中的个案，但就其以思想作为内容与指向而言，它更多乃是与概念化的考察研究有关，并呈现出一种理论的形态；而文本个案研究尽管也涉及思想观念层面，但就其作为个案文本而言，它首先是一定时空条件下的思想产物，也就是说，它具有某种历史性的特点。所以，在进一步详细展开对《周易》进行思想观念层面的讨论和研究之前，有必要先行从文本的层面上对《周易》进行讨论和界定，后者就其内容而言主要包括《周易》文本的作者、创作时间，及其基本性质（即它在历史上作何之用，据何地位）。孟子曾说道："颂其诗，读其书，不知其人，可乎？是以论其世也。"（《孟子·万章下》）这就是说，在诵读诗书典籍之时，我们必须同时对所诵读之诗书典籍的作者及其创作时间、创作目的等有所了解，然后才可能对该典籍有一个更加全面而真切的理解与认识。

---

* 本章的讨论由于涉及的是《周易》文本的历史衍化问题，所以其中所称之《周易》主要指作为传世通行本的《易经》和《易传》的合本。其余后文则仍专指《易经》部分。

第一节　人更三圣,世历三古
——《周易》文献构成的衍化与轴心期大转型

从文献构成的角度来看，在中国古代哲学经典中，传世通行本《周易》（即指《易经》与《易传》的合本）几乎可以说是最复杂的一部著作了。众所周知，整个传世通行本《周易》包括符号系统与文字系统两部分：其中符号系统指的是《易经》中由"- -"（旧称阴爻）和"—"（旧称阳爻）两种符号重叠而成的六十四卦的卦象部分；文字系统则包括《易经》中的文字部分（由卦名、爻题及卦爻辞组成）和由十翼组成的《易传》。正是由于这种复杂的文献构成，历代对《周易》的研究才呈现出一种丰富多彩、不拘一格的景象，同时这也从一个侧面说明了《周易》研究本身所具有的复杂性。实际上，《周易》文本之文献构成及其思想研究的这种复杂多样性是与其漫长的衍化过程（即从最初产生到最后的贞定）分不开的，并且后者（即这一衍化过程的漫长性）也不是以几十年或几百年就能概括的，甚至达到上千年之久。余敦康先生就曾指出："《周易》的复杂性质归根到底是由它的复杂的历史所造成的。"[①]

从学术史上来看，迄今为止关于整个《周易》文本之文献构成的衍化的论述中，其中出现最早、且影响最为深远的似当属班固的《汉书·艺文志》中所说的"人更三圣，世历三古。"[②] 此所谓"三圣"即指伏羲、文王、孔子；所谓"三古"即是与"三圣"所处之时代相应的上古、中古、下古。具体而言就是，伏羲画八卦，但未有文字；文王将八卦重为六十四卦[③]，并作卦爻辞；孔子作《易传》，即十翼以解释《易经》。班固此说与《易传·系辞传》和司马迁的《史记·孔子世家》中的说法若合符节，或许就是源于《系辞传》和《史记》也未可知。潘雨廷先生就

[①] 余敦康：《〈周易〉与中国传统文化的关系》，载《易学今昔》，广西师范大学出版社2005年版，第2页。

[②] 《汉书·艺文志》，岳麓书社1993年版，第759页。

[③] 关于"重卦"之说，自古以来也一直是《周易》研究中讨论的重点。但由于它不是本书研究的主题，故此处不作进一步考证，只是采用一般的说法。

曾指出:"《汉书·艺文志》分易学史为三古,盖本诸《系辞下》。"① 首先,就伏羲画八卦而言,《易传·系辞下》有云:

> 古者包牺氏(亦即伏羲氏——引者按)之王天下也,仰则观象于天,俯则观法于地,观鸟兽之文与地之宜,近取诸身,远取诸物,于是始作八卦,以通神明之德,以类万物之情。

这段话主要记述了伏羲氏"仰观俯察"以画八卦的情形。值得注意的是,就其目的而言,从这段话来看,似乎八卦的创作本来并非是为了占卜之用,而是为了"通神明之德""类万物之情",后者同时体现为对世界和自我的认识(亦即"认识世界和认识自己"②)。其次,就文王作卦爻辞而言,《易传·系辞下》又云:

> 《易》之兴也,其当殷之末世,周之盛德邪?当文王与纣之事邪?
>
> 《易》之兴也,其于中古乎?作《易》者,其有忧患乎?

这两句话虽然没有明确提出文王作卦爻辞,但认为《周易》的创作与殷周之际的社会历史变故有很大的关系,后者从时代上来说同时也就是所谓"世历三古"中的中古时代。③ 再次,就孔子作《易传》而言,最直接的材料莫过于《易传·系辞传》中不仅出现了若干"子曰",而且《易传》的许多思想与先秦儒家,尤其是思孟学派的思想有一致之处。司马迁《史记·孔子世家》有云:

> 孔子晚而喜《易》,序《彖》《系》《象》《说卦》《文言》。读

---

① 潘雨廷:《三古的易学》,载《易学史丛论》,上海古籍出版社2007年版,第1页。
② 参见冯契《认识世界和认识自己》,华东师范大学出版社1996年版。
③ 当然,值得注意的是,由于这两句话都是以问句的形式来表达的,所以后来也有学者从这个角度来对"文王作卦爻辞"之说提出质疑,即认为说这两句话的人对"文王作卦爻辞"亦是不确定的。

《易》，韦编三绝。曰："假我数年，若是，我于《易》则彬彬矣。"①

司马迁的这句话主要记述了孔子晚年学《易》并作《易传》（即十翼）之事。不过学者们也都注意到，这里只提到了通行本《易传》文献中的五种，还有《序卦传》《杂卦传》没有提到，这也在一定程度上使得后人质疑孔子作十翼之说打下伏笔。十翼成，《周易》十二篇亦定。潘雨廷先生曾对《周易》文本的"世历三古"进行过详细探讨，并分别指出：

> 以伏羲为上古，当伏羲至文王，其时间极长。②
>
> 中古易的时间，指由文王至孔子。文王约当公元前十一世纪，其子武王伐纣后，形势大变。于殷周之际开始为中古易的时代，正合我国古史上划时代的变化，亦即以周文化代替殷商文化。中古易者，指周易代替商易。③
>
> 下古易的时间，指孔子绝笔起至刘向、刘歆编定"七略"。……新莽（指王莽新政——引者按）后二千年的易学，十之七八不出《周易》十二篇的范围，是之谓经学易。④

不难看到，在潘先生看来，首先，在"三古"之中，以"上古"最长；其次，尽管潘先生提到"中古易"就是"周易代替商易"，但他并没有把"中古"时代仅限于殷周之际或是殷末周初，而是进一步扩展到了孔子所处的东周，这也从一个侧面说明了《周易》文本的衍化一直没有中断。不过同时他可能也间接地指出了，《周易》古经的卦爻辞并非周文王一人所作；再次，与前述"中古易"一样，潘先生也没有把作为"下古易"的《易传》的著作权全部归给孔子一人，而是从孔子一直延伸到西汉。但不管怎样，他还是承认《易传》与孔子及其所开启的儒家思想有关。如果说，从伏羲氏画八卦开始的上古时代，尚

---

① （汉）司马迁：《史记·孔子世家》，中华书局2006年版，第329页。
② 潘雨廷：《三古的易学》，载《易学史丛论》，上海古籍出版社2007年版，第1页。
③ 同上书，第25页。
④ 同上书，第27页。

属于《周易》产生或起源的初期阶段,那么,从文王至孔子直至汉代的中古时代和下古时代,则可以说是《周易》文本创作或发生转折的核心阶段。因为这一阶段才是中国文化从酝酿到成形的重要阶段。

另有东汉经学家如马融、陆绩等提出文王作卦辞,周公作爻辞[1],从而从"三圣"又扩充为"四圣",宋代朱熹在其《周易本义》中基本承续了这个看法:

> 周,代名也;易,书名也。其卦本伏羲所画,有交易变易之义,故谓之易。其辞则文王周公所系,故系之周。以其简袠重大,故分为上下两篇。经则伏羲之画,文王周公之辞也。并孔子所作之传十篇,凡十二篇。[2]

就具体内容而言,无论是"人更三圣,世历三古"还是"人更四圣,世历三古",它们都具体指出了《周易》文本各部分的作者及其创作年代;而且,从实质上来说,"人更三圣"与"人更四圣"其实并没有什么大的、根本的不同。这两种说法的真正意义在于,它们都没有把《周易》文本的形成归于一时一地一人之手,而认为是经过了相当漫长的衍化过程,并且是集多人的智慧完成的。而它们的问题就在于,把《周易》文本的各个部分的创作权分别具体到某一个圣贤人物身上,这在相当程度上为后来易学研究者提出质疑留下了把柄。

不过也有今文经学家为了抬高和强调孔子的圣人地位,提出了与"人更三(四)圣,世历三古"不同的看法,即认为卦爻辞都是孔子所作,如皮锡瑞曾说道:"孔子以前,不得有经""《史记·周本纪》不言文王作《卦辞》,《鲁世家》不言周公作《爻辞》,则《卦辞》、《爻辞》亦必是孔子所作。"[3] 廖平、康有为诸家亦持此论。[4] 熊十力先生亦有类似之说:

---

[1] (唐)孔颖达:《周易正义卷首》,载《周易正义》,李申、卢光明整理,吕绍纲审定,北京大学出版社1999年版。

[2] (宋)朱熹:《周易本义》第一卷,苏勇校注,北京大学出版社1992年版,第1页。

[3] (清)皮锡瑞:《经学历史》,周予同注释,中华书局2004年版,第1页。

[4] 参见余永梁《易卦爻辞的时代及其作者》,载黄寿祺、张善文编《周易研究论文集》第一辑,北京师范大学出版社1987年版。

上考孔子之学，其大变盖有早晚二期，而《六经》作于晚年，是其定论。早年思想，修明古圣王遗教而光大之，所谓小康礼教是也。……晚年思想，则自五十岁读伏羲氏之《易》，神解焕发，其思想境界起根本变化，于是首作《周易》、《春秋》二经，（伏羲之《易》，即八卦是也。但八卦是六十四卦之总称，非谓伏羲只画八卦也。汉人言文王重六爻，（重读重复之重。）盖小康之儒，以拥护君统之邪说，窜乱孔子之《周易》，欲假托文王以抑孔子耳。……孔子总观宇宙万有，洞彻变易之根本原理，而作经，名曰《周易》。周有二义：曰遍，曰密。此经说理，综举大全，不流于偏曲，故云周遍。察及纤悉，不失之疏漏，故云周密。……《易经》立名，特取周义，其游夏诸贤所为欤。……汉人妄说文王重卦，乃以周为周代之称，此无义据，不可从。）立内圣外王之弘规。①

相较而言，认为除八卦卦象外，《周易》全为孔子所作这种观点似亦有其理，但总体来说它乃是一种"六经注我"的做法，也就是说，它更多是为了突显孔子的圣人地位服务的，而缺乏必要的历史文献根据，从而显得主观性太强，故基本不足为论。真正对"人更三（四）圣，世历三古"之说提出具有实质性意义质疑和批判的是从宋代欧阳修的《易童子问》开始的，直至近代的疑古思潮：从总体过程上来说，这种质疑是从《易传》开始的，而后逐步扩展到《易经》甚而乃至"八卦"；从质疑的内容上来说，它亦同时涉及《周易》的作者和成书年代两个方面。对此，朱伯崑先生在其《易学哲学史》中曾这样叙述道：

直到欧阳修方怀疑《系辞》为孔子所作。其后，清朝崔述进而怀疑《彖》、《象》为孔子所作。近人（如钱穆——引者按）同样认为十翼非孔子所作，几乎称为定论。并且认为《易传》各篇非出于一时一人之手，乃战国以来陆续形成的解易作品。但对各篇形成的年代，仍存在不同的意见。②

---

① 熊十力：《乾坤衍》，载《体用论》，中华书局1994年版，第313页。
② 朱伯崑：《易学哲学史》（一），昆仑出版社2009年版，第47—48页。

这些传统的说法（指前述"人更三圣"或"人更四圣"说——引者按），陆续为后人否定。五四运动后，新史学兴起，学术界普遍认为《周易》中的经文部分，即汉人所说的《易经》，非文王周公所作。主要证据是，卦爻辞中讲到的历史人物和历史事件，有的出于文王周公之后。如晋卦卦辞说："康侯用锡马蕃庶，昼日三接。"旧注或以康侯为美侯，或为安定诸侯，都不指具体的人。近人顾颉刚于《周易卦爻辞中的故事》一文中，指出康侯即卫康叔，封于卫，乃周武王之弟，称康叔，其事迹在武王之后，从而认为卦辞非文王所作，断定《周易》成于西周初叶。此是近人研究《周易》的一大贡献。旧注所以不释康侯为康叔，是拘于文王作卦辞的传统成见。①

这两段话中，前一段叙述的是学者们对孔子作《易传》之说的质疑；后一段叙述的则是学者们对文王、周公作卦爻辞之说的质疑。从朱伯崑先生的这两段叙述我们可以看出，尽管传统的"人更三（四）圣，世历三古"之说自欧阳修之后受到了许多质疑和批判，但其中真正受到动摇的主要还在于它把各部分的创作权归给了某个具体的圣贤人物，至于将《周易》文本的形成看作是一个经历了长期衍化的过程，以及其中各部分的创作年代的问题，则并未受到实质性的批判或动摇。② 之所以如此，这乃是与中国古书的形成过程有关。李零先生曾这样论述古书的形成

---

① 朱伯崑：《易学哲学史》（一），昆仑出版社2009年版，第10页。
② 值得说明的是，在中国近代的疑古思潮的影响下，郭沫若、李镜池等人通过自己的研究认为《易传》的产生不会很早，大抵都在秦汉之际。如郭沫若认为："《说卦》以下三篇应是秦以前的作品。但是《彖》《象》《系辞》《文言》则不能出于秦前，大抵《彖》《系辞》《文言》的三种是荀子的门徒在秦的统治期间所写出来的东西，《象》在《彖》之后。"李镜池先生则认为："《彖传》与《象传》——其年代当在秦汉间；《系辞》与《文言》——年代当在史迁之后，昭宣之间。《说卦》《序卦》与《杂卦》——在昭宣后。"而张岱年先生则认为郭、李二先生的看法实有"疑古过勇"之嫌，并通过考证指出："《易大传》的年代应在老子之后，庄子以前。""《系辞》的基本部分是战国中期的作品，著作年代在老子以后，惠子、庄子以前。《彖传》应在荀子以前。关于《文言》和《象传》，没有直接材料。《文言》与《系辞》相类，《象传》与《彖传》相类，应是战国中后期的作品。从《象传》的内容看，可能较《彖传》晚些。总之，《易大传》的基本部分是战国中期至战国晚期的著作。"刘大钧先生的看法亦同于张岱年先生。（以上郭沫若、李镜池、张岱年等的看法皆引自刘大钧《周易概论》，巴蜀书社1999年版，第13—14页。）

过程：

> 古书的形成是个相当复杂的过程，从思想的酝酿形成，到口授笔录，到整齐章句，到分篇定名、结集成书，往往不一定是由一个人来完成。它是在学派内部的传习过程中经过众人之手逐渐形成，往往因所闻所录各异，形成若干不同传本，有时还附以各种参考资料和心得体会（类似后来的"传"），老师的东西和学生的东西并不能分得那么清楚。这个过程可以拉得很长，有点像地质学或考古学上使用的地层概念，过去顾颉刚先生称之为"层累形成"。①

李零先生的这段话对于我们考证研究《周易》文本的形成衍化过程，尤其是"人更三（四）圣，世历三古"之说具有相当的借鉴意义，它告诉我们不能以今天的著作版权的观念去理解古书的形成过程。所以朱伯崑先生曾带有总结性地指出：

> 关于《周易》一书的形成，汉人提出的"人更三圣"说，谓伏羲氏画卦，文王作卦爻辞，孔子作传，虽查无实据，但此说却透露了一条信息，即总是先有八卦，后有卦爻辞，《周易》一书的形成经历了一个历史的过程，近年来数字卦的出土即是一证。②
>
> 传统的"人更三圣"说，也有其合理的因素，即承认《周易》包括传文部分，非一时一人所作，而是陆续形成的，承认卦爻辞的形成同周王朝的建立有密切关系。这对探讨《周易》的形成是有启发的。③

与朱伯崑先生相类似，余敦康先生亦曾指出：

> 按照传统的说法，《周易》成书过程是"人更三圣（或四圣），

---

① 李零：《〈孙子〉古本研究》，北京大学出版社1995年版，第276页。
② 朱伯崑：《易学研究中的若干问题》，载廖名春选编《周易二十讲》，华夏出版社2008年版，第42页。
③ 朱伯崑：《易学哲学史》（一），昆仑出版社2009年版，第10页。

世历三古",即上古伏羲氏画八卦、中古周文王重为六十四卦、作卦辞,周公作爻辞,下古孔子作十翼以解经。现代多数学者认为,尽管"人更四圣"未必实有其人,"世历三古"却是大体上符合实际的。这就是承认,《周易》的成书是一个历时数千年的漫长的历史演变过程,并非一蹴而就。①

苏渊雷先生亦曾这样论述"易经三阶段之演进":

一、伏羲画卦。见于系辞,旧籍所传,一无异言。吾人虽不能信确有其人;但八卦之为物,必为吾民族最古流传之一种宗教符号,亦犹西方古代之魔术方乘数也。伏羲实为历史前之传说人物,有无不可必;要之,为一最古部落之酋长而与八卦有相当关系则可信也。姑仍旧说,以彼为八卦之造主焉。

二、文王演易,重为六十四;而赋卦象以名,以辞,亦当在此时。即非全为文王所作,要彼为易之转关人,则似可信。其所代表之社会,约当西周初期之向农业社会过渡期。第文王之易,犹未离卜筮之用耳。

三、至孔子赞易,始推天行以明人事。故每卦皆有"君子以"或"先王以"三字,天人合一之学,盖自孔子始。惟今所传之十翼,要非全为孔子之手作;而彼之大部分思想,仍可于此中觇之。实则易学为吾国古代之共同思想,不属谁何;惟借此以明人事,察将来,则孔门一贯之旨也。今姑仍旧说,将易传归之孔门。②

刘大钧先生也认为:

自阴阳爻画组成八卦,至八卦重为六十四卦,最后到《周易》全书的完成,这中间恐怕有一个较长的历程。特别是卦辞和爻辞的产

---

① 余敦康:《〈周易〉与中国传统文化的关系》,载《易学今昔》,广西师范大学出版社 2005 年版,第 2 页。

② 苏渊雷:《易通》,上海书店 1991 年版,第 12—13 页。

生，必定经过了多人的采辑、订正和增补，最后到殷末周初才成为今天的样子。

因此，《周易》这部书的作者，从卦画的绘制到卦爻之辞的写成，不大可能仅仅是一个人所作，应该是几代人的集体创作。①

《易大传》的基本部分是战国初期至战国中期写成。②

显然，学界对于《周易》文本的形成，尽管对各部分的作者以及其具体详细的创作时代或仍有异见，但总体上还是达成了基本的共识，即：除去上古伏羲作八卦由于去古太过久远、"文献不足征"③之外，《周易》文本的主要部分，即从文王重卦及卦爻辞的创作编订到十翼之作，它基本上是在从西周经春秋到战国时期甚至是汉初这八百年左右的时间里。同时从思想观念层面来说，也正体现了从西周到春秋战国时期（或汉初）这八百年左右的思想发展或观念衍化。所以，余敦康先生曾指出："由《易经》与《易传》所共同组成的《周易》，它的'世历三古'的成书史，本身就相当于一部中国文化发展史，或者相当于一部中国文化精神的生成史。"④ "从《易经》到《易传》的这一段历史，相当于一部先秦文化发展史，可以大体上划分为西周、春秋、战国三个不同的文化阶段。"⑤ 从中国历史发展进程上来看，从西周经春秋直至战国（或汉初）这八百年左右的时间，恰恰就是中国古代第一次社会与思想文化大转型时期，后者同时也就是中国文化的轴心时期。

值得说明的是，本书对于中国文化的轴心时期究竟何所指，亦即到底从何时开始到何时结束，与轴心期观念的提出者雅斯贝尔斯略有所不同。如前所述，轴心期观念是德国哲学家雅斯贝尔斯用以理解和解释世界文明发展的历史而提出的。从时间上来看，雅斯贝尔斯的轴心期主要

---

① 刘大钧：《周易概论》，巴蜀书社1999年版，第5页。

② 同上书，第23页。

③ 《论语·八佾》，原文为：子曰："夏礼吾能言之，杞不足征也；殷礼吾能言之，宋不足征也。文献不足故也，足则吾能征之矣。"

④ 余敦康：《〈周易〉与中国传统文化的关系》，载《易学今昔》，广西师范大学出版社2005年版，第9页。

⑤ 余敦康：《先秦文化的发展与〈周易〉的形成》，载《易学今昔》，广西师范大学出版社2005年版，第18页。

限定在"公元前500年左右和公元前800年至200年的精神过程中"。①并指出：

> 最不平常的事件集中在这一时期。在中国，孔子和老子非常活跃，中国所有的哲学流派，包括墨子、庄子、列子和诸子百家，都出现了。像中国一样，印度出现了《奥义书》（*Upanishads*）和佛陀（Buddha），探究了一直到怀疑主义、唯物主义、诡辩派和虚无主义的全部范围的哲学可能性。伊朗的琐罗亚斯德传授一种挑战性的观点，认为人世生活就是一场善与恶的斗争。在巴勒斯坦，从以利亚（Elijah）经由以赛亚（Isaiah）和耶利米（Jeremiah）到以赛亚第二（Deutero-Isaiah），先知们纷纷涌现。希腊贤哲如云，其中有荷马，哲学家巴门尼德、赫拉克利特和柏拉图，许多悲剧作者，以及修昔底德和阿基米德。在这数世纪内，这些名字所包含的一切，几乎同时在中国、印度和西方这三个互不知晓的地区发展起来。②

显然，在雅斯贝尔斯关于轴心期的思想中，中国文化的轴心期就是指诸子群涌、百家争鸣的春秋战国时期，历时五六百年的时间。从总体上看，研究中国传统思想文化的学者们在接受雅斯贝尔斯轴心期观念的同时，一般也基本认同雅氏对中国文化的轴心时期之具体时间的划定。与此相应，他们将中国社会与思想文化的第一次转型的时间也主要限定在春秋战国时期。如陈来先生在研究儒家思想的起源或根源时曾这样说道：

> 对中国文化的历史结构而言，寻找决定历史后来发展的"轴心"，不能仅仅着眼在春秋战国，更应向前追溯，或者用雅斯贝尔斯的语言，在注重轴心时代的同时，我们还应注重"前轴心时

---

① ［德］卡尔·雅斯贝尔斯：《历史的起源与目标》，魏楚雄、俞新天译，华夏出版社1989年版，第7—8页。
② 同上书，第8页。

代",这对研究儒家思想的起源或根源来说,更是如此。①

尽管陈来先生这段话所要表达的主要意思是强调在研究中国文化的历史结构,尤其是追溯儒家思想的起源或根源时,不仅要着眼于作为轴心时代的春秋战国时期,而且还要更向前追溯,亦即还要注重在春秋战国时期之前的前轴心时代。也就是说,不仅要注意到中国文化从前轴心时代到轴心时代所发生的断裂性、突变性,而且还要注意中国文化从前轴心时代到轴心时代之演进的连续性。②但是,陈先生的这段话同时也透露出,与雅斯贝尔斯一样,他也将中国文化的轴心时代限定在春秋战国时期,与此相应,他所谓的前轴心时代则主要是指夏、商、周三代。另外,如前所引,冯友兰先生也曾指出,中国社会的"头一次转变是在春秋战国"。③

然而,笔者认为,中国文化的轴心时期其实应该从西周时期开始算起,也就是说,中国古代第一次社会与思想文化的大转型从西周时期就开始了。④那么,为什么说中国文化的轴心时期是从西周时期就开始了呢?这乃是与殷周之际的政治制度与思想文化剧烈变革有关。王国维先生在其《殷周制度论》一文中曾指出:

---

① 陈来:《古代宗教与伦理——儒家思想的根源》,生活·读书·新知三联书店2009年版,第5—6页。
② 同上书,第4页。
③ 冯友兰:《"是几时孟光接了梁鸿案"?——答〈光明日报〉特派记者问》,载《三松堂全集》第十三卷,河南人民出版社2001年版,第446页。
④ 当然,将中国文化的轴心时代进一步追溯至西周时期,并非笔者个人独见,学界也有其他学者持此观点。如朱本源先生曾指出:"我们认为中国文化的轴心时代——即中国文化的奠基时代——应从周公灭殷开始,到秦的统一而完成,而孔子是轴心时代的轴心人物,是承先(周公)启后(诸子百家)的大师。"(参见朱本源《中国传统文化的轴心时代:从殷周之际到秦的统一》,《陕西师大学报》(哲学社会科学版)1995年第3期。)黄玉顺先生也曾提到:"越来越多的学者确认,西方文化的轴心期是古希腊时代,印度文化的轴心期是佛陀时代,而中国文化的轴心期则是春秋战国时代。而我认为,中国文化的轴心期大转型在此前的西周时期就已经开始了。"(参见黄玉顺《中西之间:轴心时代文化转型的比较——以〈周易〉为透视文本》,载《面向生活本身的儒学——黄玉顺"生活儒学"自选集》,四川大学出版社2006年版,第171页。)

中国政治与文化之变革，莫剧于殷周之际。①

殷周间之变革，自其表言之，不过一姓一家之兴亡与都邑之转移，自其里言之，则旧制度废而新制度兴，旧文化废而新文化兴。②

首先，王国维先生一反常见，指出中国古代政治文化之变革中最剧烈的时期乃是殷周之际。言下之意，就并非通常所认为的春秋战国时期。其次，他进一步指出，武王伐纣所引发的殷周剧变不仅仅只是体现为表面的政权更迭，即所谓"一姓一家之兴亡与都邑之转移"，而且还体现为更深层面的政治制度与思想文化的变革。就政治制度的变革方面来说，周公以"立子立嫡之制""庙数之制"及"同姓不婚之制"等损益殷礼、制作周礼，从而试图"纳上下于道德，而合天子诸侯卿大夫士庶民以成一道德之团体"③；就思想文化的变革方面来说，周人用"天"的观念代替殷人的"帝"的观念，并提出了"天命靡常""唯德是辅"的思想，亦即所谓"以德配天"的思想。（由于下文将有详细分析讨论，故此处暂只是概而言之，不作详述。）前者使后世两千多年的宗法社会与封建专制制度的建立得以可能；后者则为后来以儒家思想为主流，以儒道互补为基本形态的中国文化传统的形成奠定了基础。杨泽波先生也曾有过类似的看法，他说："在中国思想史上，殷周之际的转折无论从哪个角度看，都是一个不可忽视的时期。中国哲学可以说就是在殷周两大王朝交替过程中诞生，并在周人的思想自觉过程中奠基的。"④ 如果说，秦汉以后两千年的封建专制制度和思想文化乃是春秋战国五百年左右社会与思想文化演变或积淀的结果，那么，春秋战国时期的演变在相当程度上实即是殷周剧变的延续。陈来先生强调中国文化从前轴心时代到轴心时代之演进的连续性，其实也从一个侧面证明了这一点。质言之，中国古代第一次社会与思想文化的大转型其实应该是从西周时期就已开始，经春秋直至战国时期（或汉初）结束；与此相应，如果说中国历史和文化有轴心期的话，或者说，如果从

---

① 王国维：《殷周制度论》，载《观堂集林》，中华书局2006年版，第451页。
② 同上书，第453页。
③ 同上书，第453—454页。
④ 杨泽波：《中国"哲学突破"中的问题意识》，《云南大学学报》（社会科学版）2006年第1期。

轴心期观念的角度来理解和认识中国历史和文化①，那么，中国历史和文化的轴心时期也应该就发生在从西周开始经春秋直至战国时期（或汉初）这八百年左右的时间里。

正是因为《周易》文本从其产生到最终贞定的衍化过程，亦即从文王重卦并作卦爻辞到十翼之作所经历的历史阶段，同时也就是中国古代自西周开始经春秋至战国时期（或汉初）这一社会与思想文化大转型的轴心时期，所以，从文献构成的衍化来看，《周易》文本在相当程度上便可看作是中国历史文化的轴心期大转型之过程及结果的缩影或典范。

第二节　从卜筮之书到群经之首
——《周易》文本性质的衍化与轴心期大转型

与《周易》文本复杂的文献构成相应，《周易》文本的性质，亦即《周易》在思想史上所发挥的作用（即《周易》到底是一本什么书）及其所据有的地位，也一直是易学研究者们聚讼颇多的话题与问题。如果说，对《周易》文献构成的研究尚属于一种形式层面的考察，那么，对《周易》文本性质的研究则在相当程度上已经进入到了某种实质层面的讨论。所以，在通过对《周易》文献构成的衍化与轴心期大转型之间的关系的阐述来论证《周易》文本的典型性之后，显然亦有必要深入到实质层面，对《周易》文本性质的衍化与轴心期大转型之间的关系进行进一步的探讨。当然，值得补充说明的是，这两方面的研究也不是可以完全割裂开来而独立进行的，相反，两者之间也存在着某种交叉互动的关系，一方面，《周易》文本的复杂的文献构成在一定程度上决定或导致了《周易》思想研究及其实际运用的多重面向，从而使《周易》的文本性质呈

---

① 也有学者对雅斯贝尔斯的轴心期观念，尤其是以轴心期观念解读中华文明提出了质疑。如张京华先生认为轴心时代理论恢复了晚周诸子学的合法性，但它同时继续漠视三代王官学，而三代王官学正是晚周诸子学乃至整个中华文化的源头。（参见张京华《中国何来"轴心时代"？》（上、下），《学术月刊》2007年第7、8期。）不难看到，张京华先生将三代王官学看作是晚周诸子学乃至整个中华文化的源头，强调的正是从三代王官之学到晚周诸子学，亦即所谓前轴心时代到轴心时代之间的连续性，而他对所谓中国文化的轴心时代的质疑也正是因为他把中国文化的轴心时代限定在春秋战国的诸子百家争鸣时期。在这点上，他与陈来先生的观点其实基本相同。

现出多样性特点；另一方面，《周易》文本性质的多样性特点，又在相当程度上体现了人们对《周易》文本的不同理解方式和诠释向度，后者也会以某种"潜移默化"的方式影响着人们对《周易》文献构成的研究。就前一方面来看，由卦象和卦爻辞构成的《易经》部分，就其最初产生来说主要是跟上古先民的卜筮活动有关，与之相应，《易经》首先便被看作是一本卜筮之书，这一点尤其可以从卦爻辞中的"吉""凶""悔""吝"等占辞看出；由十翼组成的《易传》部分，作为迄今所见最早的《易经》注释文本，则更多体现为一种义理性的思想阐释和哲学化的理论建构，与之相应，《易传》首先便被看作是一部哲学著作，或者说是形而上学著作。又，由于受到《易传》的阐释工作的启发，《易经》也不再仅仅被看作是卜筮之书，而是也逐渐被学者们当作是义理性的哲学著作。就后一方面来看，随着人们对《周易》思想研究的进一步深入，尤其是随着生活境遇的不断变化和思想视域的不断拓展，《周易》也不再仅限于"卜筮"之用和哲学之思，而是又被进一步旁及历史、文学、天文、地理、算术等领域，这种拓展和旁及又往往会反过来影响着人们对《周易》文献构成的研究。

如前所述，《周易》的文本性质不仅包括它在思想史上所发挥的作用，而且还体现为它在思想史上所据有的地位，并且这两者的衍化具有相当程度的关联性和对应性，二者共同构成了《周易》文本性质的衍化过程。

一 《易》本卜筮之书

就《周易》在思想史上所发挥的作用来说，它主要是指对《周易》到底是一本什么书的问题的探讨。这个问题在某种意义上可以说是易学研究中最根本的一个问题，因为它不仅体现了研究者对《周易》的根本理解或基本认识，而且也在相当程度上决定着研究者之研究工作的进一步具体展开的方式乃至研究的结果。余敦康先生曾就易学史上对这一问题的看法作过一个简要的归纳，他说：

> 就主要倾向而言，有四种看法是具有代表性的。一种看法认为，《周易》本是卜筮之书，其中所蕴含的巫术文化的智慧就是中国文化

的基因，因而应从卜筮的角度来解释。另一种看法认为，虽然《周易》由卜筮演变而来，但它的宝贵之处不在卜筮，而在于卜筮里边蕴含着的哲学内容，卜筮不过是它的死的躯壳，哲学才是它的本质，因而应从哲学角度来解释。第三种看法认为，《周易》是一部讲天文历法的书，也就是一部科学著作，其中所蕴含的科学思维不仅对古代的科技产生了深刻的影响，而且与现代自然科学的基本思想相吻合，因而应从自然科学的角度来解释。第四种看法认为，《周易》是一部史学著作，其中保存了许多方面的古代珍贵史料，特别是反映了殷周之际的历史变革，因而应从史学的角度来解释。[①]

余敦康先生在这里主要提到了易学研究中的四种看法：一是将《周易》看作是蕴含巫术文化智慧的卜筮之书；二是将《周易》看作是讲义理的哲学著作；三是将《周易》看作是讲天文历法的科学著作；四是将《周易》看作是讲殷周之际的历史变革的史学著作。应该说，这四种看法都有一定的道理，它们体现了《周易》研究中的多种面向与可能性，而之所以如此，这不仅与《周易》文本自身的特点有关，而且也跟研究者自身的思想视域、知识背景有关。并且，这四种看法之间亦并非截然对立或相互割裂的，相反，它们之间存在着相当错综复杂的关系，呈现出"你中有我，我中有你"的特点，如：持巫术卜筮易者也不一定只将《周易》用作卜筮，有的也会试图从卜筮中探究天道义理从而建构哲学体系（如朱熹）；也有的会将其与天文历法乃至人事历史等的研究相结合（如孟喜、京房、邵雍，及当代学者刘大钧等）；持哲学易者也不会否认《周易》曾经的卜筮之用，甚至在他们的义理阐发中也总不时地涉及对卦爻象的分析（如王弼、程颐，及当代学者朱伯崑等）；持科学易者则一方面离不开对《周易》卦爻象的分析，另一方面就其内容而言又与广义的哲学研究，亦即对世界的统一和发展原理的研究分不开（如薛学潜、刘子华、刘蕙孙等）；持史学易者从《周易》中所获取的史料亦是多方面的，如巫术史、哲学史、科学史等，而不仅仅只是关于殷周之际历史变革的史

[①] 余敦康：《〈周易〉与中国传统文化的关系》，载《易学今昔》，广西师范大学出版社2005年版，第1页。

料，同时，对于这些史料的解读本身还将涉及哲学解释学的问题（如李镜池及当代学者王振复、朱伯崑、林忠军等）；如此等等。除此之外，还有从文学、美学等方面对《周易》作出详细研究的，如高亨、李镜池、黄寿祺、张善文、刘纲纪、黄玉顺等学者。

《四库全书总目提要》中也曾对《周易》文本在历史上所发挥的作用的衍化发展、所涉及的领域的复杂繁多进行过一个简要而又全面的梳理和概括：

> 圣人觉世牖民，大抵因事以寓教，《诗》寓于风谣，《礼》寓于节文，《尚书》《春秋》寓于史，而《易》则寓于卜筮。故《易》之为书，推天道以明人事者也。《左传》所记诸占，盖犹太卜之遗法；汉儒言象数，去古未远也。一变而为京、焦，入于禨祥；再变而为陈、邵，务穷造化。《易》遂不切于民用。王弼尽黜象数，说以老庄；一变而胡瑗、程子，始阐明儒理；再变而李光、杨万里，又参证史事。《易》遂日启其论端。此两派六宗，已互相攻驳。又，易道广大，无所不包，旁及天文、地理、乐律、兵法、韵学、算术，以逮方外之炉火，皆可援《易》以为说。而好异者又援以入《易》。故《易》说愈繁。①

不难看到，《四库提要》中的这段梳理概括相较上述余敦康先生的归纳而言，要更加具体详细。因为这里不仅提到了易学研究中的多种面向，即从所谓"两派六宗"（"两派"即指象数派和义理派，"六宗"则指卜筮易、禨祥易、数学易、玄学易、理学易、史学易）再拓展扩充到天文、地理、乐律、兵法、韵学、韵学、算术等，而且更重要的是它呈现出一种历史的视域，即它对从所谓"两派六宗"到天文、地理、乐律、兵法、算术等领域的拓展扩充的揭示，实质上就是《周易》研究和运用的历史衍化过程，它在相当意义上也就是一部简明的易学史。如果说，前者（即余敦康先生的归纳）乃是属于一种共时性的呈现，那么，后者（即《四库提要》中的梳理概括）则体现为一种历时性的考察。不过，由于本

---

① （清）纪昀、（清）陆锡熊、（清）孙士毅等：《钦定四库全书总目·经部·易类》，中华书局1997年版，第3页。

小节探讨的主要问题并非易学研究之展开的多种可能性的问题，而是《周易》文本性质的衍化问题，因此，所谓"《周易》究竟是一本什么书"的问题在这里首先指向的是，《周易》在其创作产生之初是一本什么书，或者说是作何用？其次才是，在其成书定本之后，又作何书？从上述余敦康先生对易学研究中主要的四种看法的归纳和《四库提要》对《周易》的研究运用的历史衍化过程的简要地梳理概括中不难看出，他们都提到了《周易》在其创作产生之初乃是为卜筮之用。从哲学角度来说，此卜筮之用又具体展开为一种"推天道以明人事"的思想活动，这也可以说是上古先贤作《周易》的本旨所在。作为宋代理学的集大成者，朱熹在研究《周易》时试图统一象数派和义理派，所以他在讲解《周易》时便首先强调："《易》本为卜筮而作""《易》之作，本只是为卜筮""《易》本卜筮之书"等①，而他最重要的易学著作《周易本义》也正是从卜筮的角度来展开其对《周易》的注解和诠释的。另外，朱伯崑先生亦曾从《周易》文献构成的衍化角度更具体地指出：

  掌管卜筮的官吏，编辑此书的目的，是基于占筮的需要。其在编纂筮辞的过程中，企图将其系统化，做过某种尝试，但由于卦爻象和卦爻辞来源于所占之事，受到筮辞自身的局限，不可能使其系统化。因此《周易》一书，就其形成说，乃占筮用的典籍。②

无论是就卦爻象和卦爻辞的来源来说，还是就掌管卜筮的官吏编纂《周易》（即将按照卦爻象的某种变化规律整理卦爻辞）从而使其系统化的尝试而言，都与古代的占筮活动有关。所以朱先生进一步指出："所谓'易本卜筮之书'，这一论断是正确的。"③ 质言之，《周易》在其创作产生之初乃是一本用于预测吉凶、指导民事的卜筮之书。当然，从文献构成的角度来看，作为卜筮之书的其实更确切地说应该是《周易》古经部分，

---

① （宋）朱熹：《朱子语类》第六十六卷，黎靖德编，岳麓书社1997年版，第1451—1452页。
② 朱伯崑：《易学研究中的若干问题》，载廖明春选编《周易二十讲》，华夏出版社2008年版，第52页。
③ 同上。

这一点在前面已提到过。至于其成书乃至定本之后，尤其是在作为十翼的《易传》产生并与《周易》古经部分合而为一之后，《周易》的作用便不再仅限于卜筮之用，而是逐渐向多个领域拓展扩充，其中又尤以围绕卦爻象而展开的象数学研究和围绕卦爻辞而展开的义理化的哲学建构为代表。正如《四库提要》中所说的，这些拓展扩充一方面使得《周易》文本开始"不切于民用"，另一方面使得易学研究"日启其论端"：前者说的是后世易学研究逐渐表现出一种脱离百姓日用常行的抽象化、思辨化的趋向，后者说的则是后世易学研究并未只循着某种单一的路向进行，而是相反，它展开为多种向度并呈现出丰富多彩的特点。当然，这些不同的领域和向度之间亦不是完全割裂独立进行的，相反它们之间有着相当的交叉和内在的关联。

值得进一步说明的是，无论是所谓"不切于民用"的抽象化、思辨化趋向，还是所谓"日启其论端"的多种向度的展开，皆不是可以简单地予以一概肯定或全盘否定的。这里可以从源与流的角度来做一些探讨：最初作为卜筮之书的《周易》古经乃是后世易学研究中多种向度之展开的源头，与此相应，后世易学研究中多种向度的展开则可看作是作为卜筮之书之《周易》的流射。这里的"流射"一词出自德国现代哲学家加达默尔（Hans-Georg Gadamer）的哲学诠释学，他在讨论绘画相对于原型的本体论意义时曾指出："绘画的独特内容从本体论上说被规定为原型的流射（Emanation des Urbildes）。流射的本质在于，所流射出的东西是一种剩余物。因此，流射出的东西所从之流射出的东西并不因为进行这种流射而削弱自身。"[①]"绘画就是一种表现事件。绘画与原型的关系非但不是对其存在自主性的削弱，反而使我们更有理由对绘画讲到某种存在的扩充。"[②]"每一幅绘画都是一种存在扩充（ein Seinszuwachs），并且本质上被规定为再现（Repräsentation），规定为来到表现（Zur-Darstellung Kommen）。"[③]另外，他还从哲学中一与多的关系的角度对上述关于原型和绘画的关系的讨论给出了一个具有总结性意义的表达："如果原始的'一'

---

① ［德］汉斯—格奥尔格·加达默尔：《真理与方法——哲学诠释学的基本特征》上卷，洪汉鼎译，上海译文出版社 2004 年版，第 184 页。

② 同上书，第 199 页。

③ 同上书，第 195 页。

通过其中流出'多'而自身没有减少什么，那就表示，存在变得更丰富了。"① 综上几句话的含义大体可以概括为这样两个方面：一方面，原型不因为从其中流射出绘画，而使自身存在的自主性有多少削弱或减少，并且，原型始终也在以某种方式贯穿于绘画的不断流射和表现中，从而与作为流射和表现的绘画发生关联，并为之提供某种原动力；另一方面，绘画作为原型的流射，它的存在也有其自身的独立性，也就是说，它不是完全依附或附属于原型而存在的，并且，原型在某种意义上只有通过作为其流射的绘画才能得以表现自身，也正因为作为流射的绘画的表现或再现，原型的存在才得以丰富和扩充。也正是由于绘画对于原型所具有的这种表现意义，许多西方哲学家（或美学家）将美学直接称作是作为表现的科学（如克罗齐等）。从一与多的角度来说，在这种从一到多的发展中，尽管多出自一，但一也并未因其中产生出多而使一有多少削弱，相反，正是由于多的发生，一的存在才得以充分表现和更加丰富。加达默尔对原型和绘画之间关系的这种本体论的探讨，在相当意义上也适用于作为卜筮之书的《周易》古经与后世易学研究中所展开的多种向度的关系上，后者便体现为如前所述的源头与流射的关系。就《周易》古经的源头性而言，它不仅体现在文本的层面上，而且更体现在它的卜筮之用上。当然，正如前面曾提到的，《周易》文本的特殊之点本来就是与其卜筮之用联系在一起的。正是作为卜筮之书的《周易》古经为后世易学研究中多种向度之展开提供了某种思想的原动力，即从每一个新的易学研究领域的开辟到每一个新的易学研究成果的出现，都必然离不开对作为卜筮之书的《周易》古经的研究；并且，尽管如前所述后世易学研究呈现出所谓"不切于民用"和"日启其论端"的趋向和特点，但事实上，《周易》的卜筮之用直至今天也从未完全中断过，即它仍在以某些变化了的样式存在于今天人们的日常生活中。甚至即使是反对将《周易》作卜筮之用的义理派易学家们（如当代学者金景芳、吕绍纲、朱伯崑等）也不得不承认，《周易》古经最初本来乃是卜筮之书。同样，就作为流射的后世易学研究中的多种向度而言，尽管它们的每一次

---

① ［德］汉斯—格奥尔格·加达默尔：《真理与方法——哲学诠释学的基本特征》上卷，洪汉鼎译，上海译文出版社 2004 年版，第 184 页。

展开都必然离不开对作为源头的《周易》古经的回复性研究,但是这并不影响或取消这些展开所具有的自身独立性。正是这些多向度的展开才使得《周易》的思想意义得以表现、扩充和丰富,从而使《周易》终究没有仅限于或仅止于卜筮之用上;也正是这些不断丰富和扩充的研究,创造了绵延不绝的中国文化,并使《周易》文本成为中国传统文化中的核心经典文本。

二 《易》成群经之首

从《周易》在思想史上所据有的地位来看,如前所述,它与《周易》文本在思想史上所发挥的作用有一定的关联性和对应性。前面的探讨已经表明,《周易》在其创作编纂之初乃是作卜筮之用的,随着历史的变迁与境遇的转换,后世易学研究者将其从原初的卜筮之用中解放出来并拓展扩充到思想和生活的其他各个领域。众所周知,卜筮活动作为一种预测吉凶的行为在世界各大文明的起源阶段属于一种非常普遍的现象,这乃是与上古时期人们的生产力水平和知识水平比较低下有关。陈来先生对此曾有具体的解释:

> 占卜起源甚早,其原因是人对自己要做的事情的结果没有把握,在面临选择时没有把握,为了避免由个人性的选择带来实际的危害,便把决定权拱让给占卜,由占卜对事态发展来负责。从认识上说,占卜是要获得对欲了解问题的答案或决定,而并非像巫术谋求以行为影响事物的进程。[①]

正是由于古人对自己所生活于其中的自然界以及自身能力的认识水平的低下,他们便不得不把生活中各种事务的选择决定权委托或拱让给神灵,企盼从神灵那里获得问题的答案。与卜筮活动的这种普遍性存在相联系,在上古时期各大文明起源阶段,占卜问神的方式亦是不拘一格、多种多样,即除了易筮(亦即用《周易》进行占筮)之外,还有诸如龟卜、

[①] 陈来:《古代宗教与伦理——儒家思想的根源》,生活·读书·新知三联书店 2009 年版,第 69 页。

猪胆筮、梦占等；同样，作为卜筮活动之参考依据的卜筮之书亦不止《周易》一种，安阳殷墟发现的甲骨卜辞便是证明。要而言之，易筮只是上古先民所发明的众多筮法中的一种，《周易》亦只是上古先民创作的众多卜筮之书中的一部。

然而，正如前面曾多次提到，《周易》文本性质之衍化的一个重要特点就是，尽管它最初是作为卜筮之书而出现的，但它终究没有仅止于或仅限于卜筮之用，而是呈现出两种发展趋势和特点，一是"不切于民用"的抽象化、思辨化趋向；二是"日启其论端"的多种向度的展开。这两种趋势和特点的发展，不仅拓展了《周易》在古人思想和生活中的指导性作用，而且提升了《周易》在古人思想和生活中的地位，从而使《周易》文本性质发生了某种根本性的转变，后者具体体现在《周易》从原来只是作为众多卜筮之书中的一种逐渐发展成为与《诗》《书》《礼》《乐》《春秋》等一样重要的经典性著作，甚至是群经之首，从而成为后世经学研究的基本组成部分。对此，朱伯崑先生就曾提到："从汉朝开始，《周易》被尊为群经之一，并居其首，对其研究，成为一种专门学问，即易学。"[①] 与《周易》成为群经之首相应，易学自然也构成了经学研究的重要组成部分。

冯友兰先生曾在其两卷本《中国哲学史》中将整个中国哲学史划分为两个阶段：

> 自孔子至淮南王为子学时代，自董仲舒至康有为为经学时代。在经学时代中，诸哲学家无论有无新见，皆须依傍古代即子学时代哲学家之名，大部分依傍经学之名，以发布其所见。其所见亦多以古代即子学时代之哲学中之术语表出之。[②]

也就是说，自儒家之兴起为子学时代之开端，自儒家之独尊为经学时代之开端，也是子学时代之结束。冯先生的这一划分，对于我们理解和研

[①] 朱伯崑：《易学研究中的若干问题》，载廖名春选编《周易二十讲》，华夏出版社2008年版，第39页。
[②] 冯友兰：《中国哲学史》（下），载《三松堂全集》第三卷，河南人民出版社2001年版，第7页。

究中国古代哲学史有相当重要的范式意义，它与易学史的研究亦有相当程度的契合，尤其是在经学时代开始之后，易学研究便基本成为经学的必要组成部分，直至近代随着旧的封建制度的覆灭、经学的结束，易学的研究才再次开启了它的新纪元。如果把子学时代看作是中国哲学乃至整个中国文化的奠基和原创时代，那么，经学时代则可看作是子学时代所奠定之思想基础的延续和发展，尽管从时间的长短上来说，后者远远长于前者。就研究方式来看，经学，正如冯先生所言，就是学者往往是将自己的所思所见通过注解诠释某部经典著作的方式表达和呈现出来，这与子学时代的学者，亦即先秦诸子百家并不特别依傍某个经典性著作，而是直接运用自己的语言阐发自己的思想观点有所不同。当然，此所谓"运用自己的语言"并不是说那些语言只为某些特殊的个人或学派所私有①，而是说他们往往出于更好地表达自己思想的要求而创造性地使用某种特殊的言说表达方式，如《论语》《孟子》多为语录体，《庄子》擅用"三言"（即寓言、重言、卮言），《荀子》则多为长篇大论等。经学时代的开始，毋庸置疑，当以经典的产生或确立为前提。所以，从经学史的角度来看，至少在汉初亦即董仲舒独尊儒术之时，《周易》已经成为与《诗》《书》《礼》《乐》《春秋》齐名并同样重要的经典，亦即所谓史称"六经"，或曰"六艺"。

另外，《周易》在"六经"中的地位，在经学史上也时有讨论，甚至争论。具体而言，这种讨论或争论主要体现为"六经"的排列次第的问题，并与今文经学和古文经学的对峙有关。对此，著名经学史家周予同先生曾这样解释道：

> 今古文学对于六经次第的排列，是有意义的。所谓意义是什么呢？就是古文学的排列次序是依六经产生时代的早晚，今文学却是按六经内容程度的浅深。古文学家以《易经》的八卦是伏羲画的，所以《易》列在第一。《书经》中最早的篇章是《尧典》，较伏羲为晚，所以列在第二。《诗经》中最早的是《商颂》，较尧、舜又晚，所以列在

---

① 维特根斯坦已从哲学的层面上证明了没有"私有语言"或"私人语言"的存在，因为语言的一个重要的甚至是本质性的标志或特征就是能被理解，尤其是能被他人所理解，而"私有语言"则要求只能为某个人自己所使用和理解，并从根本上否定了他人的可理解性。参见［英］维特根斯坦《哲学研究》，陈嘉映译，上海人民出版社2001年版，第135页。

第三。《礼》、《乐》，他们以为是周公所作，在商之后，所以列在第四、第五。《春秋》是鲁史，经过孔子的删改，所以列在第六。……至于今文学家对于六经次序的排列，颇含有教育家排列课程的意味。他们以《诗》、《书》、《礼》、《乐》是普通教育或初级教育的课程，所以列在先；《易》、《春秋》是孔子的哲学、社会学及政治学的思想所在，可以说是孔子的专门教育或高级教育的课程，所以列在后。①

不难看到，无论是在按照产生时代的早晚排序的古文学家那里，还是在按照内容的深浅程度排序的今文学家那里，《周易》都在某种意义上被看作是群经之首：就前者而言，《周易》是"六经"中产生最早的文献；就后者而言，《周易》作为一本哲学著作体现了上古圣贤对"性与天道"之形而上的追问与思考，后者在一定意义上可以看作是一切学问中最高的学问。如果说前者体现的是《周易》在时间上的在先性，那么，后者则体现的是《周易》在逻辑上的或者更确切地说是观念上的在先性。其实，《周易》的这种时间上的在先与逻辑上的或观念上的在先之间并非是截然对立的，而是有着某种思想上的内在关联性和统一性。正是这种思想上的内在关联性和统一性，使得古文经学派和今文经学派之间的对立不再是绝对意义上的，而更多乃是一种相对意义上的，下文的阐述将会证明这一点。如属于古文经学派的班固也曾从思想内容的角度更加明确地指出《周易》在"六经"中的重要意义乃至基础地位：

> 六艺之文：《乐》以和神，仁之表也；《诗》以正言，义之用也；《礼》以明体，明者著见，故无训也；《书》以广听，知之术也；《春秋》以断事，信之符也。五者，盖五常之道，相须而备，而《易》为之原。②

一个"原"字已然表达了班固对《周易》之根源性和基础性地位的

---

① 周予同：《群经概论》，载《周予同经学史论》，朱维铮编校，上海人民出版社 2010 年版，第 141—142 页。
② （汉）班固：《汉书·艺文志》，岳麓书社 1993 年版，第 766 页。

理解。这种根源性和基础性地位，体现在《周易》能够作为一种经典性著作而存在，而且在相当程度上能够据有群经之首的地位。

综上所述，从《周易》文本性质的衍化来看，它经历了一个从最初只是众多卜筮之书中之一种，到后来成为群经之首的转变。作为群经之首，《周易》不再仅限于日常生活中的卜筮之用，而是几乎涉及人们生活乃至思想的方方面面。概而言之，它不仅涉及形而下层面的各种具体的社会生活实践，而且还涉及形而上层面的"性与天道"的终极性的理解与思考。而从年代或时间来看，《周易》文本性质的这一衍化或转变又与前述《周易》文献构成的衍化相吻合，即它所经历的亦是自殷末周初经春秋战国直至汉初这一社会与思想文化大转型的轴心时期。所以，从文本性质的衍化来说，《周易》文本同样可以看作是中国历史文化的轴心期大转型之过程及结果的缩影或典范。

当然，值得补充说明的是，以上对《周易》文本性质之从卜筮之书到群经之首的历史衍化的讨论，绝不是要为《周易》是经典做论证，相反，这只是为了揭示《周易》文本与中国古代轴心时期价值规范体系建构过程之间的关联性和对应性，从而试图彰显《周易》文本的典型性。

三 从卜筮之书到易道形而上学何以可能

另外，上文对《周易》文本性质的揭示，亦即其从卜筮之书到群经之首的历史衍化，对于本书思考易道形而上学何以可能的问题亦有着极其重要的导向性意义。具体而言主要体现在两个方面：一方面，尽管《周易》后来发展成为了群经之首，但其最初却是为卜筮预测吉凶之用而作，这就意味着，对《周易》思想的研究首先应当从卜筮的角度展开；另一方面，《周易》之成为群经之首乃是许多因素的共同影响的结果，其中的一个重要因素可以说正是易道形而上学的哲学理论建构，因为后者使得《周易》不再仅仅停留于卜筮之用，而是发展成为一本哲学著作，所以，对易道形而上学何以可能问题的思考，同时在相当程度上也关涉对《周易》之如何成为群经之首的思考，后者乃是属于经典诠释学的内容。所以，本书的核心问题易道形而上学何以可能又可进一步被表达为：从卜筮之书到易道形而上学何以可能？

对于这一问题，事实上早已有学者注意到并对之做出过一些相应的研究。如余敦康先生曾设问道:"在这些形形色色的占卜形式中,为什么唯独从周人的筮占中发展出一套哲学思想体系,而其他的占卜却始终停留在宗教巫术的阶段,这种现象究竟应该怎样解释?"① 与余敦康先生的这个问题相类似,陈来先生也曾指出:"为什么是筮书的《周易》,而不是卜书或其他易书转化为后来哲学的人文主义与自然主义?"② 陈来先生此处所谓"人文主义"与"自然主义"实即分别是指强调人道(或仁道)原则的儒家哲学与强调自然原则的道家哲学,二者共同构成了易道形而上学的主要内容。显然,就余敦康、陈来两位先生的发问本身来看,他们无疑都注意到了《周易》从众多卜筮之书中脱颖而出,并从中发展出一套包含人文主义与自然主义等丰富内涵的哲学形而上学的思想体系这一事实;并且与此相应,他们也不约而同地将此问题的回答或解决都指向了《周易》文本本身相对于其他卜筮文献的特质的发掘与考察。如余敦康先生便对《周易》筮辞在内容、形式及其功能上的特点,以及卦爻符号系统的"象—数统一"的特点③做出了有关讨论:首先,就筮辞部分而言,余敦康先生指出:"第一,在内容上,《周易》筮辞除了占卜的记录以外,还有一部分卜筮占卜的记录,而是直接来源于现实生活的经验总结。""第二,在形式上,《周易》筮辞已经借助于占筮的特殊结构进行了加工整理,按照六十四卦、三百八十四爻的体系编排成了一个系统,不像卜辞那样毫无条理。""第三,在功能上,《周易》筮辞也和卜辞不同,它不是单纯作为史料保存的占卜记录,而是为后来的占筮提供参考和推论的依据。因此,它在认识过程中积极地发挥作用,有着从已知推出未知的创造性的功能。"④ 其次,就卦爻符号部分来说,余先生指出,"由于缺乏确凿

---

① 余敦康:《从〈易经〉到〈易传〉》,载黄寿祺、张善文编《周易研究论文集》第三辑,北京师范大学出版社1990年版,第108页。

② 陈来:《古代宗教与伦理——儒家思想的根源》,生活·读书·新知三联书店2009年版,第91页。

③ 此处所谓"象—数统一"并非余敦康先生的原话,而是笔者对余敦康先生关于《周易》卦爻符号系统之基本特点的讨论的一个概括,同时也是对《周易》卦爻符号系统之基本特点本身的概括。这是因为,笔者认为余敦康先生的讨论基本上还是切中实事的。

④ 余敦康:《从〈易经〉到〈易传〉》,载黄寿祺、张善文编《周易研究论文集》第三辑,北京师范大学出版社1990年版,第110、111、112页。

的文字说明材料,我们无从确定卦画的原始意义是什么"①,所以,"我们只能根据人们(即后世的易学研究者们——引者按)对它的解释来确定它的意义,而不能认为卦画本身表现了某种思想"②。通过对后世学者的解释的研究,余敦康先生说道:"《易经》筮法所用的占卜道具是蓍草,它的排列方式是有规则的。早在'卦象说'产生以前,已经推演出了一套符合数学变化规律的形式系统了。后来人们用象征意义来解释卦画,这套形式系统就起到了固定的规范化的作用。比如八卦所象征的事物,开始也和龟兆一样,带有极大的偶然任意的成分,但是由于八卦的卦画有固定的规范,能够把人们所赋予的象征意义固定下来,逐渐就约定俗成,相沿相习,确定为主要代表天、地、雷、风、水、火、山、泽八种物质,然后又在这个基础上不断地补充扩大,把一些相近的事物和属性也包裹进来,于是自然而然地发展成为一套自成系统的'卦象说'。"③ 应该说,余敦康先生的这一看法大体上是切中肯綮的。概而言之,一方面由于作为筮书的《周易》乃是借助蓍草作为占筮的道具,而蓍草的排列方式总是呈现出某种数学的规律性;另一方面经过后世学者们的不断研究、应用及解释,在这些研究、应用及解释中,《周易》的卦画逐渐被赋予了各种各样的象征性的意义,所以,《周易》的卦爻符号系统呈现出一种"象—数统一"的特点,即一方面具有一种数学的纯形式化的特征,另一方面又总是与某种实质性的象征意义相关联,二者分别体现了卦爻符号的抽象性与具象性的品格,并且前者对于后者具有某种规范性的意义。有关此点,下文将有详细讨论,此处不作赘述。陈来先生也有类似的结论:首先,就筮辞部分来看,陈先生指出,"在占辞的内容、性质上,《周易》显然较少'神明'之辞,筮辞记录也很少神明之事,主要是人事的预测。"④ 这体现出《周易》筮辞"与卜辞的一个最大的区别是,《周易》经文中直接反映周人对帝、天的宗教信仰的内容很少……从随机的观点来看,表明周人的占卜中

---

① 余敦康:《从〈易经〉到〈易传〉》,载黄寿祺、张善文编《周易研究论文集》第三辑,北京师范大学出版社 1990 年版,第 117 页。
② 同上书,第 119 页。
③ 同上书,第 123 页。
④ 陈来:《古代宗教与伦理——儒家思想的根源》,生活·读书·新知三联书店 2009 年版,第 91 页。

宗教性观念（如卜辞常出现的帝的观念）日趋淡薄"①。其次，就卦爻符号系统部分来说，陈来先生则更加直接地指出，"这正是因为《周易》一书本身包含了这种可能转化的特质和根据，即'数'的特质。简言之，《周易》是以数为基础的，这使得摆脱神鬼观念而向某种宇宙法则转化成为可能，这虽然不见得是《周易》作者的意愿，但却是人文化过程得以实现的一个内在根据。"② 不难看到，余敦康、陈来两先生对《周易》文本本身的特质的发掘与考察有其许多共同之处，并且其中不乏创见。然而，他们在将目光聚焦于作为卜筮之书的《周易》文本本身所具有的特质的同时，似乎对于易道形而上学乃至作为本体论（或存在论）的一般形而上学本身的可能性（亦即其奠基与建构）的思考有所忽视：如果说，前者主要体现的是对《周易》这样一个特殊文本的思想观念的研究，那么后者则更多涉及的是一种纯粹理论性的思考，而这才是本书对《周易》文本进行研究的最终指向或根本旨归。质言之，本书乃是试图通过对《周易》文本及《周易》筮占所具有的特质的发掘与考察，来思考涵摄天人、以"性与天道"的追问为核心内容的易道形而上学乃至作为本体论的一般形而上学的建构何以可能的问题。

---

① 陈来：《古代宗教与伦理——儒家思想的根源》，生活·读书·新知三联书店2009年版，第91页。

② 同上。

第二章　龟象筮数

——《周易》筮占的理性成分

上一章对《周易》文本的历史衍化的讨论表明，《周易》最初乃是众多卜筮之书中的一种，即它最初乃是为卜筮之用而作。所以，本书下面对《周易》思想的研究亦应从卜筮的角度展开。就本章而言便是，通过对《周易》筮占与龟卜等其他卜筮形式的比较，从而彰显易筮本身的理性成分，及其与易道形而上学建构之间的关系。

第一节　易筮的解释学化

《周易》之能够从最初的卜筮之书发展成为后来的群经之首，这显然是与《周易》之能够被广泛运用分不开的，并且这种广泛运用也并非仅限于卜筮预测的活动，而且还展开于更广义的认识世界与认识自己、改变世界与改变自己的知行活动之中，后者便体现为对《周易》文本及其筮占形式的具体研究和诠释。没有这种广泛运用和研究诠释，围绕《周易》而展开的易道形而上学的思考与建构便是很难想像的。事实也的确证明，那些缺乏广泛运用基础的卜筮之书或卜筮形式皆未能保存久远，更不用说成为与《周易》一样的传世经典，并构成中国文化的核心精神命脉了。进一步而言，《周易》的这种能够被广泛运用和研究诠释，亦不是偶然的，相反，它首先是跟《周易》文本及其筮占形式与龟卜等其他卜筮之书或卜筮形式相比较而独有的特质密切相关。那么《周易》文本及其筮占到底表现出一种什么样的特质呢？这种特质，从表面上来说，主要是指《周易》文本及其筮占表现出一种解释化，或称之为解释学化的特点[1]；从更深层面上来说，则是指《周易》及其筮占之以数观世界的方式，后者使得《周易》卦爻象系统呈现出一种"象—数统一"的特点。那么，首先，如何理解此所谓解释化或解释学化的特点呢？

具体而言，它包含两层意义：一是，与龟卜及作为龟卜之记录的殷墟卜辞等其他卜筮形式或卜筮之书相比，《周易》文本及其筮占具有更加丰富与自由的解释空间；二是，与龟卜及作为龟卜之记录的殷墟卜辞等其他卜筮形式或卜筮之书相比，《周易》文本及其筮占对于世界之在与人之在乃至存在本身具有更加强大而融贯的解释力。当然，这两层意义之间亦是有其内在关联的，即：正是由于《周易》文本及其筮占中所蕴含的丰富而自由的解释空间才使得它获得强大而融贯的解释力度。一般而言，在我们的日常生活中，那些具体而确定的、与我们的当下生存体验最切近的或一目了然的东西往往都意味着一种可直接理解性，而并不需要过多解释，相反，唯有那些越是抽象和不确定的东西才越是需要解释。因为解释行为本身就其实质而言总是展开为一种理解基础上的给予概念化规定的活动。

造成《周易》文本及其筮占的这种解释学化特质，亦即抽象化和不确定性的更深层次的原因在于作《易》者对于数变及其规律的发现，以及在此基础上而展开的以数观世界的方式。如果说，易筮对数变的重视以及在此基础上展开的以数观世界的方式更多体现为一种内在的观念化的形态，那么，作为《周易》著筮之符号化记录的《周易》卦爻象系统和卦爻辞系统则更多体现出一种外在的现实化的形态。此即《易传·系辞上》所谓"圣人立象以尽意，设卦以尽情伪，系辞焉以尽其言"。所以，易筮的解释学化的特质，亦即抽象化和不确定性的特点便不仅仅体现在《周易》以数为占的筮占形式上，而且还体现在作为《周易》著筮之符号化记录的《周易》卦爻象系统和卦爻辞系统上，正是后者（即《周易》的卦爻象和卦爻辞）使得《周易》文本具有了一种（与其他许多文献相比）特殊的文献构成，而这种特殊的文献构成本身也正是《周易》特殊的思想观念的表达形式。

---

[1] 参见黄玉顺《中西之间：轴心时代文化转型的比较——以〈周易〉为透视文本》，载《面向生活本身的儒学——黄玉顺"生活儒学"自选集》，四川大学出版社2006年版，第185—188页。

第二节　易筮的现实根源与理论依据

《周易》最初乃是众多卜筮之书中的一种，它乃是为卜筮之用而被发明和创作出来的。作为一种卜筮行为活动，《周易》占筮不仅有一定的现实根源，而且也有相当的理论依据。又，由于《周易》卦爻象和卦爻辞正是《周易》占筮的产物，因此，易筮的现实根源与理论依据，在相当程度上同时也就是《周易》卦爻象和卦爻辞之产生的现实根源与理论依据。

首先，《周易》占筮有其一定的现实根源。这种现实根源主要体现为人类所生存于其中的世界的多样性与变化性的特点，以及人类自身的趋利避害的自然趋向和人的有限性本质，尤其是理性认识能力的有限性这两个方面。正是这两个方面使得占卜预测获得了必要性与可能性。不难看到，在这两个方面中，前者更多是与世界之在有关，后者则是与人自身的存在，亦即人之在有关。而之所以与这两个方面有关，这是因为就人的存在的面向来说，人类的生存主要涉及物我、人己，亦即人与世界（或自然界）之间的关系、人与人之间的关系两个方面；如若从整体性的角度来说，那么这两个方面又统一于天人之际中。

具体而言，一方面从现象或形而下的层面来看，世界的存在总是呈现出一种多样性和不断变化的特点，其中多样性主要指的是不同存在者在共时状态下所产生的不同的表象，如这片树叶与那片树叶的不同，树枝与树干的不同，动物与植物的不同等；而变化性则更多指向的是同一存在者在历时状态下所产生的表象，如某物之从产生到发展到高潮到毁灭（亦即"成住坏空"），人之生老病死，春夏秋冬之循环往复等的过程。进一步来说，前者又是与人类对世界之在的静态直观有关，后者则是与人类对世界之在的动态直观相联系。总之，就人的感性直观层面来看，世界之在并不表现为一种单一化的、一成不变的形态。另一方面，无论是对于作为个体的某一个人来说，还是对于作为群体的整个人类来说，生命的延续无疑是最核心的价值问题，甚至可以说在相当程度上也是一切理论与实践活动的根本目的与指向。康德的道德哲学中所谓"人是目的，而非手段（或工具)"的看法在一定程度上也体现了这一点。① 与此核心价值问题相联系的是，人类的生存活动总是体现出一种趋利避害的特点。世界之在的这种现象或形而下层面的多样性与变化性特点以及人类自身存在中的趋利避害的自然趋向这两方面因素的共同作用，使得人类的生存活动就其实质内容而言便主要展开为通过认识世界与认识自己从而实现改变世界与改变人自身的历史过程，而卜筮活动亦正是这一历史过程中的重要产物。也就是说，作为人与世界、人与人之间的打交道的基本方式，认识世界和认识自己、改变世界和改变自己不惟展开于科学（对知识的追求）和哲学（对智慧的追求）的探索中，而且也展开于各种卜筮活动中。所以，正是在这个意义上，科学、哲学和卜筮、宗教等在相当程度上有其共通的根源。

然而，在人类认识世界与认识自己的活动过程中，人类自身认识能力，尤其是理性认识能力的有限性便体现出来并在相当程度上限制着人对作为整体的世界的认识范围。前文曾提到，在哲学史上，出于为建立科学的，亦即具有普遍必然有效性的形而上学奠定坚实基础的目的，康德首先通过划界的方式对人的认识能力进行了相关的考察，通过他的考察，理性的有限性被着重提了出来。理性的有限性的提出决定了思辨的形而上学被宣告破产，或顶多是一种玄想。不过，需要进一步指出的是，具体就理性认识能力的有限性本身而言，它事实上并不是说理性认识本身是有限的，而是指人类理性认识能力的有限性乃是与人的感性存在和终有一死性相联系，或者说它就是由人的感性存在和终有一死性决定的。黑格尔曾指出这一点：

> 哲学是认识，也只有通过认识，人作为上帝的肖像从这一原始的使命才会得以实现。这个神话（即摩西神话——引者按）又说道：上帝把人从伊甸园里驱逐出去了，以便阻止他吃那生命之树。这话的真义即在于指出就人的自然方面来说，他确是有限的，同时也是有死的，但就他在认识方面来说，他却是无限的。②

----

① 康德指出："每个有理性的东西都须服从这样的规律，不论是谁在任何时候都不应把自己和他人仅仅当作工具，而应该永远看作自身就是目的。"参见［德］康德《道德形而上学原理》，苗力田译，上海人民出版社2006年版，第52页。
② ［德］黑格尔：《小逻辑》，贺麟译，商务印书馆1980年版，第91页。

这就是说，理性认识本身乃是无限的，而有限性乃是就人的自然方面的感性存在和必死性而言的，正是这种自然的感性存在和必死性决定了人类通过理性认识世界与人自身总是会关联着感性的经验，以及受到必死性的限制，从而呈现出有限性的特点。海德格尔也曾将有限性作为人的存在的本质规定性，并以此作为形而上学之所以发生与可能的基源（或根本前提），从而在此基础上讨论形而上学的奠基问题。[①] 也就是说，正是人的有限性构成了形而上学思考与建构冲动的起点。这一点其实很好理解，即如果人是一种纯粹理性的存在者而没有感性存在的属性，并且人是不死的，或者说人是永生的，那么也就不会涉及生命延续乃至永恒价值的问题，更不消说什么如何通过认识世界和认识自己从而改变世界和改变自己的问题，也就无所谓形而上学的思考与建构的问题。与人的趋利避害的自然趋向和有限性的本质属性相联系，人类往往便会将自己的命运寄托于某种神秘的力量，从而寄希望于这种神秘的力量来实现自己生存的福佑和保证自己生命的延续。要而言之，卜筮行为活动就其现实而言亦根源于人的形而上学冲动。《周易》占筮的创造不可能是出于一种无任何实用或生活目的的纯粹理论的或思辨的智慧的追求，毋宁说，它所追求的就是一种实践智慧，即为日常的生活实践提供规范与指导的智慧。《周易》文本中的卦爻象和卦爻辞正是这种实践智慧的产物或结晶。

其次，《周易》占筮也有其一定的理论依据。这种理论依据乃是指易筮，亦即《周易》占筮作为一种通过预测未来事态吉凶从而指导日常生活实践的仪式活动，不惟只是一种巫术迷信行为，其中也有着相当的理性成分，后者使得《周易》筮占在一定程度上也呈现出某种科学的合理性。当然，这乃是与《周易》占筮的自身特点有关的。以往许多学者对于《周易》占筮的研究，往往都是首先或更多将其作为一种巫术行为，进而从一般巫术活动的角度讨论易筮中所可能包含属于某种原始宗教思维的思想观念及其所体现的思想特征；尽管间或涉及或提起易筮中包含着某些理性的或人文的因素，但是这些都无法掩盖它作为巫术的原始宗教思维的本质。然而本书的看法则是，易筮从其产生之初就已经蕴含和体现了一种与

[①] 参见［德］海德格尔：《康德与形而上学疑难》第二章的第4—6节，王庆节译，上海译文出版社2011年版。

其他卜筮活动形式所不同的理性的成分，这种理性成分的产生，一方面与发明和创造易筮这种筮占形式的民族的生存环境有关；另一方面又与作《易》者，亦即发明和创造易筮这种筮占形式的民族或人民观察、理解世界的方式有关。正是易筮的这种理性成分，为后来的易道形而上学的思考与建构，以及《周易》之从卜筮之书发展成为群经之首奠定了基础。当然，值得强调的是，本书对易筮中蕴含和体现的理性成分的强调也仅是笔者本人对于易筮的一种理解和诠释；至于它究竟是否是《周易》作者的原意，则已经逸出了笔者所要考虑的问题范围。那么，使得《周易》筮占区别于其他卜筮形式从而蕴含和体现了科学与理性成分的因素到底是什么呢？答案是："象—数统一"，即《周易》在其创作之初就具有一种"象—数统一"的特点。如果我们承认《周易》的成书是先有作为符号系统的卦爻象，后有作为文字系统的卦爻辞，那么，这种"象—数统一"的特点首先就蕴藏在作为符号系统的卦爻象之中，而后来文字性的卦爻辞部分则正是依据对卦爻象的"象—数统一"特点的分析与理解而系附上去的，亦即《易传·系辞上》所谓"观象系辞"。那么，如何理解此所谓"象—数统一"的特点呢？显然，对此所谓"象—数统一"之特点的理解与阐释，必须与《周易》占筮形式本身（与龟卜相比）的特殊性相联系，后者具体而言即是作《易》者对数变的重视以及在此基础上展开的以数观世界的方式。而作为《周易》占筮的产物，《周易》卦爻象的"象—数统一"的特点无疑亦正是源于易筮这种卜筮形式的特殊性。不过，由于易筮的这种特殊性本身乃是相较于龟卜等其他卜筮形式而言的，所以，要阐明易筮的这种特殊性，便需要在与龟卜的比较中讨论。

不过值得一提的是，《左传·僖公十五年》载其时晋国韩简之语云："龟，象也；筮，数也。物生而后有象，象而后有滋，滋而后有数。"所谓"龟"即是龟卜，所谓"筮"即是蓍筮：这句话中的前半句主要谈论的是龟卜与蓍筮这两种卜筮方式之间的区别，而后半句则是通过对象与数之间的关联性的讨论来说明两种卜筮方式之间的联系。就它们之间的区别来说，龟卜乃是根据龟甲被钻凿烧灼之后所呈现出的兆象断定吉凶，而蓍筮则是根据蓍草的屡次分陈之后所得的数目的奇偶从而成卦来预测吉凶悔吝。也就是说，前者是以象为核心，后者是以数为特质的。那么，此处说《周易》卦爻象的特点是"象—数统一"，不是与《左传》韩简所言相左了吗？尽管韩简也谈到了象和数之间的联系，但是很显然他所谓的象主要是指龟卜兆象，而非易筮所得的卦爻之象。也就是说，韩简所说的象与数之间的关联性涉及的是两种卜筮方式之间的关联性，而非此处所谓《周易》卦爻象的象—数统一性。又，前面的导论部分曾不仅提到《周易》文本的基本特质与核心要素可概括为象，易学的思维方式乃是"象思维"（如王树人先生所指出的），而且还提到"《周易》是以数为基础的"（如陈来先生所指出的），那么，这不是有矛盾了吗，或者至少说是前后不一？答案显然是否定的，即它们并不矛盾，也不与《左传》中韩简所说的"龟象筮数"相左。理由就是此处所谓的"象—数统一"，也就是说，在易筮中既有象的成分，也有数的因素，二者密切相关，相互统一；与易筮的这种二重性相应，《周易》卦爻象同样亦是既有象的成分，也有数的因素。正因为此，《周易》卦爻象才呈现出一种兼具抽象性与具象性的二重性品格（详见本书第三章中对《周易》卦爻象的讨论）。易学史上所谓"两派六宗"中所谓"象数派"的提法及其思想在相当程度上也是基于《周易》卦爻象的这种"象—数统一"的特点。今人吕绍纲先生曾指出：

> 如果要用一句话扼要地概括出《周易》这部古书的特点，那么我们可以说，它的最为根本的特点是：它用筮与卦表达思想。筮就是数，卦就是象。所以也可以说《周易》用象数表达思想。[①]

显然，吕绍纲先生将《周易》一书的特点概括为"用象数表达思想"在一定程度上也看到了卦爻象中象与数相统一的特点，即象与数之间的这种统一性的关系乃是源于筮与卦，即《周易》筮占与《周易》卦爻象之间的内在关联性。

第三节 易筮的思想观念及其本质特征

从表面上看，龟卜以象为占，易筮以数为占，二者只是不同的卜筮形式，即通过不同的操作程序以预测未来吉凶的形式，但实际上它们却蕴含

[①] 吕绍纲：《周易阐微》，上海古籍出版社2005年版，第9页。

着两种完全不同的思想观念，后者不仅使得龟卜与易筮呈现出截然不同的本质特征，而且它们后来各自的不同命运也正是源于这两种不同的思想观念。那么，龟卜与易筮到底蕴含和体现着什么样的思想观念和本质特征呢？

一 偶然性与必然性的统一——易筮的思想观念

如前所述，卜筮活动作为人与世界、人与人之间打交道的一种特殊方式，也涉及认识世界和认识自己、改变世界和改变自己的内容。龟卜与易筮作为卜筮形式，显然也体现着对世界与人自身存在的两种不同的认识与看法，后者又进一步根源于人们对世界和人自身存在的观察和认识方式的不同。

首先，任何一种卜筮形式，作为预知未来吉凶的手段，它们都以承认吉凶之可见的观念为前提，亦即是《易传·系辞上》所谓"天垂象，见吉凶"。"见"者，显现之谓，也就是说，"天"有所显，人方有所见。只是天之显现与人之预见之间并非是一种主动与被动的关系，即只有"天"主动地"显"，人只能被动地"见"，相反，天之"显"与人之"见"其实展开为一种交往互动的关系，即天之"显"亦需人之"见"才得以真正地"现"。吉凶之是否可见直接决定着卜筮预测活动之展开的意义及可能性。如果吉凶根本都不可见，那么所谓卜筮预测活动也就没有意义，甚至都不可能发生。与吉凶之可见的观念必然相联系的则是吉凶观念本身在人的意识中的发生，后者具体体现为世界（作为存在者之全体）的存在与变化对于人的生存的现实意义，即利害。所以，与人的趋利避害的自然倾向相应的便是各种趋吉避凶的行为活动。就吉凶观念本身而言，尽管它发生于人的意识之中，但它却不是人的意识之中的某种先验观念形式，即既非某种感性直观的先天形式，亦非某种知性思维的先验范畴（如康德在《纯粹理性批判》中对经验知识之可能性条件所做的思考）；尽管它与主体之外的客观世界有密切的联系，但它却不是客观世界自身的自然属性。毋宁说，吉凶观念正是人与作为存在者之整体的世界打交道的产物，亦即生存实践基础上的交往与互动过程中的产物。进一步来说，它乃是人类在认识世界与认识自己、改变世界与改变自己的历史过程中的产物。因此，无论是吉凶观念本身的发生，还是不同卜筮活动形式预测吉凶的方式及其可能性，抑或是它们对待通过卜筮预测所得之吉凶事态的理解与态度，都蕴涵和体现着人们对世界之在以及人之在的不同看法与观念，而这些不同看法与观念又是根源于人类认识世界和认识自己的不同方式，亦即人们对作为存在者之整体的世界的观察和理解的不同方式。

前面讨论卜筮的现实根源时曾指出，从现象或形而下的层面来看，世界的存在总是呈现出一种多样性和不断变化的特点。世界之在的这种多样性和不断变化的特点，使得世界首先呈现出某种偶然性的特点。正是这种偶然性使得卜筮预测形式的产生及其活动的发生具有了相当的必要性，后者乃是与人之趋利避害、趋吉避凶的自然趋向相联系的。这是因为，一方面，我们甚至都无法想像一个完全同一的、不变的世界；另一方面，面对这样一个具有相当偶然性的世界，人类如果不主动对之做出某种相应的观察预测，而总是被动地接受，那么人类生存便很难得到长久地延续，更勿论文化的发展进步了。不过，尽管世界之在由于其多样性和变化性的特点从而呈现出偶然性的品格，但这种偶然性亦不是绝对的，也就是说，世界并非是完全杂乱无章地存在着。很显然，如果世界之在只有纯粹的偶然性，如果世界完全是杂乱无章地存在着、呈现着，那么卜筮预测形式及活动本身亦是不可能的，或者说至少是难以展开的。与此相联系，人类自身的生存同样也难以延续和发展。所以，无论是就卜筮预测活动的目的指向而言，还是就卜筮预测活动本身的可能性来说，它们都是与世界之在的多样性中的统一性和变化中的规律性有关，这种统一性和规律性使得世界之在在呈现出相当的偶然性的同时，也展现出某种必然性，而且后者（即世界之在的必然性）也不是完全绝对的。因此，从更加全面或整体的角度来说，世界之在其实蕴涵和体现了一种偶然性与必然性的统一。正是世界之在的这种偶然性与必然性相统一的本质特征，使得卜筮预测活动的展开获得可能性。当然，进一步从根源上来说，作为人类在与世界交往互动过程中所产生的对世界的一种理解和解释，世界之在的这种偶然性与必然性相统一的特征，事实上不仅与世界自身的客观性有关，而且更与人类观察和认识世界的方式有关，并同时引导和制约着不同卜筮活动形式的产生与发展。因为即使是卜筮活动也涉及对世界和人自身存在的认识与改变，所以很显然，只有那种能从整体性的角度对世界和人自身存在做出更加真切的认识与把握的卜筮形式才更有现实意义和思想价值，同时也才可能流传长久。这一点尤其就体现在龟卜与易筮这两种不同的卜筮形式上。

其次，就龟卜和易筮这两种不同的卜筮形式本身来看，龟卜占断吉凶的根据乃是龟骨钻凿烧灼之后所呈之兆象，而易筮占断吉凶的根据则是蓍草"分挂揲归"等数变之后所得之卦爻象。龟卜中尽管有人工参与的成分，但这种人工参与的成分主要是与所占卜之事有关，它不仅对于最后作为占断吉凶之根据的兆象的呈现与判断没有决定性的意义，而且它本身也几乎不具有什么实质性的意义；与此相联系，龟卜兆象的呈现只有偶然性，而没有必然的规律性（至少对于卜者而言），也就是说，最后的吉凶判定都是由这种偶然性所决定，或者更确切地说是交给能够通达和显示神意的龟骨当下的偶然所成之象来决定。这表明，在信奉和运用龟卜的人们的观念中，世界不仅是变化的，而且这种变化是无常的，或者说是没有规律可循的。如果从时间的角度来说，龟卜的这种依据当下呈象来预测未来的形式遗忘或忽视了过去的经验的重要意义，也就是说，在时间的三个维度，即过去、现在和未来中，只有现在和未来两个维度，过去的维度则是阙如的。就时间的这三个维度对人的生存的意义和关系来看，如果说未来更多指向的是一种变化的无限可能性，那么过去则意味着某种实体的持存性和同一性，这两者又共同统一于当下的生存领会与体验之中。其中，对实体的持存性和同一性的认识便涉及对世界或事物变化规律的发现。而对世界或宇宙之整体的理性认识在相当程度上就体现为对作为变化中的不变的规律的发现，因此，对过去的经验的反思（Nachdenken）在对作为整体的宇宙或世界的理性认识中便具有决定性的意义。所以很显然，在龟卜的观念中，对世界或宇宙整体的基本的理性认识基本上是阙如的。而在易筮中，从最初的揲蓍分陈到后面的依照卦爻象而进行的吉凶占断，不仅都需要人的参与，而且更重要的是，易筮中的人的参与对于最后作为占断吉凶之根据的卦爻象的产生及解释都具有决定性的意义，同时人的参与的每一个步骤本身也具有一定的实质性的象征意义。《易传·系辞上》曾对古代的《周易》筮占法有详细记载：

> 大衍之数五十，其用四十有九。分而为二，以象两；挂一，以象三；揲之以四，以象四时；归奇于扐，以象闰；五岁再闰，故再扐而

后挂。天数五，地数五，五位相得，而各有合。天数二十有五，地数三十，凡天地之数五十有五，此所以成变化而行鬼神也。乾之策二百一十有六，坤之策百四十有四，凡三百有六十，当期之日。二篇之策，万有一千五百二十，当万物之数也。是故四营而成易，十有八变而成卦。①

显然，"分而为二，以象两"，此所谓"两"是指天、地；"挂一，以象三"，此所谓"三"是指天、地、人三才；"揲之以四，以象四时"，此所谓"四时"即是指春、夏、秋、冬四季循环往复；"归奇于扐，以象闰"，此所谓"闰"则是指闰月，它们体现着人们对宇宙或世界发展变化的一些基本经验；与此相联系的是，易筮的数变所得之卦象尽管充满了变化，但是这些变化中却具有某种规律性，这种规律性的发现使得吉凶的判定不再充满偶然性，而是总呈现出某种规律性的变化，后者进一步的结果便是，筮者可以通过对规律的掌握和运用从而在一定程度上改变某种似乎是既定的"命运"。当然，就改变所谓既定命运而言，它所涉及的不只是对卦爻象变化规律的掌握和运用，而且还关涉对作为整体的世界或宇宙之发展变化规律的发现与认识。徐志锐先生亦曾指出这一点：

在"大衍之数"的推演过程中，数的变化有着严整的规律性，而这个数的变化规律性在《易传》作者看来又恰恰体现着事物发展变化的规律性，以此来说明蓍和万事万物一样，它的发展变化是有着内在规律可循的，不是盲目的变化，万事万物按其固有规律发展变化，最终总是有个必然性的结果。蓍通过数的有规律性的发展变化，最终总要得出一卦，这一卦便也就代表了事物发展的必然性，蓍的

---

① 尽管《系辞传》关于《周易》筮占法的这一段记载未必就是上古先民作《易》之时最早的筮占之法，而且无论是从这里所记之筮法过程的复杂烦琐程度来看，还是从这段话中所提及的筮法过程中的各个环节的具体象征意义来看，似乎都表明，《系辞传》中所记载的筮法应该是比较后起的，而不太可能是上古先民作《易》之时最早的筮占之法，然而，这也并不意味着，《系辞传》所记载的筮法与作《易》早期的筮法之间没有任何的关联性。所以，毋宁说，《系辞传》所记载的筮法很可能是上古先民作《易》之时最初所创之筮法的一种经过进一步发展和完善的版本。关于《周易》筮法的具体内容及其演变过程，高亨先生在其《周易古经通说》中曾有详细考辨，参见高亨《周易古经今注》，清华大学出版社2010年版。

"极数知来"作用就是这样体现的。①

楼宇烈先生曾提到:"筮占法起源于数,是古人对数变的一种崇拜。"② 对数变的崇拜无疑是与对数变本身的规律性的发现分不开的,但是如若仅仅着眼于数变本身的规律性,而忽视或不考虑它跟世界或宇宙整体之发展变化规律之间的关系,那显然是不够的。如果说,对卦爻象变化规律的掌握和运用乃是源于对数变规律的发现,那么,对世界或宇宙整体之发展变化规律的发现与认识则在相当程度上与人们以数观世界相关,后者同时也正是使《周易》筮占及其卦爻象具有"象—数统一"特点的真正根源,而前述所谓易筮中的科学和理性的成分亦正源于此。

二 "人谋"与"鬼谋"的统一——易筮的本质特征

前面通过对龟卜与易筮之卜筮方式及其所蕴含之思想观念的分析指出,在龟卜中,与龟骨烧灼之后呈象无规律可循相联系,世界的变化在卜者那里也具有一种无规律性的特点;而在易筮中,与蓍草分陈数变之后所定的卦爻象的规律性变化相联系,世界的变化在筮者那里则呈现出一种规律性的特点。那么,与这两种不同的思想观念相应,两种卜筮形式又体现出如何不同的本质特征呢?

从两种卜筮方式的操作过程及其占断吉凶的基本依据来说,传统的看法主要是从"鬼谋"与"人谋"③的角度对之进行区分,即将通过钻凿烧灼龟甲兽骨所呈现之兆象来占断吉凶的龟卜看作是"鬼谋",而将通过蓍草分陈而得之数进行占断吉凶的《周易》蓍筮看作是"人谋"。然而,实际上事情没有这么简单。如王振复先生曾提到:

> 如果将蓍龟、杂占等中华传统巫术再加以分类……我们说,可以分为三类:一是"天启"巫术,比如杂占(在中华古代又称为物

---

① 徐志锐:《论〈周易〉的筮法》,载廖名春选编《周易二十讲》,华夏出版社2008年版,第135页。
② 楼宇烈:《易卦爻象原始》,《北京大学学报》(哲学社会科学版)1986年第1期。
③ "人谋""鬼谋"出自《易传·系辞下》,原文为:"天地设位,圣人成能;人谋鬼谋,百姓与能。"

占);二是半"天启"、半"人为"的巫术,比如盛于殷代的龟卜;三是"人为"巫术,指的是《周易》占筮。①

如果将这里的"天启"看作是与"鬼谋"有关,而将"人为"看作是与"人谋"有关,那么,按照王振复先生的看法,龟卜便应当属于一种半"鬼谋"、半"人谋"的巫术,而蓍筮则属于一种纯"人谋"的巫术,而只有"杂占"(或"物占")才是纯粹的"鬼谋"。又如王夫之曾说道:

> 大衍五十,而用四十有九,分二挂一,归奇过揲,审七、八、九、六之变以求肖于理,"人谋"也。分而为二,多寡成于无心不测之谓神,"鬼谋"也。②
>
> 若龟之见兆,但有"鬼谋"而无"人谋"。③

王夫之在这里谈及的只有龟卜和蓍筮之间的区别,而并没有谈到前述王振复先生所谓的"杂占"或"物占"等形式。显然,在王夫之看来,《周易》蓍筮中既有"人谋",也有"鬼谋",而龟卜中则只有"鬼谋",而无"人谋"。那么,到底孰对孰错、孰是孰非呢?就王振复先生的说法来看,他将龟卜看作是半"天启"、半"人为"的巫术可能是因为考虑到在龟卜形式中,龟甲兽骨在烧灼呈象之前也需要巫卜先对之攻治,即"先进行锯削处理,然后在背面(少量牛胛骨在正面)施以凿、钻"④,而将《周易》蓍筮看作是纯"人为"的巫术则可能是因为在蓍筮形式中,无论是揲蓍成卦,还是在成卦之后对卦爻象乃至卦爻辞的分析与解释,都只有人的参与。然而,实际上问题并非如此简单。在龟卜形式中,由于卜者乃是通过烧灼之后所呈现的兆象来推断吉凶的,不同的兆象对应着不同的吉凶结论,这都是之前规定好的,不需要、也容不得卜者进行自由发

---

① 王振复:《巫术:〈周易〉的文化智慧》,浙江古籍出版社1990年版,第99页。
② 王夫之:《周易内传·系辞下传》第十二章,《船山全书》第一册,岳麓书社1996年版,第615页。
③ 同上。
④ 张其成:《象数易学》,中国书店2003年版,第8页。

挥。如《尚书·洪范篇》曾记载周朝初年箕子之语云：

> 曰雨，曰霁，曰蒙，曰驿，曰克；曰贞，曰悔。凡七，卜五，占用二。

这里的"凡七，卜五，占用二"是说，总共有七中占断吉凶的象，其中前五种即"雨""霁""蒙""驿""克"，乃是龟卜所呈之兆象，而后两种即"贞""悔"则是《周易》筮占所定之卦象。对于这五种卜兆之象，《尚书》伪孔安国传解释曰："龟兆形有似雨者，有似雨止者。""蒙阴暗""气络绎不连属""兆相交错"。张其成先生曾解释其大意为："雨：像下雨一样的裂纹；霁：像雨停止以后的裂纹；蒙：暗蒙模糊的裂纹；驿：时断时续的裂纹；克：纵横交错的裂纹。"并指出："从《周礼》和《礼记》的记载看，能察看如此细微的恐怕只有卜人。"[①] 而就每一次龟卜呈象而言，其中最重要的莫过于，一旦烧灼完成之后，它所呈现的兆象便是固定不变的；与兆象的不变相应的是，所占之事的吉凶结论也就确定不变了。王夫之将龟卜看作是只有"鬼谋"而无"人谋"（即"若龟之见兆，但有'鬼谋'而无'人谋'。"），也正是基于龟卜呈象的不变性。而在《周易》蓍筮形式中，一方面，从揲蓍成卦，到成卦之后对卦爻象和卦爻辞的分析与解释全都是人的参与：首先，在揲蓍成卦的过程中，每一个环节都是筮者按照一定的筮法规则而展开的，即前述《易传·系辞上》所记载的"大衍之数五十，其用四十有九。分而为二，以象两；挂一，以象三；揲之以四，以象四时；归奇于扐，以象闰；五岁再闰，故再扐而后挂。……是故四营而成易，十有八变而成卦"（如果我们承认《易传》所记载的这一段筮法程序就是上古筮占的遗存，或至少可能是多种筮占方式中的一种的话），并且就此展开的过程而言，从最初的50（"大衍之数"）到最后的24、28、32、36四个数的获取，都是全靠人为的数学推算；其次，在"十有八变而成卦"之后，无论是对于卦爻象的分析，还是对卦爻辞的解释，其中都既有逻辑的推演，也有筮者联系所

[①] 此处对五种卜兆之象的解释，即包括伪孔安国传的解释及其大意的白话解释，皆引自张其成先生《象数易学》，中国书店2003年版，第14页。

占之事而进行各种联想与想像，所有这些也都是一种人为的过程。另一方面，在揲蓍成卦过程中却也有"天启"因素的参与，即在"分而为二，以象两"这一环节上，每一边分多少这完全是任意的，亦即是不确定的，也就是王夫之所谓"分而为二，多寡成于无心"。与这种任意性、不确定相应的是，揲蓍分陈之后所得的数字也呈现出一种变幻莫测的特点，也就是王夫之所谓"不测之神"。（当然，这种变幻莫测也是在一定的范围之内的，即最终的结果只会在24、28、32、36这四个数之间变化①，而这种在一定范围内的有规律的变化正是由于前述筮法规则决定的。）王夫之也正是在这个意义上，认为《周易》蓍筮中不仅有"人谋"的因素，而且也有"鬼谋"的因素。这也是与《易传·系辞下》所谓"人谋鬼谋，百姓与能"相应的。朱伯崑先生也曾同样指出：

> 同是迷信，二者相比，有两点不同。其一，钻龟取象，其裂痕是自然成文，而卦象是手数蓍草之数，按规定的变易法则推衍而成。前者出于自然，后者靠人为推算。其二，龟象形成后，便不可改易，卜者观其纹，便可断其吉凶。但卦象形成以后，要经过对卦象的种种分析，甚至逻辑上的推衍，方能引出吉凶的判断，同观察龟兆相比，又具有较大的灵活性和更多的思想性。②
> 龟卜的兆象出于自然裂痕，不存在逻辑的思维；而《周易》的卦象则出于奇偶两画的排列组合，是人的理性思维的产物。③

尽管朱伯崑先生将龟卜与筮占都称之为迷信或许有所偏颇，但是他对龟卜和易筮这两种卜筮方式之不同的讨论则是基本上切中了本质和要害的。楼宇烈先生则更加精辟地概括道："卜尚兆象，筮重数变。"④《易传·系辞上》中也非常简略地点出易筮的特点："极数知来之谓占。"即《周易》筮占乃是通过穷尽数的变化从而预知未来吉凶事态。所以，相较而言，显然王夫之的说法要比王振复先生的概括和归类更加切中龟卜与蓍

---

① 参见刘大钧《周易概论》，巴蜀书社1999年版。
② 朱伯崑：《易学哲学史》（一），昆仑出版社2009年版，第8页。
③ 同上书，第18页。
④ 楼宇烈：《易卦爻象原始》，《北京大学学报》（哲学社会科学版）1986年第1期。

筮的本质区别。要而言之，与龟卜形式中只有"鬼谋"的本质特征不同，《周易》蓍筮中体现出一种"人谋"与"鬼谋"相统一的本质特征。

在讨论了龟卜与易筮之间的本质区别（即前者重兆象，后者重数变；前者只有"鬼谋"，后者则是"人谋"与"鬼谋"的统一）之后，接下来的问题便是，这样两种蕴含着不同思想观念和体现着不同本质特征的卜筮形式是何以可能呢？此所谓"何以可能"的追问指向的并非是它们的历史起源，而是它们在思想观念层面上的根源或依据。尤其是，易筮之重数变与象又有什么关系呢？进一步而言，《周易》筮占的这种通过揲蓍成卦来占断吉凶、预测未来的卜筮形式，究竟如何体现出前述所谓"象—数统一"的特点，以及如何使易筮获得一种科学和理性的成分的呢？简言之，它们乃是源于不同地区或民族之观察和理解世界的不同方式。

第四节　龟卜与易筮各有起源、互有影响

作为两种不同的卜筮形式，龟卜与易筮不仅蕴含着完全不同的思想观念，而且也呈现出各自不同的本质特征。那么，这两种蕴含和体现着不同思想观念及本质特征的卜筮形式究竟缘何而起呢？二者之间又有着什么样的关系呢？

从这两种卜筮方式产生的时间来说，以往的一般看法是龟卜为商人所发明和使用，易筮为周人所发明和使用，甚至认为蓍筮乃是在改造龟卜的基础上产生的，是周人对殷商文化的传承和延续的结果（其中的一个重要依据便是《易经》及其筮占之法亦被称为"周易"，即这里的"周"被解释为历史上接替殷商的周朝）。如冯友兰先生就认为："八卦是从龟卜演化来的""八卦就是摹仿'兆'的。八卦和六十四卦就是标准化的'兆'"[1]；台湾的屈万里先生也专门撰文通过对易卦与龟卜在结构上的相似性的比较和讨论，指出"易卦源于龟卜"的看法。[2] 这种看法在学术界具有相当大的影响力。

然而，"易卦源于龟卜"这一看法在今天似乎已经过时，而且它似乎

---

[1] 冯友兰：《中国哲学史新编》第一册，载《三松堂全集》第八卷，河南人民出版社2001年版，第74—75页。

[2] 屈万里：《易卦源于龟卜考》，载黄寿祺、张善文编《周易研究论文集》（第一辑），北京师范大学出版社1987年版，第43—63页。

首先就与易筮以数为占的特点不相符合。陈来先生通过一系列考证指出："筮的历史应亦相当久远"①，理由是："殷人就王室的宗教活动来看，固然重于甲骨之占，但也应有筮占，特别是王室以下，由于龟甲的资源不易获得，就须更多依靠筮占。即使是王室的问占活动，也须有筮占，只是筮占的材具和记录没有甲骨那么好保存罢了。从《洪范》所载殷箕子答武王问所举的'乃命卜筮'来看，殷人应当是卜筮并用的。"② 又，《周礼·春官宗伯》载："太卜……掌三易之法，一曰连山，二曰归藏，三曰周易。其经卦皆八，其别皆六十有四。"又载："筮人掌三易，以辨九筮之名。一曰连山，二曰归藏，三曰周易。九筮之名，一曰巫更，二曰巫咸，三曰巫式，四曰巫目，五曰巫易，六曰巫比，七曰巫祠，八曰巫参，九曰巫环，以辨吉凶。"此处"三易"，亦即《连山》《归藏》《周易》，其中前两个的内容到底为何，今天仍不可考，所以我们这里也不作详细讨论。但就它们统称"三易"，以及它们都有八经卦和六十四别卦（即"其经卦皆八，其别皆六十有四"）来看，它们三者之间应该存在着相当的共通性。③ 陈来先生由此推断认为："在古史上'易'即筮数体系"④，也就是说，"易"应该是古代以数为占的各种筮法的统称；同时，这也"暗示周以后流传的筮卦体系起源很早"。⑤ 所以，笔者也同意陈来先生的结论，即："从人类学掌握的材料看，简单的筮法在原始文化中已有存在，故筮法不必大晚于卜法。它们可能最初是不同地区的原始居民采取的不同占法，卜法可能最早是渔猎民族的占法，筮法可能是农业民族及游牧民族的占法，以后文化交流，相互影响。"⑥ 这同时也是汪宁生先生的看法："八卦原不过是古代巫师举行筮法时所用的一种表数符号。它既不是文字，又与男女生殖器无关，当然更不是龟卜的兆纹所演化。象《周易》所代表那样复杂的筮法是很晚的东西，若就筮法的开始来说决不会晚于卜法。只是卜

---

① 陈来：《古代宗教与伦理——儒家思想的根源》，生活·读书·新知三联书店 2009 年版，第 81 页。

② 同上。

③ 这段话同时也在一定程度上表明，八卦和六十四卦的起源可能都很早。

④ 陈来：《古代宗教与伦理——儒家思想的根源》，生活·读书·新知三联书店 2009 年版，第 81 页。

⑤ 同上书，第 82 页。

⑥ 同上书，第 89 页。

法所用龟骨易于保存,筮法所用蓍草之类不能保存而已。"①

要而言之,龟卜与易筮的产生与起源到底孰先孰后其实并不重要,重要的是它们作为不同民族在不同生存环境中的产物,从一开始就注定了它们在思想观念(即由于不同的观察和理解世界的方式而产生不同的思想观念)上的差异。只是到后来随着不同民族之间的文化交流与融合,龟卜与易筮这两种卜筮方法之间也不可避免地发生某种相互的比较、交流乃至相互影响和借鉴。如前引《尚书·洪范篇》中箕子之语便是同时提到了龟卜和筮占这两种卜筮方式;又如《左传·僖公四年》载:

> 初,晋献公欲以骊姬为夫人,卜之,不吉;筮之,吉。公曰:"从筮。"卜人曰:"筮短龟长,不如从长。且其繇曰:'专之渝,攘公之羭。一薰一莸,十年尚犹有臭。'必不可。"

从这段故事中不难看到,春秋时期就已经是龟卜与易筮皆用,只是往往出于不同的事情(即如"卜之,不吉;筮之,吉。")或出于对两种卜筮形式的理解(即如"筮短龟长,不如从长")而可能会或二者取其一,或二者兼而用之。

当然,上面所说的龟卜与易筮蕴含着不同思想观念和体现着不同本质特征的两种卜筮方式各有起源又相互影响,这更多是从历史的层面来说的。而若进一步就它们的思想根源来说,它们又是源于二者不同的观世界的方式,即一个是以象观世界,一个是以数观世界:在以象为占的龟卜中,蕴含的是一种以象观世界的思想方式,与此相应,龟卜之象只有具象性的象征意义,而无抽象性的形式特点;而在以数为占的易筮中,蕴含的则是一种以数观世界的思想方式,与此相应,易筮之数则不仅具有具象性的象征意义,而且同时还有抽象性的形式特点。并且,正是《易》数的这种二重性品格,使得《周易》之象尽管具有某种具象性的象征意义,但由于它与易筮之数之间的内在关联,从而又呈现出与龟卜所具之象相当不同的特点。以下便试对易筮之以数观世界的方式展开进一步的讨论,以彰显其中的理性成分及其哲学意义。

---

① 汪宁生:《八卦起源》,《考古》1976年第4期。

第五节 从"观"到"观念"
——"观"的哲学意义

不过，在进一步详细展开对易筮之以数观世界的讨论之前，有必要对"观"的哲学意义作一简短的探讨。作为汉语中的一个非常常见的字，"观"字实际上蕴含着极其深刻的哲学思想内涵，或者更确切地说，在它最日常的观察、观看等意义中具有某种指向本源性存在的形上之思的意义，后者尤其体现在《周易》的哲学观念中。许慎《说文解字》云："觀，谛视也，从见雚声。"从文字构造上来看，"观"乃是一个形声字，"从见"表明它与显现、显示之义有关，"雚声"则意味着它应该与"雚"这种动物有关。《说文解字》云："雚，小爵也。"清代钮树玉《校录》云："'小'当是'水'之讹。《玉篇》：'雚，水鸟也。'"[①] 朱骏声《说文通训定声·乾部》云："雚，水爵也。"[②] "雚"其实是一种名叫"鹳"的依赖捕鱼为生的水鸟，为了获得食物以维持生存，鹳鸟必须仔细搜寻水中之鱼。这种仔细搜寻式的察看不仅是专注的、细致的，而且还是整体的、全面的。由此我们可以猜想，"观"字最初的意思应该是与水鸟捕鱼时候的专注而全面地搜寻察看有关。与鹳鸟仔细搜寻以找到鱼儿（亦即是使鱼儿出现在鹳鸟的视野之中）相联系，"观"便意味着通过专注而全面地搜寻察看以使某物的存在得以显现、显示自身并获得某种属于其自身的规定性。段玉裁《说文解字注》曰："观，审谛之视也。"高诱注《淮南子·原道》中"而五色之变不可胜观也"云："常事曰视，非常曰观。"朱熹注《论语·为政》中"观其所由"云："观，比视为详也。"[③] 这些都表明，"观"并非一般意义上的视看，更不是走马观花式的草看，而是意味着一种更加精详审慎的察看。也就是说，它不仅仅只是要用眼睛去看，而且更重要的是还需要用心去看；如果从康德关于感性和理性的关系的角度来说，那么，藉目而视主要与感官层面的感性直观相联系，并且更多体现为一种外在的直观，而非内在的直观，以心而观则不仅

---

① 参见《王力古汉语字典》，中华书局 2000 年版，第 1610 页。
② 参见宗福邦、陈世饶、萧海波主编《故训汇纂》，商务印书馆 2003 年版，第 2448 页。
③ 同上书，第 2092 页。

要涉及感性层面的内在的直观，而且还要进一步上升到理性层面的概念思维。只有这样才能达到对存在的全面、具体、深刻的认识及把握，才能使形而上学的思考与建构成为可能。《周易》筮占法及其卦爻象之所以能够具有"象—数统一"的特点，并具有科学和理性成分，从而为易道形而上学的建构奠定基础的也正是这种"观"。成中英先生曾对中国哲学尤其是易学中的"观"的哲学意义予以了关注和考察，并将其与海德格尔的存在哲学①进行了比较，指出：

> 在《易经》中，可以说"观"是前理解的一种自然能力，它暗示了对事物的一种自然开放的态度。也可以把"观"比做海德格尔的"沉思"，在海德格尔的这个概念中，存在物或者事物将作为"存在"的表现而被体验到。我们可以说，在这个意义上，它暗示了"存在"的一种普遍观点，因为它提供了一种阐述的方式，使得事物能够被看见和发现。②

这就是说，"观"乃是人类理解世界及其自身存在的基本前提，也是事物得以（向人类）敞开其存在的根本方式。当且仅当世界或事物的存在得以敞开之际，对世界或事物的认识才是可能的。

与"观"的活动相联系的便是我们日常所谓的观点、观念，观点、观念乃是"观"的活动的结果，所以，它们从根本上都源于"观"。不同的观点或观念不仅与"观"的对象有关，而且也与"观"的方式或视角相联系，也就是说，观点或观念的产生决定于所观者何与以何而观这两个方面。当然，"观"的对象与"观"的方式之间亦是存在着紧密的关联，

---

① 注意：是存在哲学，而非实存哲学（或生存哲学）；用西文表示即是 Philosophy of Being，而非 Existential philosophy。尽管在海德格尔前期的思想（以《存在与时间》一书为代表）中的确有许多关于此在（Dasein）的实存的分析和讨论，但由于他过于强调此在在理解和通达存在的意义上的优先性地位，从而使得本来想要通过对此在的生存的分析以克服传统的主体性哲学对存在的遮蔽，并达到对存在的一种更加原始（或原本）的理解的此在的实存论（或生存论）反倒具有了一种新的主体性意义和色彩。这也是海德格尔后期逐渐放弃此在路向的重要原因。

② 成中英：《论"观"的哲学意义与易的本体诠释》，载《易学本体论》，北京大学出版社2006年版，第89页。

不同的对象往往要求不同方式的"观",同时,不同的"观"的方式也在相当程度上决定着同一对象的不同的敞开其存在的方式,与不同的敞开方式相应的则是关于对象的不同的认识和规定。一般而言,作为所"观"之对象的事物或存在者可以分为个别的、相对的存在者与整体的、绝对的存在者两种,与此相应的"观"的方式便分别展开为特殊之"观"与普遍之"观";如果从形而上学的角度来说,前者(即对个别相对存在者的特殊之"观")亦可称为形下之"观",后者(即对整体绝对存在者的普遍之"观")亦可称为形上之"观"。作为研究某个具体的特殊存在者领域的具体科学,一方面与特殊之"观"相联系;另一方面也须以普遍之"观"为基础,后者属于研究一切存在者或存在者整体的普遍本质和基本实存的一般形而上学的内容。也就是说,对作为整体的世界或宇宙之存在的普遍之思就基于一种普遍之"观"。在普遍之"观"中,作为整体的世界之存在才得以敞开自身,从而能够被发现、理解和认识。质言之,"观"乃是通向普遍存在之思的基本方式,也是一切形而上学与科学研究的根本基础。

与一般形而上学的思考离不开普遍之"观"一样,作为易道形而上学建构之源头的《周易》筮占的产生(以及在此基础上产生的《周易》卦爻象和卦爻辞)亦是基于某种普遍之"观",后者就具体体现为圣人或作《易》者之以数观天象。这里的天象并非是指与地相对的发生于天空中的各种景象,即如日升月落、打雷下雨等一些具体的自然现象,而是对作为整体的世界或宇宙之存在的统称,亦即是普遍之"观"的对象,也是一切形而上学研究的共同主题;所谓数则是属于《周易》以及易学自身所由以观察作为整体的世界或宇宙之存在的天象的独特方式。

第六节　以天象为对象的普遍之"观"

《周易》筮占(以及与此相关的《周易》卦爻象和卦爻辞)源于对作为整体的世界或宇宙之存在的天象的观察。《易传·系辞下》早就指出:

古者包牺氏之王天下也,仰则观象于天,俯则观法于地,观鸟兽之文与地之宜，近取诸身，远取诸物，于是始作八卦，以通神明之德，以类万物之情。①

与此段相类似的还有一句是：

仰以观于天文，俯以察于地理，是故知幽明之故。②

这也是关于八卦起源诸种说法之一的"伏羲仰观俯察"说。历史上到底有没有伏羲这个人，以及他到底如何"仰观俯察"而"作八卦"的具体历史过程，这些问题对于本书来说其实都不重要，因为它们都是属于"文献不足征"的问题。毋宁说，"伏羲仰观俯察"说的真正意义实即是在于它道出了易筮及《周易》卦爻象（或"八卦"）的创造乃是根源于圣人或作《易》者（亦即当时的社会精英和统治阶层）对作为整体的世界或宇宙之存在的天象的普遍之"观"。尽管这段话中提到的作为所观之对象的只有"天之文"、"地之法（或理）"、"鸟兽之文"、"舆地之宜"③、"诸身"、"诸物"等一些具体事物的存在，但实际上《系辞传》作者在这里用的是一种列举的方式，它们都是作为整体的世界或宇宙之存在的天象的具体表现。最后两句中的"神明之德"和"万物之情"才是重点和证明：所谓"神明之德"即是指天地万物之德性或性质，亦即其发展变化的某种本质规定；所谓"万物之情"亦是指天地万物的真实情状。它们都是圣人"观天象"而"作八卦"的目的与指向，"八卦"乃至整个卦爻象都是圣人通过"观天象"从而理解和通达天地万物之本质规定和真实情状的结晶。如前所述，与作为整体的世界或宇宙之存在相应的"观"的方式乃是一种普遍之"观"，或形上之"观"，所以这里对于天象的观亦应当是一种普遍之"观"、形上之"观"。通过个别的特殊之"观"显然是无法直接通达"神明之德"与"万物之情"的，"天地万物

---

① 《易传·系辞下》，此处的"包牺氏"亦即通常所说的伏羲氏。
② 《易传·系辞上》。
③ 此处"观鸟兽之文与地之宜"中的"与"（與）字，历史上基本都是理解为连词"和"的意思，但若从此段话中存在着多处对仗的特点及文意晓畅的角度来看，此"與"字似当为"舆"。

之情"只能通过某种普遍之"观"才能得到表现和显示。关于这种普遍之"观"的思想和说法在《周易·彖传》中有许多,诸如《周易·彖传·咸卦》云:"天地感而万物化生,圣人感人心而天下和平。观其所感,而天地万物之情可见矣。"这是观天地万物之交感化生。《周易·彖传·恒卦》云:"日月得天,而能久照。四时变化,而能久成。圣人久于其道,而天下化成。观其所恒,而天地万物之情可见矣。"这是观天地万物的有规律的变化不止。《周易·彖传·萃卦》:"观其所聚,而天地万物之情可见矣。"这是观天地万物之间的"相应""相求"(即如《易传·文言传·乾卦》所谓"同声相应,同气相求")的联系。如此等等。不难看到,这些都是从不同的侧面说明如何通过对天象之观从而获取对"天地万物之情"的识见。张锡坤、姜勇、窦可阳三人合著的《周易经传美学通论》一书中就曾指出:以《周易》为代表的筮占乃是"建立在对世界的普遍理解和具体把握之上的、人类价值理性或超验理性的一种特殊形式的发显"[1]。要而言之,易筮及其卦爻象的创作并非只是与对某些具体事物之存在的特殊之"观"有关,而是源于对作为世界万物之存在的天象的整体普遍之"观"。

当然,需要进一步说明的是,对作为世界万物之存在的天象的整体普遍之"观"本身亦离不开对具体事物之存在的特殊之"观",毋宁说,一种真正的普遍之"观"必然是,一方面在其中蕴含着特殊之"观",另一方面又超越于特殊之"观"。任何一种完全脱离对具体事物之存在的特殊之"观"而进行的绝对的整体普遍之"观"势必会陷入一种抽象、思辨的玄幻之境,后者是很难达到对存在本身的全面且真实的理解与认识的。而要达到对存在本身的全面且真实的理解与认识,作为观的方式的以何而观的问题同样重要;换言之,我们必须在绝对的普遍之"观"和纯粹的特殊之"观"之间求得某种沟通与统一。若用《周易·彖传·观卦》中的话来说,那就是"中正以观天下"[2];这里的"中正"的本来意义是与《周易·彖传》作者依据"爻位说"对《观卦》卦名所做的解释,即所谓

---

[1] 张锡坤、姜勇、窦可阳:《周易经传美学通论》,生活·读书·新知三联书店2011年版,第13页。

[2] 原文为:"大观在上,顺而巽,中正以观天下,观。"

"九五居中而得正"。① 高亨先生亦曾解释道："《观》之九五居上卦之中位，六二居下卦之中位，是为'中正'，象君臣各守正中之道。"② 就"爻位说"本身而言，它事实上乃是《易传》作者对《周易》卦爻象系统的一种解读，即所谓"观卦象"。具体而言，在《周易》的每一个六画卦中，初、三、五爻为阳位，二、四、上爻为阴位，阳爻在阳位、阴爻在阴位，是为"得正"；又，每一个六画卦都是由上下两个三画卦组成，其中二爻与五爻分别为下卦与上卦之中位，是为"居中"。如若一个六画卦中二爻为阴爻，五爻为阳爻，那么这就叫"居中得正"，或简称"中正"。《周易·观卦》的卦象为（坤下巽上），从爻位上看，正是二爻为阴，五爻为阳，故称之为"中正"。不过，由于《周易》卦爻象本身乃是源于对作为整体之世界或宇宙之存在的天象的一种普遍之"观"，所以，作为对《周易》卦爻象系统的一种解读的"爻位说"亦与对天象的一种普遍之"观"有关，正是在这个意义上，"爻位说"的意义显然亦不应当仅限于对《周易》卦爻象的解读上，而是在相当程度上也具有某种本体论的意义。与此相应，《周易·象传·观卦》中的"中正以观天下"之"中正"（它可以说是整个"爻位说"的核心）也可以蕴含和表达一种更加一般性的意义，即："中"者，不偏不倚之谓；"正"者，确当适宜之谓。后世儒家所强调的"中庸之道"（孔子）、"中和之学"（《中庸》）、"中道"（孟子）等思想亦是源于此，而前述关于天地万物或宇宙整体之存在的全面且真实的理解与认识所要求的不离特殊之"观"的整体普遍之"观"亦可称之为"中正"以观。这种"中正"以观，一方面体现着"观"所

---

① 刘大钧、林忠军：《周易经传白话解》，上海古籍出版社2006年版，第187页。
② 高亨：《周易大传今注》，齐鲁书社1998年版，第163页。此处所谓"君臣各守正中之道"是与《周易》六画卦中的六爻同时象征社会中的六种社会地位有关。从易学史上的说法来看，六爻所象征之六种社会地位大体有两种，即一种是以初爻象元士，第二爻象大夫，第三爻象公，第四爻象诸侯，第五爻象天子，上爻象宗庙。（参见《易纬·乾凿度》）另一种是初爻为未仕者，二爻为士，三爻为大夫，四爻为公卿诸侯，五爻为天子，上爻为无位，或去位者。如《蛊卦》上九爻辞"不事王侯，高尚其事"。（参见贾丰臻《易之哲学》，上海书店1991年版。）这些象征性的比附，到底是最初作《易》者的原意，还是后世解《易》者的发明创造，这显然不得而知，而且也不重要，重要的在于这些象征或比附，为后世的社会规范、政治制度乃至整个价值体系的构建起到了某种积极的作用。尤其是由于卦爻象本身乃是源于圣人对天象的一种普遍之"观"，这就使得与之相应的作为人道的某种制度规范系统同时也与天道发生了关联，并在相当程度上获得了某种形而上的天道层面的根据。

要达到的目的，即要实现对天地万物的不偏不倚的、确当适宜的理解与认识；另一方面也意味着某种独特的方式或视角，即要以一种不偏不倚、确当适宜的方式去理解与认识天地万物，而后者在《周易》筮占的创作中便体现为接下来要讨论的《周易》之以数观天象或世界的方式。

第七节　以数观世界及其科学意义

在《周易》筮占的创作中，这种"中正"以观主要体现为一种以数观天象或世界的方式。就观的方式来说，在中外哲学史上，围绕关于如何达到对世界万物或存在者整体之存在本身的真实理解与认识的思考产生了许许多多各种各样的普遍之"观"，如西方哲学中的"水"（泰勒斯）、"气"（阿那克西美尼）、"数"（毕达哥拉斯）、"火"、"逻各斯"（赫拉克利特）、"理念"（柏拉图）、"上帝"（基督教）、"先验主体"（康德）、"绝对精神"（黑格尔）、"权力意志"（尼采）等，中国哲学中的"天"、"道"、"太极"、"天理"等，都是出自各种普遍之"观"的某种观念或观点。这些观念或观点之间尽管有着许多的差异或不同，但同时也蕴含着一定的内在逻辑关联，如果说，它们之间的差异主要是与各自不同的观世界的方式有关，那么，它们之间的内在关联则更多是与它们都是以整体的世界或宇宙之存在作为对象相联系。就中国的易学哲学或易道形而上学而言，它提供的普遍之"观"则展开为一种以数观之的方式，后者事实上也是整个易道形而上学得以可能的真正根源。如果借用《庄子》所谓"天之天"与"人之天"的区分①来说，那么，圣人以数观天象以作《周易》及其筮占，便同样展开为一种化"天之天"为"人之天"的历史过程，而《周易》文本（包括卦爻象和卦爻辞）乃至后世的易道形而上学建构都是这一历史过程的产物，亦即所谓"人之天"。现在的问题是，易筮之以数观天象（与哲学史上的其他各种普遍之"观"相比）具体体现出什么样的特点呢？尤其是这样一种观的方式何以使得《周易》筮占及其卦爻象具有一种"象—数统一"的特点，从而使易筮具有一种科学和理性的成分？

---

① 参见《庄子·达生》，原文为："不开人之天，而开天之天。"

既然《周易》筮占及易学的根本特点乃是在于以数观天象或世界,那么易筮及易学的普遍之"观"显然应当是与中国古人对数的理解密切相关,或者更确切地说乃是与创作易筮之法的人对数的理解有关。这种理解同样需要到《周易》及其筮占法中去找。方国根先生曾将易学中的数分为三类:

> 其一,占筮是通过数的计算来进行的,最后导出七、八、九、六之数,以定一爻之象。此种数被称为筮数。其二,为阴阳之数,即以奇数表示阳爻,以偶数表示阴爻;此即《易经》中阴爻称六,阳爻称九,六和九又来源于筮数。其三,为爻位之数,一卦六画由下向上数,初画称初,二画称二,三画称三,四画称四,五画称五,六画称上。①

显然,无论是表示阴阳爻的阴阳之数,还是表示爻位的爻位之数,其实都是源于占筮之数,因为阴阳之数和爻位之数都是与卦爻象有关,而卦爻象的确定正是依靠占筮过程中的数学推算而来。韩康伯曾经指出了这一点:"卦,象也。蓍,数也。"卦中有象,蓍以生数。又说:"蓍极数以定象,卦备象以尽数。"② 这正是说,蓍筮乃是通过数学的计算推演以确定卦爻象,所以卦爻象中便也蕴含和体现着筮数的特征。从时间先后来说,筮数应当先于卦爻象,从而也先于阴阳之数和爻位之数。因此,《周易》及易学所由以观世界的数首先乃是与占筮之数相关。

从整个蓍筮以定象的过程来说,不难看到,主要涉及数的两个方面特征:一是数的变化,二是数的奇偶性质。筮数的这两个方面特征之间无疑亦是有其内在关联的,是密不可分的,即一方面,正是在数的变化中产生了数的奇偶性,有了奇偶性之后才能确定阴阳乃至卦象爻位等;另一方面,数的奇偶性也使得数的变化不是无规律的、杂乱无章的,而是呈现出一种有规律可循的特点。当然,在《周易》筮占中,无论是数的变化,还是数的奇偶性,都是就自然数而言的,不涉及或者说尚未涉及其他的诸如分数、负数、无理数等更加复杂的数学领域。之所以都是自然数,一方面乃是与人们对世界的观察和认识有关;另一方面也与人类自身的认识能

---

① 参见朱伯崑主编《周易通释》,昆仑出版社2004年版,第75页。
② 《周易注·说卦传》,载《周易正义》,北京大学出版社1999年版,第324页。

力的发展规律相联系,即总有一个从简单到复杂的过程。哲学史上曾围绕数的起源与本质产生过许多讨论,就其中的主要内容来看,主要展开为数到底是外在事物的性质还是主观的东西(亦即人类内心中先天本有的东西)的争论。① 笔者认为,无论是将数单纯看作外在事物的性质,还是看作人类内心中先天本有的主观的东西,都是有所偏颇的。毋宁说,就自然数的产生来看,它应当是人类在其社会生活实践过程,亦即认识世界和认识自己的过程中的产物,它既非专属于外在事物本身,亦非专属于内在心灵所有。金岳霖先生在对概念的双重作用的讨论中曾提到,概念一方面得自对"所与"的抽象,另一方面又还治于"所与",前者体现为一种对世界的摹状(亦即摹写)的作用,后者则体现为一种对经验的规律(亦即规范)的作用。② 其实数的来源与本质亦是如此:数亦是一方面得自于经验,另一方面又还治于经验,它不仅体现着人类与其所生存于其中的世界的某种交往与联系,而且也体现着人类内在心灵与外在事物之间的某种神奇的契合。所以,简单来说,数(或者更确切地说应该是自然数)应当是源于人们对事物的量的认识,同时亦是人们进一步认识世界的基本方式;与此相应,数学便既是"研究量的关系"③的学问,同时也是研究人类认识世界之方式的学问。正是在这个意义上,数学其实既是科学,也是一种形而上学。同样,中国古人尤其是作《易》者对于数的理解与重视,自然亦不出这两个方面。数的变化的确无法不令人觉得神奇,然而在与世界的交往中,世界的变化又何尝不令人神秘莫测呢?但是,在经过不断的认识和反思之后,人们便不难发现,不惟数的变化是有规律的,世界的变化亦不是完全地神秘莫测的,而是也呈现出一种可计算、可测度乃至可理解和可认识的特点。《易传·系辞上》曾云:

> 通其变,遂成天下之文;极其数,遂定天下之象。非天下之至变,其孰能与于此?

---

① 关于"数"的起源和本质的详细讨论,可参见[德]弗雷格《算术基础》,王路译,王炳文校,商务印书馆1998年版。

② 参见金岳霖《知识论》,载刘梦溪主编《中国现代学术经典·金岳霖卷》,河北教育出版社1996年版,第576页。

③ [美]梯利:《西方哲学史》,葛力译,商务印书馆1995年版,第264页。

这里的"变"和"数"指的就是数的变化，亦即数变，数的无穷变化又导致卦爻象的无穷变化，《系辞传》作者称之为"天下之至变"，而"天下之文"和"天下之象"则都是指世界本身的变化规律。显然，依照《系辞传》作者的看法，如能极尽通晓作为"天下之至变"的数变，便可获取世界万物之变化规律的知识。

如前所述，数的变化的规律乃是与数的奇偶性分不开的，当人们进一步将对数的变化规律及其奇偶性有所认识，并将这种对数的认识反过来进一步运用于理解和认识世界的时候，一种奇妙的发现便产生了：数的变化与世界的变化居然存在着如此的吻合。由于数的代入，世界不再是杂乱无章的，它的变化也不再是无章可循的。与数的奇偶性相应的是世界的两重性，如人有男女、天有黑（夜）白（昼）、日月有升落、事有成败等；与数的有规律的变化相应的则是世界变化的有章可循，如人有生老病死、物有成住坏空、四季变化循环往复等。这其中同样体现着《系辞传》所说的"近取诸身，远取诸物"。对此，陈咏明先生曾做过详细论述：（依卦画源于数的意见，）"'—'与'--'两画的形成，本身也有一个独立发展演变的过程，反映了古人从关于数的奇偶性的认识到关于世界某些基本矛盾的把握这种思维进步的历程。"[①] 进一步来说，"'—'与'--'两个概括性的符号的出现，数字的简化也只是形式上的原因。其内在的原因是认识的发展。这种认识不仅是对数目分为奇偶的认识，而且包括各方面的生活经验。如月出日落、水火相激、冬去春来等自然现象；治乱无常、国家兴衰、君尊臣卑等社会现象；男女有别、手足异用等生理现象；旱涝丰歉、耕获菑畬等生产经验；无平不陂、无往不复等行旅经验；朋贝得失、小往大来等商业经验；师出以律、行险而顺等战争经验。古人从诸如此类的许多现象和事情中，常常体会到一些对立和矛盾的关系，一些循环往复的规律，由此得到一些朴素的辩证观念。这些不脱离具体事务的体会、经验积攒多了，人们便试图用对立面相配合这种规律来概括事物，于是形成两种对立的象数符号的认识基础。"[②] 显然，以筮数的这种两重特征来观察和认识世界，不仅可以看到世界永恒不止的变化性，而且更重要的是还

---

① 参见朱伯崑主编《周易通释》，昆仑出版社 2004 年版，第 30 页。
② 同上书，第 31—32 页。

可以看到世界变化的某种规律性。冯契先生亦曾指出：

> 《易经》试图用两个具有对立性质的原理（"—"和"- -"）以及它们之间的排列组合（特定的数量关系）来概括自然界和人类社会的种种现象，这就是以理论思维的方式在掌握世界，并可说有了朴素辩证法的因素。①

要而言之，一方面，从生活经验中所悟得的道理对于人们对数的性质与变化的发现具有重要作用；另一方面，对数本身的性质与变化的认识又进一步参与了人们对世界万物之变化发展的认识。而《周易》筮占及其卦爻象的产生毋宁说正是源于人与世界之间的这种以数为连接的双向的交往互动。《易传·说卦传》曾指出了这一点：

> 昔者圣人之作《易》也，幽赞于神明而生蓍，参天两地而倚数，观变于阴阳而立卦，发挥于刚柔而生爻，和顺于道德而理于义，穷理尽性以至于命。

这段话中道出了卦爻所产生的来源，即对阴阳而刚柔的观察和发挥，而后者则又是源于对筮数的研究，即所谓"参天两地而倚数"。对于"参天两地而倚数"一句，历史上的易学家对它的解释存在着颇多争议，刘大钧和林忠军二先生合著的《周易经传白话解》曾总结为以下几种：

> （一）天地之数相合，天得三合（一、三、五），地得两合（二、四）。（二）分天象为三才，以地两之，立六画数。（三）天地之数为十，以天三乘之为三十，以地二乘之为二十。其数积之和正为大衍之数。（四）天圆地方，圆是用一围成三，方是用一围成四，三为三个奇数，四是两个偶数，故三天两地。（五）三天两地即为古代奇偶。（六）参天者，谓从三始，顺数至五、七、九；两地者，谓从二起，逆数而至十、八、六。以八卦相配，天三配艮，天五配坎，天七配

---

① 冯契：《中国古代哲学的逻辑发展》上，东方出版中心2009年版，第45页。

震，天九配乾，此从三顺配阳四卦；以地二配兑，以地十配离，以地八配巽，以地六配坤，此从两逆配阴四卦。取八卦配天地之数总五十而为大衍，天一地四无卦可配，故虚而不用等等。①

对于这些说法，刘大钧、林忠军二先生认为"多为臆测之辞，似未得实"，并给出了他们自己的解释。他们认为，对于这段话的理解应当联系《说卦传》中随后的另一段话：

> 昔者圣人之作《易》也，将以顺性命之理。是以立天之道曰阴与阳，立地之道曰柔与刚，立人之道曰仁与义。兼三才而两之，故《易》六画而成卦。分阴分阳，迭用柔刚，故《易》六位而成章。

并指出："这两段文字是互应互补的。对比这两段文字，可看到其前一段'参天两地而倚数'与后一段'立天之道曰阴与阳，立地之道曰柔与刚'是前后呼应的，先儒之误皆误在全以奇数释'天'，而不知其'立天之道曰阴与阳'；皆以偶数释'地'，而不知其'立地之道曰柔与刚'。这种天道中既有阴又有阳，地道中既有柔又有刚的意思，是解决这一问题的关键。天道'曰阴与阳'，显然只有'三'，因'一'为天数象阳，'二'为地数法阴。但'一'虽为天数象阳但无法包含地数'二'，以体现天道之'曰阴与阳'，惟有天数'三'，才既有天数'一'，又含地数'二'，体现出天道的阴与阳。此即只可参天倚数的根本所在。同样，'二'为地数法阴，但地数'二'中已可包含天数'一'。故地道之'柔与刚'在'两地'中已包含。总之，参即三，两即二。参与两，乃指天地之数中各能包含阴与阳的最小生数。"② 相较而言，刘大钧、林忠军二先生的解释确实显得更为合理，因为他们一方面依据《说卦传》文本本身，另一方面也与《周易》之以数观世界的独特方式相契。

康德曾将数学看作是一门关于纯粹直观的科学，不仅如此，他还将数学中的两个主要分支学科即几何学与算术学分别与空间和时间相对应：

---

① 刘大钧、林忠军：《周易经传白话解》，上海古籍出版社2006年版，第322页。
② 同上书，第322—323页。

> 几何学是根据空间的纯直观的；算术学是在时间里把单位一个又一个地加起来，用这一办法做成数的概念；特别是纯粹力学，它只有用时间的表象这一办法才能做成运动的概念。①

由于空间的特点主要体现为一种广延性，即不同的物体在同一时间内必然处于不同的位置或地点，而时间的特点则主要体现为一种绵延性，或前后相继性，即同一物体不可能同时在两个不同的位置或地点，也就是说，同一物体从一个位置到另一个位置或从一种状态转变为另一种状态必定经过了时间的持续或绵延。与康德将空间和时间分别作为外感官和内感官的直观形式相联系，数学中的几何学便主要涉及主体对外在客体对象在不同空间位置的关系的感知，而算术学则不仅涉及对外在客体对象在不同时间内保持自身同一性的感知，而且还涉及对主体自身在不同时间内保持自身同一性的感知。通过几何学的研究，事物间的空间关系被给予我们；通过算术学的研究，事物乃至主体自身的同一性被确定。而其他的自然科学的研究，如康德所提到的纯粹力学，都必须建立在这种直观的科学的基础之上才是可能的。总而言之，数学作为一种关于纯粹直观的科学，它的意义就在于如何让事物或认识对象原原本本地，或者说是如其所是地呈现给作为认识主体的人。同样，《周易》的筮数及其所定之卦爻象，尽管没有达到康德所讨论的那么精细，但它也同样既涉及空间的转换，也涉及时间的绵延，并且两者有所交叉，如：与现实世界的两重性相联系的筮数的奇偶性的共存便与某种空间的广延观念有关，而与世界的变化相联系的筮数的变化则显然是与时间的绵延观念有关，后者正好弥补了龟卜依偶然所呈之象断定吉凶中忽视了时间绵延的问题。《系辞传》云："夫易，彰往而察来，显微而阐幽。"② 这就是说，《周易》筮占通过将过去的经验与对未来的预测在当下联系起来（即所谓"彰往察来"），并从这种联系中阐发世界变化的终极原因和规律（即所谓"显微阐幽"），无疑正是考虑到世界变化发展在时间中的绵延性。因此，与一般的数学研究一样，《周

---

① ［德］康德：《未来形而上学导论》，庞景仁译，商务印书馆1978年版，第42页。
② 《易传·系辞下》。原文为"而微显阐幽"，朱子曰："而微显恐当作微显而"，高亨先生认为此句似当作："显微而阐幽"。高亨之说似更佳，故今从改之。参见高亨《周易大传今注》，齐鲁书社1998年版，第434页。

易》筮占及易学之数在相当程度上同样具有一种直观世界从而使世界如其所是地呈现的特点。

前面提到的易筮中具有某种科学和理性的成分，亦是与此以数观世界的方式有关的。众所周知，科学在近代的大放光芒，它的两个重要原因便是在于，一是数学化的要求，二是实验化或实证化的趋向。就科学的数学化要求来看，作为近代科学的重要代表人物，伽利略便曾认为："一切变化无非是事物各个部分之间的关系的变化，严格地说，没有起源和衰灭，万物都产生于原子运动。可感觉的性质是主观的，是建立在量的关系之上的；一切性质都可以用量来解释。因此，研究量的关系的数学是最高级的科学。'宇宙这部书就是用数学文字写成的。'凡是我们能够度量的，就能认识；不能度量，就不能认识。"① 牛顿的最重要的著作的标题为"自然哲学的数学原理"，也表明了这一点。杨国荣先生亦曾明确指出："科学的理想形态是以数学的方式来把握世界。"② 数学化的要求体现了科学的精确化的要求。《周易》筮占及易学以数观世界的方式，尽管离近代科学中的数学化相距甚远，但就其强调数在认识世界过程中的重要意义而言，显然在一定程度上已经具有了某种科学和理性的成分。就科学的实验化或实证化趋向而言，"科学所面向的，是经验事实；科学的假设也要由经验来加以确证。"③ 实验化或实证化的趋向体现的是科学不离经验世界的要求，也就说，所有的科学理论或科学知识的有效性必须从经验中获得。脱离经验事实，或不能由经验事实得到确证的理论只能说是一种假设或假说。而《周易》筮占及易学之数，无论就其产生的来源来看，还是就其所指向的目的或运用来说，都始终没有完全脱离现实的经验世界，这一点也为它具有科学和理性的成分奠定了重要的基础。《周易》之以数观天象的方式，不仅为中国传统的易道形而上学的思考与建构奠定了重要的基础，而且对于我们今天思考如何重建科学的形而上学仍然具有重要的启发意义。

---

① ［美］梯利：《西方哲学史》，葛力译，商务印书馆1995年版，第264页。
② 杨国荣：《科学的形上之维——中国近代科学主义的形成与衍化》，华东师范大学出版社2009年版，第239页。
③ 同上书，第238页。

第三章 抽象与具象
——《周易》卦爻象的二重性品格

在讨论了《周易》筮占所蕴含的思想观念和体现的本质特征，以及造成这种思想观念和本质特征的思想根源，即以数观世界的方式之后，接下来便进入对作为《周易》筮占之符号化记录和依据的《周易》文本及其观念的研究和诠释。

第一节 《周易》文本的特殊文献构成及其与《周易》思想观念和易学表现形式之间的关系

以"性与天道"（或天地万物之道）为研究对象，易道形而上学的沉思与建构不仅涉及对天地万物之道是什么的认识与把握，另一方面也必然关涉对认识和把握天地万物之道何以可能的追问与思考，后者主要与《周易》文本及其筮占所具有的某种特质有关。[①] 这种特质首先是指《周易》文本及其筮占表现出一种解释学化的特点，即《周易》文本及其筮占具有一种抽象化和不确定性的特点。也就是说，易筮的这种解释学化的特质，不仅仅体现在《周易》以数为占的筮占形式上，而且还体现在作为《周易》著筮之符号化记录的《周易》卦爻象系统和卦爻辞系统上，正是后者（即《周易》的卦爻象和卦爻辞）使得《周易》文本具有了一种（与其他许多卜筮、哲学或历史文献相比）非常独特的文献构成，而这种独特的文献构成本身不仅是《周易》独特的思想观念的表达形式，

[①] 关于是什么与何以可能这两种发问方式所蕴含的思想方式及二者之间的关系的讨论，参见本书的附录一。

同时也是后世易学研究和发展在表现形式上不同于其他流派哲学研究的根本原因。

如所周知，从文献构成上来看，整个《周易》文本可以分为符号系统与文字系统两大部分，前者即是指一整套以"- -""—"符号为基础而展开的卦爻象系统，后者则是指系附于卦爻象系统之后的卦名、爻题及卦爻辞部分。并且就后者而言，其中最重要的当属用于吉凶占断的卦爻辞部分。与《周易》文本的这种特殊而复杂的文献构成相应，后世易学研究的主要内容亦正是围绕作为符号系统的卦爻象系统和作为文字系统的卦爻辞部分，以及两者之间的相应关系的探讨而展开的。朱伯崑先生亦曾指出：

> 《周易》即《易经》一书的内容，有三大问题，一直成为历代易学所探讨的课题：一是卦爻辞的字义如何训诂，即解字的问题；一是如何理解卦象的逻辑结构及其排列的顺序；一是卦爻辞同卦爻象之间的关系，即某一卦爻象下为何系之以某种卦爻辞。后一问题，清代的易学家王夫之称之为"象辞相应之理"，即是说，有什么样的卦爻象就有什么样的卦爻辞与之相应。此种相应之理，被历代易学家视为《周易》的一大奥秘，他们绞尽脑汁，甚至以毕生精力想解开这一奥秘。《易经》是否存在着象辞相应之理？如何看待易学家探讨象辞相应之理？[①]

从朱先生的概括中不难看到，易学研究中的三大课题，即"卦爻辞的字义如何训诂""如何理解卦象的逻辑结构及其排列的顺序"以及"卦爻辞同卦爻象之间的关系，即某一卦爻象下为何系之以某种卦爻辞"的"象辞相应之理"正是与《周易》文本的特殊文献构成有关。

《周易》文本的这种特殊且复杂的文献构成，是使《周易》文本区别于其他经典文本的根本原因，也是易学（哲学）得以区别于其他流派的哲学的重要原因。朱伯崑先生也曾指出："易学哲学作为一种特殊的哲学

---

① 朱伯崑：《易学研究中的若干问题》，载廖名春选编《周易二十讲》，华夏出版社2008年版，第49页。

形态，也有其自身发展的规律。易学哲学的一个显著特点，是通过对《周易》占筮体例的解释，表达其哲学观点。这是其他流派的哲学所没有的。"① 朱伯崑先生在这里强调易学哲学区别于其他流派哲学的根本之点在于易学哲学的表现形式，即它是通过对《周易》占筮体例的解释来表达其哲学观点。此所谓"《周易》占筮体例"乃是就《周易》的卜筮之用而言的，即古人如何利用《周易》进行卜筮从而预测人事吉凶，它所指向的正是对作为卜筮之书的整个《周易》文本的理解与解释的问题，后者同时内在且逻辑地包含了对作为符号系统的卦爻象和作为文字系统的卦爻辞的理解与解释。所以他也曾展开性地说：

> 易学哲学有自己的特点。其哲学是依据易学自身的术语、范畴和命题而展开的，而这些范畴和命题又出于对《周易》占筮体例、卦爻象的变化以及卦爻辞的解释，从而形成了一套独特的理论思维形式；其对哲学问题的回答是通过其理论思维形式来表达的。因此，易学哲学的发展，就其形式和内容说，都同易学自身的问题的开展，特别是同对占筮体例的解释紧密联系在一起，有其特有的理论思维发展的逻辑进程及其规律。②

朱伯崑先生在这里又进一步指出易学哲学的展开以其自身独特的术语、范畴和命题作为表现形式，从而构成了易学特有的理论思维方式，并且这些独特的表现形式又出自于"对《周易》占筮体例、卦爻象的变化以及卦爻辞的解释"，后者实际上正是前述易学研究的三大课题。要而言之，尽管就其核心内容来看，易学哲学与其他流派的哲学一样也是"涉及宇宙、人生的根本问题，包括哲学基本问题和事物发展的一般规律"等问题，③ 但它（即易学哲学）的表现形式，亦即它依据自身特有的术语、范畴和命题从而展开对《周易》占筮体例、卦爻象的变化以及卦爻辞的解释来表达哲学观点，则与其他流派的哲学又有相当的不同，并且这

---

① 朱伯崑：《易学哲学史》之《北大版序言》，昆仑出版社2009年版，第43页。
② 同上书，第37—38页。
③ 同上书，第37页。

种表现形式的不同在相当程度上正是与《周易》文本特殊的文献构成相联系或相对应的。

当然，无论是《周易》特殊而复杂的文献构成，还是源自《周易》特殊文献构成的易学（或易学哲学）的特殊表现形式，它们都是与《周易》文本所蕴含和表达的某种特殊的思想观念分不开的。在一定程度上甚至可以说，《周易》思想观念区别于其他流派哲学观点的特殊性亦正是与《周易》的特殊文献构成和易学的特殊表现形式有关。如果说，《周易》中的特殊思想观念构成了《周易》之从卜筮之书发展成为群经之首的观念前提或根据，那么，《周易》的特殊文献构成与易学的特殊表现形式则从文献和表达层面为这种转变提供了准备，后者在一定程度上也具有某种本体论的地位。这种本体论地位从《周易》的文献构成、易学的表现形式与《周易》的思想观念三者之间的关系中可以得到说明。若将《周易》文献构成、易学表现形式、《周易》思想观念三者的关系用图来表示，则可如下：

（《周易》思想观念→）《周易》文献构成→易学表现形式→《周易》思想观念

图 1

或：

《周易》思想观念
↖ ↗
《周易》文献构成 → 易学表现形式

图 2

如何理解上述图示的三者之间的关系，尤其是为什么图 1 中会出现两个"《周易》思想观念"？这是因为，如果将《周易》看作是上古圣贤认识世界与认识自己从而领悟"性与天道"的产物，那么图 1 括弧中的"《周易》思想观念"则可看作是上古圣贤作《易》的原始意义，亦即《易传·系辞上》所谓"圣人之意"。[①] 这种圣人之意在一定程度上正是

---

① 原文为："子曰：'书不尽言，言不尽意。''然则圣人之意，其不可见乎？'子曰：'圣人立象以尽意，设卦以尽情伪，系辞焉以尽其言，变而通之以尽利，鼓之舞之以尽神。'"

天道的某种显现与表达。所以，后世的易学研究就其根本目的而言，就是通过对《周易》的研究与运用，从而获得对圣人之意的领悟，并最终达致对"性与天道"的认识与把握。在中国传统哲学的认识论视域中，这种作为"性与天道"之显现与表达的"圣人之意"，不仅是可以认识和通达的，而且不同的哲学家们往往都会将自己的领悟所得看作就是"圣人之意"。宋明理学在这方面尤其具有代表性，如程颐便曾乐观地指出："圣人可学而至与？曰：然。"① 如果说臻于圣人之境的根本途径在于通达体现"性与天道"的"圣人之意"，那么对"圣人可学而至"的承认在相当程度上便意味着对通达体现"性与天道"之"圣人之意"的可能性的肯定。至于不同哲学家各将一己之所见当作"圣人之意"，前引《四库提要》中所列举的易学史上出现的"两派六宗"便是最好的证明。类似的情况在康德，甚至是海德格尔以前的西方传统形而上学中也可以看到。然而，如果按照当代哲学诠释学（亦即由海德格尔和加达默尔等人所创立的、与施莱尔马赫、威廉·狄尔泰等人所强调的方法论诠释学相对应的本体论诠释学）的观点或视域来看，这种作为"性与天道"之显现与表达的圣人原意究其实质而言乃是与康德认识论哲学中所谓"物自体"（Ding an sich，又译作"自在之物"）一样的超验性的（transcendent）存在，也就是说，它是一种超出我们的经验认识能力之外的存在。对于这样的存在，我们只能说它存在着，并且从易学研究的目的与可能性来说，它也必须存在，至于它究竟具有何种规定性，亦即它的意义具体为何，则我们无从知晓，因为它非我们的认识能力所及。真正具有现实性意义的其实是图 1 中的第二个"《周易》思想观念"，它乃是研究者从自身的当下生存处境出发（尽管研究者本人对这种处境可能并非自觉，但它却构成了研究者理解和解释《周易》文本的本体论前提），按照《周易》文本特殊的文献构成展开对《周易》卦爻象、卦爻辞以及"象辞相应之理"的探究，从而最终获得对《周易》文本的理解。正是这种探究与理解的不断延续，才构成了连绵不绝的易学传统与中国易学文化。所以，上述图示中《周易》文献构成、易学表现形式、《周易》思想观念三者的关系实际上

---

① （宋）程颐：《颜子所好何学论》，载程颢、程颐《二程集》上，中华书局 2004 年版，第 577 页。

可以表述为：首先，《周易》文本的特殊文献构成乃是源于作为圣人对"性与天道"之领悟的"圣人之意"，同时也就是作为圣人作《易》的原始意义的某种"《周易》思想观念"；其次，《周易》的特殊文献构成决定了易学研究的独特的表现形式；再次，从具有独特表现形式的易学研究中生成了《周易》的特殊思想观念（如图2所示）。图2中的"《周易》思想观念"构成了图1中的两个"《周易》思想观念"的统一。

因此，本书下面对《周易》文本观念的研究和诠释亦将按照其文献构成而分为对作为符号系统的卦爻象系统的起源、结构及其规律的分析，对作为文字系统的卦爻辞部分的观念的分析，以及对作为卜筮之书的《周易》文本的整体分析三个部分。

第二节　历史的与哲学的
——关于《周易》卦爻象的两种研究进路

如前所述，无论是《周易》思想观念的特殊性，还是易学表现形式的独特性（即通过对《周易》卦爻象系统、卦爻辞体系以及作为占筮体例的"象辞相应之理"的研究与解释来表达哲学观点），都与《周易》文本的特殊文献构成有着密切的关系，而使《周易》文本在文献构成上区别于其他古代文献的一个最重要的地方便是《周易》中所独有的一套符号性的卦爻象系统。具体到整个《周易》卦爻象系统来看，它所涉及的符号又主要分为三类，即：一是"- -""—"这两个（俗称"阴爻"与"阳爻"）符号；二是☰、☷、☲、☵、☳、☴、☶、☱这八个三画卦（俗称"八卦"或"八经卦"）符号；三是䷀、䷁、䷂、䷃……䷿、䷾等六十四个六画卦（俗称"六十四别卦"）符号。

自古以来，这套卦爻符号系统一直都被赋予某种神秘的色彩：从它的历史起源与思想内涵，到它的逻辑结构与排列规律，直至它与系附于其后的卦爻辞之间的关系，以及如何用于占断吉凶等，一直都是易学家们为之殚精竭虑的问题。本章对于《周易》卦爻符号系统的讨论亦将不外乎上述问题，只是正如前面引论对作为思想视域的存在之思的强调，本书对卦爻符号系统的讨论将更多体现为一种哲学的考察，而非历史的考证。

毋庸置疑，《周易》卦爻符号之所以被看作是《周易》文本中最具神秘色彩的部分，首先是与它久远的历史分不开的。所以，要想获得对《周易》卦爻象（是什么）的某种正确的或合理的理解与解释，追溯它的起源（何以可能）无疑是一个极其重要的途径与维度。正因为此，《周易》卦爻象的起源问题也就一直是历代易学研究中被关注的重点课题之一。与之相应，历代易学家也的确给出了许多关于卦爻象起源问题的有益的思考和解答，如《周易·系辞传》的"伏羲仰观俯察"说、"大衍之数"说、"易有太极"说，《周易·说卦传》的"参天两地而倚数"说和"乾坤父母"说，现代以后的"古文字"说、"筮数"说、"结绳记事"说、"生殖崇拜"说、"龟卜兆文"说、"太阳崇拜"说、"天文历法"说……[①]不过也同样是出于历史久远之故，这些思考与回答也往往不外乎两种方式：一是借助各种历史材料和考古文献的考证与辨析来探寻卦爻象的历史起源；二是从文化人类学的角度借助田野调查的方法，并将其与某种原始的思维方式（如巫术思维或宗教思维等）相联系。这两种思考与研究方式的共同点在于，它们从实质上来看都属于实证性的研究，而非哲学形上学的研究，它们都不仅强调各种经验材料的获取，而且也注重用科学的方法（如实验、测量、归纳以及逻辑分析等）来分析处理材料，以期求得关于卦爻象起源及其思想内涵的某种历史事实。也就是说，他们所探究的更多是《周易》卦爻象符号的某种历史的起源，而非形上学（本体论）意义上的根源或依据（即形上学意义上的何以可能），同样，在此基础上展开的对《周易》卦爻象的思想内涵及其逻辑结构和排列规律等研究，亦体现为一种历史学意义的事实研究，而非一种哲学形上学意义的本质研究（即形上学意义上的是什么）。然而，就易道形而上学的研究与建构工作来说，显然后者（亦即探寻《周易》卦爻象符号之所以可能的形上依据及其哲学内涵）才是更具有实质性意义的，而前者在相当程度上亦需奠基于后者。这是因为，一方面，用实证的方式获得的关于卦爻象的历史起源及其思想内涵是在一定的时间与空间之内的，也就是说，它往往总是与某个形而下的具体的物事相联系，后者的存在仍需以某种形而上的存在为依据；另一方面，就实证性研究本身来说，无论是

[①] 参见杨庆中《周易经传研究》，商务印书馆2005年版，第2页。或可参见朱伯崑《易学哲学史》（一），昆仑出版社2009年版，第14—15页。

对材料的获取与选择，还是对材料的理解与解读，也都关涉某种本体论的前提。进一步来说，那种所谓的作为某种历史事实的卦爻象的历史起源和思想内涵根本是不可能找到的，因为任何一种依据实证性方式展开的对卦爻象的历史起源和思想内涵的研究，就其实质而言，都是一种从当下的生存出发的对某些历史材料的解释，从而进行一种历史的创造性的当下重演。克罗齐著名的"一切真历史都是当代史"①的命题在一定程度上表达的也正是这个意思。所以，相对于对卦爻象作某种形而上学的探讨，那种试图寻找作为事实的卦爻象的历史起源和思想内涵的实证性研究似乎更具有某种虚构的色彩。

作为一种实证性的研究方式，这些对卦爻象的历史起源和思想内涵的研究与西方近代以来的哲学与科学的实证化（亦即所谓实证主义哲学与实证科学）有其共同之处，而且尤其是中国近代以来无论是哲学领域中的实证主义还是史学领域中的科学主义，都与西方实证主义思潮的引入有着密切的关系。②然而，就在这些实证性研究取得斐然成果的同时，实证主义所蕴含的各种问题或弊端也不可避免地随之而来：与其对事实的强调和科学方法的注重相应，实证主义表现出了对人自身存在的意义与价值的疏离，后者不仅体现为由于工具理性的强调而导致的对价值理性的忽视，而且还体现为对形而上学研究与建构的否定与拒斥。③金岳霖先生在区分知识论的研究态度和元学（亦即形而上学）的研究态度时曾指出：

> 研究知识论我可以站在知识底对象范围之外，我可以暂时忘记我是人。凡问题之直接牵扯到人者我可以用冷静的态度去研究它，片面地忘记我是人适所以冷静我底态度。研究元学则不然，我虽可以忘记

---

① ［意］贝奈戴托·克罗齐：《历史学的理论和实际》，傅任敢译，商务印书馆1982年版，第2页。

② 杨国荣教授对此曾有详细的研究，可参见杨国荣《实证主义与中国近代哲学》，华东师范大学出版社2009年版；《科学的形上之维——中国近代科学主义的形成与衍化》，华东师范大学出版社2009年版。

③ 如实证主义的代表人物卡尔纳普就曾通过对形而上学命题的逻辑分析指出"全部形而上学都是无意义的"，参见［德］卡尔纳普《通过语言的逻辑分析清除形而上学》，载陈波、韩林合主编《逻辑与语言——分析哲学经典文选》，东方出版社2005年版，第248页。

我是人，而我不能忘记"天地与我并生，万物与我为一"，我不仅在研究对象上求理智的了解，而且在研究底结果上求情感的满足。……知识论底裁判者是理智，而元学底裁判者是整个的人。①

排除情感、意志等非理性的因素，忘却人自身的存在多维向度，以冷静的态度去获求对对象的理智的了解，金岳霖先生的知识论研究无疑体现的正是一种实证主义的研究方式和要求，只是与西方实证主义对人自身存在价值的思考的忽视和对形而上学研究的拒斥不同，金岳霖先生不仅不排斥形上学的研究，并且还试图在实证主义的基础上重建形而上学，他的《论道》一书便是这一工作的具体体现。但是，金岳霖先生同时也强调，与知识论的实证主义的研究态度和要求不同，元学亦即形而上学的研究不仅要求理智的了解，而且还要求情感的满足，后者指向的是一种从整个的人出发的理性主义与非理性主义的统一。不难看到，在金岳霖先生的体系中，他对知识论和元学（形而上学）两种研究态度的严格区分与他试图在实证主义的基础上重建形而上学的工作之间存在着某种矛盾，因为前者在一定程度上表现的是实证主义态度与形而上学研究的分歧与疏离，而后者则又呈现出一种沟通和统一实证主义态度与形而上学研究的努力。事实上，实证主义本身所体现的对形而上学的否定与拒斥，早就注定了"在实证主义的基础上重建形而上学，是很难成功的。"② 王国维那句著名的"哲学上之说，大都可爱者不可信，可信者不可爱"的"烦闷"③ 与感慨体现的正是实证主义与人文主义、形而上学的分离所带来的矛盾。胡塞尔也曾指出：

只见事实的科学造成了只见事实的人……实证科学正是在原则上排斥了一个在我们的不幸的时代中，人面对命运攸关的根本变革所必须立即做出回答的问题：探问整个人生有无意义。这些对于整个人类

---

① 金岳霖：《论道·绪论》，载刘梦溪主编《中国现代学术经典·金岳霖卷》，河北教育出版社1996年版，第19页。
② 杨国荣：《实证主义与中国近代哲学》，华东师范大学出版社2009年版，第150页。
③ 王国维：《静庵文集续编·自序二》，载《王国维遗书》第五册，上海古籍书店1983年影印版，第21页。

来说是普遍和必然的问题难道不需要从理性的观点出发加以全面思考和回答吗？这些问题归根到底涉及人在与人和非人的周围世界的相处中能否自由地自我决定的问题，涉及人能否自由地在他的众多的可能性中理性地塑造自己和他的周围世界的问题。①

实证主义的这种对人自身存在意义和价值之探问的排斥导致的结果便是："实证主义丢掉了一切人们在时宽时狭的形而上学概念中所考虑的问题，其中包括一切被不清楚地称之为'最高的和最终的问题'。"② 胡塞尔甚至还得出了这样的结论："实证主义在扼杀哲学。"③ 与实证主义忽视人的存在和拒斥形而上学的倾向相应，对《周易》卦爻象的历史起源和思想内涵的实证性研究往往也会将对卦爻象的形上依据和本质特征的探求看作是某种抽象的、玄想的附会而予以否定或忽视。然而，事实上，无论是从实然的角度看，还是从应然的角度说，形而上学都是无法被否定的。正如杨国荣先生曾指出的：

> 更有意义的也许并不是对形而上学表示哲学的轻蔑或鄙视，而是从理论层面对形而上学本身作进一步的反思。④

同样，对于《周易》卦爻象的研究来说，最要紧的首先是对它的形上根源（何以可能）及其本质特征（是什么）的追问与思考，因为它不仅与易道形而上学的建构具有直接的相关性，而且也在相当程度上为实证性的卦爻象的历史起源和思想内涵的追溯奠定理论的基础。

任何完整的形而上学的探究必须有"本质之问"与"实存之问"两个相互关联的部分：前者表现为是什么的发问方式，后者表现为何以可能的发问方式；并且前者在相当程度上奠基于后者，或者说，对后者的思考相对于前者具有某种优先性的地位。所以，此处对《周易》卦爻象的形

---

① ［德］胡塞尔：《欧洲科学危机与超验现象学》，张庆熊译，上海译文出版社1988年版，第5—6页。
② 同上书，第9页。
③ 同上书，第10页。
④ 杨国荣：《道论》，华东师范大学出版社2009年版，第2页。

上学探究同样涉及这样两个方面：一是作为一套符号系统的卦爻象的产生是何以可能的？二是这种卦爻象系统究竟具有什么意义，或者说它具有什么样的特点？

第三节　从"重卦说"到"筮数说"
——关于《周易》卦爻象之起源的讨论

与前述《周易》文本所涉及的卦爻象符号主要分为三类（阴阳爻、三画卦或八经卦、六画卦或六十四别卦）相应，易学史上对《周易》卦爻象之历史起源的研究也往往展开为三个方面：一是阴阳爻（"- -""—"符号）的起源、八卦的起源、六十四卦的起源。又，由于作为六画卦的六十四卦一般都被认为是从作为三画卦的八卦两两重叠（即重卦）而来，所以，对《周易》卦爻象之起源的探讨事实上便主要体现为阴阳爻的起源和八卦的起源这两个方面。之所以如此，一方面可能是受了《易传》对八卦的讨论的影响；另一方面也可能与人们对人的思想与创造能力总是从简单到复杂的朴素认识有关。如廖名春先生就曾指出：

>　　事物都有一个由简单到复杂，由低级到高级的过程。筮法也是逐步发展的。据此，我们猜想，易这种筮法当经历了由八卦到六十四卦两个阶段。①

按照这样的看法，作为三画卦的八卦似乎也理应由"- -""—"这两个阴阳爻符号两两重叠而来。"易学史上，人们研究卦爻象的结构，解释卦爻象辞，也基本上是以'重卦说'为前提。"② 然而，这种对事物之发展的所谓"由简单到复杂"的朴素认识，就人的认识过程来说，实际上是有问题的，或者更确切地说是不完整的。③ 而此处之所以称之为"朴素"的认识，也正是因为此。下文的讨论将表明这一点。

---

① 廖名春：《〈周易〉经传十五讲》，北京大学出版社 2004 年版，第 41 页。
② 杨庆中：《周易经传研究》，商务印书馆 2005 年版，第 8 页。
③ 至于所谓"由低级到高级"的看法，就其实质来说，亦是一种非常宽泛而不精确的说法。

如果我们仅仅质诸《周易》，亦即《易经》文本中作为符号系统的卦爻象部分，而暂不考虑《易传》中关于八卦起源的解释，那么，就直观而言，我们只能看到"- -""—"两个符号以及由这两个符号组成的六十四个六画卦符号。至于六十四个六画卦中到底是否包含八卦，或者说那些六画卦是否由八个三画卦两两重叠而来，仅从现存的《周易》六十四卦卦象符号来看，似乎并不明显。近人学者韩仲民先生便曾通过对帛书《周易》的研究得出了"六十四卦起源很早，并非由八卦重卦组成"，八卦是从最初用于卜筮的六十四卦化繁为简而来[1]，"八卦哲学是《易传》作者的思想"[2]的看法。除了从卦序角度对通行本《周易》与帛书《周易》进行了比较之外，韩仲民先生还一方面列举出了近些年学术界影响最广的"数字卦"说作为材料证明，因为在迄今所发现的数字卦中大多数都是六画卦；[3] 另一方面，也是更重要的方面是他从人类认识世界的发展过程的角度对前述所谓"从简单到复杂"的过程的朴素认识提出了质疑，他说：

> 人们一般认为，事物的发展总是从简单到复杂的，因此，对于传统的重卦之说，从来没有人提出过怀疑。其实人类对客观事物发展的认识，既有从简单到复杂的一面，又有从复杂到简单，经过抽象概括，形成概念，然后再用它去说明客观事物的一面。[4]

显然，相比于将事物发展及人类认识世界的过程仅仅概括为"从简单到复杂"的过程的看法，韩仲民先生指出同时还有"从复杂到简单"

---

[1] 韩仲民：《帛书〈系辞〉浅说——兼论易传的编纂》，《孔子研究》1988年第4期。
[2] 韩仲民：《帛书〈周易〉六十四卦浅说》，载唐明邦、张武、罗炽、萧汉明编《周易纵横录》，湖北人民出版社1986年版，第231页。
[3] "数字卦"说最早由现代学者张政烺先生提出，并给予了许多相关的材料与合理的解释作为证明，且现已成为学术界基本认可的一种关于卦爻象起源的说法。其实"数字卦"之说在《易传》中早有先声，如《易传·系辞上》所谓"极数知来之谓占"，《易传·说卦传》所谓"昔者圣人之作《易》也，幽赞于神明而生蓍，参天两地而倚数，观变于阴阳而立卦，发挥于刚柔而生爻"等。
[4] 韩仲民：《帛书〈系辞〉浅说——兼论易传的编纂》，《孔子研究》1988年第4期。

的"经过抽象概括，形成概念"的过程的看法则更加全面，也更加合理。① 所以，与此看法相应，韩先生提出的"六十四卦早于八卦"的看法亦表现出很强的说服力。值得强调的是，韩仲民先生此处从人类认识世界的过程的全面性（而非单向度的）角度论证他的"六十四卦早于八卦"的说法，笔者认为，其真正意义并不在于为《周易》卦爻象的历史起源问题提供了何种答案，而是在于它从一个侧面证明了（无论是在狭义的卦爻象的起源的研究方面，还是在广义的学术研究方面）哲学形而上学研究相对于实证性研究的优先性和基础性地位，也就是说，对世界与人自身存在的认识方式及其所达到的认识程度在相当程度上决定了实证性研究中对材料的选择与解读的方向，因为对世界与人自身存在的普遍性认识正是属于哲学形而上学研究的范围或题中之意。另外，与韩仲民先生的看法相似，吴前衡先生亦曾提出"卦画的产生，是先有六十四卦'—/- -'六联体，其次是八卦'—/- -'三联体，最后才具体而微到对单体阴阳的把握"的看法。② 对于韩仲民先生提出的"六十四卦早于八卦"的说法，杨庆中先生甚至这样评价道："对于传统易学而言，韩氏此说，不啻是一沉重的打击。"③ 因为"若此说成立，则《易经》六十四卦中的每一卦，是否存在上下之位，初与四、二与五、三与上之间是否存在对应关系等等与传统易学解经体例密切相关的问题，便都须重新审视了。"④ 其实杨先生此言亦有危言耸听之嫌，因为后世的那些从八卦及重卦的角度对《周易》卦爻象及卦爻辞的解读本来就无须当作是所谓《周易》的本来面目，而实可只需看作是对《周易》文本的一种新的创造性的诠释：一方面，这种诠释并非完全是捕风捉影、无中生有的，相反，作为三画卦的八卦与作为六画卦的六十四卦之间无论是在形式上（亦即在抽象的意义上），还是在内容上（亦即在具象的意义上）都是有客观的内在关联的（详见下文

---

① 廖名春先生就曾依据事物发展的"由简单到复杂，由低级到高级的过程"的朴素认识对韩仲民先生的"六十四卦早于八卦"之说提出反驳，从而为传统的"重卦"说正名。（参见廖名春《〈周易〉经传十五讲》，北京大学出版社2004年版，第41页。）然而，从人类认识世界过程的全面性来看，廖先生的这一看法显然是不够的，甚至是站不住脚的。

② 参见赵士林《〈易经〉走向〈易传〉：有关分与合的论争》，《读书》2012年第2期，第54页。

③ 杨庆中：《周易经传研究》，商务印书馆2005年版，第8页。

④ 同上。

对卦象的抽象与具象意义的讨论），正是这种客观的内在关联使得从八卦的角度对《周易》卦爻象与卦爻辞所做的创造性诠释成为可能；另一方面，即使以后有新的进一步的出土材料证明韩氏之见确实为真，这种诠释本身亦不是完全没有意义的，相反，正是这种创造性的诠释为易学研究的不断传承与发展奠定了基础。不过杨先生又进一步提到：

> 《易经》中的六画卦（重卦），是否是由八卦两两相重而来，或者说八卦是否先于六画卦而存在，的确是一个需要证明的问题。但这并不意味着《易经》编纂者没有八卦或重卦的观念，因为这是两个问题。换句话说，从发生学上论证六画卦是否由三画卦发展而来是一个问题；《易经》中有没有八卦的观念是另一个问题。①

杨先生对这两个问题的区分在一定程度上显示了他的理智与清醒，即他既没有盲从古人重卦之说，也没有因为韩仲民提出"六十四卦早于八卦"之说而完全否定《易经》中有八卦思想观念的可能。那么，面对这两个问题，杨庆中先生又是如何处理的呢？

对于前一个问题，即"从发生学上论证六画卦是否由三画卦发展而来"的有关重卦的问题，杨先生一方面指出"就目前而言，尚缺乏足够的材料。"② 既然是需要用材料来证明的问题，故本书亦将不作着重探讨与细究。同时另一方面他还提到了张立文先生的一段"颇为'周全'"的说法：

> 八卦与六十四卦的联系，古人可能直接求得六个奇偶数而成筮卦（数字卦），后又变换成阴阳六爻；或如《系辞上》第八章"大衍之数"的成卦筮仪，而求得六爻成一卦。当所得的卦，经长期积累，资料很丰富以后，便加以排比，去同存异，而得六十四卦。再由六十四卦而探其数字演化的规律，又概括为八卦，成为六十四卦的基础。这是由繁而简。故《易》为易简，然此简，却标志着认识的深化。

---

① 杨庆中：《周易经传研究》，商务印书馆2005年版，第8页。
② 同上。

也有可能，古人占筮之时，既求得六个奇偶数的筮卦，亦求三个奇偶数的数字卦的单卦，当积累了丰富的资料以后，经排比，去同存异而得八卦，由八卦而演成六十四卦。或可能这个积累、排比、去同存异、概括的进程是互相交错的。因此，八卦与六十四卦有着逻辑上的内在联系。①

从张立文先生的这一大段论述来看，他既涉及了筮数成卦，即"数字卦"之说，又联系了人类认识世界的过程的全面性，从而既得出了从六十四卦简化为八卦（乃至阴阳爻）的可能性，又得出了从八卦演成六十四卦的可能性。尽管他没有在这两种可能性之间做出某种确定的选择，但他却由此指出了八卦与六十四卦之间存在着逻辑上的内在联系。仅就后者而言，应当是没有问题的。所以，与其说张立文先生的说法是一种"周全"的说法，还不如说是出于一种谨慎的态度。对于后一问题，杨庆中先生则是通过对《周易》卦爻辞与卦爻象之间的某些可能的对应性关系的分析，得出了肯定的结论，即"虽或不能得出《易经》六十四卦系由八卦两两相重而成的结论，但《易经》编纂者已有八卦的观念，并已在六画卦中运用八卦的观念设计卦爻辞，应该是不成问题的。"② 显然，杨先生的这个肯定的结论乃是依据"象辞相应之理"的讨论得出的，也就是说，它所关涉的是整个《周易》文本的后期编纂乃至统稿的问题。由于本章以探讨作为符号系统的《周易》卦爻象为主要内容，暂不涉及对卦爻辞的解释和对"象辞相应之理"的讨论，故关于《周易》卦爻辞的解释和"象辞相应之理"的讨论详见下文第四章、第五章。质言之，如果说，关于八卦和六十四卦的先后关系问题的进一步研究只能有待日后新的历史材料的发现，那么，对八卦和六十四卦之间所存在的客观的、逻辑的内在关联的确证则至少为我们对作为符号系统的《周易》卦爻象作形而上的研究提供了可能的依据。

那么，从形而上的角度来说，《周易》卦爻象究竟缘何而起呢？

---

① 张立文：《〈帛书周易〉浅说》，载《帛书周易注释》，中州古籍出版社2008年版，第11页。

② 杨庆中：《周易经传研究》，商务印书馆2005年版，第12页。

事实上，这个问题的答案在上一章对《周易》筮占所蕴含和体现的思想观念和本质特征，以及造成这种思想观念和本质特征的以数观世界的方式的讨论中已经有所说明。简而言之，由于《周易》卦爻象乃是《周易》筮占的符号化记录，所以，《周易》筮占之以数观世界的方式在相当程度上便构成了《周易》卦爻象的形上根源或依据。也就是说，《周易》卦爻象乃中国古人，尤其是作《易》者以数观世界的产物。具体而言，一方面，《周易》卦爻象亦是源于古人或作《易》者对作为整体的世界与宇宙之存在的天象的普遍之"观"。《易传·系辞上》云："圣人立象以尽意，设卦以尽情伪"，这里的"意"即圣人之意，亦即圣人或作《易》者对作为整体的世界之发展变化规律的观察、理解与认识，而"情伪"亦即所谓"真伪"，是指作为整体的世界之发展变化的本质（规律）和现象（或假象）。因此，所谓"圣人立象以尽意，设卦以尽情伪"就是说，作为圣人的作《易》者不仅要努力通过某种独特的方式实现对作为世界整体之发展变化的本质规律的天道的一种中正的观察和认识，而且更要将这种观察和认识以某种相应的方式表达出来。前者在《周易》中就体现为数的方式，后者在《周易》中就体现为卦爻象的设立，即所谓"立象""设卦"。也就是说，《周易》卦爻象的产生不仅仅源于作《易》者对天象或宇宙的普遍之"观"，而且更重要的在于它的以数而观的方式。前引《易传·说卦传》中所谓"昔者圣人之作《易》也，幽赞于神明而生蓍，参天两地而倚数，观变于阴阳而立卦，发挥于刚柔而生爻"，在相当程度上亦可以作为此处《易》卦爻象源于以数观世界之方式的证明，即此所谓"阴阳""刚柔"皆是与对数的奇偶性的认识有关，而所谓"参天两地"，即以"三"为天数的最小生数，以"二"为地数的最小生数，则是与对数变的认识有关；与基于数的奇偶性而产生的筮数的规律性变化相联系，天地万物因其源于阴阳刚柔的交互性作用而使得天地万物之生成变化亦呈现出某种规律性的特点。

值得补充说明的是，与《周易》卦爻象的这种形上根源相联系，本书认为，在前述众多关于《周易》卦爻象的历史起源的说法中，其实当以《易传》中的"伏羲仰观俯察"说（亦可称为"观象设卦"说）与现代的"筮数"说（亦即所谓"数字卦"说）这两种最具合理性。也正是因为此，相较而言，关于《周易》卦爻象起源的这两种说法在易学史上影响最为深远和广大。余敦康先生便曾指出：

> 一般说来，每一种占卜形式为了根据占卜道具所显示的变化决断吉凶，都有一套反映这种占卜道具所显示的变化的符号。……龟卜到了周人手里已经整理出一套包括三种一百二十个"经兆之体"的符号了。筮占除了《周易》以外，还有《连山》和《归藏》，它们的符号都是八个经卦和六十四个别卦。梦占这种占卜形式，也有一套包括十个基本数和别分为九十的符号。至于其他的一些占卜形式，比如猪胆卦、牛肝卦、鸡骨卦等等，当然也有自己的一套独特的符号，否则便无从据以决断吉凶，不能发挥占卜的作用了。因此，把八卦看成是反映蓍草排列方式的一套别具一格的符号，可能是符合历史实际的。①

余敦康先生认为任何一种卜筮形式都有一套属于自己的据以决断吉凶的符号，所以八卦乃至整个《周易》卦爻象系统也应该是记录易筮中作为吉凶占断之根据的符号，它在一定程度上体现着易筮本身的特点。

第四节　抽象与具象
——《易》象的两重性

上文对《周易》卦爻象之形上根源或依据的讨论表明，卦爻象的产生既与作《易》者对数变规律的发现有关，也与作《易》者以数观世界，从而获得对作为整体的世界或宇宙之发展变化规律的认识相联系。古人对于数变的崇拜，不仅仅只是出于对数变规律本身的发现，而且更重要的在于看到了数与世界之间所存在的某种神奇的契合：如果说古人对数变规律的发现主要是与一种反向内省式的自我意识觉醒有关，那么，古人以数观世界的思维和实践活动则更多体现为一种以数为连接中介而进行的人与世界之间的交往互动。那么，根源于作《易》者以数观世界的方式的《周易》卦爻象，究竟具有什么样的本质特点呢？对此，前文已有所涉及，

---

① 余敦康：《从〈易经〉到〈易传〉》，载《周易研究论文集》第三辑，北京师范大学出版社1990年版，第117页。

即《周易》卦爻象作为以数为占之易筮的符号化记录和表达，同样也具有一种"象—数统一"的特点；与这种"象—数统一"特点相应的是，《周易》卦爻象既呈现出一种抽象性的形式意义，同时又具有某种实质性的具象意义。

具体而言，由于人与世界之间的以数为连接中介的循环往复地交往互动，《周易》及易学哲学以数观世界的方式，与其他的观世界的方式相比，它的一个最重要的特点便在于，它来源于现实生活经验，又超越于现实生活经验，最后还要回归现实生活经验。也就是说，它既不是纯粹的对具体事物的特殊之"观"，亦不是完全脱离具体事物的普遍之"观"，毋宁说，它体现的正是特殊之"观"与普遍之"观"的某种沟通与统一。而《周易》卦爻象，即包括"- -"与"—"两个阴阳爻符号、八个三画卦符号、六十四个六画卦符号，它们的产生正是源于这样一种以数观世界的方式。（这里不考虑这三种符号之间在历史上的时间先后顺序问题。）由于筮数来源于现实经验，由筮数而定的卦爻象便也具有某种对世界的摹写象征的意义，后者（即这种摹写象征的意义）表达的是人们对世界发展变化之道理或规律的一种认识，所以《系辞传》才说"象也者，像也""象也者，像此者也"。此"像"不仅有摹仿之意，更有意想、想像之意。段玉裁在解释"象"字时曾提到"象"与"像"的关系，他说：

> 按古书多假"象"为"像"，《人部》曰："像者似也。""似者像也。""像"从人象声。许书一曰指事，二曰象形，当作象形。全书凡言象某形者其字皆当作"像"，而今本皆从省作"象"，则学者不能通矣。《周易·系辞》曰，"象也者，像也。"此谓古《周易》"象"字即"像"字之假借。韩非曰："人希见生象，而案其图以想其生，故诸人之所以意想者皆谓之象。"似古有"象"而无"像"。然"像"字未制以前，想像之义已起，故周易用"象"为想像之义。如用易为简易变易之义，皆于声得义，非于字形得义也。韩非说同俚语，而非本无其字，依声托事之恉。①

---

① （清）段玉裁：《说文解字注·象部》，浙江古籍出版社2006年版，第459页。

简言之,"象"乃是"像"的假借,它指的是人的意想、想像等意识活动。人类将其对世界变化规律的认识简化为数,以及由数而定卦爻象,其中皆有人的意想、想像活动的参与和发生。与这种意想、想像活动相联系的首先乃是事物的具体形象在意识中的产生,这就使得《周易》卦爻象便必然带有某种具象性的特点。又,由于筮数不仅来源于现实生活经验,而且同时也超越于经验,即它乃是对现实生活经验的某种归纳总结,作为这些归纳总结的记录进一步精确简化的结果的卦爻象,也就蕴含和体现着某种抽象性的特点。因为,如果它不具有抽象性的特点,而只是与某种具体事物的形象相关,那么显然它就无法被用于进一步观察和认识其他事物乃至整个世界或宇宙。冯友兰先生曾将《周易》及其哲学看作是一部"宇宙代数学",他指出:

  照易传的解释,《易经》可以说是一部事物规律的"代数学"。它认为,六十四卦、三百八十四爻及其卦辞、爻辞可以代入事物的一切规律。[1]

  周易哲学可以称为宇宙代数学。代数学是算学中的一个部门,但是其中没有数目字,它只是一些公式,这些公式用一些符号表示出来。对于数目字来说,这些公式只是些空套子。正是因为它们是空套子,所以任何数目字都可以套进去。我说周易可以称为宇宙代数学,就是这个意思。周易本身并不讲具体的天地万物,而只讲一些空套子,但是任何事物都可以套进去,这就叫"神无方而易无体"。[2]

冯友兰先生在这里看到了易数及其所定之卦爻象的抽象性的特点,以及它在认识宇宙万物变化规律上的重要作用,但他将易数乃至整个《周易》仅仅看作是一些"公式""空套子",则显然对于卦爻象的具象性的特点有所忽视。与冯先生不同,他的学生蒙培元先生对卦爻象的这两重特征则有所见,他说:"最初的八卦符号可能是象和意结合在一起的,这个

---

[1] 冯友兰:《中国哲学史新编》第二册,载《三松堂全集》第八卷,河南人民出版社2001年版,第555页。
[2] 冯友兰:《中国〈周易〉学术讨论会代祝词》,载唐明邦、张武、罗炽、萧汉明编《周易纵横录》,湖北人民出版社1986年版,第7页。

'象'，不能被理解为布留尔式的'集体表象'，也不能被说成是现象学的'纯象现象'，它实际上是一种'意象'，即具体形象和抽象意义的统一。这一点影响到整个中国文化与哲学的发展。"① "《易经》中的'数'，始终没有同'象'分离，而是紧密联系在一起，而《易经》中的'象'，不是别的，就是意象，即代表某种物象，并且隐含着某种意义。"②

王振复先生也谈及《周易》卦爻象的这种抽象性与具象性相统一的特点："《周易》的巫术文化，正是从原始初民的智慧中发展而来的，恰恰这种巫术方式在于数的运演，因此，从原始初民那里继承下来的'神秘的数'，就必然地成了《周易》制造人为的兆象以占筮吉凶的一种符号媒介，它一半抽象、一半具象，总是与卦爻这种特殊的符号相互渗透，构成一个'数——总和'的占筮王国。它是抽象的，因为数象征自然宇宙的无限，象征一种超自然的力量，又象征社会人生中的人的命运、机遇以及痛苦、欢乐等；它又是具象的，因为数又与所谓太阳、北极星、男女两性，天地人、春夏秋冬、东南西北中五个方位等具体事物密切联结在一起，某种意义上可以说，离开了这些具象的东西，《周易》关于数的巫术就不复存在。"③ 新近出版的《周易经传美学通论》一书中亦曾指出：《周易》中的象数形式，"不仅是抽象的符号创造，还在自然天道知识系统的背景中，连接了现实活动的种种经验和心灵体验，去表达对命运处境的热切关注，所以成为朝着感性世界开放的符号系统"。④

质言之，《周易》的卦爻象因其源于中国古人以数观世界的方式，这种方式一方面超越现实经验世界，另一方面又不离现实经验世界，前者使得卦爻象呈现出一种抽象性的特点，后者则使得卦爻象始终没有丢掉具象性的品格。从更一般的层面上来说，作为中国古人以数观世界的产物，《周易》卦爻象的这种兼具抽象性和具象性的双重品格，不仅体现了感性与理性在人的认识中的内在统一，而且也体现了人与世界（天人）之间的沟通统一。

---

① 蒙培元：《伏羲与周易文化》，《天水师范学院学报》2008年第4期。
② 蒙培元：《心灵超越与境界》，人民出版社1998年版，第111页。
③ 王振复：《巫术：〈周易〉的文化智慧》，浙江古籍出版社1990年版，第182页。
④ 参见赵士林《〈易经〉走向〈易传〉：有关分与合的论争》，《读书》2012年第2期。

第五节　卦爻象的抽象意义及其形式推演

　　与《周易》之由数定象相联系，卦爻象系统首先呈现出一种抽象性的特点。其实如果直接从《周易》文本本身中的那一套卦爻符号出发，而不考虑后世学者依据卦爻辞以及《易传》等文献对卦爻象所做的解释，那么，我们也的确很难看出那一套由"- -"与"—"这两个符号组成的六十四个六画卦符号到底有什么实质性的意义，更难看出它表示着什么具体的事物形象。当然，也不能由此就断定《周易》的卦爻象就没有任何意义。究其实质而言，作为筮数变化结果的记录，《周易》卦爻象的抽象性特点乃是与易筮之数本身的特点分不开的。所以，如若单从抽象的角度来说，《周易》卦爻象能够表达何种意义或观念显然亦应从筮数的特征中去找。

　　首先，如前所述，作为《周易》观世界的基本视角，筮数与一般的数一样，它一方面来源于现实生活经验，另一方面又超越现实生活经验，并构成了人们进一步认识世界的基本方式。作为一种现实生活经验的归纳总结，筮数蕴含和体现着人们对世界发展变化之规律的认识与把握。与世界变化发展规律的这种联系使得筮数并不表现为一种现实的具体存在，而是具有着相当的抽象性特点，并且总是呈现为一种内在的观念化的存在形态。然而，如果仅仅作为一种观念化的存在，即仅仅存在于人们的意识之中，而不能取得某种现实形态的话，那么它便终究只会沦为某种个人经验而无法为他人所理解，更不用说什么传诸后世了。正是在这个意义上，《周易》卦爻象的产生实有其必然性[①]，即作为筮数变化结果的符号化记录，正是卦爻象使得作为人们对世界变化发展规律之认识总结的筮数具有了一种现实化的表现形态，从而不仅使得筮数能够为他人所理解，也使得他人能够进一步运用筮数去认识和把握世界，此即是《易传·系辞上》所谓"圣人立象以尽意"。当然，筮数的抽象性特点并没有随着筮数的符

[①] 德国哲学家E.卡西尔曾从人的本性的角度论证了"符号"产生的必然性，并将人定义为"符号的动物"。他指出："符号化的思维和符号化的行为是人类生活中最富于代表性的特征，并且人类文化的全部发展都依赖于这些条件，这一点是无可争辩的。"参见［德］卡西尔《人论》，甘阳译，上海译文出版社2003年版，第38—43页。

号化、现实化而消失，也就是说，作为筮数的现实化的表现形态，《周易》卦爻象并没有完全成为某种具体的事物，或者只具有某种具体的形象意义，相反，它在相当程度上仍然承继着筮数的那种抽象性特点，并呈现出一种形式化的品格。也正是这种具有形式化品格的卦爻象才能够蕴含和表达人们对世界发展变化规律的认识和把握。

其次，前文还提到，在整个《周易》占筮过程中，主要涉及数的两个方面特征，一是数的变化，二是数的奇偶性。作为筮数变化结果的符号化记录，《周易》卦爻象的抽象意义及其形式化品格亦与筮数的这两方面特征有关。具体而言，第一，与筮数的奇偶性质相应的是卦爻象的阴阳性质。在这里首先面临的问题便是，在整个《周易》古经文本中，不仅作为符号系统的卦爻象本身没有明确表现出某种阴阳观念，而且在作为文字系统的卦爻辞中，也罕见"阴阳"二字，即整个《易经》文本中只有《中孚卦》的九二爻爻辞"鸣鹤在阴，其子和之，我有好爵，吾与尔靡之"一句中出现了一个"阴"字，其他连"阳"字都未曾见着，那么，我们如何能够说《周易》卦爻象具有阴阳性质呢？《庄子·天下篇》中曾明确指出："《易》以道阴阳。"显然，《庄子》的这句话绝非无的放矢，它所谓"道阴阳"在相当程度上其实指的正是《周易》卦爻象的阴阳性质，及其所表达的作《易》者的阴阳观念。就阴阳观念的发生来看，无疑与太阳的出没或升落有着密切关系，这一点从"阴""阳"两字的字形上（即"陰""陽"）亦可略见端倪。赵士孝先生曾从甲骨文、金文等角度对"阴""阳"二字作了文字学的考证，认为"阴"字的本义与阴天有关，"阳"字的本义指没有被树枝遮挡的高地，亦即向阳之地。这正说明"阴""阳"二字及阴阳观念的产生应当与太阳有关。[1] 无论是在东方还是在西方，太阳在上古先民日常生活中都占据着举足轻重的地位，这是众所周知的：日出而作，日落而息，这不仅是先民们日常生活的最真实写照，也是他们不得不遵循的基本生活规律。太阳不仅带来光明，而且使万物得以生长，人类得以生存和延续。当然，有光明就有黑暗，有创生也就有毁灭，如果说太阳所带来的光明是万物得以生长的前提，那么太阳的消失所带来的黑暗则是万物毁灭的根源。与太阳的升落及其所带来的昼夜更替、明暗迭现相类似，物有牝牡、人有

---

[1] 赵士孝：《〈易传〉阴阳思想的来源》，《哲学研究》1996年第8期。

男女等亦是人类在其生产生活实践活动中最直观的现象，对这些种种现象的经验和归纳的结果便是，整个世界都呈现出某种二元性的特点，而阴阳观念毋宁说正是这种对人与世界的二元性观念的进一步的抽象概括。如朱子便曾指出："都是阴阳。无物不是阴阳。""无一物不有阴阳、乾坤。至于至微至细，草木禽兽，亦有牝牡阴阳。"① 也就是说，阴阳观念事实上正是中国古人对世界的统一性原理之认识与把握的基本表达。与阴阳观念的这种二元性特点相类似，数的奇偶性也同样呈现出一种二元性的特点，这就使得人们不难看到阴阳观念和数的奇偶性之间的某种不谋而合之处。或者毋宁说，对数的奇偶性特征的发现在相当程度上亦是与阴阳观念的产生有关。所以，当阴阳观念与数的奇偶性特征的发现相结合时，作为整个《周易》卦爻象系统最基础的"- -"与"—"两个符号，便不仅仅只是用以表达数的奇偶性特征，而且它同时也是作为对世界统一性原理之认识的阴阳观念的一种形式化表达，或者更确切地说，它表达的是中国古人对世界的二元性特征的认识与把握。此亦所以《易传·系辞上》云："一阴一阳之谓道。"与对数的奇偶性特征和阴阳观念之间某种吻合性相联系，由"- -"与"—"这两个符号所组成的八个三画卦亦被赋予了阴阳性质，即：以乾☰、震☳、坎☵、艮☶四卦为阳卦，以坤☷、巽☴、离☲、兑☱四卦为阴卦。其理由便是《易传·系辞下》所谓"阳卦多阴，阴卦多阳。其故何也？阳卦奇，阴卦耦"。② "- -"与"—"所蕴含的阴阳观念和八个三画卦所具有的阴阳性质，构成了后世易学中分析研究《周易》六十四卦之象的重要依据。所以，朱子说："'易'字义只是阴阳。""《易》，只消道'阴阳'二字括尽。"③

---

① （宋）朱熹：《朱子语类》（卷第六十五），岳麓书社1997年版，第1436页。
② 杭辛斋曾认为《易传·系辞下》中所谓"阳卦多阴，阴卦多阳。……阳卦奇，阴卦耦"是"专指六子之卦言也"，即专指除乾、坤之外的震、巽、坎、离、艮、兑六卦而言的。（参见杭辛斋《易楔》，载《杭氏易学七种》，九州出版社2005年版。）杭氏此说其实只说对了一半，即前半句"阳卦多阴，阴卦多阳"是"专指六子之卦言"，因为在四阳卦中，只有震、坎、艮是一爻为阳，两爻为阴，在四阴卦中，只有巽、离、兑是一爻为阴，两爻为阳；但后半句"阳卦奇，阴卦耦"则未必"专指六子之卦言"，因为阳卦中除了震、坎、艮三卦外，乾卦从卦画上来说亦是三画而成奇数，同样，阴卦中除了巽、离、兑三卦外，坤卦从卦画上来说亦是六画而成偶数。当然，就杭氏之从三画卦的角度来理解卦的阴阳性质这一点来说，他亦是有所见的。
③ （宋）朱熹：《朱子语类》（卷第六十五），岳麓书社1997年版，第1436页。

第二，与数的变化相应的是《周易》卦爻象呈现出不断变化的特点。如前所述，在整个蓍筮成卦的过程中，从最初的"大衍之数五十，其用四十有九"到"分而为二，以象两"，再到"挂一，以象三"，再到"揲之以四，以象四时"直至"归奇于扐，以象闰"这四个环节（即《系辞传》所谓"四营"）中，除了"分而为二"这个环节出于筮者的随意性而使得所分两边的蓍草数目具有偶然性之外，其他的各个环节由于都是依照筮法规则严格推算出来的而使得由此三个环节所得之蓍草数目又具有一定的必然性。但就是"分而为二"这一个环节的作用，使得经过"四营三变"之后所得之用以确定一爻的蓍草数目具有了某种不确定性，即或为 24，或为 28，或为 32，或为 36。再将此四个数目除以 4，便得 6、7、8、9 四个数，即所谓老阴之数、少阳之数、少阴之数、老阳之数。若是筮得 7 和 8，即少阳之数和少阴之数，则不变爻；若是筮得 6 和 9，即老阴之数和老阳之数，则须变爻，即由老阴变少阳，由老阳变少阴。而要成一个六画卦，则需要"十有八变"，即每三变成一爻，成六爻共需十八变。与"四营三变"所成之蓍草数目有四种可能性相应，每一爻亦都有四种可能性，即或为老阴，或为少阳，或为少阴，或为老阳；若遇老阴、老阳又需变爻，这就又多了两种可能。而在一个六画卦中，或有六爻皆不变，或有一爻变，或有二爻变，或有三爻变，或有四爻变，或有五爻变，或有六爻全变。这就使得《周易》的六十四卦卦爻象不再是一个个孤立不变的符号，而是一群充满变化的符号。与这些符号之间的相互变化相联系，不仅卦与卦之间建立起了内在的关联性，而且整个《周易》六十四卦也因此被联成一个不断变化着的系统。这个不断变化着的系统所表征的正是天地万物的生成变化。

第三，与数的奇偶性使得数的变化具有某种规律性相应，卦爻象的阴阳性质也使得卦爻象的变化呈现某种规律性。这就是说，尽管每一爻都存在着阴阳和变爻的可能性，从而使得《周易》六十四卦成为一个不断变化着的系统，但是，与筮数本身的规律性变化相应，《周易》六十四卦之间的变化亦不是无规律可循的，相反，其变化的可能性亦是可能通过数学的方式推算出来的。在易学史上，京房、虞翻、俞琰、李挺之、朱熹，近人高亨先生、今人刘大钧先生等都对卦变问题进行过细致的研究，此处不作详细赘论。另外，宋代邵雍在其先天易学中亦曾运用数学的方式，将阴阳两仪、四象、八卦和六十四卦编排整合为一个形式化的推演系统，即如下图：

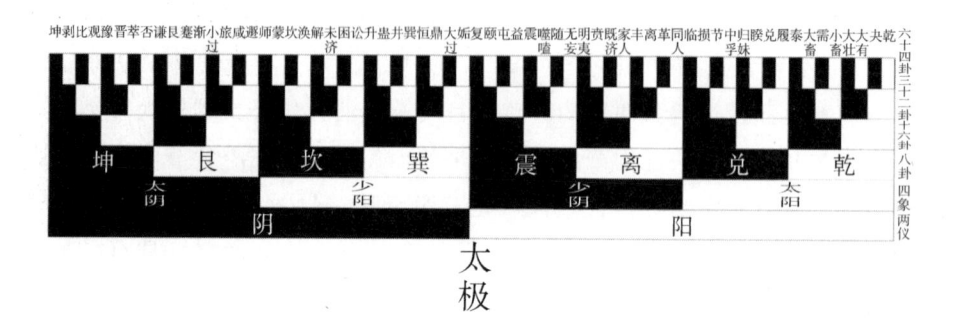

并有文字解释说：

> 太极既分，两仪立矣。阳下交于阴，阴上交于阳，四象生矣。阳交于阴，阴交于阳，而生天之四象；刚交于柔，柔交于刚，而生地之四象。于是八卦成矣。八卦相错，然后万物生焉。是故一分为二，二分为四，四分为八，八分为十六，十六分为三十二，三十二分为六十四。故曰分阴分阳，迭用柔刚，易六位而成章也。十分为百，百分为千，千分为万，犹根之有干，干之有枝，枝之有叶。愈大则愈少，愈细则愈繁，合之斯为一，衍之斯为万。①

就邵雍的这段论述以及与之相应的大横图来说，历史上许多学者将它看作是关于八卦和六十四卦之形成起源，乃至天地万物之生成变化的形而上学讨论，即以太极和阴阳作为八卦和六十四卦，及天地万物的终极根源。然而，笔者认为，邵雍此论的另一重要的意义在于他对阴阳两仪、四象、八卦及六十四卦之间的形式关系的揭示。具体而言，在邵雍的这段论述以及与之相应的大横图中，一方面，阴阳两仪、四象、八卦、六十四卦都并不表示具体的象征意义，即它们并不象征任何具体的事物形象，而只

---

① （宋）邵雍：《观物外篇上》，载《皇极经世书》第十三卷，中州古籍出版社2007年版，第515页。

具有抽象的特点；另一方面，从两仪到四象到八卦直至六十四卦呈现出一种逐渐生成衍化的关系，并且这种生成衍化关系具有一种数学性的规律和形式化的特点。程颐曾将此概括为"加一倍法"，即"尧夫之数，只是加一倍法。"① 朱熹则将其概括为"一分为二法"，即"此只是一分为二，节节如此，以至无穷，皆是一生两尔。"② 二者的意义就其实质而言是一致的，即它们都强调的是邵雍先天易学的数学化的方法和特点。与阴阳、八卦和六十四卦的这种抽象性特点及其相互之间的形式化关系相联系，八卦和《周易》六十四卦在卦序排列上亦表现出一种先天的必然性，即所谓先天八卦次序和先天六十四卦次序，这从上引大横图中即可看出。从哲理内涵上来说，八卦和六十四卦的这种先天次序蕴含和体现着一种基于阴阳消长而产生的作为整体的世界或宇宙的有规律性的变化。

第六节 卦象的具象意义及其内在关联

与《周易》筮占之数既源于现实生活经验，又指向现实生活经验的特点相联系，《周易》卦爻象在呈现出一种抽象性的特点和形式化的推演关系的同时，也具有一些具体的象征意义，并且这些卦爻象的具象意义之间又存在着某种内在的关联，后者（即卦爻象的具象意义之间的关联）又是与卦爻象之超越现实生活经验的抽象性特点有关的。不过，从易学史上对《周易》卦爻象的研究来看，所谓的具象意义又主要是指八卦和六画卦而言的，至于作为八卦和六十四卦之基础的"- -"与"—"这两个阴阳爻符号则基本不涉及具象意义。

首先，就八卦的具象意义来说。《易传·系辞下》曾云："八卦以象告。"这句话明确点出了八卦的特点，即"以象告"。作为六画卦的简化形式，八卦一方面承继了六画卦的抽象性特点，另一方面也承继了六画卦的具象性特点，而就八卦本身而言，后者（即其具象意义）似乎又尤为突出。具体而言，在八卦的各种具象中，主要分为两类：

---

① 《外书》十二，载（宋）程颢、（宋）程颐《二程集》，王孝鱼点校，中华书局2004年版。

② （宋）朱熹：《朱子语类》（卷第六十七），岳麓书社1997年版。

一类是指各种具体的事物或自然现象，即如最常见的以乾卦☰象"天"，以坤卦☷象"地"，以震卦☳象"雷"，以巽卦☴象"风"，以坎卦☵象"水"，以离卦☲象"火"，以艮卦☶象"山"，以兑卦☱象"泽"。高怀民先生认为这是八卦的最初象征意义，即所谓"八卦初象"①，杭辛斋称之为"大象"②。除此之外，《易传·说卦传》也记载了更多关于八卦的具象意义：

> 乾为马，坤为牛，震为龙，巽为鸡，坎为豕，离为雉，艮为狗，兑为羊。
>
> 乾为首，坤为腹，震为足，巽为股，坎为耳，离为目，艮为手，兑为口。
>
> 乾，天也，故称乎父。坤，地也，故称乎母。震一索而得男，故谓之长男。巽一索而得女，故谓之长女。坎再索而得男，故谓之中男。离再索而得女，故谓之中女。艮三索而得男，故谓之少男。兑三索而得女，故谓之少女。
>
> 乾为天，为圜，为君，为父，为玉，为金，为寒，为冰，为大赤，为良马，为老马，为瘠马，为驳马，为木果。
>
> 坤为地，为母，为布，为釜，为吝啬，为均，为子母牛，为大舆，为文，为众，为柄，其于地也为黑。
>
> 震为雷，为龙，为玄黄，为旉，为大涂，为长子，为决躁，为苍筤竹，为萑苇。其于马也为善鸣，为馵足，为作足，为的颡。其于稼也为反生，其究为健，为蕃鲜。
>
> 巽为木，为风，为长女，为绳直，为工，为白，为长，为高，为进退，为不果，为臭，其于人也为寡发，为广颡，为多白眼，为近利市三倍，其究为躁卦。
>
> 坎为水，为沟渎，为隐伏，为矫輮，为弓轮，其于人也为加忧，为心病，为耳痛，为血卦，为赤，其于马也为美脊，为亟心，为下首，为薄蹄，为曳，其于舆也为多眚，为通，为月，为盗，其于木也

---

① 高怀民：《先秦易学史》，广西师范大学出版社2007年版，第46页。
② 杭辛斋：《易楔》，载《杭氏易学七种》，九州出版社2005年版，第101页。

为坚多心。

离为火，为日，为电，为中女，为甲胄，为戈兵，其于人也为大腹，为乾卦，为鳖，为蟹，为蠃，为蚌，为龟，其于木也为科上槁。

艮为山，为径路，为小石，为门阙，为果蓏，为阍寺，为指，为狗，为鼠，为黔喙之属，其于木也为坚多节。

兑为泽，为少女，为巫，为口舌，为毁折，为附决，其于地也为刚卤，为妾，为羊。

在这一长串复杂繁多的八卦具象的列举中，大体又可分为三种：第一种为八卦之"本象"，即："乾为马，坤为牛，震为龙，巽为鸡，坎为豕，离为雉，艮为狗，兑为羊。"和"乾为首，坤为腹，震为足，巽为股，坎为耳，离为目，艮为手，兑为口。"前者与"远取诸物"有关，后者与"近取诸身"相联系。① 第二种为"乾坤六子之象"，即以乾、坤为天地父母，其他六卦则为天地父母所生养之六子，即以震、巽为长男、长女，以坎、离为中男、中女，以艮、兑为少男、少女。第三种为八卦之"衍生象"②或"广象"，此是取"广八卦之象"之意，即从"乾为天，为圜，为君，为父，为玉，为金，为寒，为冰，为大赤，为良马，为老马，为瘠马，为驳马，为木果。"直至"兑为泽，为少女，为巫，为口舌，为毁折，为附决，其于地也为刚卤，为妾，为羊。"③ 对于《说卦传》中所罗列的这些具象意义，沈瓞民先生认为它们"是周代卜官遗留下来的，虽有脱简，均是卜官们凭借这些卦象，来决断吉凶现象的底本。"④ 也就是说，即使这些具象并非卦爻象本来的意义，但至少说明卦爻象在其产生之处就是有象征意义的功能的，而不是一种纯粹抽象的符号。除了《说卦传》所载之象外，《荀九家易》亦曾记载了三十一种"八卦逸象"，即"乾之象四：为龙，为直，为衣，为言。坤之象八：为牝，为迷，为方，为囊，为裳，为黄，为帛，为浆。震之象三：为玉，为鹄，为鼓。巽之象

---

① 杭辛斋：《易楔》，载《杭氏易学七种》，九州出版社 2005 年版，第 103—105 页。
② 高怀民：《先秦易学史》，广西师范大学出版社 2007 年版，第 47 页。
③ 杭辛斋：《易楔》，载《杭氏易学七种》，九州出版社 2005 年版，第 106—113 页。
④ 沈瓞民：《〈周易〉管见》，载黄寿祺、张善文编《周易研究论文集》第三辑，北京师范大学出版社 1990 年版，第 100—101 页。

二:为杨,为鹳。坎之象八:为宫,为律,为可,为栋,为丛棘,为狐,为蒺藜,为桎梏。离之象一:为牝牛。艮之象三:为鼻,为虎,为狐。兑之象二:为常,为辅颊。"杭辛斋认为,这些"逸象""实皆由本经《彖》《象》采取。其未见者,只坤之浆,巽之鹳二象,去留皆无关宏旨。"① 此外,还有许多诸如"孟氏逸象""来氏补象""参象"(即"八卦阴阳交变,未能以一卦之本象或变象尽之,因参合两卦之象而会通之"所得之象)、"五行象"(即以"金木水火土"之五行配八卦之象)等,不胜繁举。②

另一类则是指与前述八卦所象征之具体事物或自然现象相关的性质,即"乾,健也。坤,顺也。震,动也。巽,入也。坎,陷也。离,丽也。艮,止也。兑,说也。"所以,它们有时亦被称为"卦德",即八卦之德。从来源上说,它们可能源出于对八卦之初象,即"天、地、雷、风、水、火、山、泽"这八种物象之特点或价值的认识,即"天"之德为"健","地"之德为"顺","雷"之德为"动","风"之德为"入","水"之德为"陷","火"之德为"丽","山"之德为"止","泽"之德为"说",亦即"悦"。而后来的许多"本象""广象""逸象""补象""参象""五行象"等具象意义可能都是依据此八卦初象之德的理解而进一步添附上去的。由此看来,八卦所具之象其实远可以不止上面所列举的那些,相反还可以更多,因为从由八卦初象中所领会出的八卦之德出发,只要符合某种德性的事物或现象都可以被归入其中,如只要能具有或体现刚健不息之德的事物都可被归入乾卦☰的具象意义中,只要能具有或体现宽广顺承之德的事物都可被归入坤卦☷的具象意义之中,如此等等。这样一来,其实八卦之具象意义可以达到无穷。此亦是冯友兰先生所说的卦象的"代数学"意义。相较而言,前一类关于八卦对具体事物或自然现象的象征意义的讨论主要为易学史上象数派的研究所注重,而后一类关于八卦之德的讨论则更多是为易学史上义理派的研究所强调,它们共同构成了后世易学中关于六十四个六画卦的具象意义之讨论的基础和依据。

从哲学的角度来看,或者借用康德关于人的认识能力的划界式的讨论

---

① 杭辛斋:《易楔》,载《杭氏易学七种》,九州出版社2005年版,第114页。
② 同上书,第114—122页。

来说，如果说八卦对各种具体事物或自然现象的象征意义的提出主要与人们对世界万物的感性直观有关，那么八卦之德的产生则更多体现了人们对世界万物之存在的理性思辨，而依据对八卦之德的理解展开的对八卦之象征意义的进一步扩展添附则体现了人的"生产性的""想像力的综合"作用，后者（即想像力的综合作用）乃是"一切知识、特别是经验知识的可能性基础"。① 所以不难看到，对八卦之象的研究在相当程度上体现了人的感性与理性之间的某种"本质统一性"，这种"本质统一性"正是源于人的"想像力的综合作用"。②

其次，就六画卦的具象意义来说，它大体亦可分为两类：一类是将六画卦看作是由八卦两两相重（即重卦）而来，与此相应，六十四个六画卦的具象意义亦是与八卦之象有关，或者说正是建立在八卦之象的基础上的。对六画卦的这种具象意义的阐发，早期主要以《易传·象传》中的《大象传》为代表，即如"天行，健""地势，坤""云雷，屯""山下出泉，蒙""云上于天，需"……"泽上有风，中孚""山上有雷，小过""水在火上，既济""火在水上，未济"等，它们基本展开为借助八卦之象，且尤以八卦初象为主，来讨论六画卦的具象意义。同样，对六画卦之"卦德"的认识与研究，亦不例外地建立在八卦之德的基础上。后世朱熹的《周易本义》亦是依据对八卦之象与八卦之德的研究而展开对《周易》经文的注解和诠释的。

另一类则是不从八卦之象的角度，而是直接从六画卦的卦形，即卦的形状上来研究和赋予六画卦以具象意义。如："颐卦"☲，朱子曰"为卦上下二阳，内含四阴，外实内虚，上止下动，为颐之象，养之义也"③；"噬嗑卦"☲，朱子曰"为卦上下两阳而中虚，颐口之象。九四一阳间于其中，必啮之而后合，故为噬嗑"④；"鼎卦"☲，朱子曰"为卦下阴为足，二三四阳为腹，五阴为耳，上阳为铉，有鼎之象"⑤；"节卦"☲，贾

---

① ［德］康德：《纯粹理性批判》，邓晓芒译，人民出版社 2004 年版，第 126 页。
② 参见［德］海德格尔《康德与形而上学疑难》，王庆节译，上海译文出版社 2011 年版，第 53—59 页。
③ （宋）朱熹：《周易本义》，中华书局 2009 年版，第 117 页。
④ 同上书，101 页。
⑤ （宋）朱熹：《周易本义》，中华书局 2009 年版，第 180 页。

丰臻说"有竹节之形，故名之曰节"①等。对于这种具象意义的产生，贾氏指出："此等命名，初考之虽甚愚，然确为事实。即作《易》者观察种种卦形，而起种种之联想也。"②如果按照前面关于卦爻象之起源的讨论中所提及之"六十四卦在前，八卦在后"的说法（如前所述，由于此说法乃是基于"筮数说"而来，所以它是有一定道理的）来看，那么此处之依据卦的形状来赋予卦画以具象意义，并为之命名的做法亦不无道理。正是在这个意义上，贾丰臻将此种六画卦的具象意义看作是作《易》者联想的产物，显然亦是有所见的。

此外，在汉人解《易》著作中，还有一种常见的取象方式，即"互体之象"。它是指在一个六画卦中，除上下（或内外）两个经卦之外，还有由二爻、三爻、四爻，及三爻、四爻、五爻分别组成的两个经卦。这就使后人在研究六画卦的具象意义时，又平添了两种可能，即一个六画卦同时可以包含四个三画卦的具象。从产生的原因来说，这种取象的方式可能是古人出于更好的解释《周易》卦爻辞的目的而创立的，后者乃是与古人对"象辞相应之理"的坚信有关，即古人认为《周易》乃是圣人之作，所以"《周易》的卦爻之辞无一字虚设，皆是观象所系。有的辞虽不出于内外两卦之象，但可以在互象（即'互体之象'——引者按）中找到"③。王弼曾从义理派的角度对汉人以象解《易》，尤其是以"互体之象"解释《周易》卦爻象和卦爻辞的方式予以了猛烈地抨击和批判，他说：

> 义苟在健，何必马乎？类苟在顺，何必牛乎？爻苟合顺，何必坤乃为牛？义苟应健，何必乾乃为马？而惑者定马于乾，案文责卦，有马无乾，则伪说滋漫，难可纪矣。互体不足，遂及卦变；变又不足，推至五行。一失其原，巧愈弥甚。纵复或值，而义无所取。④

就汉人专注于从各种具体的象征意义来解释《周易》卦爻象和卦爻

---

① 贾丰臻：《易之哲学》，上海书店1991年版，第19页。
② 同上。
③ 刘大钧：《关于〈易〉象》，载《周易概论》，巴蜀书社1999年版，第55页。
④ （魏晋）王弼：《周易略例·明象》，载《王弼集校释》，楼宇烈校释，中华书局1980年版，第906页。

辞，而忽视了对《周易》卦爻象的抽象意义和卦爻辞中的哲理思想的研究，以及从由此带来的牵强附会之弊这一点来看，王弼对汉人以象解《易》的批评无疑是切中肯綮的。陈来先生曾指出："类型化的规则使得《周易》的卦爻话语取得了一种超越性，即吉凶虽然寄寓于特定的物象或话语，却具有超越具体物象的普遍意义。"① 但如若因此便完全否定"互体之象"的取象方式，乃至整个以象解《易》的做法的意义，则显然是不可取的。这是因为，一方面，"互体之象"尽管可能未必是作《易》者最初的原意，但是它也不违背《周易》卦爻象"象—数统一"的特点，并且为后人进一步研究《周易》文本提供了一种创造性的方式，从而为《周易》保持群经之首的地位以及易学的不断发展奠定了重要的前提和基础；另一方面，据刘大钧先生考证："'互象'之说虽始见于西汉京房易学，但东汉及晋诸易学大家皆有传授，恐怕必有所本，可能为汉初田何所传。因为此说确系周人占筮古法。"② 这从《左传》中所记载的一些筮例中亦可得到证明。要而言之，无论"互体之象"是古已有之，还是汉人之创，它对于我们今天研究《周易》卦爻象的具象意义都具有重要的思想意义和参考价值。

综上所述，因其源于易筮之以数观天下的方式，与筮数一方面来源于现实生活经验，另一方面又超越现实生活经验相联系，《周易》卦爻象系统与筮数一样具有一种"象—数统一"的特点，这种特点使得《周易》卦爻象系统不仅呈现出抽象性的形式化特点，而且也具有某种实质性的具象性意义。卦爻象的这种兼具抽象性与具象性的双重品格，不仅使系附于其后的卦爻辞在形式上呈现出一种秩序性、严整性的特点，而且也使《周易》文本能够作为一个统一性的整体出现，从而使后世易学的"象辞相应之理"的研究和诠释成为可能。正是后者（即后世易学中对"象辞相应之理"的研究和诠释）为易道形而上学的建构奠定了重要的基础。

---

① 陈来：《古代宗教与伦理——儒家思想的根源》，生活·读书·新知三联书店2009年版，第96页。

② 刘大钧：《关于〈易〉象》，载《周易概论》，巴蜀书社1999年版，第56页。

第四章 自天祐之,吉无不利
——《周易》卦爻辞的观念转向

李镜池先生在研究《周易》卦爻辞的成因时推测说:"卦、爻辞乃卜史的卜筮记录。"① 这就是说,与卦爻象一样,《周易》文本中的卦爻辞亦是易筮的记录。只不过与卦爻象作为一种符号化记录不同,卦爻辞则是一种文字性记录;二者作为不同的表达形式,各有其自身的特点,即前者因其极其抽象的特点,而同时被赋予了无数的具象意义,后者则更多是与一些具体的占筮之事有关,其中既有对自然现象和社会生活的记录,亦有吉凶休咎等占断结果的记录,从而呈现某种具体性的品格。当然,若从广义的符号学的角度来说,那么,无论是卦爻象,还是卦爻辞,都可以看作是某种符号性的"能指"(signifier/signifiant),它们共同指向作为"所指"(signification/signifié)的《周易》思想观念。作为《周易》文本的重要组成部分,卦爻辞也是后世易学研究的重要内容。如果没有卦爻辞的存在,不仅《周易》之从卜筮之书发展衍化为群经之首是不可能的,而且后世易学研究的不断延续和发展亦是不可想像的。所以,要理解《周易》思想,乃至易道形而上学建构之所以可能的原因或依据,对卦爻辞的研究亦构成了一个必要条件。所以清儒焦循曾指出:"学易者,所以通其辞。"②

就《周易》卦爻辞本身来说,一方面,与《周易》的创作最初乃是与卜筮之用相联系,《周易》卦爻辞与其他古代文学、历史或哲学文献(诸如《诗经》《尚书》《春秋》《老子》《易传》等)相比也表现出极大

---

① 李镜池:《周易筮辞考》,载《周易探源》,中华书局1978年版,第21页。
② 转引自方东美《原始儒家道家哲》,黎明文化事业股份有限公司2004年版,第187页。

的不同，即它既不是直接地叙述历史，也不是直接地阐述道理，更不是某人的语录记载，而是始终与所占之事相关联，即通过对占卜之事及其吉凶结果的记录来表达某种思想观念。甚至也可以说，《周易》卦爻辞的记录最初并不是为了表达某种思想或叙述什么历史，而是为了以后的继续占筮作参考。至于卦爻辞所蕴含的文学价值、历史意义、哲理思想等，无疑都是后世学者在其易学研究中阐发、诠释乃至赋予的结果。另一方面，同样作为占卜活动的记录，与殷商卜辞相比，《周易》卦爻辞无论是在形式上还是在实质上，亦呈现出诸多不同之处。从形式层面上看，与殷商卜辞杂乱无章的特点不同，《周易》卦爻辞则表现出明显的严整性、秩序性；从实质层面上说，与殷商卜辞中不仅鲜有对过往生活经验的总结，而且依据龟卜所呈现之兆象所断定的吉凶结果不可改易不同，《周易》卦爻辞中不仅有各种生活经验的记录，而且所占断的吉凶结果亦不是不可改易的，而是可以根据筮者的具体生活境遇、对世界发展变化规律的进一步认识、自身德性品格的修养等发生某种程度上的变化。与易筮相对于龟卜更具科学和理性成分相应，《周易》卦爻辞无论是在形式的编排上，还是在实质的思想观念上，相较于殷商卜辞亦展现出某种人文化、理性化的转向。之所以能够发生变化，就其原因来看，是与卦爻辞本身的来源及特点有关的。以下即分别从形式与实质两个方面对《周易》卦爻辞的形上根源及其形式上的严整性、卦爻辞的文体结构及其思想观念展开讨论，前者主要体现为对《周易》卦爻辞所蕴含和体现的观念转向之何以可能的研究，后者则涉及对《周易》卦爻辞本身的思想观念之是什么的阐释，后者的展开同样奠基于前者。

第一节　观象系辞
——《周易》卦爻辞的形上根源

尽管前面曾多次提及，《周易》卦爻辞乃是易筮的文字性记录，卦爻象主要记录的是"蓍草揲挂"分陈之后的数目的奇偶性，而卦爻辞则是对占筮者所占之事及其占验结果的记录，以为后来的占筮活动提供参考，但是，这只能说是《周易》卦爻辞的一种历史起源。作为易道形而上学建构的思想来源，卦爻辞亦有其形而上的根源或依据，后者亦是与古人，即作《易》者对作为整体的世界或宇宙的观察与认识活动有关。

《易传·系辞上》曾云："圣人设卦观象，系辞焉而明吉凶"。如前所述，《周易》的卦爻象乃是古人以数观天象的结果，即所谓"观象设卦"的结果，同样，卦爻辞的产生亦是古人"观象系辞"的结果。就目的而言，卦爻辞的记录乃是为以后的占筮提供参考，即所谓"系辞焉而明吉凶"。正如《易传·系辞下》所云"夫易，彰往而察来，显微而阐幽"，这就是说，记录卦爻辞以为后来的占筮提供参考体现的是古人试图通过对过往生活经验的总结与认识，从而试图察知未来事态的可能性。在这种"彰往而察来"的活动中，一方面，作《易》者将过去、现在和将来这三个时间的维度统一成了一个具有连续性的整体，与此观念相联系，过去与未来在当下的存在中发生了某种必然的关联，即未来事态的发展可能性与过去的某些现象或事情之间被赋予了某种必然的联系，这就意味着通过对过去现象或事情的深入观察和理解便可能获得对未来事态之发展的可能性趋势的某种预知，此即所谓"知几"；另一方面，也蕴含了作《易》者以一种整体性、统一性、秩序性或规律性的角度观察和理解世界发展变化的观念，与此相应，整个世界的变化不再表现为某些具体事物的无章可循的变化，而是表现为一个统一性的整体自身的变化，并且这种变化的规律乃是可以通过人的实践与思维活动而得以理解与把握的，此即所谓"显微而阐幽"。正是出于这种目的，古人才意识到将所占之事及其占验结果记录下来的重要性。从来源上说，卦爻辞作为古人"观象系辞"的结果，显然它是与某种象有关。传统的易学研究多以此象就是《周易》的卦爻象，这种看法蕴含着对"象辞相应之理"的确信，与此相联系，后世对《周易》卦爻辞的研究和注解亦主要是在此看法的基础上展开的，即借助卦爻象的各种具象意义及其抽象关系来对卦爻辞中所记载之现象或事情及其吉凶休咎等占验结果展开讨论和注解。如林忠军先生便曾指出："象，在《周易》中专指卦爻象。它包括卦爻画及其所象征的事物。以爻画多少标准划分，可以分为三种象：一画之象、三画之象、六画之象。'如奇画象阳，偶画象阴，此一画之象也。如天、地、雷、风、水、火、山、泽，此三画之象也。如井、鼎之类，此六画之象也。'"（俞琰《读易举要》卷一）'观象系辞'之语出自《易传·系辞》，它讲的是《周易》中'象'与'辞'的关系，即象在先，辞在后，辞据象而作。这一思想十分重要，它不仅揭示了《周易》的成书过程，而且也为易学朝着象数方向发展指明了道路。后世易学以此出发，专以象释《易》，并兼以数，从而形成了易学史上形态各异的象数流派。"① 这种看法与研究方法的确有其合理之处，因为《周易》卦爻辞在形式上的确呈现出一种按照卦爻象的结构和意义经过精心编排过的严整性特点，而且由此看法出发来研究卦爻辞对于揭示卦爻象和卦爻辞之间的思想关联亦有着重要的意义。（并且，后世学者之所以能够在卦爻象和卦爻辞之间"寻找"到某种思想关联，就其根本原因来说，它亦是与卦爻象和卦爻辞有着共同的形上根源有关，即它们都是源于作《易》者对世界的整体普遍之"观"。）但是，这种看法却是不够全面和深入的，因为这种看法只能作为《周易》卦爻辞何以呈现出严整性特点的某种可能的历史原因，和后世以象数解《易》的"象数派"易学发展的起源，而并不能作为对《周易》卦爻辞之所以能够成为易道形而上学建构的重要来源或条件的形上根源或依据的讨论。所以，如果从一种更加全面的角度来理解《系辞传》中的这句"圣人设卦观象，系辞焉而明吉凶"，那么这里的"象"显然就不仅仅是指狭义的《周易》卦爻象，而且还可以指作为整体的宇宙或世界之发展变化的天象，因为卦爻象本身从其根源上来说亦是圣人以数观天象，即所谓"观象设卦"的结果。也就是说，《周易》卦爻辞及其所蕴含的思想观念（其中不仅包括对世界之在的认识与把握，同时也包括对人自身之在的理解与规定），从终极上来说，亦是源于古人对作为整体的宇宙或世界之发展变化的天象的某种普遍之"观"。正是这种对天象的普遍之"观"，为易道形而上学的建构奠定了某种形而上的根据，从而使得卦爻辞能够与卦爻象一道成为后来易道形而上学建构的重要来源。

第二节　象、辞相应
——卦爻辞在形式上的严整性

如前所述，同样是作为卜筮活动的文字记录，殷商卜辞与《周易》卦爻辞相比，前者更多呈现一种杂乱无章的特点，而后者则表现出相当的

---

① 林忠军：《象数周易演义》（一），齐鲁书社1999年版，第11页。

有序性的品格。这一方面与殷商卜辞没有经过归纳整理和进一步精心编排,而《周易》卦爻辞则是经过占筮者归纳整理,并依照卦爻象的具象意义和形式结构进行过精心编排有关;另一方面也有龟卜与易筮两种卜筮形式在思想观念层面的差异的缘故。

具体而言,殷商卜辞基本是一卜一记,即每占卜一次就记录一次。李镜池先生就曾提到:"卜辞只是单纯的占卜记录,一事一卜,一卜一录,没有人去进行整理。"① 这里可略举一例,陈梦家先生在其《殷墟卜辞综述》中曾提到:

一篇完整的卜辞可以包含四部分,以《菁华》2 为例:
(1) 癸巳卜㱿贞 (2) 旬亡祸 (3) 王占曰 ☒☒
其 ☒ 来 ☒ (4) 乞至五日丁酉允有来 ☒
自西沚 ☒ 告曰土方 ☒ 于我东 ☒ 田
(1) 是所谓"前辞",记卜之日及卜人名字;(2) 是命辞,即命龟之辞;(3) 是"占辞",即因兆而定吉凶;(4) 是"验辞",即既卜之后记录应验的事实。这是武丁卜辞。②

从上述例子不难看到,与龟卜一卜一记的特点相联系,卜辞对于整个占卜活动过程的记载相当详细,即从内容来看,卜辞不仅记录了所占之事及兆象所定之吉凶结果,而且还记录了占卜的时间、地点、卜者姓名以及事后是否应验等。即使在一段时间以后,卜者或有可能会对这些占卜记录加以归纳整理,但由于龟卜本身的特点的限制,即一方面,与龟卜所占之事的具体性及其记录的详尽性相联系,卜者并不重视对过往生活经验的积累与总结,所以这种对卜辞记录的所谓的"归纳整理"终究只是沦为一种罗列式的归类,如将卜问雨晴之类的放在一起,卜问出师打仗之类的放在一起,卜问祭祀之类的放在一起,等等;另一方面,与卜者更相信和重视龟骨呈象中所蕴含的神意显示相联系,卜者对于他所生活于其中的世界

---

① 李镜池:《关于周易的性质和它的哲学思想》,载《周易探源》,中华书局 1978 年版,第 155 页。

② 陈梦家:《殷墟卜辞综述》,中华书局 1988 年版,第 48 页。

（即包括社会与自然界）的发展变化规律的认识则有所忽视，至于世界的发展变化对于人自身存在的关系和意义问题，则更是鲜有涉及，所以这种对卜辞记录的"归纳整理"无论是对于以后的进一步占卜预测来说，还是对于人们对世界之发展变化规律的认识把握来说，都没有什么实质性的积极意义。所以，殷商卜辞在形式上终究还是难免杂乱无章的特点。

与龟卜一卜一记从而导致殷商卜辞难免杂乱无章的特点不同，《周易》筮占最初尽管抑或可能是一筮一记，而且在经过一段时间以后，筮者也会对筮占的记录进行归纳整理。如《周礼·春官宗伯》载："占人……凡卜筮，既事则系币以比其命，岁终则计其占之中否。"李镜池先生解释说："筮官把占过的事和结果记录下来，以便年底复查占验多少。"[①]"《周易》……是由太卜、筮人年终整理，进而编纂成书，经过整理加工，总结经验。"[②] 但由于《周易》筮占乃是依据"蓍草揲挂"分陈之后的数变结果所定之卦爻象来断定吉凶，与筮数变化规律性相应的乃是卦爻象的排列结构及其变化的规律性，通过对这种结构与变化的规律的发现与认识，筮者对筮占记录的归纳整理便不再像卜者对于殷商卜辞那样仅只是罗列式的归类，而是会依据卦爻象的结构和变化的规律来对卦爻辞进行细致的整理和编排，从而使得《周易》的卦爻辞并不显得杂乱无章，而是在相当程度上表现出一种有序性、严整性的特点。也正是这种有序性、严整性的特点使得《周易》的卦爻辞和卦爻象之间体现出某种相应性，从而为后世易学中的"象辞相应之理"研究的展开奠定了基础。当然，如果从形而上的层面来说，《周易》的卦爻辞和卦爻象之间之所以能够呈现出某种相应性，这亦是与它们都源于作《易》者对世界之发展变化规律的整体普遍之"观"有关。进一步从现有的《周易》文本来看，在经过整理编排后的卦爻辞中，那些关于占筮的时间、地点、筮者名字，乃至占验记录等的具体性内容（就作为对占筮过程的记录来看，这些内容可能都存在过）都被剔除，剩下的只有关于所占之事和占断结果的记录。这些剩下的关于所占之事和占断结果的记录很可能都是筮者对长期的

[①] 李镜池：《周易通义·前言》，中华书局1981年版，第2页。
[②] 李镜池：《关于周易的性质和它的哲学思想》，载《周易探源》，中华书局1978年版，第155页。

占筮结果中应验之占的总结。这就使得《周易》的卦爻辞尽管相较卦爻象而言，它更具具体性，但是与殷商卜辞相比较，它又显得更为精练。与卦爻辞的这种精练的特点相联系的是其"解释学化"的趋向，即在以后的占筮过程中，它同样需要经过占筮者不断地解释。其中的一个重要原因便是，后来的每次占筮之事与以往的占筮之事未必相同，或者说基本不可能相同，这就必然需要占筮者在卦爻辞中所记录的前人所占之事与当下所占之事创造出某种联系性，然后才可能进行吉凶的断定。如果说作《易》者通过剔除占筮的时间、地点、筮者姓名及占验记录等具体内容从而使得卦爻辞具有一种精练的品格，体现了作《易》者的某种普遍化的思想方式，那么以后占筮过程中通过在卦爻辞所记之现象或事情与当下所占之事之间创造某种联系从而进行吉凶占断，则体现了"易筮"总是指向现实生活、回归具体存在的思想特点。

就《周易》卦爻辞在形式上的有序性、严整性而言，林忠军先生曾对此有过详细的考辨，并总结为七条，兹引于下：

（一）《周易》爻辞，言上者（或与上有关者）皆与卦上爻对应；言下者（或与下有关者）皆与卦初爻（下爻）对应。言下者如《乾》初九"潜龙"、《坤》初六"履霜"、《履》初九"素履"、《泰》初九"拔茅茹以其汇"、《噬嗑》初九"屦校灭趾"……《鼎》初六"鼎颠趾"、《艮》初六"艮其趾"等，其中"潜"、"履"、"趾"、"茹"、"足"、"窨"、"谷"、"拇"皆为表征下及与下有关的文辞，而这些文辞又皆赋予卦之初爻，故这些辞据爻之处下位而作无疑。

爻辞言上者，如《乾》上九"亢龙"、《比》上九"无首"、《大有》上九"自天祐之"、《噬嗑》上九"何校灭耳"……《既济》上六"濡其首"、《未济》上九"濡其首"等，其中"亢"、"首"、"耳"、"顶"、"角"、"上"、"铉"、"天"、"辅颊舌"皆为表征上及与上有关的文辞，而这些文辞皆系于卦之上爻，故这些文辞是据爻处上位而作无疑。

（二）就一卦而言，其爻辞言一事物自小至大，自微至显，自下而上，自始至终的过程，多与六爻位置自下而上依次排列对应。

《乾》自初至上爻依次言"潜龙"、"见龙"、"飞龙"、"亢龙",《剥》自初至上爻依次言"剥床以足"、"剥床以辨"、"剥之"、"剥床以肤",《咸》自初至上爻依次言"咸其拇"、"咸其腓"、"咸其股"、"咸其脢"、"咸其辅颊舌"……《渐》自下而上言"鸿渐于干"、"鸿渐于磐"、"鸿渐于陆"、"鸿渐于木"、"鸿渐于陵"。由此可知,这种爻辞依次排列绝非偶然,皆取之于爻画排列,即由观象而赋辞。

(三)《周易》六十四卦三百八十四爻,二五爻之辞多平易、吉利。如《乾》九二、九五皆言"利见大人",《坤》六二言"无不利",六五言"元吉",《蒙》九二言"包蒙吉,纳妇吉",六五云"童蒙吉"……《归妹》五"帝乙归妹",《涣》五"涣王居",《未济》五"君子之光"。

以上所言,二五多吉辞多尊贵之称呼,乃与二五爻居位有关。关于这一点,《易传》早已明察,《系辞》提出"二多誉"、"五多功",而《象传》、《彖传》又多以"中德"、"中道"释之,这显然是针对二五居中位而发。中或中德是中国古代的理想人格和价值尺度。

三上两爻之辞与二五爻之辞不同,多惕厉险恶。如《乾》九三"夕惕若厉",上九"有悔",《屯》六三"往吝",上六"泣血涟如",《蒙》六三"无攸利",上九"不利为寇"……《未济》六三"征凶",上九"濡其首,有孚失是"。三上多危辞,与三上两爻居位有关,三居内卦之上,上居外卦之上,皆有过中、穷极之义,故两爻危辞取决于三上两爻在卦中所居位置。……这又从另一个角度说明了《周易》的尚中思想。

(四)有的爻辞与爻之间的关系对应,如《坤》初六"履霜坚冰至",它对应了《坤》卦六爻。《坤》六爻自下而上全为阴,有阴气凝而盛之意。霜为阴气凝结而成……从季节言之,霜降之时,正是阴气始凝,而至冬至,则阴气全盛,坚冰即至。故"履霜坚冰至"反映了《坤》卦六爻自下而上依次排列的次序。……由此可知,有些爻辞,是由这种爻与关系决定的。……

(五)《周易》中许多卦名与卦画对应。如乾☰,乾,有刚健之义。帛书《周易》作"键",键健通假,故键,即健。而乾六爻全为阳爻，故此卦卦画也有刚健之义。……另外，比较明显的还有师、讼、小畜、同人、大有、谦、大壮、晋、明夷、家人、鼎、中孚等卦名，皆与卦画含义相合。

（六）《周易》卦爻辞也有与卦画阴阳排列对应者。如《泰》卦卦辞云："小往大来。"其义是指小的去大的来，而《泰》卦卦画也有此义。泰䷊下为三阳，上为三阴，按照《周易》爻之排列是自下而上，故知下阳有来之义，上阴有往之义。因阳为大，阴为小，故"小往大来。"而《否》卦卦辞云："大往小来。"其卦画也与《泰》相反。它下为三阴，上为三阳。同理可推，下阴为来，上阳为往，故有"大往小来"之义。由此可知，《泰》、《否》的"大小往来"之辞，也与卦画有内在联系。

（七）有的爻辞反映了卦与卦之间的关系。如《明夷》上六："初登于天，后入于地。"此言《晋》与《明夷》为覆象。又如《坤》上六："龙战于野，其血玄黄。"龙，在古代人眼中变化莫测，当属阳性之物。……《坤》属阴卦，而辞言"龙"，似违背常理。然从卦象分析，《坤》上六居卦之极，以示阴穷当转化为阳，即坤阴穷极而变为乾阳。而阴阳转化，经过了一个艰难的对抗、纷争的过程，这个过程用文辞表达出即是"龙战于野，其血玄黄"，《易传》诠释得十分精确。……因此，《坤》之上六之辞反映了阴阳转化，即坤变为乾。以卦画言之，乾坤两卦卦画正好相反。这说明了《坤》上六爻辞取反卦之象而作。从以上举例看，覆卦、反卦之象恐为《周易》古经所固有，而且也是系辞的根据。①

从以上林先生所总结的七条来看，其中既涉及某一爻在一卦中的空间位置与卦爻辞所言之内容的对应性（第一条），也涉及一卦中爻位的变化所引起的时间绵延与爻辞所言之内容之间的对应性（第二条）；既涉及某一爻在内外卦中的爻位性质（如二五爻之居内外卦的中位、三上爻居内外卦之上位）与该爻爻辞所言之内容的对应性（第三、第四两条），也涉及卦名与卦爻象的阴阳性质之间的对应性（第五条）；既涉及卦爻辞和卦

---

① 林忠军：《象数周易演义》（一），齐鲁书社1999年版，第11—16页。

爻象中的阴阳排列的对应性（第六条），也涉及爻辞（主要是上爻的爻辞）与两卦之间的过渡（即孔颖达所谓"非覆即反"[1]）的联系性。并且，将这七条验诸《周易》文本大体亦是确有其实。然而，值得说明的是，这些卦爻象和卦爻辞之间的某种对应关系到底是《周易》古经乃至作《易》者所固有，抑或其中可能夹杂着后世学者的某些观念，这些显然都是不得而知的。但从林先生此处所总结和列举的七条来看，似乎仍是以承认卦爻象和卦爻辞之间存在着某种对应关系为前提，这就使得其中的某些讨论难免存在着牵强附会之嫌，并且容易给人以卦爻辞就是依据卦爻象而作的错觉。当然，林忠军先生在总结出以上七条《周易》中的"象辞相应"之理后又进一步补充说道："《周易》作者在观象系辞时，没有严格遵循一个统一的原则，而往往是采取灵活的手段，不断变换取象的方法，在此卦以这种方法取象系辞，在彼卦则又以那种方法系辞。……由此看来，《周易》取象系辞随意性很强，正是由于这种随意性，使取象系辞往往不能自持其例，甚至出现前后矛盾。"[2] "《周易》作者观象系辞，是就总体而言的，是粗线条的。这是说，象与辞只是大致相符，没有亦不可能将每一个字皆与象对应，那些不与象对应的辞往往是根据卦爻之义延伸而作。"[3]

总而言之，《周易》卦爻象和卦爻辞之间，至少从今天的角度来看，还是存在着相当程度的对应关系；至于这些对应关系以及围绕这些对应关系所展开的各种"象辞相应"之理的讨论是否是作《易》者所本有，这从解释学的角度来说，亦是不可考的，甚至可能是没有意义的。正是这些象辞之间的对应关系的存在和发现（或许也可以说，这些象辞之间的对应关系正是由于后世易学研究者的发现才被赋予其存在的规定性的），才使得《周易》卦爻辞呈现出某种有序性和严整性的特点。也就是说，卦爻辞所呈现出的有序性和严整性的特点在相当程度上乃是与卦爻象的结构和变化规律相联系的，如果脱离卦爻象本身的结构和变化规律，那么卦爻辞的所谓有序性和严整性的特点便根本无从谈起。如果说，象辞之间的这

---

[1] （魏）王弼、（晋）韩康伯注，（唐）孔颖达疏：《周易正义》，李申、卢光明整理，吕绍纲审定，北京大学出版社1999年版。

[2] 林忠军：《象数周易演义》（一），齐鲁书社1999年版，第17页。

[3] 同上书，第18页。

种对应关系的存在和发现在一定程度上乃是与古人将《周易》文本看作是一个统一的整体有关（因为它乃是上古圣人所作），那么，也正是古人将《周易》文本看作是一个统一的整体的看法使得围绕《周易》文本而展开的易道形而上学的思考与建构成为可能。因为如果《周易》文本只是被看作一些杂乱无章的筮占记录，同时在卦爻象和卦爻辞之间也看不出任何的某种对应关系，那么它便很难引起后世学者的关注和重视，并展开对它的研究和诠释。

第三节　象辞与占辞
——《周易》卦爻辞的文体结构

如前所述，《周易》卦爻辞不仅在形式的编排上与殷商卜辞有着诸多不同，而且在实质的内容上与殷商卜辞也有着许多的不同之处，后者主要表现为，在《周易》卦爻辞中不仅有许多关于自然现象和生活经验的总结与描述，而且在筮占结果也不再是只有吉凶两种，且不可改易，相反，其中又多了许多新的占断结果的记录，并且根据占筮者的具体生活境遇、个人认识水平和德性品格、当下所占之事等多种因素，占断的结果在一定程度上亦可发生变化。当然，就其根本原因来说，易筮占断结果之所以能够有所变化，这亦是与卦爻辞中包含了许多关于自然现象和生活经验的总结与描述有关，后者所体现的正是古人对于他所生活于其中的世界的基本认识。《周易》卦爻辞的这种思想观念的转向，首先便体现在卦爻辞的文体结构中。

与传统易学研究中往往将《周易》文本看作是一个统一的整体相联系，《周易》的卦爻辞系统亦被看作是一个小的整体，易学家们便鲜有考虑到对卦爻辞本身的文句体例及其结构展开研究和讨论。如《乾卦》九二爻爻辞"见龙在田，利见大人"，传统的解释基本都是把"龙"和"大人"，乃至九二爻的爻位性质（即居内卦中位）联系起来，而很少对"见龙在田"和"利见大人"这两句话作区别对待和解释。当然，造成这一现状的还有一个重要原因便是古人大多将《周易》看作是圣人之作、哲理之书，其中尤以义理派为代表；与此相应，它的每一个卦画符号、每一句卦爻辞都渗透着上古圣贤对天道的领会与认识，即《系辞传》所谓

"圣人立象以尽意,设卦以尽情伪,系辞焉以尽其言",而对卦爻辞中所存在的许多用于吉凶占断的文辞几乎视而不见。其中最具代表性的如《乾卦》卦辞"元亨利贞",传统的断句方式基本都是"元,亨,利,贞",与此断句方式相联系,它的思想含义主要被看作所谓"乾"之"四德",并以此比喻君子之"四德",即《易传·文言传·乾文言》所载:"元者,善之长也;亨者,嘉之会也;利者,义之和也;贞者,事之干也。君子体仁,足以长人;嘉会,足以合礼;利物,足以和义;贞固,足以干事。君子行此四德者,故曰:'乾:元,亨,利,贞。'"与《易传·文言传》此段论述相类似,《左传·襄公九年》亦载:"穆姜薨于东宫。始往而筮之,遇艮之八?史曰:'是谓《艮》之《随》。随,其出也。君必速出!'姜曰:'亡!是于《周易》曰:"随:元、亨、利、贞,无咎。"元,体之长也;亨,嘉之会也;利,义之和也;贞,事之干也。体仁足以长人,嘉德足以合礼,利物足以和义,贞固足以干事。然故不可诬也,是以虽随无咎。今我妇人,而与于乱:固在下位,而有不仁,不可谓元;不靖国家,不可谓亨;作而害身,不可谓利;弃位而姣,不可谓贞。有四德者,随而无咎;我皆无之,岂随也哉?我则取恶,能无咎乎?必死于此,弗得出矣!'"这种对"元亨利贞"所做的君子之"四德"的解释,因其出现古老,故一直被"后世奉为金科玉律"。①

直至进入现代,才有学者对此"四德"之解释产生怀疑。高亨先生便曾指出:"执此说以读《周易》,往往扞格而不通。姑举一例:《坤》卦辞曰:'元亨利牝马之贞。'如谓元、亨、利、贞为四德,则此果何等语乎?岂牝马亦有所谓'贞操'乎?余故谓《文言》、《左传》所云,决非元、亨、利、贞之初义。"②基于这种怀疑,高亨先生进一步对"元亨利贞"的初义做出了解释:"元亨利贞之后初义维何?曰:元,大也;亨,即享祀之享;利,即利益之利;贞,即贞卜之贞也。"③不难看到,高亨先生乃是将"元亨利贞"解释为卜筮活动中的吉凶占断的结果,正是在这个意义上,它才被称为"初义"。对于"元亨利贞"的这种卜筮式的解

---

① 高亨:《周易古经今注》,清华大学出版社2010年版,第78页。
② 同上。
③ 同上。

释在相当程度上揭开了《周易》卦爻辞研究的新序幕，因为它意味着将卦爻辞不再看作是一个"一以贯之"的整体，而是可能由多种成分构成，从而涉及多方面的内容。

李镜池先生最早（20世纪30年代）从文体的角度对《周易》卦爻辞的"记叙之例"做出研究，并将其概括为六种。①纯粹的定吉凶的占词。例如，《乾》："元亨，利贞。"②单叙事而不示吉凶。例如，《坤》六二，"履霜坚冰至"。③先叙述而后吉凶。例如，《乾》九三，"君子终日乾乾，夕惕若，厉，无咎"。④先吉凶而后叙述。例如，《小畜》："亨。密云不雨，自我西郊。"⑤叙事，吉凶；又叙事，又吉凶。例如，《讼》六三，"食旧德，贞厉，终吉。或从王事，无成"。⑥混合的：或先吉凶，叙事；又吉凶。或先叙事，吉凶；又叙事。例如，《坤》："元亨，利牝马之贞。君子有攸往，先迷，后得主。利西南得朋；东北丧朋。安贞吉。"① 王博先生认为："这六种其实又可归纳为两类：一类是定吉凶之词，一类是叙事之词。"② 高亨先生随后（20世纪40年代）在其《周易古经今注·通说》中又按照筮辞的性质将卦爻辞分为四类，即：①记事之辞，乃记载古代故事以指示休咎也。②取象之辞，乃采取一种事物以为人事之象征而指示休咎也。③说事之辞，乃直说人之行事以指示休咎也。④断占之辞，乃论断休咎之语句也。③ 到了20世纪60年代，李镜池先生又进一步将《周易》卦爻辞分为三类。①象占之辞。例如，《乾卦》"初九，潜龙""九二，见龙在田"。②叙事之辞。例如，《乾卦》"九三，君子终日乾乾，夕惕若"。③贞兆之辞。例如，《乾卦》卦辞"乾，元亨利贞"。④ 从这三类的划分中不难看出，李先生可能是受到了高亨先生之分类法的影响，从而一方面将之前所概括的六种简化为"叙事之辞"和"贞兆之辞"两种，并另外又增添了一种"象占之辞"。黄玉顺先生曾从文学与文献学的角度，借助古典考据学（包括文字学、音韵学、训诂学等）的方法，对《周易》每一卦的卦爻辞进行了细致的研究，认为每一卦的卦爻辞中都含有几句上古诗歌的歌辞，从而认为"《易经》中蕴藏着一部比《诗

---

① 李镜池：《周易筮辞考》，载《周易探源》，中华书局1978年版，第23页。
② 朱伯崑主编：《易学基础教程》，九州出版社2000年版，第36页。
③ 高亨：《周易古经今注》，清华大学出版社2010年版，第40—48页。
④ 李镜池：《周易筮辞续考》，载《周易探源》，中华书局1978年版，第108页。

经》还古老的诗集"①。由此他又进一步将《周易》卦爻辞分为象辞与占辞两类:"象辞"是由大量的殷周时代的歌谣和少量的殷周史记组成,它们都是"形象具体的事物描叙"②,而"占辞"则是专门用于占断吉凶休咎的文辞。不难看到,无论是李镜池先生早年所概括的六种,还是高亨先生归纳的四类,抑或是李镜池先生晚年所归纳的三类,就其实质内容而言其实也都可以简化为象辞和占辞两类,即:前者(象辞)主要体现为一种以言立象,并且所立之象比卦爻画所具之象更加具体、更加直观。吕绍纲先生便曾提道:"用文字表达的卦爻辞是不是非语言符号思维呢?我以为也是。卦爻辞虽然表现为语言,究其实,还是象。卦爻辞是对卦爻象的摹拟,不是分析、论述。故就思维而言,它徒具语言的形式,而实质是象。孔子于卦爻辞称系不称作,大概也出于这个原因。再者,卦爻辞摹拟卦爻象的方式是浑沦的而不是分析的。"③ 而后者(占辞)涉及的则是对占筮者之疑问的回答,并体现为对实践活动的某种指导意义。

具体而言,象辞中不仅记载了上古先民在其生活中对各种自然现象和自身生活经验的所见所思,而且也记载了一些殷周之际的历史事迹,借用《易传·系辞下》的话来说即是"爻象以情言"。而在占辞中则不再是像殷商卜辞中只有吉凶两种结果,而是又多了许多新的占辞,诸如"利""厉""咎""悔""吝"等。有些爻中还不止一种占辞,也有些爻中没有这些直接表示吉凶休咎的占辞,而是以一些具有警示或叙述性质的文辞来代替,如《坤卦》六三爻"或从王事,无成,有终",《随卦》六二"系小子,失丈夫"等。这些新占辞的出现,一方面表明在易筮中吉凶不再是非此即彼和固定不变的,而是可以随着不同的情况发生变化的,此即《易传·系辞下》所谓"吉凶以情迁";另一方面它体现了作《易》者及易筮的某种观念转向。当然,从整个《周易》卦爻辞系统来说,占辞中所出现的这种变化在相当程度上亦是与象辞中所记载的人们对世界之发展变化的各种所见所思有关的。以下便分别从象辞和占辞两个方面展开对《周易》卦爻辞中所蕴含之思想观念及其意义的讨论。

---

① 黄玉顺:《易经古歌考释·绪论》,巴蜀书社1995年版,第2页。
② 同上书,第19页。
③ 吕绍纲:《〈周易〉的哲学精神》,载《〈周易〉的哲学精神——吕绍纲易学文选》,上海古籍出版社2005年版,第29—30页。

第四节　爻象以情言
——《周易》卦爻辞中的象辞

一　兴于诗——《周易》古歌的本源意义

如前所述,黄玉顺先生曾借助古典考据学(包括文字学、音韵学、训诂学,其中尤其以音韵学为重要)的方法,从文学和文献学的角度对《周易》每一卦的卦爻辞做出了细致的研究,发现每一卦的卦爻辞中都含有几句上古诗歌的歌辞。据此,他认为"《易经》中蕴藏着一部比《诗经》还古老的诗集",并指出:

> 千百年来,易学的最大成就在于确认了这样一个事实:《易经》是一部占筮之书,《易传》是一部哲理之作。但我们只知道《易传》是对《易经》的哲学化阐释,却不知道《易经》本身又是对一种更古老的文献的神学化阐释。这种古老文献,便是殷周歌谣。[1]

而《周易》卦爻辞中的象辞便是由大量的殷周时代的歌谣和少量的殷周史记组成。其实早在黄先生之前,李镜池先生和高亨先生就曾对《周易》卦爻辞中蕴藏着诗歌有所察觉并做出了一些研究。如李镜池先生在1930年作的《周易筮辞考》中曾指出:"卦、爻辞中有两种体制不同的文字——散体的筮辞与韵文的诗歌,可以看出《周易》是编纂而成的。"[2] 并列举出了许多运用了比兴手法的具有诗歌特点的卦爻辞,如《明夷》初九"明夷于飞,垂其翼。君子于行,三日不食"。《中孚》九二"鸣鹤在阴,其子和之。我有好爵,吾与尔靡之"[3]。《屯》六二"屯如邅如,乘马班如"。《屯》上六"乘马班如,泣血涟如"。《小畜》初九"复自道,何其咎"。《否》九五"其亡其亡,系于苞桑"。《贲》六四"贲如皤如,白马翰如"。《大过》九二"枯杨生稊,老夫得其女妻"。

---

[1] 黄玉顺:《易经古歌考释·绪论》,巴蜀书社1995年版,第1页。
[2] 李镜池:《周易筮辞考》,载《周易探源》,中华书局1978年版,第50页。
[3] 同上书,第39页。

《大过》九五"枯杨生华,老妇得其士夫"。……《归妹》上六"女承筐,无实,士刲羊,无血。"① 等等。李先生说:"我们读这些话,仿佛是在读《诗经》了。"② 高亨先生在 20 世纪 60 年代所作的《〈周易〉卦爻辞的文学价值》一文中亦曾指出:"《周易》带有相当浓厚的诗歌色彩。它本来是一部散文作品,但其中却有不少短歌。尽管它们异常简短,少者只有两句,多者不过六句,但都是韵律和谐,节拍清晰,而且多是句法整齐,可以咏唱。其表现手法,拿《诗经》来比,或者是'直言其事'的'赋';或者是'以彼喻此'的'比';或者是'触景生情'的'兴';此外还有的类似有人物故事的寓言。这是《周易》更重要的艺术特点之一。"③ 如采用赋的手法的短歌有:《中孚》六三爻"得敌,或鼓或罢,或泣或歌"。《丰》上六爻"丰其屋,蔀其家,窥其户,阒其无人,三岁不觌。"等等。采用比的手法的短歌有:《否》九五爻"其亡其亡,系于苞桑"。采用兴的手法的短歌有:《大过》九二爻"枯杨生稊,老夫得其女妻"。《大过》九五爻"枯杨生华,老妇得其士夫"。类似寓言的短歌有:《睽》六三爻"见舆曳,其牛掣,其人天且劓"。《困》六三爻"困于石,据于蒺藜。入于其宫,不见其妻。"等等。④ 从李镜池、高亨二先生的研究和列举中不难看出,他们对于《周易》卦爻辞中蕴藏诗歌的研究存在着相当多的类似甚至相同之处,这不仅体现为他们都是拿《周易》卦爻辞与《诗经》相比较,而且还体现在他们所列举的一些具体事例上。这就说明,在《周易》卦爻辞中存在着类似《诗经》并且相较《诗经》更为古老的诗歌应该是确切无疑的。高亨先生最后还总结道:"总起来看,《周易》中的短歌,多是语言简古而清秀;描写明朗而多形象;音节爽琅而和谐;比兴亲切而有味,取得了一定的艺术成就。拿《周易》中的短歌与《诗经》民歌相比,概括说来,前者每首只有几句,而后者篇幅较长;前者内容单纯,而后者内容较为丰富;前者在说明事理,而后者在抒发情感;前者的赋比兴表现手法不及后者的意蕴深厚、运用灵巧;前者的语言不及后者的流畅圆润,而是更为质朴。这些差异,当然与《周

---

① 李镜池:《周易筮辞考》,载《周易探源》,中华书局 1978 年版,第 48—49 页。
② 同上书,第 49 页。
③ 高亨:《〈周易〉卦爻辞的文学价值》,载《周易杂论》,齐鲁书社 1979 年版,第 63 页。
④ 同上书,第 63—65 页。

易》的特殊撰写目的、性质和体例有关；但是由《周易》中的短歌到《诗经》的民歌，也显示了《周易》时代到《诗经》时代，诗歌的创作艺术逐步提高的过程。我们如果说《周易》中的短歌是《诗经》民歌的前驱，似乎也接近事实。"① 从李镜池、高亨二先生对《周易》卦爻辞中蕴含诗歌的研究来看，相较而言，高亨先生要比李镜池先生更为具体和细致。在李镜池、高亨二先生之后，王岑栋、黎子耀、赵俪生、张善文等人也曾先后对《周易》卦爻辞中蕴藏诗歌的特点做出过相关研究，但相较而言，都显得比较零散而不成系统。②

真正第一次对《周易》卦爻辞中蕴藏的诗歌做出系统发掘和研究的是黄玉顺先生在 1995 年出版的《易经古歌考释》。经过黄先生的系统考释，《周易》六十四卦卦爻辞中基本每一卦都蕴藏着一首古代诗歌，其中既有专门描绘古人所见的一些自然现象，即，乾：群龙之歌，谦：鹈鸟之歌，豫：大象之歌，大畜：养畜之歌，未济：狐狸之歌；也有人、物描叙同时兼有的，即，坤：大地之歌，小畜：归宿之歌，大过：晚婚之歌，坎：土牢之歌，离：征讨之歌，遯：养猪之歌，大壮：公羊之歌，明夷：箕子之歌，鼎：黜妻之歌，震：惊雷之歌，渐：鸿雁之歌，丰：日食之歌，涣：洪水之歌，中孚：诚信之歌，小过：捕鸟之歌；更有专门记叙人事活动的，即，屯：婚礼之歌，猎鹿之歌，蒙：女萝之歌，需：等待之歌，讼：诉讼之歌，师：败军之歌，比：亲近之歌，履：慎行之歌，泰：拔茅之歌，否：献茅之歌，同人：抗战之歌，大有：丰收之歌，随：追捕之歌，蛊：隐遁之歌，临：统治之歌，观：观察之歌，噬嗑：囚奴之歌，贲：纳彩之歌，剥：收果之歌，复：归途之歌，无妄：灾难之歌，颐：大嚼之歌，咸：交欢之歌，恒：持久之歌，晋：套马之歌，家人：家教之歌，睽：婚宴之歌，拉车之歌，蹇：艰难之歌，解：解救之歌，损：龟卜之歌，益：龟卜之歌，夬：遭刑之歌，姤：主妇之歌，萃：忧劳之歌，升：登高之歌，困：囚犯之歌，井：修井之歌，革：皮革之歌，艮：怨恨之歌，归妹：嫁妹之歌，伴舞之歌，旅：商旅之歌，巽：跪伏之歌，兑：

---

① 高亨：《〈周易〉卦爻辞的文学价值》，载《周易杂论》，齐鲁书社 1979 年版，第 66—67 页。

② 参见杨庆中：《周易经传研究》，商务印书馆 2005 年版。

归宁之歌，节：守节之歌，小过：求见之歌，既济：祭礼之歌。就其所涉及的内容而言，显然主要以后两者居多。那么，这些《周易》古歌的发现到底有何意义呢，尤其是它对于易道形而上学的研究有何意义呢？

宽泛而言，尽管黄先生对《易经》古歌的发掘和诠释最初主要是从文学的角度进入的，而且一般在涉及诗歌这种题材时，我们往往也都会将其归入文学的领域，而很少考虑它的哲学价值；但是就《周易》这个文本来说，其意义和价值实则绝不仅限于文学和文献学（或历史学）的领域。与《周易》和易道形而上学建构之间的内在关联相联系，《易经》古歌的发掘与诠释对于我们思考易道形而上学之建构何以可能，乃至当代中国哲学的重建等问题有着非常重要的思想意义，即：它向我们揭示出一种比一切神学[①]和哲学形上学观念建构更加源始、更加基础的生活经验或生活感悟的存在，没有这种源始的生活经验或生活感悟的发生，无论是神学还是哲学形上学的观念都是不可能的。近年来所涌现出的一些从《诗经》中寻找中国哲学起源的研究在相当程度上体现了一种向源始生活经验的复归；类似的做法在海德格尔后期哲学中也得到了表达，即通过对荷尔德林诗的阐释和前苏格拉底时期的一些古希腊哲学残篇的研究，试图寻找出一条真正能够通达和敞开存在本身的意义的思想之路。这种研究方式从表面上来看似乎体现为一种历史的回溯，但从更深层面上来说，它乃是指向一种更加基础、更加本源的存在之思。所以，《易经》古歌所蕴含的源始生活经验相对于后世哲学形上学建构的本源性、基础性，不仅包含历时层面的时间在先，而且包含共时层面的逻辑在先。

事实上，诗歌的这种相对于哲学形上学建构的本源性、基础性意义早在先秦时期的孔子那里就已经得到了重视。孔子曾说道："兴于诗，立于礼，成于乐。"（《论语·泰伯》，阮元校刻《十三经注疏》影印本，中华书局1980年版。）显然，在构成孔子所教授的六艺之学中，以诗、礼、乐最为重要，而在诗、礼、乐三者中又尤以诗的学习最为先行。孔子还曾分别从否定和肯定的角度阐述和强调了学诗的重要性。从否定的角度来说，孔子曾教育他的儿子孔鲤说："不学诗，无以言"（《论语·季氏》，阮元

[①] 此所谓"神学"并非西方的 theology，而是指中国古代与祭祀、卜筮等活动有关的一种神圣性观念。

校刻《十三经注疏》影印本,中华书局1980年版。),并且尤其叮嘱他要注重和强调对《诗经》中的《国风》部分的学习:"女为《周南》《召南》矣乎?人而不为《周南》《召南》,其犹正墙面而立也与?"(《论语·阳货》,阮元校刻《十三经注疏》影印本,中华书局1980年版。)所谓"正墙面而立",朱子注释说:"即其至近之地,而一物无所见,一步不可行。"① 这就是说,如果不学习诗,那就会不知道如何讲话("无以言"),不知道如何认识事物("一物无可见"),更不知道如何行为("一步不可行")。从肯定的角度来说,孔子曾教育其弟子说:"小子何莫学夫《诗》?《诗》可以兴,可以观,可以群,可以怨。迩之事父,远之事君。多识于鸟兽草木之名。"(《论语·阳货》,阮元校刻《十三经注疏》影印本,中华书局1980年版。)张祥龙先生对于孔子的这句话曾有过一段详细而有趣的解释,他说:"这是他对诗的功能的一个重要论述:兴、观、群、怨,而且可以用来事父、事君,还有呢,多识草木鸟兽之名。从这里可以看到,孔子对诗的看法和前面说的'兴于诗'是完全一致的。它首先是个根源或发端,也就是起兴,这毫无疑问。然后他又提到观、群、怨,用诗来观察世界,来和别人相处,来抒发自己的哀怨——有的书把'怨'说成是怨恨,我觉得最好看作哀怨、怨情更好,因为用诗来表达的怨,要只是恨就不成诗了,就是批判,就是指责,就是漫骂。一旦这个'怨'能够通过诗表达出来,就已经不是怨恨了。"② 张祥龙先生的这一解释还是比较准确的。因为从孔子的这段话乍看起来,《诗》的功能包括很多,诸如"兴观群怨""事父事君""多识草木鸟兽之名"等,但实际上如果我们细究一下就会发现,"兴观群怨"已经概括了《诗》的全部功能:若说《诗》只有一个功能,那就是"兴";若说《诗》有三个功能,那就是"观""群""怨"。孔子说"兴于诗"应该正是由于"兴"所具有的对于《诗》之功能的总括义,亦即是"根源或发端,也就是起兴";而"观"、"群"、"怨"则分别从物我、人己、天人(或曰身心)等三个不同的侧面阐发诗的功能,后者也在相当程度地回应了前述"不学诗"所

---

① (宋)朱熹:《论语集注·阳货》,载《四书章句集注》,中华书局1983年版。
② 张祥龙:《孔子的现象学阐释九讲——礼乐人生与哲理》,华东师范大学出版社2009年版,第105页。

可能存在的三个问题。具体而言,作为根源或发端,具有总括义的诗之"兴"亦即是"起""立",也就是使某种存在者从根源处(作为存在本身的本源之道)得以发端,这种发端意味着获得某种存在的规定性从而被"立"起来并成为其自身,即如人与自然界(物我)、人与己(人己)、人之身与心(天人或身心)等才得以确立。当且仅当这些存在者被确立之后,"观"(展开为观察世界、"多识草木鸟兽之名")、"群"(表现为和别人相处、事父事君)和"怨"(显示为抒发自己的哀怨,这里不仅涉及感性层面的审美,更涉及如何理性地表达自己的爱慕之情)三者才得以可能。也就是说,诗不仅教给我们本源的言说,即表达本源的情感;而且还教给我们如何真切地观察世界、认识事物,如何和谐地与别人相处,如何合理地表达自己的情感。前者是后者的基础,亦即是后者得以可能的条件。因此,从哲学形而上学建构的前提或基础来说,如果我们承认孔子作为儒家哲学乃至整个中国哲学的奠基性地位,那么孔子对诗歌学习的强调与重视对于我们今天思考易道形而上学建构何以可能乃至整个中国哲学的重建的问题无疑亦是具有某种重要的启示意义,即易道形而上学的建构在相当程度上亦是源自《易经》古歌中的那些源始的生活经验,同样,当代中国哲学的重建亦只有在回归当下的现实生活经验才是可能的,否则终究只是一种"发思古之幽情"或嚼古人之遗迹。

　　进一步地说,孔子之所以如此重视诗歌的意义,一方面乃是与诗歌的功能的多样性有关,另一方面则是与诗歌所蕴含的一种本源性的言说和表达方式相联系。许慎《说文解字·言部》云:"诗,志也。从言,寺声。"古人常有所谓"诗以言志"之说,又"志"即是"心之所之"[①]。由此看来,诗作为一种特殊的语言形式,它所表达的是一种与心相关的东西。如果更确切地说,那首先就是情感,其次才是理性。这一点从"情""感"二字皆从心亦可得到某种意义上的体现和说明,而就理性来说,又"性即理也"(伊川、朱子语),理则从玉,与某种主体性存在者的行为有关,诸如琢磨、治理。那么,诗何以能够作为一种本源性的言说和表达方式呢?这乃是与语言的起源有关的。卢梭曾在其《论语言的起源》一书中这样说道:"语言起源于何处?精神的需要(moral needs),亦即激情

[①] (宋)朱熹:《论语集注》,载《四书章句集注》,中华书局1983年版,第54页。

（passion）。激情促使人们联合，生存之必然性迫使人们彼此逃避。逼迫着人类说出第一个词［voix］的不是饥渴，而是爱、憎、怜悯、愤怒。"①"需要造就了第一句手语，激情逼出了第一句言语［voix］。"② 卢梭在这里提出了一个非常重要的观念，即语言乃是起源于爱、憎、怜悯、愤怒等激情，其实也就是情感，而非物质或生理层面的需要，亦非理性的进展。正因为如此，"古老的语言系统不是系统性的或理论性的，而是生动的、象征性的。我们以为第一个开口说话的人的言语［假使曾经存在过］，是一种几何学家的语言，可是在实际上，那是一种诗人的语言"③。"在简约化和系统化之前，最古老的语言像诗歌一样，饱含激情。"④ 这一点，在我们古老的《诗经》中也有非常显著的体现。而使得诗歌这种本源性的言说方式发生蜕变的正是理性的发展和哲学形上学的研究。所以，卢梭说："哲学研究和理性的进展使语法更趋完善，语言的活力及其激情的语调却因之而丧失，而正是这种活力与激情，最初时产生了如歌的语言。"⑤ 这一点在后世的许多哲学家身上也表现得也非常明显。所以，历史似乎总是这样的吊诡：在诗词歌赋等艺术创作方面非常有成就的人，在哲学形上学的理论体系建构方面往往有所欠缺，而在哲学形上学的理论体系建构方面相当有成就的人，在艺术创作方面又往往略逊一筹。

同样，作为《周易》卦爻辞中的象辞之重要组成部分的殷周歌谣，它作为中国古代诗歌的一种早期表现形式，也是一种本源性的言说和表达方式，其中既有古人抒发自身情感的表达，也有关于社会生活实践中各种事情的记载，更有涉及古人对自然界的变化现象，及其与人自身存在之间的关系的原初领会。《系辞传》曾云"爻象以情言"，此所谓"爻象"即是指卦爻辞，"情，即卦爻辞所拟象的事物情态"⑥。显然，这也是在说卦爻辞中蕴含着古人对世间万物之各种存在情态的领会与把握。正是这些对

---

① ［法］让·雅克·卢梭：《论语言的起源——兼论旋律与音乐的摹仿》，洪涛译，上海人民出版社2003年版，第15页。
② 同上书，第14页。
③ 同上。
④ 同上书，第15页。
⑤ 同上书，第122页。
⑥ 黄寿祺、张善文：《周易译注》，上海古籍出版社2004年版，第564页。

世界的原初领会与把握为后来的易道形而上学建构奠定了重要的前提和基础。当然，从逻辑的角度来说，《易经》古歌中所蕴含的古人的源始生活经验只能是构成易道形而上学建构的必要条件，而非充分条件；也就是说，仅有一些源始的生活经验显然是不够的，作为一种指向普遍存在之思的易道形而上学，必须还要有理性的参与从而进一步上升到概念的抽象层面，否则终究只能是一些停留于表面的特殊经验。

另外，值得补充说明的是，尽管黄玉顺先生对于《易经》古歌的发掘与诠释，无论是对于文学、历史学的研究来说，还是对于哲学形而上学的研究，的确都具有重要的意义和价值，但是如果从《周易》文本本身来看，却很容易导向一种只重视象辞，而忽视占辞及卦爻象的研究，从而将象辞和占辞及卦爻象部分完全割裂开来的问题。这一点从黄先生的《易经古歌考释》一书中亦可看到，即他对于《易经》古歌的发掘与诠释只限于卦爻辞部分，而基本没有考虑卦爻辞与卦爻象之间所存在的某种可能的联系。与此相应，《周易》文本的整体统一性被取消，"象辞相应"之理的问题亦被忽视。而就《周易》卦爻辞部分来说，如前所述，它作为古人筮占的记录，乃是作《易》者"观象系辞"的结果，也就是说，它乃是作《易》者依照卦爻象的结构和变化规律而系附上去的，这就意味着我们其实很难抹杀卦爻辞和卦爻象之间的某种关联性。

二　天人之际——《周易》象辞的基本思想

既然如此强调《周易》卦爻辞中象辞，尤其是其中所蕴藏的古代诗歌对于易道形而上学建构的本源性、基础性意义，那么这些象辞到底涉及哪些内容，并且这些内容体现什么样的思想特征呢？

前面曾提到，《周易》六十四卦所蕴藏的古歌中，既有专门描绘古人所见的一些自然现象的，也有人、物描叙同时兼有的，更有专门记叙人事活动的，并且以后两者居多。然而，究其实质而言，无论是专绘自然现象或自然界中的事物变化的，还是专叙人事活动的，其实它们都不是单方面的，而始终是双向的。首先，自然界事物的变化只有通过人的观察和认识活动，它才是可见的，如《乾卦》"群龙之歌"："见龙在田，或跃在渊，飞龙在天"，讲的是龙的由潜而现、自下而上的空间位置的变化，但这种空间位置的变化同时又以时间的绵延为前提，借用康德的说法，前者属于人的外直观,而后者则与人的内直观相联系。其次,人事活动的发生并不是完全封闭的单子性个体化的活动,相反它总是展开为人与他所生活于其中的世界(包括自然界和社会界)打交道的历史过程。如《屯卦》"婚礼之歌":"屯如,邅如。乘马,班如。匪寇,婚媾。乘马,班如。求婚媾,屯其膏。乘马,班如,泣血,涟如。"黄玉顺先生认为"这是一首古老的婚礼进行曲。从体裁看,似典型的'风',而且似乎属于'南国之风'。而其手法,仍然用质朴的'赋':首先进行细致的行动描写,造成一种悬念:这是些什么人?强盗吗?他们在窥伺什么?……然后云破月来,挑明主题:原来不是盗寇,而是求婚的队列。……这是婚礼的开端。接着便是婚礼的发展,介绍求婚的聘礼。最后进入高潮,新娘无声饮泣,泪流满面,泪水中似乎交融着悲与喜。"① 作为一首"婚礼之歌",它记载了上古先民的某一次婚礼的全过程,讲述了一种婚礼的习俗,显然它涉及的是人与人之间的某种交往关系。再如《泰卦》"拔茅之歌":"拔茅茹,以其汇。包荒用冯河,不遐遗。弗亡,得尚于中行。翩翩,城复于隍。"黄先生认为"这是一首收获茅草之歌。诗中主人公是个勤劳诚实的劳动者,为住在城里的主人去护城河边拔取茅草。我们从诗中不难体会到他那种乐观而自足的情绪。因此,这是一首'风',而用'赋'的手法,叙述了劳动的过程及其感受"②。这首"拔茅之歌"尽管记叙的是古人劳动的情景及感受,但就其内容而言,则不仅涉及人与人之间的关系,即诗中主人公与其主人之间的关系(为主人劳动,从而获得主人赏赐),而且还涉及人与自然界之间的关系,即诗中主人公通过自己的劳动实践从自然界获取维持自身生存的物质资源。要而言之,《周易》卦爻辞中的象辞的根本内容都是围绕人与世界的关系,亦即所谓天人之际的问题展开的,其中既涉及人对世界的观察与认识,也涉及世界对人自身生存的意义与影响。所以蒙培元先生曾指出:"可以说,在《易经》中没有任何一卦是只讲物象而与人的生命无关的,也没有任何一卦是只讲人的活动而与自然无关的。不管某卦所指示的物象是什么,其实际意义都是讲'天人关系'的,这种关系是以生命现象与生命活动为轴心的。这就是《易

---

① 黄玉顺:《易经古歌考释》,巴蜀书社1995年版,第23页。
② 同上书,第66页。

经》的天人之学。"① 以天人之际或天人关系为根本内容，《周易》卦爻辞中的象辞作为古人最源始的生活经验总结，构成了易道形而上学建构之所以可能的起点，因为，天人之际的问题就其实质而言，正是属于哲学形而上学的基本问题。

以天人之际作为基本问题，哲学形而上学的研究既涉及世界是什么的问题，也涉及对世界之是什么的认识与把握何以可能的问题，后者又进一步关联着对人自身能力和存在价值，即人是什么的思考。那么，《周易》卦爻辞中的象辞到底展现了一种什么样的天人关系呢？或者更确切地说，在《周易》象辞所蕴含的古人的源始生活经验中，世界和人到底呈现出何种规定性，以及二者之间具有何种关系？

首先，就天人关系，亦即人与世界的关系来说，在中国上古先民那里，世界并非是一种隔绝于人的存在，而是始终与人的生存联系在一起的。这首先是与古代社会人类生产力水平低下有关，与此相联系，自然界的各种变化对于人的生存都具有极其重要的意义。正是由于自然界的变化对于人的生存的这种重要意义，激发着古人去认识世界和认识自己的勇气和决心。当然，我们还应该看到，人与世界之间之所以能有这种如此密切的联系，这同时也是跟中国古人以一种整体性的方式去观察世界有关。与这种整体性的观察世界的方式相联系，世界不再呈现为一种分化的存在，而总是呈现出一种统一性的品格。或者也可以说，正是对人与世界之间的这种紧密联系的发现与认识，决定了古人不得不以一种整体性的方式去观察世界，亦即所谓"以道观之"（《庄子》）。当人与世界被当作一个整体来看待的时候，对作为整体的世界的经验与认识，同时也就包含了对人自身存在的认识，此即是所谓"推天道以明人事"②。王博先生曾指出："《周易》在过去一直被认为是'推天道以明人事'之书，这当然主要是就《易传》而言。实际上，'推天道以明人事'也是中国哲学的一个重要特征，而在《易经》中，已经具备了这种特征的萌芽。所谓天道，也就是指自然现象变化的过程。《易经》卦爻辞中经常通过讲自然现象来比拟

---

① 蒙培元：《心灵超越与境界》，人民出版社1998年版，第114—115页。
② （清）纪昀、（清）陆锡熊、（清）孙士毅等：《四库全书总目提要》，载《钦定四库全书总目》，中华书局1997年版。

人事……《易经》的作者是试图在自然现象的变化和人事之间寻找一致性，寻找一种共同的东西，把自然界和人作为一个整体来思考。这对于以后中国哲学的特点如天人合一等有很大影响。"① 这就是说，后来两千年中国哲学发展中所始终强调的天人合一，都是与《周易》象辞中所奠定的这种天人一体的整体性观念有关。

其次，从《周易》象辞所表达的古人对世界的源始经验来看，世界并不呈现为一种静止不变的存在，而是始终呈现出一种变动不居的特点，并且这种变动不居不仅仅体现在自然界的变化上，而且同时也发生于人类的生产生活实践过程中。如《乾卦》"群龙之歌"中描绘了龙的变化；《屯卦》"婚礼之歌"描述了婚礼过程中的求婚队伍身份（从"盗寇"到"婚媾"）的变化和新娘内心情感的变化；《需卦》"等待之歌"中记载了主人公在等待亲人归来的过程中的某种变故（即"有不速之客，三人来"）；《讼卦》"诉讼之歌"中记述了某人在生活中所遇到的一次莫名其妙的诉讼之争，以及在诉讼过程中所发生的人生变故（"或锡之鞶带，终朝三褫之"：过去所拥有的封号，一早上几次被撤销）；《师卦》"败军之歌"叙述了某次战争中尽管纪律严明（"师出以律"），但最终还是吃了败仗；《豫卦》"大象之歌"描绘了大象的各种神态的变化……然而，经过长期的观察和总结，人们发现，世界的变化并不是杂乱无序的，而具有相当的规律性，这种规律性在《周易》乃至整个中国哲学中就表达为"道"。《履卦》九二爻"履道坦坦"，这是告诫人们要走光明正大之道；《随卦》九四爻"在道，以明"，这是说行走在阳光照耀的路途中；《复卦》卦辞"反复其道，七日来复"，吴澄《易纂言》注曰"出外而反者，还复其初行之道路，则七日可以来至于家而复也"②，朱骏声《六十四卦经解》曰"复以日言，幸其速也"③，这就是说，若按其初行之道路，便可很快返回家中，换言之，要想很快返回家中，亦必须依"道"而行。显然，"道"最初的含义首先乃是与道路有关。杨国荣先生曾指出：

---

① 参见朱伯崑主编：《易学基础教程》，九州出版社2000年版。
② 吴澄：《易纂言》，文渊阁四库全书本。
③ 朱骏声：《六十四卦经解》，中华书局1953年版。

道路作为人之所履，既可以通达四方，又坚实而有根基，道路所具有的这些特点，为其进一步提升、泛化为涵盖宇宙人生的一般原理提供了可能，而在中国文化的演进中，道确乎被逐渐赋予了以上的普遍内涵。①

也就是说，后世关于世界万物变化规律的天道以及作为人类社会规范的人道都是从道路中引申发展而来。《易传·象传·复卦》云"反复其道，七日来复，天行也"，此所谓"天行"亦即是天道，这正是将"道"从道路的意义提升为天道的表达，它体现的正是古人对天道之循环往复的认识与把握。所以杨宽先生指出："《周易》首次把'道'，作为事物发展变化的规律提出来，这对此后中国哲学思想的发展，做出了重大的贡献。"② 与前述将世界作一整体观相联系，对天道的认识中同时也蕴含着对人道的把握，同样，对人道的认识在相当程度上也规定着对天道的理解，即不仅世界的变化总是遵循着某种规律，而且人事的活动也必须遵守某种规则或规范，《师卦》初六爻"师出以律"在相当程度上体现的正是对某种规则、规范的重要性的强调。后世易学中提出所谓"易"有"三易"，即简易、变易、不易，亦与此有关。

当然，正如前面曾提到的，《周易》象辞中的这些殷周歌谣中所蕴含的上古先民的生活经验基本还处于形象而具体的描述层面，而尚未上升到抽象的普遍层面的思考。或者毋宁说，正是这些源始的生活经验构成了后来通向普遍之"道"的思考的起点，而真正将这些源始生活经验带向普遍层面的乃是它与占辞和卦爻象的结合。

另外，《周易》卦爻辞中的象辞中还涉及一些殷周之际的历史事迹。顾颉刚先生在《周易卦爻辞中的故事》一文中曾做过详细考证，具体主要有：①王亥丧牛羊于有易的故事，如《大壮卦》六五爻"丧羊于易"，《旅卦》上九爻"丧牛于易"；②高宗伐鬼方的故事，如《既济》九三爻"高宗伐鬼方，三年克之"，《未济》九四爻"震用伐鬼方，三年有赏于大国"；③帝乙归妹的故事，如《泰卦》六五爻"帝乙归妹"，《归妹卦》

---

① 杨国荣：《道与中国哲学》，《云南大学学报》（社会科学版）2010年第6期。
② 杨宽：《西周史》，上海人民出版社2003年版，第688页。

六五爻"帝乙归妹,其君之袂,不如其娣之袂良";④箕子明夷的故事,如《明夷卦》六五爻"箕子之明夷";⑤康侯用锡马蕃庶的故事,如《晋卦》卦辞"康侯用锡马蕃庶,昼日三接"等。① 除此之外,李镜池先生也增补了三条可能与周文王有关的,即:①《升卦》六四爻"王用亨于岐山";②《随卦》上六爻"王用亨于西山";③《既济》九五爻"东邻杀牛,不如西邻之禴祭,实受其福"等。② 这些历史事迹的记载对于研究殷周历史,以及考证《周易》的成书年代等问题具有重要的意义,而对于本书的研究则没有什么实质性意义,故此处不作过多讨论。

第五节 吉凶以情迁
——《周易》卦爻辞中的占辞

尽管从篇幅来看,象辞构成了《周易》卦爻辞的主体部分,但是就《周易》之作为卜筮之书而言,因其乃是为卜筮之用而作,所以其中的占辞部分同样具有重要的意义和地位。而且,如果仅仅关注象辞中那些形象具体的对生活经验的描述,而对占辞部分视而不见,那么,占辞中的那些吉凶占断的文辞便会沦为一些巫术迷信的表达,与此相联系,两千多年易学研究中对"象辞相应"之理的研究亦将失去意义。正如前面曾提到的,真正将古人的那些形象而具体的源始生活经验带向普遍层面的正是占辞和卦爻象部分,因为正是在吉凶占断的过程中,这些源始的生活经验才派上了用场,即正是通过占筮者将这些过去的生活经验与当下的筮占之事联系起来,这些生活经验才不再停留于过去的某个特殊时空内的具体经验,而是获得(或者说是被赋予)了一种超时空的意义,从而为后来的易道形而上学建构提供了思想准备。当然,在吉凶占断使象辞获得超时空的普遍意义的同时,象辞中的生活经验也使吉凶占断本身成为有据可依的,正是后者使得易筮与龟卜具有了完全不同的意义和结局。那么,《周易》卦爻辞中的占辞到底表达了什么样的思想观念呢,尤其是它对于后来的易道形

---

① 顾颉刚:《周易卦爻辞中的故事》,转引自李镜池《周易筮辞考》,载《周易探源》,中华书局1978年版,第35—37页。

② 李镜池:《周易筮辞考》,载《周易探源》,中华书局1978年版,第36页。

而上学建构具有何种意义呢？

一 自天祐之，吉无不利——易筮的观念转向

如前所述，与龟卜只有吉凶两种非此即彼的占断结果不同，《周易》筮占则远不止这两种占断结果，这一点主要体现在《周易》卦爻辞的占辞中，在《周易》的占辞中，不仅有"吉""凶"两种占辞，而且还有诸如"利""厉""无咎""有悔""悔亡""吝"等占辞。甚至有些爻中还不止一种占辞，也有些爻中没有这些直接表示吉凶休咎的占辞，而是以一些具有警示意义的生活格言来代替。《周易》卦爻辞中的这种现象，从吉凶占断的角度来说，首先就意味着易筮的占断已经不再是非吉即凶的和不可改易的，而是不仅在吉凶事态的结果上有一定程度的变化，而且这种占断结果本身在某种情况下还可以发生变化。之所以出现这种转变，这首先是与殷周之际的天命神学观念的转变有关，而这种天命神学观念的转变则又是与殷周之际的政权更迭有着密切的联系。

以郭沫若、陈梦家等人为代表的传统看法往往都是以"帝"作为殷人的至上神，而将"天"看作是周人的至上神，其理由是"卜辞称至上神为帝，或上帝，却绝不称之为天"，尽管"天"字在殷商时代早已出现。[1] 然而今人陈来先生却认为"甲骨卜辞即使未发现'天'字或未发现以'天'为上帝的用法，至少在逻辑上，并不能终极地证明商人没有'天'的观念或以'天'为至上神的观念"[2]。通过对《尚书》中《商书》的研究，陈来先生发现，其实在殷人那里早已有天命或天道的观念和提法，如《尚书·商书·仲虺之诰》中载"钦崇天道，永保天命"，《尚书·商书·汤诰》亦载"天道福善祸淫，降灾于夏，以彰厥罪。肆台小子，将天命明威，不敢赦。敢用玄牡，敢昭告于上天神后，请罪有夏。聿求元圣，与之勠力，以与尔有众请命。上天孚佑下民，罪人黜伏，天命弗僭，贲若草木，兆民允殖。"据此，陈先生认为："事实上，周人与殷人的不同，并不在于是否有天命或类似的观念，而在于周人对天命的整个理

---

[1] 郭沫若：《先秦天道观之进展》，《青铜时代》，载《中国古代社会研究》（上），河北教育出版社2000年版，第307页。

[2] 陈来：《古代宗教与伦理——儒家思想的根源》，生活·读书·新知三联书店2009年版，第176页。

解与殷人不同。"① 具体而言，"商周世界观的根本区别，是商人对'帝'或'天'的信仰中并无伦理内容在其中，总体上还不能达到伦理宗教的水平。而周人的理解中，'天'与'天命'已经有了确定的道德内涵，这种道德内涵是以'敬德'和'保民'为主要特征的。天的神性的渐趋淡化和'人'与'民'的相对于'神'的地位的上升，是周代思想发展的方向。用宗教学的语言来说，商人的世界观是'自然宗教'的信仰，周代的天命观则已经具有'伦理宗教'的品格。"② 简言之即是，在商人那里，对天和帝的信仰更多体现为一种原始的神灵崇拜，而且还是（如下文将要提到的）祖先神崇拜，与"敬德"、"保民"等道德内涵基本无关，而在周人那里，天命被赋予了一种道德的内涵，与此相联系的是，天命的神性被降低或淡化，人的地位被提高。《礼记·表记》所载"殷人尊神，率民以事神，先鬼而后礼。……周人尊礼尚施，事鬼敬神而远之，近人而忠焉。"正表明了这种天命神学观念的转变。而之所以发生这种"天命观"的转变，一方面是与周人在革殷人之命后为了稳固自己的政权统治有着密切的联系；另一方面则可能是受到《周易》筮占观念中的理性化因素的影响。

就前一方面（即殷周之际天命神学观念的转变与殷周政权更迭的关系）而言，姜广辉先生曾提道："从殷商时代的祭祀活动可以看出，在殷人那里，上帝和祖先是不分的。侯外庐先生就曾指出：'殷人的宗教祖先神是一元的，"帝"和"祖"是不分的，这是氏族公社具有强有力的地位的社会自然发生的意识。卜辞没有祀天的记载，只有祀祖祀帝的记载。……帝字卜辞作【采】象花萼形，表示生殖繁盛，与祖字象生殖器一样。'帝、祖分开是从周代开始的。周人建国后，如果也像殷人那样有自己帝祖合一的宗教崇拜，那便会在周人与殷人之间有两个对立的信仰对象，不利于周人的精神统治。于是周人便将帝与祖分开，承认各有各的祖先神，但至上神的帝只有一个。这个至上神曾降'天命'给殷的先祖，但因为殷人后来失德，又改降'天命'给周人。这种解释有天道—人道

---

① 陈来：《古代宗教与伦理——儒家思想的根源》，生活·读书·新知三联书店2009年版，第181页。

② 同上书，第183页。

的公平，谁叫殷人失德了呢！"① 与周人降低天命的神性地位并赋予天命以道德内涵相联系，"以德配天"的思想被提到了重要的地位，"皇天无亲，惟德是辅"② 便是这一思想的重要体现。而周公则是这一思想转变的重要承载者。《尚书·周书·召诰》曾载周公之语云："我不可不监于有夏，亦不可不监于有殷。我不敢知曰，有夏服天命，惟有历年；我不敢知曰，不其延。惟不敬厥德，乃早坠厥命。我不敢知曰，有殷受天命，惟有历年；我不敢知曰，不其延。惟不敬厥德，乃早坠厥命。"在周公的这段话中，真正决定天命所向的已然不再是某个具体的祖先神灵，而是更多地由统治者的德性决定。所以，与其说周人强调"以德配天"，毋宁说周人其实已经不相信天命了。

就后一方面（即殷周之际天命神学观念的转变与《周易》筮占观念的关系）而言，这从《周易》卦爻辞中亦可看出，即在整个《周易》六十四卦经文中，直接表达对"天"或"帝"的绝对信仰的文辞基本很少出现。仅有的两处，即《大有卦》上九爻"自天祐之，吉无不利"和《益卦》六二爻"王用享于帝"，从今天看来亦是可以作新的理解和阐释的。就"自天祐之，吉无不利"这句占辞来说，传统的解释往往都是认为这体现的是古人"对天帝的崇拜"，即"如果有天神保佑的话，就一定会吉利"，并由此指出"《易经》对天地人鬼的信仰，再加上它本身作为筮书的性质，反映出其主导思想仍是天命信仰，尚未脱离宗教迷信的束缚，因而与哲学属于两个性质截然不同的阶段"③。然而，笔者认为这句占辞恰恰可以体现周人在"天命观"上的转变，以及易筮相对于龟卜的观念转向。《系辞传》中的一句话为我们指明了理解这句占辞的方向，即："君子居则观其象而玩其辞，动则观其变而玩其占，是以'自天祐之，吉无不利'。"④ 作为占断吉凶的重要依据，《周易》占辞中并非皆是吉的，而是仍然存在着许多"有悔"、"贞吝"甚至"凶"的情况，那么，何以通过"观象玩辞"、"观变玩占"便可得到上天祐助，从而实现"吉

---

① 姜广辉：《论中国文化基因的形成——前轴心时代的史影与传统》，《国际儒学研究》1988 年第 6 辑。
② 《尚书·周书·蔡仲之命》，阮元校刻《十三经注疏》影印本，中华书局 1980 年版。
③ 参见朱伯崑主编：《易学基础教程》，九州出版社 2000 年版，第 41 页。
④ 《易传·系辞传上》，阮元校刻《十三经注疏》影印本，中华书局 1980 年版。

无不利"呢？这正是因为《周易》文本中的占辞并不是一个独立的系统，而是始终与卦爻象和象辞联系在一起的，也就是说，在《周易》占筮的过程中，决定吉凶占断的并非只有那些直接表示吉凶休咎的占辞，而且同时还需参考卦爻象和象辞部分，正是后者使得易筮具有了与龟卜完全不同的特点。如前所述，无论是依筮数而定的《周易》卦爻象，还是以殷周歌谣为主要内容的《周易》象辞，它们都是源于上古先民对世界发展变化（即作为整体的宇宙或世界之存在的天象）的观察及其规律的认识与把握，从而都是古人的一些最源始的生活经验的总结和描述。这就使得依据《周易》进行占筮的人既不可能仅仅依据卦爻象的分析来断定吉凶，也不可能仅仅依据卦爻辞中直接表达吉凶休咎的占辞来断定吉凶，而必定会将卦爻象的抽象意义和具象意义、卦爻辞中的象辞所表达的经验内容，以及表示吉凶休咎的占辞和当下所占之事全部"综合"[①]起来考虑，此即所谓"观象玩辞""观变玩占"。与《周易》卦爻象和象辞本身源于古人对世界变化的观察和认识相联系，对卦爻象和象辞的研究同样也涉及对世界发展变化规律的思考。正是这种"综合"考虑使得《周易》的占筮不再是像龟卜那样只能依据龟骨的一次偶然性呈象来断定吉凶，而是涉及多方面的因素，诸如还有对筮者自身的生活境遇及其道德品性的考虑等，这些都构成易筮最终吉凶占断的前提和依据。这就使得每一次筮占都具有一种对与筮者相关的整个世界的全方位的思考与解释，这种思考和解释不仅超越了筮者所生活于其中的空间地点的限制，而且也超越了筮者生存的当下时间性的限制，从而将不同空间、不同时间内的人和物的存在都联成了一体。这些多重因素的考虑的结果便是，人们不再相信所谓"我生不有命在天"的宿命论或命定论，而是转而开始相信"我命由我不由天"的思想，即逐渐认识到通过增进自身对世界发展变化之规律（即天道）的认识和提升自身德性品格的培养（就提升人自身的德性品格的培养而言，它又与人类对自身的本质规定的把握及其自身存在的意义和价值的确认有关，亦即与对人之性的认识有关），便可以在相当程度上掌握自己的命运，从而实现"吉无不利"。此即《系辞传》所谓"吉凶以情迁"。另

[①] 此"综合"与人的想像力的作用有着极其重要的关系，正是这种"综合"的作用，使得《周易》及其筮占具有某种"先天综合判断"的特点，详见本书第五章的讨论。

外,《左传》中曾提到的"夫《易》不可以占险"(《左传·昭公十二年》)的规定,在相当程度上也为易筮实现"吉无不利"提供了某种德性的保证。因此,《大有卦》上九爻所谓"自天祐之,吉无不利",这里的"自天祐之"其实并不必然意味着信奉天神并"听天由命",而是亦可以理解为依照天道法则行事方能得到天的祐护,才能实现"吉无不利"的愿望。《易传·系辞上》记载的孔子对于"自天祐之,吉无不利"这句占辞的解释,正可以表明这一点,即:"子曰:'祐者,助也。天之所助者,顺也;人之所助者,信也;履信、思乎顺,又以尚贤也。是以"自天祐之,吉无不利"也。'"孔子在这里强调的"信"、"顺"、"尚贤"等,一方面与人的德性品格的培养有关,另一方面亦有其天道层面的形上根源和依据。与《周易》筮占观念的这种转变相联系,卜筮事实上已经开始逐渐沦为某种程式化的仪式或操作活动,它的意义也主要在于为人们提供某种"心安"的东西。与《周易》筮占的这种沦为为人提供"心安"的程式化活动相类似,后世的祭祀活动其实亦呈现出这样的特点。这一点尤其体现在《论语》中所记载的孔子与其弟子宰我的那段经典对话中:

宰我问:"三年之丧,期已久矣。君子三年不为礼,礼必坏;三年不为乐,乐必崩。旧谷既没,新谷既升,钻燧改火,期可已矣。"子曰:"食夫稻,衣夫锦,于女安乎?"曰:"安。""女安则为之!夫君子之居丧,食旨不甘,闻乐不乐,居处不安,故不为也。今女安,则为之!"宰我出。子曰:"予之不仁也!子生三年,然后免于父母之怀。夫三年之丧,天下之通丧也。予也,有三年之爱于其父母乎?"(《论语·阳货》,阮元校刻《十三经注疏》影印本,中华书局1980年版。)

孔子曾指出,父母死后,"祭之以礼"乃是"孝"的重要内容之一[①],所以,它显然也应该是"三年之丧"的重要内容。而作为孔子弟子的宰

[①] 原文为:孟懿子问孝。子曰:"无违。"樊迟御,子告之曰:"孟孙问孝于我,我对曰'无违'。"樊迟曰:"何谓也?"子曰:"生,事之以礼;死,葬之以礼,祭之以礼。"(《论语·为政》)

我却对此"三年之丧"提出了质疑,其理由就是"君子三年不为礼,礼必坏;三年不为乐,乐必崩"。然而,孔子对此质疑的回答恰恰就是从"心安"的角度展开的,即"食夫稻,衣夫锦,于女安乎?"显然,就"心安"来说,它已经不再属于形下之礼层面的问题,同时似乎与所谓的祖先神灵崇拜亦相距甚远,而是涉及一种心理情感层面的问题了。

另外,如前所述,在《周易》的占辞中还有一些具有警示性质的生活格言,如《泰卦》九三爻"无平不陂;无往不复",《损卦》六三爻"三人行则损一人;一人行则得其友"等。这些格言性质的占辞并不直接表达事态的吉凶结果,而是更多体现为一种对筮占者的行为指导。首先,就其来源而言,这些格言显然亦是与人们的许多日常生活经验有关的。对此,李镜池先生曾指出:"所谓格言,是说他们从生活经验中发生的观念,从这观念所形成的至理名言。是哲学思想,而不是伦理教训。动物尚能在屡次的错误试验中得到一些概念似的习惯,人是有思想的能观察的,他在种种经验中得到一种综合的观念是很自然的。这种观念形于语言就是格言。这类的格言,在没有文字之前就有,口耳相传,以至书之于竹帛。这种格言,很可以做他们生活的指导,正如后儒以孔孟之言行为模范一样。"① 其次,就这些格言的具体含义来说,"无平不陂;无往不复"主要表达的是一种对立面可以相互转化的思想观念,它体现的正是古人对世界万物发展变化之循环往复的规律的认识与把握,并构成了《周易》思想内容的重要组成部分。如李镜池先生亦曾提道:"这种变化循环的道理,多半是从自然界的现象观察出来的,如日月之升降,晦明之交替,晴雨之不时,冬夏之往来,许多许多的自然事物都是如此,所以他们体验出这种变化循环之理。"② 类似的思想表达在《周易》中还可以找到,如《乾卦》上九爻"亢龙有悔"。从《周易》的这一思想中,不仅可以引出后来儒家的"中庸""中道"之说,而且也可以引出后来道家的"反者道之动"(《老子》第四十章)的"物极必反"的思想。"三人行则损一人;一人行则得其友"。这句格言可能是出自古人的旅行生活经验。《易传·象传·损卦》解释说"一人行,三则疑也。"这就是说,三人同行易生疑

---

① 李镜池:《周易筮辞考》,载《周易探源》,中华书局1978年版,第50页。
② 同上书,第51页。

忌，且易有资源分配不均、意见难以统一之弊等；一人行则固然可以，但却又易生孤寂之感，且或有生命危险。所以最好的还是二人同行，既可解除旅途孤寂之感，亦可互帮互助，从而成为知心朋友。《易传·系辞上》所谓"二人同心，其利断金"在相当程度上亦表明了这一点。当然，也有学者认为这可能是与作《易》者以二元的方式理解世界有关。

二 有孚——占筮的前提性观念及其转变

在整个《周易》卦爻辞的占辞中，除了用于占断吉凶的文辞之外，还有一个非常重要、且经常出现的占辞就是"有孚"，或"孚"。有学者统计，在《周易》经文中"孚"字作为占辞共出现了39次，由此亦可窥见其在《周易》筮占中的重要性。

《周易》卦爻辞中的"孚"字在传统的易学研究中，大多都被解作"诚信"。如许慎《说文解字》云："孚，卵孚也。从爪从子。一曰，信也。"孔颖达《周易正义》在解释《需卦》卦辞"有孚"时说："'需'者，待也。物初蒙稚，待养而成，无信即不立，所待唯信也，故云'需有孚'，言《需》之为体，唯有信也。"[1] 程颐《易传》云："以卦才言之，五居君位，为需之主，有刚健中正之德，而诚信充实于中，中实有孚也。"[2] 朱熹《周易本义》亦云："孚，信之在中者也。"[3] 朱骏声《六十四卦经解》曰："卵孚也，从爪从子。……鸟之孚卵，皆如其期不失，故转训为信。"[4] 除"诚信"之训外，现代学者李镜池和高亨二人则将"孚"字训为"俘虏"：如李镜池《周易通义》说："孚，俘的本字，从爪从子，本义为俘人。《周易》说'有孚'的很多，多指捉到俘虏，也指商人得朋，狩猎获兽。"[5] 高亨《周易古经今注》说："孚即俘字。……许说误。"[6]

---

[1] （魏）王弼、（东晋）韩康伯注，（唐）孔颖达疏：《周易正义》，李申、卢光明整理，吕绍纲审定，北京大学出版社1999年版，第42页。
[2] （宋）程颐：《周易程氏传》卷一，载《二程集》下，中华书局2004年版，第723页。
[3] （宋）朱熹：《周易本义》，中华书局2009年版，第56页。
[4] （清）朱骏声：《六十四卦经解》卷一，中华书局1953年版，第27页。
[5] 李镜池：《周易通义》，中华书局1981年版，第13页。
[6] 高亨：《周易古经今注》，清华大学出版社2010年版，第138页。

然而，当代有学者考证认为，"孚"字本义当为"辅佑""保佑""佑护"，诚信之意乃是后起之意，且是从保佑、佑护之意中引申而来。[①]具体而言，作为表示辅佑、佑护的"孚"字最初表达的乃是一种父母亲对子女的关心、爱护之情，这种情感乃是一种不掺杂任何虚伪矫揉成分的、每个人都可以切身体验到的真情实感。正是这种情感的真实无妄的品格使得"孚"字与"诚"字在内涵上具有内在的关联性。朱子曾说："诚者，真实无妄之谓。"[②]事实上，"诚"字的最初本义亦是指父母对子女的这种真实无妄的关爱之情。王念孙曾考证"诚"就是"情"："《吕氏春秋·具备篇》：'慈母之爱谕焉，诚也'；《淮南·缪称篇》'诚'作'情'。《汉书·礼乐志》：'正人足以副其诚'；《汉纪》'诚'作'情'。"[③] 这里不仅将"诚"解释为"情"，而且还特别提到了"慈母之爱谕焉"之谓"诚"：所谓"谕"即是"不言而喻"之意（王聘珍：《大戴礼记解诂·曾子大孝》，中华书局1983年版。），也就是说，作为亲亲之爱的"慈母之爱"是不需要特别教导或晓谕的，而是"不学而能""不虑而知"（《孟子·尽心上》，阮元校刻《十三经注疏》影印本，中华书局1980年版。）的。这表明，"诚"字最初也是指父母亲对子女的这种不言而喻、真实无妄的亲爱之情。与"诚"之表达父母对子女的关爱之情的真实无妄相类似，"信"字则是指言之不虚，必有其实之意。所以，传统之训"孚"为"诚信"确实无误，李镜池、高亨之改训"俘虏"则似不当。

那么《周易》占辞中出现如此多的"有孚"或"孚"字到底表达的是什么意义呢？

对此，一般的解释也都是从卜筮的角度展开的，即既然要进行占卜预测，那么首先的前提便是要心诚，所谓"心诚则灵"。此所谓"心诚"首先意味着要信神、敬神。如果不信神，那么显然就没有必要进行占卜预测；如果不敬神，那么神便不会告知吉凶。《蒙卦》卦辞"初筮告，再三渎，渎则不告"，便同时包含了对信神和敬神的强调，即如果信神，那么

---

① 参见徐山《释"孚"》，《周易研究》2007年第4期。
② （宋）朱熹：《中庸章句》，载《四书章句集注》，中华书局1983年版，第31页。
③ 参见（清）王念孙：《读书杂志·墨子第一·尚同下》，江苏古籍出版社1985年版。

一次占卜就够了；如果因为对一次占卜的结果不满意而想要再进行二次、三次占卜，那么这不仅意味着不信神，而且也意味着对神的不敬，不敬即是"渎"，"渎则不告"。王振复先生亦曾指出："不是因为《周易》巫术占筮确实灵验而导致了千百年来许多人对它的迷信，恰恰相反，而是因出于对它的迷信使许多人以为《周易》的巫术占筮确实是'灵验'的。这就使笃信巫术占筮的诸多中华古人甚至现当代人，总是处于'二律背反'的尴尬境地。从现在的理性逻辑看，只有当《周易》的这种巫术占筮实实在在是灵验的才能使人相信；而从潜在的非理性'逻辑'看，只要你相信《周易》的巫术占筮，那么，它就永远是'灵验'的。灵验才能使人相信；相信才能灵验，真所谓'诚则灵'也。这是因果互逆又互顺的'逻辑'。'诚则灵'这句话的反命题便是'不诚'则'不灵'，因此，要问《周易》巫术占筮究竟灵不灵，首先要看你对它诚不诚。本来，灵不灵的问题，可以放到实践中去加以检验的，然而，在这里却被归结为你那颗'心'的诚不诚。心愈诚则愈灵，心诚的程度决定了灵验的程度，而愈'灵验'，则心愈诚。这真是《周易》巫术文化智慧的一个'怪圈'。"[①]

然而，随着殷周之际天命神学观念的转变，天的神性地位被降低，人的德性品格的修养被赋予了更重要的地位；与此相应，人们对于占卜的态度也发生了极大的变化，即人们不再唯《周易》占辞所言之吉凶休咎是瞻，而是首先关注自身的德性问题，或者至少说，吉凶占断的结果首先与人自身的德性相联系，后者的核心内容之一便是对人的诚信。这就使得本来在占卜过程中强调的对神的诚信进一步泛化为一般意义上的对人的诚信，从而成为后世儒家诚信思想的源头。

综上所述，作为易筮的文字性记录，整个《周易》卦爻辞系统主要分为象辞和占辞两个部分：前者（即象辞）主要由大量的殷周歌谣和少量的殷周史记组成，其中的殷周歌谣记述了中国上古先民在其生产生活中的各种源始经验，蕴含着古人对世界和人自身存在的各种观察和认识，而殷周史记则记载了殷周之际所发生的一些历史故事，其中既有关于殷人对外战争的记载，也有周王祭祀的记载，它们都是研究上古中国先民基本生

[①] 王振复：《巫术：〈周易〉的文化智慧》，浙江古籍出版社1990年版，第151—152页。

活风貌和中国思想文化起源的重要材料；后者（即占辞）涉及大量的表示吉凶休咎的断语和少量生活格言，以及许多关于占筮的前提性观念的"有孚"，这些吉凶占辞不仅是殷周之际天命神学观念的转变的体现，而且也是易筮相较于龟卜更具进步和理性成分的体现，那些生活格言则体现了中国古人对世界变化规律和社会生活的基本经验，而作为占筮的前提性观念的"有孚"则构成了后世作为德目之一的诚信思想的最初起源。当然，就整个《周易》卦爻辞系统来说，其最重要的意义莫过于为后来的易道形而上学建构提供了可能的前提和条件。

第五章　易与天地准

——易道形而上学的基本构成

前面"引论"部分曾指出，本书关于《周易》思想研究的核心问题乃是易道形而上学的建构是何以可能的，通过对此问题的思考以期为新轴心时代价值规范体系的重建提供某种可能的参考。由于此问题所涉及的思想内容和发问方式与康德《纯粹理性批判》中的核心问题，即作为科学的形而上学何以可能具有相当程度上的相近相通之处：在思想内容上，它们都以形而上学作为研究对象，尽管中国的易道形而上学和康德的科学形而上学之间有着若干不可抹杀的差异，如中国的易道形而上学从中国哲学史来看，曾经发生过并一直以一种不断发展变化的方式延续着，而康德的科学形而上学则尚未成为现实，而只是康德提出的一个关于纯粹理性知识的理想[①]。但就其都指向对终极性的"性与天道"，即世界变化的统一发展原理和人的本质及其存在价值的追问与思考而言，则有着相当的可比性。在发问方式上，它们都展开为何以可能的发问方式，作为形而上学研究的重要组成部分和基本发问方式之一，何以可能一方面以某种事实的确认为前提，即无论是易道形而上学，还是作为科学形而上学之本质原则的"先天综合判断"，它们都已然作为事实存在于我们的思想和意识之中；另一方面则是指向对这些作为事实的易道形而上学和"先天综合判断"之所以可能的前提条件或基础的追问与思考。正因为此，康德关于科学形而上学何以可能的思考对于本书关于易道形而上学何以可能的追问具有重

[①] 当然，中国的易道形而上学到底有没有达到康德所要求的那种普遍必然有效性，则是可以进一步讨论的；但至少可以说的是，易道形而上学亦不是一种现成的，且早已停滞不前的学问，相反，它一直都在随着易学的研究而得到不断的深入、拓展和丰富。

要的参考价值，或者毋宁说，正是康德的哲学洞见为本书的研究指明了方向，即康德通过对人的认识能力的批判性考察来探究"先天综合判断"之所以可能的条件或基础，而本书则是试图通过对《周易》文本及其筮占所蕴含的基本观念的考察来探究易道形而上学之所以可能的根源或依据。前面几章已经分别对《周易》筮占和《周易》文本（包括《周易》卦爻象和卦爻辞）做出了比较详细的讨论，但作为一整套思想观念体系，易道形而上学的建构显然绝不是只与《周易》的筮占，或者《周易》文本中的某一个部分，如卦爻象部分或卦爻辞部分有关，而是与整个《周易》文本及其筮占观念有关。也就是说，以"性与天道"的追问与思考为内容，易道形而上学乃是将《周易》作为一个统一的整体，在这个统一的整体中，既有关于世界变化和人自身存在的各种具体的感性经验内容，也有超越于感性经验的抽象的形式推演，而且更重要的是还有使具体的感性经验和抽象的形式推演相统一的解释化的筮占，后者与康德在《纯粹理性批判》中所提出的能够将感性材料和知性范畴统一起来的那种具有"生产性的"、综合能力的"先验想像力"具有极其重要的相似性或相通性。正是这种具有本源性的综合统一能力的解释化的筮占，为易道形而上学的建构之所以可能奠定了本体论的基础。

第一节 "先天综合判断"是何以可能的

既然本书对易道形而上学何以可能的思考在相当程度上乃是得益于康德关于作为科学的形而上学何以可能之探索的启发，所以在进一步展开讨论易道形而上学如何从《周易》文本及其筮占中诞生的问题之前，有必要先对康德的"形而上学奠基"之思作一简短回顾。当然，与"形而上学奠基"之思本身所涉及和指向的问题相联系，这种简短回顾并不呈现为一种教材式的平铺直叙，而在某些环节会更加侧重。

康德对作为科学的形而上学何以可能的讨论是从对分析判断和综合判断的区分开始的。具体而言，分析判断乃是指"谓词和主词的连结是通过同一性来思考的"，即"通过谓词并未给主词概念增加任何东西，而只是通过分析把主词概念分解为它的分概念，这些分概念在主词中已经（虽然是模糊地）被想到过了"；而综合判断则是指谓词和主词的连结

"不借同一性而被思考",即"在主词概念上增加了一个谓词,这谓词是在主词概念中完全不曾想到过的,是不能由对主词概念的任何分析而抽绎出来的"①。前者亦被称为"说明性的判断",后者则亦被称为"扩展性的判断"②,因为前者"对知识的内容毫无增加",后者则"对已有的知识有所增加"③。由于分析判断并不增加新的知识,而只是将主词概念中本有的内涵"抽绎"出来,也就是说,谓词的内容乃是从主词概念中依据纯粹理智推导出来的,这种推导必须遵循同一律和矛盾律,所以它具有普遍必然性④的特点;而综合判断并不是依据纯粹理智从主词概念中直接推导出来的,而是依靠对感性直观所提供的杂多性的感性材料的"综合统一"而来,⑤由于感性经验本身存在着某种多变性,所以综合判断便不一定具有普遍必然性的特点。正因为此,在康德以前的传统形而上学,尤其是以斯宾诺莎、莱布尼茨和沃尔夫等人为代表的唯理论,基本都是属于分析判断之域,而以培根、洛克和休谟等人为代表的经验论则更多属于综合判断之域。作为分析判断,传统的旧形而上学并不增加新的知识,而只是在做一些纯粹理智的概念游戏。在康德看来,这样的概念游戏尽管不能说它完全没有意义,但是却也不能说是一种好的形而上学或真正的形而上学,因为它不能使形而上学的研究取得任何真正的推进。他曾嘲讽那些仍然按照传统的分析的方式研究形而上学的著作说:"自从我懂得了批判之后,每当我读完一本由于概念明确,由于内容丰富多彩、条理分明和文体

---

① [德]康德:《纯粹理性批判》,邓晓芒译,杨祖陶校,人民出版社2004年版,第8页。
② 同上。
③ [德]康德:《任何一种能够作为科学出现的未来形而上学导论》,庞景仁译,商务印书馆1978年版,第18页。
④ 注意:这里用的是"普遍必然性",而非"普遍必然有效性"。在康德哲学中,"有效性"乃是与经验知识有关的,也就是说,它乃是指向依据时空这样的感性直观形式所获得的经验对象的。这就意味着,"有效性"这一概念不属于分析判断,而是属于综合判断。因为分析判断不涉及经验的综合,所以,它只是具有普遍必然性,而"普遍必然有效性"说的则是"先天综合判断",即具有普遍必然性的经验知识。这一点从"有效性"(德文为wirkung)和"真实的"(或"现实的",德文为wirklich)这两个概念在德文中具有同一词根亦略见端倪,因为所谓"真实的"或"现实的"首先就是指向感性的经验对象的。
⑤ 康德曾指出:一切分析判断的至上原理乃是矛盾律,而一切综合判断的至上原理则是"每个对象都服从在可能经验中直观杂多的综合统一的必要条件"。参见[德]康德:《纯粹理性批判》,邓晓芒译,杨祖陶校,人民出版社2004年版,第146—151页。

通畅而使我既感兴趣又受到教益的形而上学内容的著作时，我都不禁要问：这位著者真的把形而上学推进了一步吗？我请这样一些学者原谅我，他们的著作在其他方面对我曾经有过用处，而且对于我的精神能力的培养永远有帮助；但是我坦白地说，无论在他们的论文里，或者在我自己的自然是水平较差的论文里（不过由于自尊心，我还是认为我的论文不错），我都没有看出形而上学有一点点进展。"① 不难看到，对于康德来说，旧形而上学对他的"精神能力的培养"主要是指纯粹理智的概念思辨能力的培养，但由于这种纯粹的概念思辨总是脱离现实经验，从而根本不能给人以新的知识，所以这对于天生具有求知本性的人类理性来说，② 显然是不够的。然而，尽管传统的形而上学在追求知识的要求上总是停滞不前的，但也不能因此就完全拒绝或放弃形而上学的研究，因为形而上学作为人的自然倾向，是我们无法根本否定的。对此，康德指出："人类精神一劳永逸地放弃形而上学研究，这是一种因噎废食的办法，这种办法是不能采取的。世界上无论什么时候都要有形而上学；不仅如此，每人，尤其是每个善于思考的人，都要有形而上学，而且由于缺少一个公认的标准，每人都要随心所欲地塑造他自己类型的形而上学。"③ 既然我们既不能完全放弃对形而上学的研究，也不能继续依照传统的旧形而上学的方式来展开形而上学研究，那么，我们只能硬着头皮去试着探寻某种可能的"真正的形而上学"，亦即"科学的形而上学"。那么，康德所谓的"真正的形而上学"究竟所指为何呢？康德说："真正的形而上学判断全都是综合判断。"④ "在形而上学上，扩大知识才是我们的真正目的。"⑤ 但是，与经验主义的综合判断只具有或然性不同，真正的形而上学在要求扩大和增加知识的同时，更要求具有普遍必然性的特点，因为对于纯粹理性来说，只具有或然性，而不具有绝对普遍性的知识是绝对不允许的，或者说，这是

---

① ［德］康德：《任何一种能够作为科学出现的未来形而上学导论》，庞景仁译，商务印书馆1978年版，第163—164页。
② ［古希腊］亚里士多德在《形而上学》的开篇就指出："求知是人的本性。"
③ ［德］康德：《任何一种能够作为科学出现的未来形而上学导论》，庞景仁译，商务印书馆1978年版，第163页。
④ 同上书，第24页。
⑤ 同上书，第28—29页。

与形而上学研究的根本目的相冲突的。正是在这个意义上，康德提出了他的"先天综合判断"的设想，即"形而上学只管先天综合命题，而且只有先天综合命题才是形而上学的目的。……产生先天综合命题，这才做成形而上学的基本内容。"① 由此，作为《纯粹理性批判》之核心问题的"作为科学的形而上学何以可能"的问题便转化为"先天综合判断何以可能"的问题。

尽管作为科学的形而上学还是尚待建立的，但是就"先天综合判断"本身的可能性来说，康德认为我们人类的知识中却从不缺少它，因为在这方面，纯粹数学和纯粹自然科学已经为我们做出了榜样，即纯粹数学和纯粹自然科学作为一种先天知识，它们的普遍必然性是有目共睹、无须证明的，重要的在于它们却不是分析判断，而都是综合判断。所以，我们需要做的就是从人类的认识能力中去寻找使得这种"先天综合判断"得以可能的先天条件。关于使"先天综合判断"得以可能的那些先天条件（如空间、时间、感性直观、知性思维、范畴等概念）的哲学体系，康德称之为"先验哲学"；又，由于这种先验哲学的思考指向的是对人类理性认识能力的考察与批判，所以康德也称之为"批判哲学"。以人的认识能力的考察和批判为基本视域，康德的先验哲学主要展开为一种"划界"的方式，即一方面将人的认识能力划分为感性、知性和理性三个层面；另一方面又将认识对象划分为"现象"和"物自体"（即上帝、自由与不朽）两个领域。对于"物自体"，由于它乃是超出我们的感性经验之外，所以"我们不只是通过感性而不清晰地认识自在之物（即'物自体'——引者按）的性状，而是根本不认识自在之物的性状"②，也就是说，对于我们人类的理性来说，只能认识现象，而不可能认识"物自体"，或者说，我们只能获得关于现象的知识，而不能获得关于"物自体"的知识；一旦我们的理性试图超出现象之域而进入"物自体"之域，并想要对"物自体"说出点什么，就势必会造成"二律背反"。所以，就对于世界的普遍必然性认识而言，我们理性的运用必须被严格限定在经验层面而不超出

---

① ［德］康德：《任何一种能够作为科学出现的未来形而上学导论》，庞景仁译，商务印书馆1978年版，第26页。

② ［德］康德：《纯粹理性批判》，邓晓芒译，杨祖陶校，人民出版社2004年版，第43页。

它。理性在经验层面的运用就体现为知性的能力，后者（即知性思维）正是经验知识①得以可能的必要条件之一。那么，作为经验知识的"先天综合判断"的产生究竟是如何可能的呢，它必须具备哪些条件呢？

康德指出："我们的认识来自于内心的两个基本来源，其中第一个是感受表象的能力（对印象的接受性），第二个是通过这些表象来认识一个对象的能力（概念的自发性）；通过第一个来源，一个对象被给予我们，通过第二个来源，对象在与那个（作为内心的单纯规定的）表象的关系中被思维。所以直观和概念构成我们一切知识的要素，以至于概念没有以某种方式与之相应的直观，或直观没有概念，都不能产生知识。"② 这就是说，经验知识的产生主要涉及人的认识能力的两个方面，即一个是感性直观，一个是知性思维。感性直观以空间和时间作为先天形式，通过接受对象的刺激产生感觉材料，知性思维则是以概念范畴为其先天形式，并（自发地）用于整理和规范通过感性直观所获得的感觉材料。就产生经验知识来说，这两个方面缺一不可，并且"任何一种都不能优先于另一种"③。具体而言，没有感性直观提供感觉材料，思维便是空洞无物的，同样也就没有经验的产生，或者更确切地说，没有对象被给予，思维根本也就不会发生作用；没有知性概念（或范畴）的规范与整理，感觉材料则只呈现出杂多性，同样也就没有普遍必然性的经验知识的产生。所以康德说："思维无内容是空的，直观无概念是盲的。"④ 一切经验知识的产生

---

① 康德曾严格区分"经验判断"和"经验的判断"，"经验"的德文为"erfahrung"，而"经验的"的德文为"empirisch"。康德指出："尽管一切经验判断都是经验的判断，也就是说，它们都是以感官的直接知觉为根据的，但是不能因此就反过来说，一切经验的判断都是经验判断。……经验的判断，在其有客观有效性时，就是经验判断；但是那些只有在主观上才有效的判断，我仅仅把它们叫作知觉判断。后者不需要纯粹理智概念，而只需要在一个能思的主体里进行逻辑的知觉联结。然而前者除感性直观的表象之外，还永远要求来源于理智的特殊概念，就是由于这些概念，经验判断才是客观有效的。"（参见［德］康德：《任何一种能够作为科学出现的未来形而上学导论》，庞景仁译，商务印书馆1978年版。）简言之即是，"经验判断"就是具有普遍必然有效性的"先天综合判断"，只有"经验判断"才可称之为"经验知识"，而"经验判断"则仅仅只是从感官直接知觉到的一些只具有主观有效性的判断，不具有普遍必然有效性，所以它不能被称为"经验知识"。

② ［德］康德：《纯粹理性批判》，邓晓芒译，杨祖陶校，人民出版社2004年版，第51页。

③ 同上书，第52页。

④ 同上。

都必须以感性直观和知性思维的共同作用为前提和基础，进一步地说，"先天综合判断"的产生也正是感性直观和知性思维之间的通力合作的结果。通过这种通力合作，感性材料和知性概念之间达到了某种综合的统一。回顾到这里，真正的问题便产生了，即由于康德在感性能力和知性能力之间划出了一条"鸿沟"，使得感性材料更多与外在对象的直观相联系并呈现出杂多性，而知性概念则是源于人的理性的一种内在机能，那么，感性材料和知性概念之间的综合统一到底是如何可能的呢？或者从"先天综合判断"的角度来说，作为谓词的概念是如何能够被先天地加到主词上去，从而对主词所指称的对象进行论述和规定的呢？这样的规定的普遍必然有效性是如何得到保证的？因为，很显然作为一种对经验知识之所以可能的形上根源或依据的探究，我们的理性是无法接受二元论的架构的，即认为作为经验知识之两个来源的感性直观和知性思维是互相独立，且以自身为依据的。如果感性直观和知性思维是两个完全相互独立，且性质截然不同的能力和存在，那么它们之间的综合统一的可能性便会发生问题，尤其是感性材料何以会先天地"服从"于知性概念的规范与整理。所以，它们必定有着某种共同的根源，正是这种共同的根源使得感性直观和知性思维能够得以通力合作，进而发生综合的统一。海德格尔认为，对于这个共同的根源的追问与思考指向的乃是一种"源初的统一性"[1]，与这种统一的源始性的特点相联系，海德格尔进一步将感性直观和知性思维之间的"综合"称之为"存在论综合"。[2] 对于这个使感性直观和知性思维得以发生综合统一的具有源始统一性的共同根源的存在，康德不仅予以了确认，而且也做出了详细的探讨。

首先，康德认为这个共同根源是存在的，他说："人类知识有两大主干，它们也许来自于某种共同的、但不为我们所知的根基，这就是感性和知性。"[3] "我们在此满足于完成我们的工作，就是只把一切知识的建筑术从纯粹理性中构想出来，并且只从我们知识能力的普遍根基从中分权而生

---

[1] ［德］海德格尔：《康德与形而上学疑难》，王庆节译，上海译文出版社2011年版，第32—33页。

[2] 同上书，第56页。

[3] ［德］康德：《纯粹理性批判》，邓晓芒译，杨祖陶校，人民出版社2004年版，第21—22页。

发出两条枝干的那一点开始，这两条枝干之一就是理性。"① 如果说前一句话中的"也许"和"不为我们所知"表现出康德对于这个"共同根源"之存在的某种不确定，那么后一句话则已然表明康德对于这个共同根源之存在的确认，而感性和知性（或理性）正是从这个"共同根源"中分权和生发出来的两条"枝干"。对此，海德格尔曾指出："不管怎样，在这两个地方，根源都仅仅是被暗示着的。对于这一根源，康德不仅不再进取，而且甚至还称之为'不为我们所知的'。由此可以看出康德的'形而上学奠基'一般特质中根本性的东西，它并不导向第一命题和原理之清楚明白的绝对明证性，而是走向和有意识地指向那不可知的东西。这是一种哲学的哲思着的奠基过程＜philosophierende Grundlegung der Philosophie＞。"② 显然，在海德格尔看来，向着这个"不为我们所知"的共同根源的进发正是对"形而上学奠基"问题的哲思，它指向的正是作为存在论的一般形而上学之所以可能的根源或基础。

其次，康德还对这个共同根源做出了详细的探究，这一探究主要展开为对纯粹知性概念的先验演绎，及其图型法的讨论。就纯粹知性概念的先验演绎来说，在康德《纯粹理性批判》中事实上出现过两版演绎。

在第一版演绎中，康德提出，在人的灵魂中存在着三种"综合"的能力，即：一是"直观中领会的综合"，二是"想像中的再生的综合"，三是"概念中认定的综合"。

其中，"直观中领会的综合"主要是与人的感性直观有关，它使得通过空间和时间这两个感性直观形式所获得的感性印象在呈现出某种杂多性的同时，也为这些杂多的印象之间赋予了某种联系性。因为如果那些杂多的感性印象之间没有任何联系，而只是表现为一个个相互独立的瞬间表象，那么我们就根本无法获得一个关于对象的整体表象。正是这种领会的综合"将这杂多性贯通起来，然后对之加以总括"的"行动"③，使得对

---

① ［德］康德：《纯粹理性批判》，邓晓芒译，杨祖陶校，人民出版社2004年版，第631页。

② ［德］海德格尔：《康德与形而上学疑难》，王庆节译，上海译文出版社2011年版，第33页。

③ ［德］康德：《纯粹理性批判》，邓晓芒译，杨祖陶校，人民出版社2004年版，第115页。

象能够以一个完整的表象被呈现出来。

"想像中的再生的综合"则是"一条单纯经验性的规律",它使得"那些经常相继或伴随着的表象最终相互结为团体,并由此而进入某种联结,按照这种联结,即使没有对象的在场,这些表象中的一个也根据某种持久的规则而造成了内心向另一个的过渡"①。如当我们通过直观发现太阳晒和石头热这两个表象之间存在着经常的相继性后,即使某一次我们不去摸那块石头,但是只要看到太阳晒,我们就可以知道那块石头热了。康德将这样一种再生的综合的能力称之为"想像力"。想像力的这种再生的综合与直观中的领会的综合"不可分割地联结着的",它作为一种"内心的先验活动",乃是"构成一切经验的可能性的基础"②。所以它也被称为"先验想像力"。

"概念中认定的综合"则是与人的知性思维相联系,并展开为一种本源的先验统觉。这个本源的先验统觉乃是"那种先行于直观的一切材料且一切对象表象都惟因与之相关才成为可能的意识统一性"③。这个"意识的统一性"其实就是笛卡尔提出的"我思",意指我意识到我在思维,它体现的是对"自我"的意识。这种"自我意识"将那些杂多的知觉或表象统一到作为与直观杂多同一个主体的"我"的思维中来,从而使它们都成为"我"的知觉或"我"的表象。当且仅当那些表现为杂多的表象被统一在主体性的"我思"之中时,知性思维中的范畴才能被用于规范那些知觉表象。

在这三种综合能力中,康德认为:"只有想像力的生产性的综合才能够先天地发生;因为想像力的再生的综合是基于经验性的条件的。所以想像力的纯粹的(生产性的)综合的必然统一这条原则先于统觉而成了一切知识、特别是经验知识的可能性基础。"④"借助于这种纯粹想像力,我们把一方面即直观杂多和另一方面即纯粹统觉的必然统一性条件联结起来了。这两个极端,即感性和知性,必须借助于想像力的这一先验机能而必

---

① [德]康德:《纯粹理性批判》,邓晓芒译,杨祖陶校,人民出版社2004年版,第115页。
② 同上书,第116—117页。
③ 同上书,第119—120页。
④ 同上书,第126页。

然地发生关联；因为否则的话，感性虽然会给出现象，但却不会给出一种经验性知识的任何对象、因而不会给出任何经验。"① 要而言之，具有生产性的纯粹的先验想像力乃是先于感性直观和知性思维，亦即先于直观的领会的综合与统觉的概念认定的综合，并使得这两种认识能力得以发生必然的关联和统一的第三种认识能力。正是在这个意义上，先验想像力构成了作为经验知识的两个基本来源的感性直观和知性思维的共同根源。那么，这个先验想像力又是如何将感性直观所提供的直觉材料和知性思维所提供的知性范畴先天地统一在一起从而产生"先天综合判断"的呢？这乃是跟纯粹知性概念的图型法有关。

康德指出，要"把直观归摄到那些概念之下、因而把范畴应用于现象之上"②，"必须有一个第三者，它一方面必须与范畴同质；另一方面与现象同质，并使前者应用于后者之上成为可能。这个中介的表象必须是纯粹的（没有任何经验性的东西），但却一方面是智性的，另一方面是感性的。这样一种表象就是先验的图型。"③ 康德所谓的这个"先验的图型"，就其来源而言，它"任何时候都只是想像力的产物"④；就其基本特征而言，它又与一般的"形象"相区别，后者乃是经验性的想像力的产物，而非先验想像力的产物，所以"达不到概念的普遍性"⑤；就其本质来说，它就是时间，因为只有时间是既与范畴同质，又与现象同质的。⑥

具体而言，时间一方面作为感性直观的先天形式，使对象的表象，即现象呈现为前后相继的或并存的特点；另一方面作为知性概念的图型，使对象在呈现为变化着的现象的同时又始终保持某种实体的持存性，从而使概念范畴能够被应用于感性的知觉经验。如果没有时间的前后相继的规定，那么我们既看不到对象表象的变化，更想不到对象本身的某种实体的持存性。所以，正是在时间中，对象才真正被给予其存在，从而使其获得

---

① ［德］康德：《纯粹理性批判》，邓晓芒译，杨祖陶校，人民出版社2004年版，第130页。
② 同上书，第138页。
③ 同上书，第139页。
④ 同上书，第140页。
⑤ 同上。
⑥ 同上书，第139页。

概念的规定性成为可能，也正是时间连接着感性的知觉经验和知性的概念范畴，海德格尔将时间的这种图型化称为"概念的感性化"①。

所以康德最后总结指出："知性的图型法通过想像力的先验综合，所导致的无非是一切直观杂多在内感官中的统一，因而间接导致作为与内感官（某种接受性）相应的机能的那种统觉的统一。所以，纯粹知性概念的图型法就是给这些概念带来与客体的关系、因而带来意义的真实的和唯一的条件，因此，范畴最终就并没有其他运用、而只是经验性的运用。"②这就是说，一方面，知性概念无法直接与对象发生关系，而只能通过想像力所提供"图型法"才能应用于对象的知觉经验，从而产生作为经验知识的"先天综合判断"；另一方面，知性概念除了借助于想像力所提供的"图型法"来应用于对象的知觉经验，从而产生出作为经验知识的"先天综合判断"之外，也别无其他的应用。

不难看到，想像力所提供的图型法，对于经验知识之产生的真正意义便是为知性范畴提供对象的知觉表象，进一步而言，就是为经验知识提供经验对象，因为任何的经验知识都必然是关于某个对象的知识。所以康德才说："一般经验可能性的诸条件同时就是经验对象之可能性的诸条件。"③ 对于康德这句话，海德格尔甚至说："谁理解了这条原理，谁就理解了康德的《纯粹理性批判》。"④ 正因为先验想像力所具有的这种为经验知识提供经验对象的作用，使得先验想像力具有了一种存在论的意义和地位。

当然，值得补充说明的是，在《纯粹理性批判》的第二版中，康德对纯粹知性概念的先验演绎做出了调整，即将前面提到的三种综合能力对于做成"先天综合判断"的重要性做出了调整。具体而言，他将本来独立于感性直观和知性思维之外的第三种认识能力，即先验想像力不再独立于感性直观和知性思维而存在，相反它只是被看作是"把一个对象甚至

---

① ［德］海德格尔：《康德与形而上学疑难》，王庆节译，上海译文出版社2011年版，第89页。

② ［德］康德：《纯粹理性批判》，邓晓芒译，杨祖陶校，人民出版社2004年版，第143—144页。

③ 同上书，第151页。

④ ［德］海德格尔：《物的追问》，赵卫国译，上海译文出版社2010年版，第164页。

当它不在场时也在直观中表象出来的能力",由于"一切直观都是感性的",所以想像力也被看作是"属于感性的",是"知性在我们所可能有的直观的对象上的最初的应用"①,并从属于作为本源的统觉的"我思"。海德格尔认为康德的这一调整事实上是从本来具有原初的发生性、构成性意蕴的先验想像力"退缩"回到了一种现成性的"我思"主体之中,从而错过了建构一种作为"此在形而上学"的基础存在论的可能,并落入了一种主体性哲学的窠臼。

尽管康德最后的结论是作为知识的思辨形而上学是不可能的,但是他关于"先天综合判断"何以可能的若干思考和讨论,却仍然为形而上学的奠基之思开启了一个更加深广的视域,即先验想像力以及与之相关的时间观念的意义。如果说,传统形而上学对于那个超时空的普遍而抽象的存在的追问与思考使得形而上学这门学问变得岌岌可危,那么康德将先验想像力和时间引入形而上学的研究则是在相当程度上拯救了形而上学,拯救了存在论,从而为建立一种基础存在论的思考标示出可能的方向,后者(即建立一种基础存在论)的进一步展开就体现在海德格尔的《存在与时间》之中。②

以上对康德关于"形而上学奠基"之思的简短回顾中,概括而言,主要涉及三个部分,即:一是感性直观提供感觉经验以为知性思维提供知觉材料;二是知性思维提供知性范畴以规范整理杂多的感性材料;三是先验想像力提供先验的图型,即时间使得感性材料和知性范畴之间不仅具有一种源始的本质统一性,而且还进一步使得二者的综合统一得以先天必然地发生。正是这三个部分构成了"先天综合判断"得以可能的根本条件,也正是康德关于这三个部分的讨论为本书思考易道形而上学之所以可能的根源或条件提供了参考。以下便展开对易道形而上学之所以可能的根源或条件的详细讨论,与康德将科学形而上学的本质规定为"先天综合判断"相类似,本书将易道形而上学的本质则规定为中国的"先天综合判断",其中或有模仿比附之嫌,但亦不妨相通之处和有益之思。

---

① [德]康德:《纯粹理性批判》,邓晓芒译,杨祖陶校,人民出版社2004年版,第101页。
② 参见叶秀山《论时间引入形而上学之意义》,《哲学研究》1998年第1期。

第二节　象辞相应之理
——易道形而上学的基本构成

如前所述，与康德最终宣告作为科学知识的思辨形而上学是不可能的不同，中国的易道形而上学却是真实存在的，它就寓于《易传》以及先秦儒家和道家的哲学典籍之中。如果说以孔孟为代表的先秦儒家形而上学和以老庄为代表的先秦道家形而上学乃是易道形而上学的两个分支，那么以《易传》为代表的易道形而上学则又体现了对儒道两家形而上学建构的一种综合与统一。

《易传·系辞上》云："《易》与天地准，故能弥纶天地之道。"这里的"天地"并不是实指狭义上的天与地，毋宁说乃是指广义上的作为整体的世界或宇宙，亦即是指《易传·彖传》所谓"天地万物"。这就是说，由于《周易》的创作乃是源于圣人，即作《易》者对作为整体的天地万物之存在（即其发展变化规律）的认识，所以，《周易》中是包罗了天地万物之道的，而易道形而上学的建构正是与对天地万物之道的认识有关。现在的问题是，《周易》文本及其筮占中到底为易道形而上学的建构提供了何种可能性的条件或根据。本书通过对《周易》文本及其筮占之内容和特质的考察和发掘认为，易道形而上学建构之所以可能，乃是因为《周易》文本及其筮占在某种程度上也呈现出一种"先天综合判断"的特点。当然，与中国哲学自身固有的文化背景，以及《周易》文本本身作为卜筮之书的特殊性相联系，《周易》中所蕴含的这种中国的"先天综合判断"与康德提出的作为科学知识之本质规定的"先天综合判断"也具有相当的不同之处，甚至在相当程度上可以说是不可同日而语的。就它们的不同之处而言，《周易》中由筮数而定之卦爻象尽管和康德知性概念或范畴一样都具有相当的抽象性和形式化的特点，但是与知性概念的先验性不同，由筮数而定的卦爻象却并不具有这样一种先验性的特点，而是由经验的归纳而来。

前面对康德关于"先天综合判断何以可能"的回顾和讨论最后总结为三个主要的部分，即：一是感性直观提供感觉经验以为知性思维提供知觉材料；二是知性思维提供知性范畴以规范整理杂多的感性材料；三是先验想像力提供先验的图型，即时间使得感性材料和知性范畴之间不仅具有一种源始的本质统一性，而且还进一步使得二者的综合统一得以先天必然地发生，正是这三个部分构成了"先天综合判断"得以可能的根本条件。既然说《周易》文本及其筮占也具有某种"先天综合判断"的特点，那么这就意味着在《周易》文本及其筮占中也同样存在着这样三个主要的部分。即使它们在内涵上与康德所提出的三个部分不必完全相同，但至少在功能上具有一定程度的共通性。这三个部分也就是前面三章所讨论的《周易》筮占、《周易》卦爻象和《周易》卦爻辞。以下即试图对这三个部分与康德所提出的构成"先天综合判断"得以可能的三个先天条件之间的某种共通性展开讨论，只是与前面专章论述这三个部分的顺序有所不同，即与构成"先天综合判断"的三个根本必要条件相联系，《周易》这三个部分的顺序乃是：《周易》卦爻辞、《周易》卦爻象、《周易》筮占。

首先，就《周易》卦爻辞部分而言，如前所述，它主要由两部分组成，即一是由大量的殷周歌谣和少量的殷周史记所组成的"象辞"，二是由大量的表示吉凶休咎的断语和少量的生活格言，以及作为筮占之前提性观念表达的"有孚"等组成的"占辞"。前者记述了中国上古先民对其所生活于其中的世界（包括自然界与社会）的各种变化"现象"的源始经验。就构成"先天综合判断"的条件而言，这种源始的生活经验大约相当于康德的通过感性直观所获得的感觉材料。与感觉材料一方面呈现出某种杂多性，另一方面也具有一定的内在联系相类似，《周易》"象辞"中所记述的这些源始生活经验也是既具有杂多性，同时也具有某种内在的联系，后者亦是与中国古人直观世界的方式有关。

如《周易·乾卦》中的"群龙之歌"："见龙在田，或跃在渊，飞龙在天"，如若加上初九爻的"潜龙"和上九爻的"亢龙"，那么就正好构成了一个完整的系统，它记录的正是龙之由潜变显、由隐而现的过程。所以，与其说它是一幅"群龙百态图"[①]，毋宁说是一幅群龙变易图，它呈现了龙之由潜隐状态到显露状态的转变和飞跃。此转变和飞跃的过程，一方面，体现了古人对"群龙"之活动的观察视角的不断转换，即由低到高、由下而上的空间位置转换；另一方面，蕴含了古人对物之逐渐显现、

---

① 黄玉顺：《易经古歌考释》，巴蜀书社1995年版，第9页。

绽出其自身存在之过程的原初领会，具体展开为一种物之从无到有、从低级到高级的发展过程：从无到有，即是龙之由"潜"而"见"，亦即对象物最初向人呈现其存在；从低级到高级，则是龙之由"见"到"跃"到"飞"直至"亢"的变化过程，亦即是对象物之由最初生成经过一系列的发展而达到高潮的过程，而作为一种过程，它正是与时间的绵延有关。所以，这两方面的统一之处就在于：正是作为直观形式的空间转换和时间绵延使得龙之显现和变易飞跃成为可能。

在《周易》中与《乾卦》"群龙之歌"所表达的这种空间转换和时间的绵延相类似的还有许多，如《咸卦》"交欢之歌"："咸其拇，咸其腓。咸其股，执其随。……咸其脢，咸其辅颊舌。""咸"者，感也。从脚趾到腿肚、到大腿、到臀部、到颈项再到脸庞，这个"感"的过程亦不仅包含着自下而上的空间位置的转换，也蕴含着时间的绵延于其中，从而使得交感双方在整个交感的过程中给予对方的不再是一个个片段性的感觉或感受，而是以一个整体性的人被给予出来。同样，《艮卦》"怨恨之歌"："艮其趾，艮其腓，艮其限，艮其身，艮其辅。""艮"者，恨也。从脚趾到小腿、到腰部、到背身再到嘴脸，尽管这里表象出来的是所恨之对象的身体的各个部分，但实际上它指向的是对整个人的怨恨。还有《渐卦》"鸿雁之歌"："鸿渐于干，鸿渐于磐，鸿渐于陆，鸿渐于木，鸿渐于陵，鸿渐于阿。"[①]《易传·序卦传》云："渐者，进也"，即登上之意。这讲的也是鸿雁之从河岸到石岩、到高坡、到树木、到高丘、再到山峦之上的逐渐登进，它与《乾卦》的"群龙之歌"具有相当程度上的相近之处，即它既包含了对鸿雁之自下而上的空间位置的变化，同时也蕴含了一种时间的绵延相继，从而构成一个渐进的过程。在这个过程中，鸿雁并没有因为其空间表象的变化而不再是"鸿雁"，相反它仍然保持着某种不变的实体持存性，即它仍然是"鸿雁"。这种自下而上的空间转换方式以及由此引出的时间的绵延过程绝不是偶然的，而很可能就是中国古代先民所一贯采取的观察和感知世界的方式和顺序，它一方面是中国古代哲学

---

① 此句在传世通行本《周易》中为"鸿渐于陆"，据高亨先生和李镜池先生考证，此中之"陆"当为"阿"之讹误，亦即山丘的意思。参见黄玉顺《易经古歌考释》，巴蜀书社1995年版，第245页。今从改之。

中的时空观念的最源始的表达，另一方面也蕴含了中国古人对世界的最源初的理解与认识。这些观察和感知所提供的对世界和人自身的各种源始经验构成了易道形而上学建构的重要条件，至于卦爻辞中的占辞，由于它主要是与《周易》筮占有关，所以对于占辞的讨论放到下面对《周易》筮占的与先验想像力之间的相通性的阐释中进行。

其次，就《周易》的卦爻象系统而言，它乃是由"- -"与"—"两个符号所组成的一套六十四个卦画符号系统。就构成"先天综合判断"的条件而言，它大约相当于康德的由知性思维所提供的知性概念或范畴，后者的作用就在于整理和规范感性直观所提供的经验材料。具体而言，以筮数和"仰观俯察"作为历史来源，卦爻象体现了中国古人，即作《易》者以数观世界的方式。与筮数的变化性和奇偶性的双重特征相联系，卦爻象一方面呈现出一种超越于现实生活经验的抽象化的特点，另一方面也展开为一种有规律性的变化推演。就其超越现实生活经验的抽象化特点而言，它乃是与筮数本身来源于现实经验又超越于现实经验有关，是对事物的量的关系之认识的一种抽象化的表达。它与康德所谓的知性范畴的根本不同在于，知性范畴乃是人的理智先天具有的一种内在机能，与对外在世界的观察和认识无关；而由筮数而定的卦爻象则尽管具有抽象化的特点，但却始终没有完全脱离现实经验，这一点尤其体现在卦爻象在具有抽象性特点的同时也被赋予了各种各样的具象性意义上。作为对经验对象的述谓性表达，知性范畴仅仅表现的是经验对象的各种表象之间的相互关系，而其本身则并不具有任何具体的象征意义。就卦爻象的规律性的变化推演来说，它一方面与筮占过程中"人谋"与"鬼谋"的统一有关，另一方面与筮数本身的变化性和奇偶性相联系，前者为六十四卦卦画之间的相互推演提供了可能，后者则为卦画之从"- -"与"—"阴阳两爻到"四象"、到"八卦"、到"十六卦"、到"三十二卦"、再到"六十四卦"直至无穷的这样一种形式化推演奠定了基础。无论是六十四卦卦画之间的相互推演关系，还是从"- -"与"—"阴阳两爻到六十四卦乃至无穷的这种"加一倍法"或"一分为二"式的形式推演，从数学的角度来说，它们不仅可以与现实生活中的具体事物的表象相脱离，而且还具有相当的普遍必然性，因为对卦画和卦爻象的这种形式推演，就其本质而言，更多体现为一种理性的分析与推导，而非感性的知觉经验。正是卦爻象的抽象性和形式化的变化推演中所蕴含和体现的这种理性化品格，为其整理和规范象辞中所给出的各种源始生活经验提供了可能，从而也为易道形而上学建构中所要求的普遍必然性奠定了重要的基础。

第三，就《周易》筮占而言，它一方面与蓍草的揲挂分陈的推算过程有关，另一方面也涉及对由筮数而定之卦爻象以及与之相应的卦爻辞的解释。在本书第二章中对易筮的本质特征的讨论中已经表明，对蓍草的揲挂分陈的推算过程中不仅有"人谋"的成分，也有"鬼谋"的成分，不仅体现出必然性的特点，而且也有偶然性的渗入。所以，在筮数以定卦的过程中首先就蕴含着"人谋"与"鬼谋"的统一、必然性与偶然性的统一。而在筮数以定卦之后，对由筮数而定之卦爻象以及与之相应的卦爻辞的解释，同样也是《周易》筮占以推测人事吉凶的整个过程的重要组成部分。就构成"先天综合判断"的条件而言，对卦爻象和与之相应的卦爻辞的解释大约相当于康德所谓"先验想像力"所提供的先验图型，即时间对于感性材料和知性范畴的一种综合统一作用。如前所述，《周易》的吉凶占断绝不仅仅只是依据某卦某爻所提供的一两句直接表示吉凶休咎的占辞，而是要同时涉及对卦爻象的变化、卦爻辞中象辞的内容，以及二者之间相应关系的分析，而且更重要的是还需与筮占者自身的生活境遇、德性品格的修养以及所占之事的具体内容等各方面因素结合起来进行。这就不仅使得最后的吉凶占断的结果不再是非吉即凶的，而是具有了无限变化的可能，从而进一步使易筮的灵验性得到了加强，而且也为"象辞相应之理"，即卦爻象和卦爻辞之间的相应统一性的思考提供了可能。宋代的赵汝楳曾提到：

> 凡儒者命占之要，本于圣人，其法有五：曰身，曰位，曰时，曰事，曰占。求占之谓身，所居之谓位，所遇之谓时，命筮之谓事，兆吉凶之谓占。故善占者，既得卦矣，必察其人之素履，与居位之当否，遭时之险夷，又考所筮之邪正，以定占之吉凶。[①]

对于赵汝楳的这段关于"命占之要"的论述，李镜池先生作出了详

[①] 赵汝楳：《易雅·占释第九》，载李镜池《周易探源》，中华书局1978年版，第411页。

细的解释：

> 看《左传》《国语》所载，《周易》之所以那么灵验，断不是象一爻变用什么占，数爻变用什么占，不变又用什么占，那样简单的几条条例所能济事的，必定要参稽这"身、位、时、事、占"五物才足尽筮占之能事，得筮占之妙窍，探《周易》之神奇。若果还不够，或许可以添上地方之"地"一项或其他；若果嫌"占"的一项在《左》《国》中所说的卦"象"还不敷用时，也可以仿照他的办法，再增添上去，如《说卦》所载以及九家逸象所云；这些似乎还不够，又不妨学学汉儒，再创造些八卦方位、纳甲、纳音、世应、飞伏等玩意儿，只要把它解得通，说得灵。①

赵汝楳的"命占之要"和李镜池先生的解释，向我们揭示了易筮何以总是灵验的根本原因，那就是将各种可能的因素综合到一起，并在它们之间建立起某种必然的联系，而这一切就其可能性而言，都是由筮者的想像力所决定的。与先验想像力通过时间这一先验图型（康德）来综合统一感性材料和知性范畴相类似，在《周易》筮占中，正是筮者借助想像力将卦爻象的各种可能的变化与卦爻辞，尤其是象辞中关于前人的生活经验的记载统一于当下的情境之中，并与筮占者自身的各种情况相联结。这样，象辞中的经验记载也不再只是过去某个时间与筮者无关的事情，而是一方面被收摄到筮者当下的生存境域之中，另一方面又指向未来的某种可能性的"筹划"。也正是通过筮占者的各种解释，卦爻象和卦爻辞之间的相应关系才被建立起来，后者就其方式而言，它所借助的就是一种"立象"的方式。此所谓"立象"并非指设立某种符号以象征某种意义，而是指借助想像的方式在卦爻画的各种具象意义和象辞中的各种生活经验与卦爻象的规律性变化和形式化推演之间建立其某种联系。黑格尔尽管对中国文化有许多偏见，但他对《周易》倒是说了几句切中肯綮的话："《易经》又被叫作'定数的书'，'命运或命数的书'。在这种情况下，中国人也把他们的圣书作为普通卜筮之用，于是我们就可看出一个特点，即在中

---

① 李镜池：《左国中易筮之研究》，载《周易探源》，中华书局1978年版，第413页。

国人那里存在着最深邃的、最普遍的东西与极其外在、完全偶然的东西之间的对比。这些图形是思辨的基础，但同时又被用来作卜筮。所以那最外在最偶然的东西与最内在的东西便有了直接的结合。"[1] 黑格尔这里所谓"最深邃的、最普遍的东西"就是指由筮数变化而来的卦爻象，而所谓"最外在最偶然的东西"则是不仅包括象辞中的各种生活经验内容，而且也涉及筮占者自身的各种具体情况，正是卜筮将这两种东西结合在了一起。雅思贝尔斯也曾说道："成功的哲学总是这样一种思想，在它之中逻辑的抽象性与真实的现实似乎是同一的。"[2] 易道形而上学的建构之所以可能就是因为，在它里面不仅有抽象性的卦象推演，而且也有各种具体而现实的生活经验，并且更重要的是还有借助于想像力所进行的筮占的解释，为抽象的卦象推演和具体现实的生活经验之间的结合与统一构筑了桥梁。

---

[1] ［德］黑格尔：《哲学史讲演录》第一卷，贺麟、王太庆译，商务印书馆1959年版，第121—122页。

[2] ［德］雅思贝尔斯：《目前哲学状况的由来——论克尔凯郭尔和尼采的历史意义》，载熊伟主编《存在主义哲学资料选辑》（上卷），商务印书馆1997年版，第537页。

附录一　从"是什么"到"何以可能"

——形而上学的本质内涵及其基本问题

任何一种研究都必然伴随着某种发问，即针对问题的提出而展开的。没有问题的提出，任何研究都是难以想像的。发问，或者说是提问题，在某种意义上也可以说是人的一种本能，无论是在狭义的学术或思想研究方面，还是在广义的生活实践方面，都是最常见不过的事情；它也是构成思想研究、生活实践的不可或缺的基本环节，是人类文明发展的不竭源泉。毋宁说，正是问题的产生与存在，为人类的各种研究活动的展开提供了前提。而就发问，或问题的提出本身来说，它又是源于人有疑问这一意识现象。卜筮活动作为一种巫术行为，它同样是与人有疑问这一现象有关。《左传·桓公十一年》载斗廉之语曰："卜以决疑，不疑何卜？"《旧唐书·列传第十八》载张公谨之语云："凡卜筮者，将以决嫌疑，定犹豫，今既事在不疑，何卜之有？"这都是说，人有了疑问，才会想到去探求解决疑问的方法或途径，而无论是作为巫术行为的卜筮活动，还是具有理性特点的学术研究，都是人类探求解决自身疑问的方法或途径的某种体现或表达。《易传·系辞下》云："作《易》者，其有忧患乎？"这是说《周易》的创作与作《易》者的忧患意识是分不开的，而这里的忧患意识所指向的就是人的生存的延续；并且它不仅包含着对个体自身生存延续的忧患，而且也包含着对个体所生活于其中的族群生存的延续的忧患。这种忧患意识就其实质内容而言，亦即是指古人对如何保证个体自身与族群生存延续的一种疑问，而《周易》的创作正是出于对解决这一疑问的思考。不惟卜筮活动如此，哲学形上学的探究亦不例外。亚里士多德亦早就指出：

不论是现在，还是最初，人们都是由于好奇而开始哲学思考的。

开始是对身边所不懂的事物好奇，继而逐步前进，而对更重大的事情发生疑问，例如，关于月象的变化，关于太阳和星辰的变化，以及关于万物的生成。①

要而言之，疑问的产生构成了人类追求智慧，以及谋求自身生存延续的起点。有了疑问，便意味着要进行发问，即提出问题；疑问意识的普遍性存在在相当程度上决定了发问行为的普遍性存在。

然而，发问的这种普遍性存在并不意味着我们就可以很随意地对任何事物提出任何问题；相反，发问或提问题有其自身的来源（或基础）、结构和逻辑，尤其是在哲学的研究中，问题本身应该如何，或者说提出一个合理的、正当的、切中实事的问题比其后对问题的解决方案的提出具有某种更加基础性的意义。因为，如果在发问之初就走错了方向，那么后面对问题的解决也很可能走弯路，甚至走上不归路。所以，一切研究的首要任务便在于如何提出一个切中实事的问题。此处对于形而上学的本质内涵和基本问题的讨论同样涉及这样的问题。

一 问题发生的根源

首先，问题缘何而起呢？发问和问题的产生有其自身的来源或基础。对此，冯契先生曾这样谈道：

> 疑问、惊诧是思想之母，思维是从发现问题、提出问题开始，经过分析而又综合，达到解决问题的过程。所谓问题，一方面是客观过程中矛盾的反映，客观过程本身是有多方面联系的、对立统一的；另一方面是主体本身具有的矛盾的表现。主体有疑问，就是有知与无知的矛盾；主体、自我本来就是群体与个性的统一，并受各种条件的制约。②

---

① ［古希腊］亚里士多德：《形而上学》982b15，载苗力田编《亚里士多德选集·形而上学卷》，中国人民大学出版社2000年版，第9页。
② 冯契：《认识世界和认识自己》，华东师范大学出版社1996年版，第41页。

冯契先生不仅指出了疑问乃是一切思想之产生和创造的前提，而且还谈到了问题本身的来源和发生条件。就后者（亦即问题本身的来源和发生条件）而言，冯契先生认为，问题的发生一方面与客观过程本身的矛盾有关；另一方面也与主体本身的矛盾相联系：客观过程中的矛盾体现为客体之间的普遍联系和对立统一，而主体自身的矛盾则体现为有知与无知、群体与个性之间的对立统一。所以，从发现问题、提出问题到解决问题的过程，便又展开为实践基础上的主体认识世界与认识自己、改变世界与改变自己的辩证发展过程。如果说，冯先生从主客体之间关系的角度来讨论问题本身的来源和发生条件似乎仍处于一种主体性哲学的框架之内，那么，他强调在实践基础上的主客体之间的交互作用（互动）则已经在一定程度上具有了某种生存论的（existential）意义，从而为作为存在者的主体与客体的存在（即主客体之间的交互作用）奠定了某种本体论的（ontological）基础。质言之，问题本身乃是源于人的生存实践的活动过程之中的各种矛盾。

二 问题本身的形式结构

问题也有其自身的形式结构。海德格尔在其《存在与时间》一书的开始，为了更好地或者确切地说是更切中实事地提出所谓存在问题，曾通过对"任何问题都一般地包含着的东西"的简短讨论，向我们展现了问题本身所包含的某种形式结构：

> 任何发问都是一种寻求。任何寻求都有从它所寻求的东西方面而来的事先引导。发问是在"其存在与如是而存在"［Das- und So-sein］的方面来认识存在者的寻求。这种认识的寻求可以成为一种"探索"，亦即对问题所问的东西加以分析规定的"探索"。发问作为"对……"的发问而具有问之所问［Gefragtes］。一切"对……"的发问都以某种方式是"就……"的发问。发问不仅包含有问题之所问，而且也包含有被问及的东西［Befragtes］。在探索性的问题亦即在理论问题中，问题之所问应该得到规定而成为概念。此外，在问题之所问中还有问之何所以问［Erfragtes］，这是真正的意图所在，发问到这

里达到了目标。①

海德格尔是迄今所见为数不多注意到对问题本身的结构进行过思考并做出探讨的哲学家之一，尽管他在这段话中的讨论还是相当简短的，即是还有待进一步详细展开的。在这段话中，海德格尔首先指出，发问或提问题作为一种探索性寻求，它一般指向的是对某种存在者的本质性的、统一性的认识或把握，后者进一步展开为对该存在者的概念化地分析和规定。其次，海德格尔揭示出，任何一种发问行为必然都包含"问之所问"（what is asked about）、"被问及的东西"（what is interrogated）以及"问之何所以问"（what is to be found out by the asking）这样三个本质要素。所谓"问之所问"也就是被作为认识对象的某种存在者，所谓"被问及的东西"则是指在对某种存在者进行探索发问时所必然关联到的或涉及的另一种存在者，所谓"问之何所以问"则是发问行为本身的真正意图所在，亦即是通过对作为"问之所问"的某种存在者的发问最终所要达到的目标，进一步而言即是指对该存在者达到一种本质性的认识、概念化的规定。不过，尽管"问之何所以问"乃是作为探索性寻求的最终目标，但发问者对之也并非完全一无所知，相反，正如海德格尔所说，"任何寻求都有从它所寻求的东西方面而来的事先引导"，这就是说，对于任何一次发问行为的展开来说，都有一种来自"问之何所以问"方面的事先引导，或者说，"问之何所以问"对于发问行为本身具有一种先行的引导作用。这种先行的引导作用体现为，在发问者试图探求并获得对作为"问之所问"的某种存在者的本质性的认识或概念化规定之前，该存在者必定已经以某种方式进入发问者的意识之中，从而能够作为发问者的认识对象而存在。如果没有作为认识对象的某种存在者存在，发问行为根本就无从展开，更不用说作进一步的认识、分析和规定了。而作为"问之所问"的某种存在者之作为认识对象而被给予发问者的方式，它一方面与该存在者之（向发问者敞开其自身）存在本身（存在方式）有着内在的关联，另一方面又体现着发问者对该存在者之存在的某种源始的先行领会，这种

---

① ［德］海德格尔：《存在与时间》，陈嘉映、王庆节合译，熊伟校，生活·读书·新知三联书店1999年版，第6页。

先行领会对于发问者进一步展开对该存在者的分析研究具有一种奠基性意义。所以，关键问题似乎就在于，作为"问之所问"的认识对象首先如何被给予出来，对认识对象之被给予方式的追问在相当意义上指向的就是作为认识对象的存在者之存在方式（或存在本身）的思考。

柏拉图在其《美诺篇》中曾提到一个著名的"学习悖论"，对于说明这里所谓"问之何所以问"在探索性发问中所具有的一种事先引导作用有一定的意义。该篇对话在美诺和苏格拉底之间展开：

> 美诺：但你连它是什么都不知道，又如何去寻找呢？你会把一个你不知道的东西当作探索的对象吗？换个方式来说，哪怕你马上表示反对，你又如何能够知道你找到的东西就是那个你不知道的东西呢？
>
> 苏格拉底：我知道你这样说是什么意思。你明白你提出的是一个两难命题吗？一个人既不能试着去发现他知道的东西，也不能试着去发现他不知道的东西。他不会去寻找他知道的东西，因为他既然知道，就没有必要再去探索；他也不会去寻找他不知道的东西，因为在这种情况下，他甚至不知道自己该寻找什么。[1]

在这两段对话中，美诺提出了一个关于学习（它也是一种探索性寻求）的两难命题，即一个人既不能学习他知道的东西，也不能学习他不知道的东西，因为在前一种情况下，他不再需要学习，而在后一种情况下，他又不知道自己要通过学习想要获得什么。这个两难命题导向的逻辑结论便是，学习活动对于人来说根本没有意义。然而很显然，"苏格拉底"（亦即柏拉图）对于美诺的这一两难命题所作出的推理和论证却不以为然，并提出了他自己对于学习的看法："探索和学习实际上不是别的，而只不过是回忆罢了。"[2] 这就是柏拉图著名的"回忆说"，它一方面乃是与他的"理念论"（即以理念世界为永恒不变的、真实的世

---

[1] ［古希腊］柏拉图：《美诺篇》80E，载《柏拉图全集》第一卷，王晓朝译，人民出版社 2002 年版，第 506 页。

[2] ［古希腊］柏拉图：《美诺篇》81D，载《柏拉图全集》第一卷，王晓朝译，人民出版社 2002 年版，第 507 页。

界，而以现实世界只是理念世界的分有和模仿，所以是变动不居的、虚幻的）有关，另一方面是以灵魂不朽为前提。也就是说，关于理念的知识本来就存在于人的灵魂之中，只是由于人的灵魂在往现实世界的不断投生过程中导致了对理念知识的遗忘，所以，人的学习其实只是通过某种方式（如提问、对话等）实现对灵魂中原有理念知识的回忆。不难看到，美诺正是由于忽视了作为探寻目标的"问之何所以问"对于探索性发问所具有的事先引导作用而否定了学习活动在人生中的意义，而他的这种忽视其实又是基于对学习活动的一种"非此即彼"的"知性的逻辑"（黑格尔语）层面上的理解，即他将知与无知之间的对立绝对化了，从而没有看到在学习活动中所存在的知与无知之间的辩证统一关系，即知道自己（对…）无知。所谓知道自己（对…）无知的状态，一方面体现为对某个具体对象的暂时的无知状态，另一方面体现为自己对于这种暂时的无知状态又是有所知的。显然，这样一种状态又以某个认识对象的先行被给予为前提，而美诺则正是忽视了认识对象在被进行分析性研究和规定之前就已经以某种方式被给予的事实。众所周知，在柏拉图对话中的"苏格拉底"往往就表现为一种很无知的形象，但他同时又被德尔斐神庙中的神誉为当时最有智慧的人，苏格拉底认为其中的根本原因就在于，他知道自己无知，即所谓"我意识到自己确实一无所知"[①]。与苏格拉底相类似，孔子亦曾说过："知之为知之，不知为不知，是知也。"（《论语·为政》，阮元校刻《十三经注疏》影印本，中华书局1980年版。）这句话中的最后一个"知"亦通"智"。孔子在这里强调的不仅是在学习求知过程中所必需的一种真诚、毋自欺的德性品格，而且同样也指出了知道自己无知才是真正的智慧。事实上，就人的现实的学习求知过程来说，人既不可能处于完全的无知状态，也不可能处于完全知的状态，因为在这两种状态下，人都不可能有问题的提出。正是人能够"知道自己无知"的这种知与无知之间的辩证统一关系，构成了人的学习求知活动的开端，从而使得人的学习求知活动的发生和展开得以可能。至于苏格拉底（和柏拉图）则尽管没有完全否定学习

---

① 又译："我知我无知"。参见《西方哲学原著选读》上卷，北京大学哲学系外国哲学史教研室编译，商务印书馆1981年版，第67页。

作为一种探寻知识活动的意义,并且他(们)将学习看作是向理念知识的回忆(或者说是复归)在一定程度上也承认了作为探寻目标的"问之何所以问"对于探索性发问行为的事先引导性意义,但他(们)却否认了通过学习可以获得新知识的可能性,这使他(们)在某种意义上又陷入了一种先验唯心论的境地。质言之,在发问行为展开之前,发问者已经对于作为认识对象的存在者具有一种先行拥有(或据有)的关系,并且这种先行拥有的关系对于发问者进一步展开其探索寻求的过程具有奠基性意义。

这里可以略举一例,如在"人是什么?"这样一个问题中,"人"这种类存在者构成了"问之所问",现实中的具体存在的个人则是在此发问中必然"被问及的东西",而作为探寻目标的"问之何所以问"则是指对"人"这种存在者的某种本质规定性的认识和把握。另外,在获得对"人"的本质规定性的认识之前,"人"这种存在者已然以某种方式进入到了发问者的意识之中,并成为发问者的认识对象,也就是说,当"人"成为发问者的认识对象之际,发问者对于"人"这种存在者的存在已经有了某种源始的先行的理解和把握。比如说,我们显然不会把鸡、鸭、猪、狗等禽兽当作"人"来对之进行发问,也不会把花草树木等植物当作"人"来对之进行发问。所以,问题同样在于,在我们对"人"这种存在者展开本质性研究和概念化规定之前,这种存在者到底是如何被作为"问之所问"亦即发问对象给予出来的?不难看到,这一追问实质上同时也蕴含着对"人是什么?"这一发问本身的可能性,以及"人"这种存在者自身的存在方式(或存在本身)的思考。

三 存在问题及其结构的特殊性

现在的问题是,问题本身的这样一种形式结构对于如何提出合理的、切中实事的问题的思考有何意义?

在此,我们需要再次回到海德格尔那里。我们知道,海德格尔在《存在与时间》一书伊始之所以想到要对问题本身的结构进行讨论,乃是与作为其探索主题的存在本身的问题相联系的。或者更确切地说,他之所以要对问题本身的结构进行探讨,正是基于问题本身的结构与存在本身的问题之间具有某种源始的统一性或关联性:"既然发问本身是某种存在者即发问者的行为，所以发问本身就具有存在的某种本己的特征。"① 这是说，发问本身作为发问者的行为，同时也就是发问者（作为某种存在者）本身的存在。当且仅当作为某种存在者的发问者本身存在，存在问题乃至一切其他问题才可能得以发生。又，"只有当问题的上述各构成环节都已经透彻之后，发问本身才透彻"②。也就是说，只有当构成问题本身的形式结构的各个要素都完整和透彻之后，作为发问者之存在本身的发问行为的展开才得以可能。所以，海德格尔依据问题本身的形式结构提出了存在问题的某种形式结构：在存在问题中，所谓"问之所问"即是指"存在（本身）"，也就是"使存在者之被规定为存在者的（那个东西）"，同时也就是一切存在者的普遍本质，所以，海氏特别强调"存在本身不'是'一种存在者"③。

值得说明的是，对存在本身的追问与探寻，自古至今其实一直是一切哲学研究和探索中最核心、最基本，也最优先的部分。如所周知，在《形而上学》一书中，亚里士多德曾指出有一门研究"作为存在的存在"（希腊文为：on he on，拉丁文为：ens qua ens，英文为：being as being，又译："存在之为存在"或"实事之为实事"或"存在者之为存在者"等）④的科学，也就是"第一科学"（first science）或"第一哲学"（first philosophy）。与那些"切取存在的某个部分并研究此部分的属性"的"特殊科学"⑤不同，"第一科学"或"第一哲学"研究的是普遍的存在，亦即所有存在者的存在、存在者整体的存在。所以，就其都作为形而上学的某种形态而言，研究"作为存在的存在"的"第一科学"或"第一哲学"又被称为一般形而上学，而与之相对的"特殊科学"则被称为特殊形而上学：前者即指存在论（即 ontology，又译本体论、存有论、是论等），后者则包括心理学、宇宙论、神学等。海德格尔指出："针对被划

---

① ［德］海德格尔：《存在与时间》，陈嘉映、王庆节合译，熊伟校，生活·读书·新知三联书店1999年版，第7页。

② 同上。

③ 同上书，第8页。

④ ［古希腊］亚里士多德：《形而上学》1003a25，载苗力田编《亚里士多德选集·形而上学卷》，中国人民大学出版社2000年版。

⑤ 同上。

分开的领域的各种问题来说，就必须先行对一般存在者进行追问，也就是说，作为普遍地追问存在者的形而上学，metaphysica generalis（一般形而上学）必须先行。"① 这就是说，作为存在论的一般形而上学相对于特殊形而上学具有一种优先性。正是存在问题的这种优先性，一方面赋予了关于问题本身的思考比其他的具体问题更加基础性的地位，另一方面决定了对问题本身的思考必须关联着存在问题的思考来进行。所谓"被问及的东西"即是指"存在者"，因为"存在又总意味着存在者的存在"，所以我们只能"从存在者身上逼问出它的存在来"②。所谓"问之何所以问"则是指"存在的意义"③，或者更确切地说应该是"一般存在的意义"（the meaning of Being in general），而不只是某种或某个特殊的存在者之存在的意义，它乃是探问存在的真正意图和目标，指向的是对存在本身的理解和道说，最终达到对存在的某种概念化的规定。

与前述问题的形式结构中所提到的"问之何所以问"对于发问本身具有一种事先引导作用一样，在存在问题中，作为某种存在者的发问者对于作为探寻目标和意图的"存在的意义"也并非完全一无所知；相反，当发问者意图寻求对存在的意义有所理解和道说之时，他也已然对存在本身具有了某种先行的领会。对此，海德格尔解释道：

> 存在的意义已经以某种方式可供我们利用。我们曾提示过：我们总已经活动在对存在的某种领会中了。明确提出存在的意义、意求获得存在的概念，这些都是从对存在的某种领会中生发出来的。我们不知道"存在"说的是什么，然而当我们问道"'存在'是什么？"时，我们已经栖身在对"是"["在"]的某种领会之中了，尽管我们还不能从概念上确定这个"是"意味着什么。我们从来不知道该从哪一视野出发来把握和确定存在的意义。但这种平均的含混的存在

---

① ［德］海德格尔：《物的追问——康德关于先验原理的学说》，赵卫国译，上海译文出版社 2010 年版，第 101 页。
② ［德］海德格尔：《存在与时间》，陈嘉映、王庆节合译，熊伟校，生活·读书·新知三联书店 1999 年版，第 8 页。
③ 同上。

之领会是个事实。①

不难看到，在存在的问题中，尽管在形式上它有着与一般的发问同样的结构，即它不仅同样包括"问之所问"（存在本身）、"被问及的东西"（存在者）和"问之何所以问"（存在的意义）三个构成要素，而且作为"问之何所以问"的"存在的意义"对于发问本身亦有着事先的引导作用，即在我们确切知道"存在"是什么之前，我们已然对"存在"有了某种先行的领会，并且我们能提出存在问题（即"存在"是什么？）亦是源于这一先行的领会；但是，在实质上，它又与一般的发问，即"（这）是什么？"有着根本的不同，而这种不同在相当程度上乃是与"存在"这个概念的特殊性相联系的。具体而言，"存在"概念的特殊性体现在以下两个方面。

一方面，众所周知，"存在"一词的希腊文为 on，英文为 being（或 to be），德文为 sein，它是西文中的系动词，与现代汉语的系词"是"相应。所以，与 on 的这一意义和用法相联系，围绕 on 而展开的追问 ontology，除了有被译为"本体论"之外，还有"存在论""存有论""是论"等。所以，作为"问之何所以问"的"存在的意义"对于存在问题（即"存在"是什么？）的事先引导作用，就不仅仅体现在"存在"概念之被作为专题研究的对象而首先被提出来，而且还体现在该问题中对"是"的使用上。如果说，前者主要与发问本身所具有的存在的某种本己性特征相关联，即发问本身作为发问者的行为同时亦即是发问者的存在，这就意味着，对一般存在的追问必然离不开（或者说是包含着）对发问者自身存在的意识和思考；那么，后者则更多是与存在问题本身的扑朔迷离、若隐若现的品格有关，即尽管我们尚不知道"存在"（或"是"）概念究竟说的"是什么"，但我们却一直在使用着它，此亦即《周易·系辞上》所谓"百姓日用而不知"，而从哲学史上对"存在"（或"是"）问题的研究来看，亦呈现出"仁者见之谓之仁，知者见之谓之知"（《周易·系辞上》）的面貌。

---

① ［德］海德格尔：《存在与时间》，陈嘉映、王庆节合译，熊伟校，生活·读书·新知三联书店1999年版，第7页。

另一方面，尽管"存在"作为"问之所问"能够被作为专题而提出来进行追问和研究，但由于它不仅不是一种存在者，而且还是"使存在者之被规定为存在者的"那个东西，所以，这就意味着，我们又不能以研究存在者的方式来思考存在本身。正如海德格尔所说：

> 哲学领会存在问题的第一步在于 $\mu\nu\theta o\nu\ \tau\iota\nu\alpha\ \delta\iota\eta\gamma\varepsilon\iota\sigma\theta\alpha\iota$，"不叙述历史"，也就是说，不要靠把一个存在者引回到它所由来的另一存在者这种方式来规定存在者之为存在者，仿佛存在具有某种可能的存在者的性质似的。所以，存在作为问之所问要求一种本己的展示方式，这种展示方式本质上有别于对存在者的揭示。据此，问之何所问，亦即存在的意义，也要求一种本己的概念方式，这种概念方式也有别于那些用以规定存在者的意义的概念。①

海德格尔这一段话的阐述首先是与他提出的"存在论区分"（der Ontologische Unterschied，又译"本体论区分"），即存在本身与存在者之间的区分相联系的。这一区分简单地说即是：存在本身不是存在者。但这也并不意味着存在本身与存在者之间毫无瓜葛。恰恰相反，该区分在标示着差别的同时，也标示着它们之间的联系：一方面，"使存在者之被规定为存在者的就是这个存在"②，这就是说，存在者之所以是存在者，首先是因为它存在着，存在者总是存在着的存在者；另一方面，"存在又总意味着存在者的存在"③，而且进一步地说，"存在总是某种存在者的存在"④，这就是说，我们对于存在的意义的探寻总是离不开某种存在者。这两方面联系同时也在相当程度上向我们展示了存在本身对于存在者的某种优先性，即：任何一种存在者，它总是作为某种存在者而存在，而它之作为某种存在者则是由它的某种特殊的存在方式决定的，而此所谓特殊的存在方式则就是存在本身的一种显现样式。所以，我们对于某种存在者的理解和

---

① ［德］海德格尔：《存在与时间》，陈嘉映、王庆节合译，熊伟校，生活·读书·新知三联书店1999年版，第8页。

② 同上书，第8页。

③ 同上。

④ 同上书，第11页。

认识总是必须植根于对其特殊的存在方式的领会，后者在相当意义上也就是对存在本身的意义的一种敞开与呈现。也正是在此意义上，存在本身的意义的揭示与敞开对于理解和认识存在者就始终具有一种原初的优先性和终极的奠基性，并且同时也是存在论哲学的真正和首要的研究课题。基于这种"存在论区分"，不仅对存在本身的发问和展示要求一种有别于追问存在者的发问和思考方式，而且对存在的意义的概念化规定，也要求一种有别于用以规定存在者的意义的概念方式：如果说，前者涉及的是对存在本身的发问方式之本己性的要求，那么后者则涉及的是对存在问题的解答（即对之作概念化的规定）方式之本己性的要求。前者在相当程度上决定着后者的展开。

质言之，由于存在概念的特殊性质，存在问题一方面具有一般问题的形式结构，另一方面又与一般的发问有着某种实质性的差异。对存在问题的这种双重品格的理解与揭示，对于我们进一步思考如何切中实事地提出并解决存在问题有着决定性的意义，后者内在地蕴含着对如何提出合理的、切中实事的问题的思考。

四 "是什么"与"何以可能"——形而上学的两种发问和思想方式

一般用以追问和揭示存在者的发问方式究竟为何，而与之相对的属于存在本身的，或者说是能够切中存在本身的发问方式又究竟为何呢？这两种发问方式之间又是一种什么关系呢？其实这两种发问方式在前面对问题的形式结构的讨论中已经有所涉及，概而言之即是：对存在者的追问和规定的发问方式主要表达为"（这）是什么"，而指向存在本身的发问方式则表达为"何以可能"。这两种不同的发问方式不仅体现了两种不同的思想方式，而且后者比前者具有一种更加基础性的意义。如何理解这两种体现着不同思想方式的发问方式及其之间的奠基关系呢？张祥龙先生在其《海德格尔思想与中国天道——终极视域的开启与交融》一书中曾谈到这两种发问和思想方式，他说：

> 可以区别出两种终极意义上的思想方式。持第一种思想方式者认为，思想如果能够找到终极的意义载体或最可理解的"什么"，就走到了尽头，再也没有什么可想的了。至于这个"什么"是什么，从

古至今有不同的说法，并由此形成了不同的主义。第二种方式的持有者认为：人的思想在任何什么那里都还未达到尽头，或再也没有什么可想的终极，因为一切什么都涉及"怎么"，也就是如何能被人理解、被当下实现出来的问题。按照第二种看法，一切终极问题都是一个"到底如何可能？"的问题，而不是一个"到底是什么？"或"如何达到（某个）目的？"的问题。这个"到底如何可能？"就意味着如何能被直接理解，达到再没有什么可想的透彻自明。①

从张先生这段话来看，首先，他在这里将这两种体现着不同思想方式的发问方式与终极性问题的思考联系起来，或者更确切地说，它们就是思考终极性问题的两种思想方式。那么，如何理解终极性问题的思考与这两种发问和思想方式之间的联系呢？具体而言，所谓终极性问题的思考，它实质上指的就是前述对存在本身的意义的探寻，亦即是作为存在论（ontology）的一般形而上学（general metaphysics）之研究的基本内容；或者，如果用中国传统哲学中的概念来表述即是对"性与天道"（《论语·公冶长》，《十三经注疏》影印本，中华书局1980年版。）的追问与思考，后者亦即中国传统形而上学之探究的核心内容：可以说，它们分别体现了中西不同文化传统中的思想家们从不同的角度、依据不同的思维方式对形上智慧的探问与求索。其次，他也对这两种不同体现着不同思想方式的发问方式的各自内容和特点做出了相关的分析和讨论。只是在他的讨论中，透露出一种将这两种发问和思想方式截然对立起来，或者说是贬抑前者而推崇后者的思想倾向，即何以可能的发问和思想方式所达到的深远透彻程度远远超过是什么。事实上，如果说，张先生对这两种发问和思想方式的各自内容和特点的讨论在某种程度上的确切中了各自的实事本身，那么，他将这两种发问和思想方式截然对立起来或贬抑前者而推崇后者的做法则忽视了这两种发问和思想方式在终极性问题的思考，亦即作为存在论的一般形而上学探究中的某种统一性。当然，就其贬抑前者而推崇后者而言，实

---

① 张祥龙：《海德格尔思想与中国天道——终极视域的开启与交融》，生活·读书·新知三联书店1996年版，第343—344页。

际上涉及的又不仅仅是这两种发问和思想方式在思考终极性问题的透彻性差异，而且还涉及两者的先后或奠基关系。从这个意义上看，张先生对两种发问和思想方式的褒贬亦有其所见。以下即从形而上学的角度对这两种发问与思想方式展开详细讨论。

（一）作为存在论的一般形而上学的基本内容

就作为存在论的一般形而上学来说，如前所述，它乃是以"作为存在的存在"作为研究的基本内容和任务，又由于"存在总是某种存在者的存在"[①]，所以，"作为存在的存在"在相当意义上便可以进一步扩展为"作为存在着的存在者的存在"或"存在之作为存在者的存在"。尽管从形式上来看，它指向的仍旧是对一切存在者之存在的追问与思考，但从实质来说，它又包括（或展开为）两个部分，即：一是有存在者存在或存在着的存在者，二是存在本身，两者由连词"作为"（he、qua、as）连接成一个整体。与存在论的这两部分相应，对前者（即有存在者存在或存在着的存在者）的发问便展开为"什么存在"，对后者（即存在本身）的发问则展开为"如何存在"。这两种发问，即"什么存在"与"如何存在"，一方面，与前述属于存在者和存在本身的两种发问方式，即"（这）是什么"与"何以可能"相对应，即"什么存在"的发问又可表达为"存在者是什么"，"如何存在"的发问则又可表达为"存在者何以可能"。也就是说，"什么存在"就是指向存在者的发问，"如何存在"则是指向存在本身的发问，二者的统一便体现为通过对存在者的发问从而寻求获得存在本身的意义（即"从存在者身上逼问出它的存在来"），后者实质上也就是作为存在论的一般形而上学研究的基本内容。另一方面，它们之间的关系还与形而上学探究中本质（essence）和实存（existence）之间的关系具有一种对应性，即前者（"什么存在"或"存在者是什么"）指向的正是对一切存在者的普遍本质的追问与思考，而后者（"如何存在"或"存在者何以可能"）则指向的是对存在者整体之存在的"实际情况"亦即对其实存方式的追问与思考，二者共同构成了作为一般形而上学的存

[①] [德] 海德格尔：《存在与时间》，陈嘉映、王庆节合译，熊伟校，生活·读书·新知三联书店1999年版，第11页。

在论探究的基本任务及内容。所以，前者实质上就是形而上学的"本质"之问，后者则是形而上学的"实存"之问。① 美国哲学家威廉·巴雷特（William Barrett）曾对"本质"和"实存"的具体所指以及二者之间的统一关系做出如下讨论：

> 一件事物的本质就是这事物是"什么"；实存（exist）毋宁是指"那"件纯粹的事实——有这事物。因此，当我说"我是一个人"时，这个"我是"（I am）表示我实存（I exist）这件事实，而"人"这个谓词则表示我是"什么种类"的实存者（existent），也就是一个"人"。②

这就是说，对任何一个事物而言，它的本质就是它所是的那个"什么"，亦即是它的"所是"。所以，对事物本质的发问，也就是对事物之"所是"的思考，它往往总是指向另一个事物（或存在者），并从而展开为凭借另一个事物来指谓或述谓"这个"事物。而实存则是指有事物存在着（或存有着）这件事情本身。所以，与之相应，对事物之实存的发问，并不指向任何事物（或存在者），相反它指向的乃是事物的存在方式，亦即该事物是如何作为存在者被给予或构造出来的。比如说，在"我是一个人"这一判断或命题中，作为类存在者的"人"就是"我"这个个体性存在者的本质性的"所是"，它源于"我是什么"的发问；而"我是"则是指我实际存在着这件事情，它主要是与"我如何存在"相联系。一方面，当且仅当我实际存在着，即"我实存"，其中包含着自我意

---

① 关于作为一般形而上学的存在论的结构以及西方形而上学的基本问题的分析，可参见孙周兴《形而上学问题》（《江苏社会科学》2003年第5期）和《本质与实存——西方形而上学的实存哲学路线》（《中国社会科学》2004年第6期）。不过笔者对 on he on （亦即 being as being）的翻译与孙先生有所不同，即孙先生是译作"存在者之为存在者"，并在此基础上得出了西方形而上学的基本结构与问题。另外，与孙先生将本质之问与实存之问看作是西方形而上学的两条路线不同，笔者则更倾向于将这两者看作是形而上学探究本身的两个必要且基本的组成部分，缺一不可，只是在哲学史上往往由于某一阶段或某一学派会更加强调和注重其中的某个部分，才出现所谓本质主义和实存主义的争论。

② ［美］威廉·巴雷特：《非理性的人——存在主义哲学研究》，段德智译，上海译文出版社2007年版，第107页。译文根据英文原文有所改动。

识的发生，对"我"之本质或"所是"的思考才是可能的，也就是说，我实存是我的本质之思的前提和基础；另一方面，对我自身的实际存在方式的理解，对于我的本质或所是的思考总是具有某种指引性的作用和意义，也就是说，"我如何存在"的追问在相当程度上决定着"我是什么"的思考。要而言之，"（这）是什么"与"何以可能"这两种发问方式不仅是形而上学的两种思想方式，而且是形而上学研究的两个基本的组成部分，二者统一于对"作为存在的存在"的追问与思考之中，缺一不可。这种统一意味着：只有同时兼顾这两种发问和思想方式，对"作为存在的存在"的追问乃至整个形而上学的探究才可能是完整且切中实事的，而不致由于偏废而失于片面。

当然，以"是什么"与"何以可能"作为发问方式，"本质"之问与"实存"之问在作为存在论的一般形而上学研究中的这种统一性和不可或缺性并不意味着这两者之间是等同或同一的，恰恰相反，它们二者之间是决不可画等号或相互混淆的，亦不能以其中的一种代替另一种，因为它们之间不仅分别有着各自不同的思想内容，并体现着各自不同的思想方式，而且还存在着一种逻辑上的先后奠基关系。

具体而言，作为对存在者的追问，"是什么"的发问方式，它总是要求给出或找到某个确定的"什么"东西来言说、解释被追问的东西，并展开为一种"借某物言说某物"①的回答方式。与此相应，作为形而上学的"本质"之问的"存在者是什么"的终极性追问亦往往展开为以某个确定的"什么"或"所是"作为一切存在者或存在者整体的普遍本质，以此作为终极的意义载体或思想的尽头，并对此"什么"或"所是"做出详细的规定与解释。但对于这个作为终极的意义载体或思想尽头的"什么"到底为何，则往往因人而异，从而产生不同的体系或主义。对此，海德格尔就曾作过详细讨论：

> 人们把这个"什么"的意思称为 quid est, τι quid, 即实质（quidditas）、所是（washeit）。但在哲学的不同时期，对实质有不同

---

① ［德］海德格尔：《物的追问——康德关于先验原理的学说》，赵卫国译，上海译文出版社 2010 年版，第 140 页。

的规定。例如，柏拉图的哲学就是对这个 τι（什么）的意思的一种特殊阐释。那就是所谓 ιδεα（相）。当我们追问 τι、追问 quid 时，我们便意指这个"理念"（Idea），这绝不是不言自明的事情。亚里士多德对 τι 作了不同于柏拉图的解释。康德对 τι 作了另一种解释，而黑格尔又有了另一种解释。一向以 τι、quid、"什么"为引线索被追问的东西每每都重新被规定。①

从海德格尔的这段话中我们可以看到，从柏拉图到亚里士多德、到康德、到黑格尔等，哲学史上几乎每个哲学家都对这个"什么"做出过自己的规定与解释。从逻辑学或语言学的角度来说，在对"存在者是什么"的命题性回答中，如果说作为认识对象的"一切存在者"或"存在者整体"构成了命题或判断的主词，那么，所有对这个"什么"的规定与解释（如"相"、理念等）则构成了命题的谓词。与其"借某物言说某物"的展开方式相联系，对这个"什么"的规定与解释其实是通过我们的思维能力加在某物的概念之上的一个概念，后者（即作为规定"什么"的概念）同时亦指向某个实在的东西，而"是"（亦即"存在"）刚好构成了这两个实在物及其概念的连接。这里的"借某物言说某物"的方式，可用更加形式化的方式表达为："A 是 B。"这里的 B 作为对"什么"的回答与解释，它一方面是对作为认识对象的 A 的规定与解释，另一方面事实上它本身也是需要被进一步规定与解释的，即如"B 是 C。"进一步扩展下去，就还有"C 是 D。""D 是 E。"等，以至于无穷。这些相互联系的概念 A、B、C、D、E……构成了一个大的概念系统，并作为我们对 A 的某种认识或知识体系。作为形而上学的"本质"之问，对一切存在者或存在者整体的本质性认识与概念化规定正是展开为这样一种方式和形态。

然而，每一个作为对这个"什么"的规定与解释的概念，如 B、C、D……，一方面，作为对原初认识对象 A 的规定与解释，由于它们总是指向某个确定的东西，这个确定的东西不仅从形态上来说，它具有一种

---

① ［德］海德格尔：《什么是哲学?》，载《海德格尔选集》，孙周兴编译，上海三联书店 1996 年版，第 592 页。

既成性、已然性的特点，而且从逻辑的角度来说，它还具有一种非 A 的特点。① 这就使我们陷入了一个两难境地，即：如果我们采取"A 是 A"的方式来解释和规定 A，那么就是同语反复，等于什么都没有说；如果我们借助 B、C、D……非 A 概念来规定和解释 A，那么我们就很难对 A 做出完全统一的或整体的认识与把握。同样，如果我们仅仅着眼于某个确定的什么东西来规定和解释存在者整体，那么我们所得到的事实上终究只是关于存在者整体的某种片面的认识与把握。另一方面，任何用以解释和规定"什么"的概念，在一个命题中，它们总是以谓词的形式出现。作为谓词，这些概念在外延上往往比作为主词的概念更加宽泛。一个概念的外延越大，其内涵就越小，同时也就意味着它会越抽象。同样，对于用以规定和解释概念 A 的 B、C、D……概念，也会逐渐呈现出一种越来越抽象的特点。如从"我是一个人"到"人是一种理性的动物"到"理性是一种思维能力"和"动物是一种生物"等，在这里，从"人"到"理性的动物"再到"思维能力"和"生物"等，作为一个知识系统，我们还可以不断继续扩展。但就其中所涉及的概念来说，则很显然呈现出不断抽象化的趋向。所以，倘若我们仅仅囿限于这样一种"A 是 B"式的言说和规定方式，那么我们所获得的只能是某种越来越抽象的规定和认识，而很难对认识对象做出具体而真实的把握。

以上两方面的问题共同指示着我们：要想获得关于某物乃至一切存在者的整体或统一的以及具体或真实的认识，就必须进一步回归到"是"或"存在"本身中去。这个"是"或"存在"本身，若仅从形式的语言层面来说，它就是命题中连接主词和谓词的系词；但从实质的内涵层面来说，它乃是作为认识对象的某物或存在者整体之被给予或构成的方式，同时亦即是该存在者的存在方式。只有在存在本身那里才能获得一种统一或整体的、具体而真实的认识，也就是说，回归存在本身意味着一方面要扬弃片面性，回归统一的、整体性的存在；另一方面要扬弃抽象性，进而回

---

① 这是因为，我们不可能用 A 本身来规定和解释 A，也就是说，如果我们想要对 A 做出规定与解释，那么我们肯定不能说"A 是 A"。"A 是 A"这样的命题只是同语反复，它除了告诉我们"有 A 这个东西存在"之外，根本没有向我们提供任何新的信息。例如对于"人是什么"这个问题，很显然我们不能说"人就是人"，相反，我们只能说"人是一种动物"，或"人是一种生命体"等。

归具体而真实的存在。杨国荣先生就曾指出："作为对存在本身的研究，形而上学的特点在于越出特定的存在视域，从整体或具体的形态上对存在加以把握。"① 与对存在者的追问主要展开为"是什么"的发问方式不同，向作为存在者之存在方式的存在本身的回归，则展开为"何以可能"的发问方式，并构成了形而上学的"实存"之问的部分，它不仅是作为一般形而上学的存在论研究的重要组成部分，而且更是存在论研究的首要课题。

对于"是"或"存在"本身，康德曾经有过一段简短但却经典的论述：

> "是"（即 Sein，又译作"存在"——引者按）显然不是什么实在的谓词，即不是有关可以加在一物的概念之上的某个东西的一个概念。它只不过是对一物或者某些规定性本身的肯定。用在逻辑上，它只是一个判断的系词。②

康德关于"是"或"存在"的这段论述，尽管非常简略，但在作为一般形而上学的存在论研究史上却有着极其重要且深刻的思想意义。一生以追寻"是"或"存在"本身的意义为职志的海德格尔，曾专门撰文对康德这段话做出过非常详细的解说，他说：

> 康德这个论题包含着两个陈述句。第一个陈述句是一个否定陈述句，它否认存在具有一个实在的谓词的特性，但绝没有否认存在具有一般谓词的特性。因此，论题的下一个肯定陈述句就把存在标识为"只是……的断定"。③

---

① 杨国荣：《道论》，华东师范大学出版社2009年版，第19页。
② ［德］康德：《纯粹理性批判》，邓晓芒译，杨祖陶校，人民出版社2004年版，第476页。
③ ［德］海德格尔：《康德的存在论题》，载《路标》，孙周兴译，商务印书馆2000年版，第526页。对康德这段话中"它只不过是对一物或者某些规定性本身的肯定"一句，海德格尔《路标》的汉译与康德原著汉译略有不同，即"它只是对于一个事物或者对于某些自在的规定本身的断定"。

在《纯粹理性批判》中，康德在那个否定—拒绝性的陈述句中加上了一个"显然"。据此看来，这个陈述句的内容就应该是每个人都可以直接明白的了：存在——"显然"不是一个实在的谓词。对我们今人来说，这个命题绝不是直接可以理解的。存在——这其实意味着实在性。那么，存在何以不应被看作实在的谓词呢？对康德来说，"实在的"（real）一词其实还具有更为源始的意义。它指的是某个 res［物］、某个实事、某物的事态所包含的某个东西。例如，着眼于石头来看，"重的"这个谓词是一个实在的谓词，是一个属于实事的规定，不论这块石头是否现实地实存。因此，在康德的论题中，"实在的"并不意味着我们今天在谈论那种考虑事实、现实的实在政治（Realpolitik）时所指的东西。实在性（realität）对康德来说并非现实性，而是实事性（Sachheit）。一个实在的谓词是这样一个谓词，它属于某个事物的实事内容（Sachgehalt）并且能够被判归该事物所有。对某事物的实事内容，我们在其概念中予以表象。我们可以表象"石头"一词所指称的东西，而这种被表象的东西未必像一块一向恰恰现成的石头那样实存着。康德的论题说，实存、定在、亦即存在，显然不是一个实在的谓词。一旦我们在康德意义上思考"实在的"一词，就可得出这个否定陈述句的明显意思。存在不是什么实在的东西。[①]

这个"只是"听起来犹如一种限制，仿佛与某个事物的实在性亦即实事性相比较，断定乃是某种微不足道的东西。但实际上，这个"只是"指示着：存在决不能根据一个存在者当下所是的东西来说明，对康德来说也决不能根据概念来说明。这个"只是"（bloß）并非限制，而是把存在引向一个领域，只有从这个领域而来，存在才能得到纯粹的标画。"只是"在此意味着：纯粹（rein）。"存在"（Sein）和"是（存在）"（ist）与它们的全部含义和变化一起，归属于一个特有的领域。它们不是物性的东西，对康德来说亦即：不是对象性的东西。

[①]［德］海德格尔：《康德的存在论题》，载《路标》，孙周兴译，商务印书馆 2000 年版，第 529 页。

因此，为了思"存在"和"是"，就需要另一道眼光，它不受对事物的专门考察和对事物的计算的引导。①

从海德格尔的上述解说来看，他认为康德对"是"或存在的论述的首要功绩便在于，康德通过否定"存在"是"实在的谓词"，和指出"存在"只是对某物或某些规定性本身的肯定，在相当程度上指明了存在不是实在的东西、物性的东西或对象性的东西，亦即存在既不是存在者，也不是存在者的某种一般属性或规定，所以就决不能根据存在者所是的某个"什么"来解释和规定存在本身，亦不能用概念化、抽象化的方式来解说存在。相反，存在本身乃是归属于一个独特的领域，对存在本身的揭示或标画也有着其自身特有的方式，亦即海德格尔所谓"另一道眼光"。不难看到，康德的这一指明正好与海氏的"存在论区分"相契合。海德格尔在后面还结合康德的其他一些论述（如关于先验原理的思想），对康德的存在论思想做出了进一步详细的讨论，通过海氏的分析与讨论，康德的"纯粹理性批判"在相当程度上已然具有了一种"基础存在论"的意蕴。海德格尔甚至这样评价康德关于"是"或"存在"的这段论述，即："康德关于作为纯粹断定的存在的论题始终是一个顶峰。"②

对于康德的这段"存在论题"，杨国荣先生亦曾有类似的看法，他说：

这一看法（即康德所谓"'存在'显然不是一个真正的谓词"的看法——引者按）在当代哲学中进一步为弗雷格、罗素等肯定。对这一论点，一般主要从逻辑学或语言学的角度加以阐发（如将逻辑谓词与真正的谓词区分开来，认为"存在"虽然在逻辑上可以处于谓词的位置，但它并不表示事物或概念的性质，因而不是真正的谓词），事实上，它似乎也可以从形而上的维度加以理解。谓词往往被用以表示事物的属性，属性则常常表现为一般的规定，这样，以存在

---

① ［德］海德格尔：《康德的存在论题》，载《路标》，孙周兴译，商务印书馆2000年版，第531页。

② 同上书，第561页。

为谓词,往往容易将其等同于一般的属性或规定,从而使之抽象化。在上述意义上,否定存在是谓词,同时也蕴涵着对存在的抽象性的扬弃,它从一个方面为肯定存在的具体性与整体性提供了某种逻辑的依据。[1]

显然,就"存在"并不表示某物的一般属性或规定,从而不是实在的或真正的谓词这一点而言,杨先生与海德格尔的看法基本相同;但是与海德格尔有所不同的是,杨先生还进一步从形而上的维度指明了"存在"本身的本质特点,即:与作为某种确定的存在者的"什么"或表示一般属性或规定的谓词往往导向一种片面化和抽象化的特点不同,"是"或"存在"本身既不是某种存在者,也不是什么实在的(或真正的)谓词,它所指向的乃是一种统一性或整体性、具体性或真实性的品格。

那么,究竟如何通达这样一种统一或整体的、具体而真实的存在呢?这才是作为一般形而上学的存在论研究的首要课题与终极指向。

首先,就发问方式而言,如前所述,对存在本身的追问主要展开为一种"何以可能"的发问方式。与"是什么"的发问和思想方式总是要找到某个确定的"什么"来规定和解释认识对象,并展开为"借某物言说某物"的回答方式不同,作为指向"是"或"存在"本身之追问,"何以可能"的发问方式在根本上否认有一个确定的"什么"能够作为所谓终极的意义载体或思想的尽头,因为任何一个确定的"什么"都是某种现成化的实体性存在者,因为就后者而言,它总还是有待进一步解释和规定的。进一步而言,"何以可能"的发问方式乃是通过追问与探究某物或存在者的存在方式从而试图达致对该存在者的一种统一或整体的、具体而真实的认识,此所谓某物或存在者的存在方式实即该物或存在者是如何被给予或构成出来并呈送给认识主体的方式或过程,同时亦是对象事物从一种本然的形态不断进入人的知行领域,从而化为一种人化形态的方式与过

---

[1] 杨国荣:《道论》,华东师范大学出版社2009年版,第14页。此处杨先生对康德"reales"(即英文real)一词的翻译与通行的康德著作翻译略有不同,即杨先生译作"真正的",而通行的康德著作中译作"实在的"。其实意义相差不大,这是因为:一方面,就reales(real)一词本身来说,它既有"真正的""真实的"之意,也有"实在的"之意;另一方面,就作为谓词而言,只有表示某物的一般属性或规定的谓词才是真正的谓词,同时亦是某种实在的谓词。

程（亦即所谓化"天之天"为"人之天"的过程）。它指向的乃是一种"能直接被理解"的"透彻自明"，或者更确切地说就是一种"绝对清晰"（Evidenz）的"自身所予"（self-given），亦即前面曾提及的胡塞尔所要达到的具有"绝对清晰"和"无前提性"这双重品格的"实事"本身。与作为某种现成化的实体性存在者的确定的"什么"不同，具有"绝对清晰"和"无前提性"这双重品格的"实事"本身，呈现出一种纯境域化的当下构成性，或者说是"缘构发生"（Ereignis）性的特点。这种构成性或发生性，亦正是存在本身的特点，它正与存在者的那种既成性、现成性特点相对照。

其次，就探寻的方法来说，在现代西方哲学的几大重要思想运动中，以"面向事情本身！"（Zu den Sachen selbst!）为口号的现象学的进路无疑非常重要。海德格尔在《存在与时间》一书的"导论"中曾指出："无论什么东西成为存在论的课题，现象学总是通达这种东西的方式，总是通过展示来规定这种东西的方式。存在论只有作为现象学才是可能的。"[①] 这是因为，"就课题而论，现象学是存在者的存在的科学，即存在论。"[②] 很显然，在海德格尔看来，只有现象学才是通达存在本身的真正恰当的方式。当然，值得说明的是，由于现象学作为一场由胡塞尔所开启的思想运动，它有着许多不同的思想面向，所以，海德格尔所说的"现象学"其实乃是指现象学的一种最形式上的意义，即"让人从显现的东西本身那里如它从其本身所显现的那样来看它"[③]。从这种形式意义来看，现象学首先表现为一种方法论的意义，该方法乃是着眼于对象的原初显现样式，同时也就是对象如何被给予和构成出来的方式那里把握存在者。张祥龙先生曾指出："现象学或现象学直观的最突出的特点是它的'构成'（Konstitution，Bilden）洞见或识度。"[④] 胡塞尔也曾说道："一切问题中的最大

[①] ［德］海德格尔：《存在与时间》，陈嘉映、王庆节合译，熊伟校，生活·读书·新知三联书店1999年版，第42页。
[②] 同上书，第44页。
[③] 同上书，第41页。
[④] 张祥龙：《现象学的构成观与中国古代思想》，载《从现象学到孔夫子》，商务印书馆2001年版，第184页。

问题乃是功能问题，或'意识对象（性）的构成'的问题。"① 可以说，正是由于现象学的这种对构成性和发生性意蕴的强调，使得它获得了一种比以往的那种着眼于存在者思考存在者的存在论更加接近统一或整体的、具体而真实的存在本身，从而走向一种"基础存在论"（即能够为传统的存在论奠定更加坚实而可靠基础的新的存在论）的思想可能性。

当然，不可否认的是，尽管现象学在探问存在本身的意义方面具有极其深刻且重要的思想意义，但就其展开方式而言，它在相当程度上其实仍然停留于一种思想实验的阶段，即它仍然存在着某种脱离具体的现实生活，从而呈现出抽象化、思辨化趋向的问题。

(二) 以"性与天道"为核心内容的中国传统形而上学

如前所述，对"性与天道"的追问与思考构成了中国传统形而上学探究的核心内容，与西方哲学中对存在的意义的探寻相类似，它体现了中国古代哲学家对形上智慧的孜孜探索。

然而，有学者却对此提出了某种质疑，这种质疑最集中的体现就是认为"中国没有形而上学或本体论（ontology 的另一个中译名）"，它在相当程度上与曾经的中国哲学合法性的讨论有关。如张东荪先生在 20 世纪 40 年代就提出"中国哲学上没有本体论"或"本体的哲学"（substance philosophy），其理由是"中国人思想只讲 becoming，不讲'本体'（being），所以中国文字上没有正式与英文 is 相当的动词"②；俞宣孟先生则从对作为 ontology 之译名的"本体论"的批评与质疑出发，指出"由……中国传统哲学中有关'体用'、'本根'的论述，于是在中国哲学中勾勒出一种'本体论'，当作是它与 ontology 相应的东西，其实是南辕北辙"③，这在相当程度上其实也就是认为中国哲学中并不存在本体论；张志伟先生也提到："形而上学是一个专有名词，是西方哲学的核心概念，但却不是中国哲学的概念。虽然 metaphysics 的译名出自'形而上者谓之道'，但中国哲学在翻译 metaphysics 之前好像没有使用过'形而上学'这个概念。这是其一。其二，形而上学为西方哲学所有，乃出自西方哲学的'科学情

---

① [德] 胡塞尔：《纯粹现象学通论》，第 86 节，此处转引自张祥龙《现象学的构成观与中国古代思想》，载《从现象学到孔夫子》，商务印书馆 2001 年版，第 184 页。

② 张东荪：《知识与文化》，商务印书馆 1946 年版，第 135、99、169 页。

③ 俞宣孟：《本体论研究》，上海人民出版社 2005 年版，第 17 页。

结'，体现的是科学思维方式。这无论在海德格尔的批评，还是就形而上学自身而言，都是如此。显然，中国哲学没有这样的形而上学。第三，形而上学最重要的标志就是关于存在的科学，形而上学是研究存在的，在这个意义上，16世纪出现的本体论（存在论：ontologia）是作为形而上学的同义语而构造的。我们中国哲学并不把存在当作哲学的研究对象。"[1] 张志伟先生在这段话中分别从概念名称、思维方式及其研究内容三个方面指出形而上学和本体论都是专属于西方哲学的，言下之意，中国哲学也是没有形而上学和本体论的。另外，孙周兴先生也曾从思维方式的角度指出："正是由于受到过于强烈的实践功效的限制，此外就是汉语本身的特性，中国文化没有形成欧洲式的超越性的形式化思维。正是在这个意义上，我主张中国传统文化没有'哲学'，没有'形而上学'，更具体地讲，就是没有形成存在学的'先验追问'和神学的'超验追问'路向。"[2] 孙周兴先生的论断显然更加极端，即他不仅认为中国文化没有形而上学，而且甚至认为中国文化没有哲学，因为他所理解的哲学也就是形而上学，它具体展开为存在学的"先验追问"和神学的"超验追问"两种路向，这两种路向实际上就是指前述形而上学研究的两个基本组成部分的本质之问和实存之问，它们对应的也正是"是什么"与"何以可能"这两种发问与思想方式。可见，持中国没有形而上学或本体论的学者其实不在少数，而此处也只是略举其中较有代表性者。

不难看到，前述所列举的张东荪、俞宣孟、张志伟、孙周兴等人，如果从当代的专业或学科体制划分上来看，他们都属于西方哲学专业的学者，[3] 所以，他们之所以认为中国没有形而上学或本体论，甚至没有哲学，这都是与他们仅仅从西方哲学的角度理解这些概念名称有关，也就是说，他们往往都是特别强调这些概念名称在西方哲学语境中的源头性甚至是原意性，并在此基础上片面夸大中西哲学之间的差异，从而忽视了中西

---

[1] 张志伟：《关于海德格尔与中国哲学之间关系的几点思考——对黄玉顺〈生活儒学导论〉的批评》，《四川大学学报》2005年第3期。

[2] 孙周兴：《形而上学问题》，《江苏社会科学》2003年第5期。

[3] 尽管张东荪已被看作是20世纪上半期中国比较著名的哲学家之一，但从学术研究及其思想倾向上来说，基本呈现出一种"西化论"的特点，如他曾提出要"彻底输入西方文化"的说法。

哲学在终极追问和智慧探索方面的某种共通性。对此，杨国荣先生的看法显得更加中肯。

首先，从概念名称方面，杨先生指出：

> 就 ontology 源自 *on*、其研究方式上侧重于逻辑分析而言，它无疑不同于中国哲学语境中的"本体论"，但我们似乎不能因此而断言中国哲学没有本体论，更为适当的提法也许是：中国哲学没有 ontology。从译名与被译之名的关系看，一种译名在形成和被接受之后，往往会经历一个本土化的过程，在一定文化历史背景、学术传统、语言承载等影响之下，译名常常获得超乎被译之名的涵义或发生内涵上的转换，从而成为具有本土意味的概念。①

这就是说，一方面，本体论、形而上学乃至哲学等概念名称之所以能够作为译名而被创造出来，这不仅与翻译者对西方哲学的理解紧密相关，而且还与翻译者对中国哲学的理解密切相关，翻译工作就其实质而言展开为翻译者从其自身民族文化的视域或角度出发去理解其他民族思想文化中的作品，并用自己的母语将他的理解表达和呈现出来，这种表达和呈现的工作亦被称为诠释，所以加达默尔曾指出："翻译即是诠释"。另一方面，尽管本体论、形而上学乃至哲学等概念都是在译介西方哲学的过程中作为译名而被创造产生出来的，但自其被创造出来尤其是被人们接受以后，就开始了它的本土化过程，从而使这些概念名称不再仅仅是作为西方哲学概念的译名而被使用，相反，它开始逐渐获得了某种具有本土意味的内涵，并逐渐成为具有本土意味的概念。当然，无论是就作为诠释活动的翻译工作来说，还是就译名形成和被接受之后的本土化过程而言，它们之所以可能都是与中西哲学乃至文化系统之间的某种共通意蕴有关，而对这种共通意蕴的思考便涉及中西哲学研究的具体核心内容。

其次，杨国荣先生在谈到作为中国传统哲学研究之核心内容的对"性与天道"的追问时指出：

---

① 杨国荣：《道论》，华东师范大学出版社 2009 年版，第 5 页。

"天道",首先指向作为整体的世界以及世界本身的统一性或宇宙的终极原因、终极原理;"性"则更多的与人自身的存在相联系,并具体展开为对人自身的本质、人的存在意义、人的完善等等的追问。这样,"性与天道"在总体上即以宇宙人生这样一些终极性的问题为题中之义,并展开为关于世界终极原理、存在意义等方面的追问。[①]

很显然,尽管我们不能不承认中西文化之间存在着诸多的差异,但是,这些差异并没有绝对到让两者无法进行理解与交流;相反,中西文化之间的相互理解与交流已然成为一个无法否认的事实。作为对世界的统一原理或宇宙的终极原因的追问,中国天道与西方哲学中通过对存在者整体或所有存在者之存在的普遍本质和实存方式的探究从而意求获得存在本身的意义之间并非是完全不可通约的,相反,它们之间在相当程度上有其共通的意蕴;同样的情况也存在于中国哲学对人之性的探究与西方哲学对"人之在"或人的本质的思考之间。具体而言,尽管从绝对的意义上来说,中国哲学中的天道与西方哲学中的存在,以及中国哲学中的性与西方哲学中的"人之在"或人的本质等之间在内涵上不存在完全的等同,但是如果把中西哲学与文化都看作一个大的思想范畴系统,那么,天道无疑是中国哲学系统中的最高范畴,存在则是西方哲学系统中的最高概念;对天道的追问在中国哲学中体现为"天道观",对存在的思考则在西方哲学中体现为 Ontology:如果说,西方传统哲学的核心在于 Metaphysics,而 Metaphysics 的核心则是 Ontology,那么,中国传统哲学的核心则可以说是形而上学,而中国形而上学的核心则是天道观。[②] 另外,与中国哲学中对天道的追问必然关涉着对人性的思考一样,在西方哲学中对存在本身的探究也总是离不开对"人之在"或人的本质的讨论,后者尤其体现在西方近代哲学的认识论转向以后。所以不难看到,中国哲学中的天道与西方哲学中的存在本身之间、中国哲学中的人性与西方哲学中的"人之在"或

[①] 杨国荣:《理解哲学》,载《认识与价值》,华东师范大学出版社 2009 年版,第 274 页。
[②] 笔者在这里区分"Metaphysics"与"形而上学"并非只是语词上的,而更多地是为了强调中西形而上学的差异性。当然,强调中西形而上学的差异性也并不意味着中西哲学之间的不可比较;相反,正是中西形而上学在相当程度上具有的某种相通性才使得我们的"中西哲学比较"之研究成为可能。

人的本质之间又在相当程度上存在着某种观念上的对应性，此所谓"观念上的对应性"实即是指不同的概念、范畴（如天道与存在、人性与人的本质等）及其所表达的思想观念在其自身民族语言、民族文化系统中的位置具有某种对应性。黄玉顺先生曾借用韩愈在《原道》中提到的"定名"和"虚位"这两个概念①对不同文化中的概念之间在实质内涵上的不等同性和在观念系统上的对应性做出过一些讨论："所谓'定名'，是说：这个名词，这么一个命名，在内涵上是有着特定、确定的实质内容的。定名的不同意味着：不论双方是使用不同的语言（如汉语和英语）还是同样的语言（如都是汉语），双方的词语之间都没有等同性。……然而，虽然实质内容是不同的，他们之间却可以对话，互相都是可以理解的。……（这）意味着：实际上，当我们在谈论……的时候，我们之间是有一个共同的语义平台的。这是不同的派别在语言使用上的共同点，是他们进行讨论、对话的基础。……这样一种共同的语义平台，就叫作'虚位'。所谓'虚位'，是说：在不同的思想系统之间，甚至在不同的民族语言、民族文化之间，词语及其观念之间是具有对应性的。这种对应，本质上是观念层级的对应。'虚位'这个词很好：'位'说的就是观念的层级，也就是说这个观念在整个观念系统中的位置；但就其可以对应而言，这个位置是'虚'的，也就是说，这种对应性是没有实质性的。"②简言之就是，"定名"与概念名称的特定的实质内涵有关，而"虚位"则指的是概念名称在其自身民族语言和文化系统中的位置，不同的概念名称在"定名"上没有等同性，但它们在"虚位"上却可以具有一定的对应性，正是这样的对应性，构成了不同的个体乃至民族文化之间的理解和交流的共同语义平台。就中西哲学与文化之间而言，它们的共同语义平台同时也就是前述所谓中西哲学与文化之间的某种共通意蕴，正是它使得中西文化之间的理解和交流得以可能。所以黄先生在此基础上进一步明确指出："中国的'形而上学'和西方的 metaphysics 的关系……是'定名'与'虚位'的问题，也就是等同性和对应性的问题。在'定名'上，中

---

① （唐）韩愈：《原道》，载《韩愈集》，岳麓书社2000年版，第145页。原文为："仁与义为定名，道与德为虚位。"

② 黄玉顺：《爱与思——生活儒学的观念》，四川大学出版社2006年版，第5页。

国当然没有 metaphysics；但是在'虚位'上，中国当然是有自己的'形而上学'的。否则，我们为什么用汉语的'形而上学'去翻译亚里士多德的 Metaphysics 并且能够理解呢？《易传》就是中国形而上学的建构，它说：'形而上者谓之道，形而下者谓之器。'（《易·系辞传》）'器'就是'物'，就是形而下的存在者，形而下的存在者的本质，也就是……'德'；而'道'，就是形而上的存在者。思考这样的形而上的存在者的，就是形而上学！"① 质言之，至少从研究对象和内容上来说，中国文化是有哲学的，并且中国哲学是有形而上学和本体论的。

另外，前述学者们在质疑甚至反对中国文化有哲学，以及中国哲学中有形而上学和本体论时的又一个重要论据即是所谓思维方式的问题，如张志伟先生所提到的"科学思维方式"和孙周兴先生提到的"超越性的形式化思维"，俞宣孟先生则更加具体地指出："从方法论上讲，本体论（此所谓'本体论'乃是指西方的 ontology——引者按）采用的是逻辑的方法，主要是形式逻辑的方法，到了黑格尔发展为辩证逻辑的方法。"② 简言之，在他们看来，西方哲学，尤其是西方的 ontology 研究的根本方法乃是逻辑分析的方法，这一点从 ontology 一词由 on（存在）和 logic（逻辑学）两部分组成亦可以看出。由于中国传统哲学中没有发展出西方那样的关于思维规律的、具有形式化特征的逻辑学，所以，中国传统哲学往往呈现出这样两方面特征，即：一方面从形式的层面来看，中国传统哲学家在表达和著述自己思想的时候一般没有按照严格的演绎的论理方式展开，而主要是以语录、寓言，甚至是诗歌等艺术化的方式来进行，这与西方哲学家大多采取严格的逻辑推理的论证方式展开，并总是呈现出长篇大论的特点不同；另一方面从实质的层面来看，中国传统哲学"没有在我们生活在其中的世界之外再分离出另一个世界的观点，也没有一种存在于经验之外的独立的理论领域"，这与西方传统哲学划分出两个世界，即"一个是我们可感的、经验的、现象的世界，另一个是不可感的、理性的、本质的世界"的特征相对。③ 其进一步的结果是，就前者而言，中国

---

① 黄玉顺：《爱与思——生活儒学的观念》，四川大学出版社 2006 年版，第 8 页。
② 俞宣孟：《本体论研究》，上海人民出版社 2005 年版，第 27 页。
③ 俞宣孟先生曾将中西哲学在实质层面上的这样两种相对的特征分别概括为："一体性"和"两离性"。参见俞宣孟《本体论研究》，上海人民出版社 2005 年版，第 86、83 页。

传统哲学总是表现为只言片语的洞见,而在逻辑系统性上似乎有些缺乏;就后者来说,则中国传统哲学具有浓厚的现实实践指向,而在抽象的概念思辨方面显得比较不足。在西方哲学中,概念作为逻辑思维的基础,它本身具有一定的结构性和系统性,也就是说,任何一个概念都不是完全独立存在的,相反,它必然总是要与其他概念构成一个具有某种结构的概念系统才有意义。所以,作为逻辑思维的基本形式,概念思辨活动也往往表现为一个概念系统的自身展开。正是在这个意义上,前述与中国传统哲学形成鲜明对照,作为西方哲学基本特征的逻辑系统性和抽象的概念思辨这两个方面其实是一种一而二、二而一的关系,它们或可以统一概括为:概念化的逻辑系统性,或逻辑化的概念系统性。问题是,如果说中国传统哲学缺乏这样一种概念化的逻辑系统性,那么,这是否就可以由此推出中国文化没有哲学,或中国哲学没有形而上学和本体论的结论呢?事实其实不是如此简单。冯友兰先生在其《中国哲学史》上卷开篇的"绪论"中就曾对此给予了回答,他说:

> 中国哲学家之书,较少精心结撰,首尾贯串者,故论者多谓中国哲学无系统。……然所谓系统有二:即形式上的系统与实质上的系统。此两者并无连带关系。中国哲学家的哲学,虽无形式上的系统;但如谓中国哲学家的哲学无实质上的系统,则即等于谓中国哲学家之哲学不成东西,中国无哲学。形式上的系统,希腊较古哲学亦无有。苏格拉底本来即未著书。柏拉图之著作,用对话体。亚里士多德对于各问题皆有条理清楚之论文讨论。按形式上的系统说,亚里士多德之哲学,则较有系统。但在实质上,柏拉图之哲学,亦同样有系统。依上所说,则一个哲学家之哲学,若可称为哲学,则必须有实质的系统。所谓哲学系统之系统,即指一个哲学之实质的系统也。中国哲学家之哲学之形式上的系统,虽不如西洋哲学家;但实质上的系统,则同有也。讲哲学史之一要义,即是要在形式上无系统之哲学中,找出其实质的系统。[①]

---

① 冯友兰:《中国哲学史》(上),载《三松堂全集》第二卷,河南人民出版社2001年版,第252页。

冯友兰先生在这里区分了形式的系统和实质的系统，前者主要与语言层面的表达方式有关，后者则是与意义或观念层面的思想推进相联系；并指出这两者之间没有"连带关系"，也就是说，形式的系统与实质的系统之间并非必然的同时存在。但是，从逻辑的角度来说，实质的系统构成了哲学的必要条件，甚至是本质条件；换言之，如果说一种文化有哲学，那么其中必有实质的系统，但却不一定有形式的系统。而就中国传统哲学来说，它能够被称为一种"哲学"，则也正是因为其中蕴含着实质的系统。如何理解此所谓实质的系统呢？这乃是与命题的可理解性的条件有关。具体而言，中国传统哲学尽管没有发展出一套完备的、形式化的逻辑学体系，但是，在他们通过语录、寓言、诗歌等方式展开的，且充满哲理洞见的表达著述中却并不缺乏逻辑性，亦即并不违反逻辑规律而产生逻辑矛盾，也就是说，他们的表达著述以潜在的方式体现了对逻辑规律的遵照与符合。因为，合乎逻辑规律、避免逻辑矛盾，是一切命题或表达能够被理解的必要条件之一。所以，如果说中国哲学连实质的系统都没有，那就无异于在说中国哲学没有逻辑性，显然这是说不过去的。

总而言之，无论是从思想内容来看，还是从思维方式来看，中国文化有哲学，中国哲学尽管没有 metaphysics 和 ontology，但却是有自己的形而上学或本体论的。那么，问题是，中国哲学中的形而上学或本体论探究，是否也同样包含着构成西方哲学中作为存在论的一般形而上学的"是什么"与"何以可能"这两种思想方式，以及"本质"之问与"实存"之问这两个重要组成部分呢？答案无疑是肯定的。由于对此问题的回答在相当程度上乃是与本书对《周易》文本及其特殊思想观念之研究有关，后者具体展开为对由源始生活经验和宗教神学观念等构成的原始巫史文化或巫祝文化中衍化发展出一整套涵摄天人、以"性与天道"的追问为核心内容的"易道形而上学"建构之何以可能的思考，这一研究与思考在一定程度上也包含了对上述问题的回答，故所以此处不作赘论。

五 从"是什么"到"何以可能"——形而上学的建构与奠基

作为形而上学的两种思想方式，尽管"（这）是什么"与"何以可能"这两种发问方式统一于作为存在论的一般形而上学研究中，但从两者之间的关系来说，它们又是有其本末先后的，即："何以可能"的发问和思想方式乃是先行于（或优先于）"（这）是什么"的发问和思想方式，或者说，前者比后者更加基础或根本。实际上，这种先后或奠基关系在相当程度上又是与前面提到的问题的形式结构中"问之何所以问"对于探索性发问行为所具有的先行引导作用相联系的。

具体而言，当我们问"存在者是什么"，亦即寻求一切存在者的普遍本质时，这个"一切存在者"或"存在者整体"必须，并且必然是已经作为认识对象先行被给予我们，也就是说，我们必定已然对"存在者整体"之存在的实际情况，即其实存方式有了某种先行的领会，而这涉及的便是"存在者何以可能"的问题。这种对"存在者整体"的实存方式的先行领会，体现的是"存在者整体"最初被给予的方式，亦即自身敞开其存在的方式，它不仅具有一种原初的自明性的品格，而且是进一步探问一切存在者之普遍本质的前提和基础。同时，无论是在目的上还是在方法上，它对后者的研究也具有某种指引的作用。因此，在一般形而上学的探究中，如果说，作为"本质"之问的"存在者是什么"主要体现为对存在者的存在做出某种概念性的规定，以及与此相关的某种形而上学的理论体系的建构；那么，作为"实存"之问的"存在者何以可能"则指向的是让存在者的存在自身显示或显现出来，这种存在本身的自身显示或显现涉及的是形而上学的奠基问题，后者同时蕴含着对形而上学的"本质"之思本身何以可能的思考。当且仅当思想行进到此，形而上学的探究才可能是有本有源、有始有终的。

然而，值得一提的是，众所周知，亚里士多德在将（第一）哲学的研究内容规定为"研究作为存在的存在"的同时，还曾将哲学研究的任务规定为"寻求第一原理和最高原因"（the first principles and the highestcauses）。[1]

---

[1] ［古希腊］亚里士多德：《形而上学》1003a25，载苗力田编《亚里士多德选集·形而上学卷》，中国人民大学出版社2000年版。

那么,"作为存在的存在"与"第一原理和最高原因"之间到底有什么意义关联呢?海德格尔也曾对此发问道:"在两千五百年后的今天,我们也许可以来考虑一下:存在者之存在与诸如'原理'和'原因'之类的东西究竟有什么相干?"① 事实上,对"第一原理和最高原因"的寻求与前述形而上学的"本质"之问和"实存"之问两部分也具有一定程度的对应性,只是这里的对应性与前面提到的如"存在者是什么"和形而上学的"本质"之问之间的对应性以及"存在者何以可能"和形而上学的"实存"之问之间的对应性有所不同:如果说,前面的对应性更多体现为一种等值性,那么,这里的对应性则蕴含着一种退变性。这种退变具体体现为:一切存在者的普遍本质其实也就是世界或宇宙的第一原理,但存在者整体之存在的实际情况或实存方式却并非就是世界或宇宙的最高原因,毋宁说,对世界或宇宙的最高原因的追问正是对存在者整体的实存方式的追问的一种退变。具体而言,就西方传统的形而上学探究史来看,依海德格尔之见,尤其是自苏格拉底、柏拉图和亚里士多德这三位古希腊哲学的巨擘开始以后,对存在者整体的实存方式的追问往往总是被置换(或"偷换")为追问存在者之存在得以可能的基础、条件或根据,也就是所谓世界或宇宙的"最高原因",后者最具代表性的表达便莫过于"神"。所以,神学(theology)便也很自然地成为形而上学研究中的重要部分和基本内容。而这也就是为什么海德格尔会将形而上学说成是"存在—神—逻辑学(Onto - Theo - Logie)"②,并指出形而上学的本质机制乃是"植根于普遍的和最高的存在者之为存在者的统一性"③。当对存在者整体的实存方式的追问被"偷换"为追问存在者之存在得以可能的基础、条件或根据,亦即是世界或宇宙的"最高原因"时,哲学家不再思考存在者如何存在,而是转为思考那个使得存在者之存在得以可能的根本基础、终极根据或最高原因是什么,这种转变或置换在思想方式上就表现为哲学家们往往总是用一个新的

---

① [德]海德格尔:《什么是哲学?》,载《海德格尔选集》,孙周兴编译,上海三联书店1996年版,第597页。

② [德]海德格尔:《形而上学的存在—神—逻辑学机制》,载《海德格尔选集》,上海三联书店1996年版,第829页。

③ 同上书,第834页。

"什么"（存在者）去指谓或述谓原来的那个"什么"（存在者），亦即从原来所要求的当下构成性的思想方式滑落到现成性、实体化的思想方式。与哲学家们往往总是用一个"什么"去指谓或述谓原来的那个"什么"的思想方式相应，海德格尔认为，自苏格拉底以后直至尼采的整个西方哲学史（同时也是一部形而上学史），虽说是要研究"作为存在的存在"，但实际上都是在"思考作为存在者的存在者……此种思考始终只是着眼于存在者来表象存在者"[①]，并"为存在者提供根据"[②]，诸如理念（柏拉图）、上帝（基督教）、"我思"（笛卡尔）、先验主体（康德）、绝对精神（黑格尔）、权力意志（尼采）等。这些形而上的"根据"从实质上来说仍然是某种存在者，亦即是唯一绝对的存在者（"一"），它与形下众多相对的存在者（"多"）相对，并为后者之存在提供基本原理和意义之源。所以，海德格尔曾指出：

> 从这个"是什么"（Was）出发，我永远也经验不到有关"如何"（Daβ）的意义与方式的消息——我至多只是知道：具有这一"内容上的是什么"的存在者［例如 extensio（广延）］，能够秉有一种确定的去存在的方式。……仅仅着眼于"内容上的是什么"，这指的就是：把这个"是什么"作为被把捉者、被给予者、被构成者来看。……每个存在者的"是什么"都是在转眼不顾存在者之实存的情况下得到规定的。[③]

不难看到，在海德格尔看来，整个西方传统形而上学中所发生的其实不仅仅只是"何以可能"这样的发问方式的遗弃，而且还有作为形而上学的基本组成部分的"实存"之问的忘却，其后果便是后来海德格尔所指出的传统形而上学对于"存在"本身的遗忘，乃至整个一部西方形而

[①] ［德］海德格尔：《〈形而上学是什么〉导言——回到形而上学的基础》，载《路标》，孙周兴译，商务印书馆2000年版，第430页。
[②] ［德］海德格尔：《哲学的终结和思的任务》，载《面向思的事情》，陈小文、孙周兴译，商务印书馆1999年版，第69页。
[③] ［德］海德格尔：《时间概念史导论》，欧东明译，商务印书馆2009年版，第147—148页。

上学史就是"存在的遗忘史"。也正是在这个意义上,海德格尔指出:"这是什么"的提问方式,按其起源来看是属于希腊的。①

近代以后第一次重新将"何以可能"这样的发问和思想方式带回到形而上学研究中的哲学家是康德,他在《纯粹理性批判》中曾提出"纯粹数学何以可能?""纯粹自然科学何以可能?"以及"能够作为科学的形而上学何以可能?"② 三个主要问题,并将这三个问题统一为一个核心问题,即"先天综合判断"何以可能。康德的这个"复归"当然也不仅仅只是一种发问和思想方式上的复归,而且也涉及形而上学的奠基与重建的问题,亦即为建立科学的形而上学奠定基础。也正是因为此,海德格尔曾"将康德《纯粹理性批判》阐释成形而上学的一次奠基活动"③。就为建立科学的形而上学奠定基础这一思想工作而言,它指向的是对以理性为基本特质或属性的先验主体之在场状态的反思或追问,因为形而上学作为人的自然倾向,它的建立必须以主体性存在者的在场为前提。因此,为"形而上学奠基"实质上就是要追问"主体性本身何以可能",亦即追问主体的存在方式如何。

然而,在海德格尔看来,尽管康德意识到了"形而上学奠基"问题的重要性,但他的"纯粹理性批判"工作却在相当程度上又耽搁了对真正的存在本身的揭示。这是因为,当康德把"为形而上学的奠基是作为对纯粹理性的批判来进行"④ 的时候,他实际上已经由于"偷换概念"而错失了正确的方向,即本来应当是对主体的存在方式如何的追问,在康德那里却变成了对主体的能力如何的思考,即展开为"对人的'心灵'之基本能力的统一性的探讨"⑤,亦即是对主体之理性能力的探讨。这样,"形而上学奠基"所要求探讨的"主体性本身何以可能"的问题就被康德"偷换"为"主体性如何"或"主体性是什么"的问题,而"没有先行

---

① [德]海德格尔:《什么是哲学?》,载《海德格尔选集》,上海三联书店1996年版,第593页。

② [德]康德:《纯粹理性批判》,邓晓芒译,杨祖陶校,人民出版社2004年版,第15—17页。

③ [德]海德格尔:《康德与形而上学疑难》,王庆节译,上海译文出版社2011年版,第1页。

④ 同上书,第9页。

⑤ 同上书,第195页。引用时译文有所改动。

对主体之主体性进行存在论分析"①。对此，黄玉顺先生曾指出："这样的发问，其前提正是主体性的设定；然而这样的主体性却是一个现成在手的（vorhanden）东西，亦即这个主体性本身还是一个尚待奠基的东西。"② "在这个意义上，康德虽为形而上学'奠立根据（Grund）'，即确立了主体性，却未能为形而上学'奠定基础（Fundierung）'，即未能说明主体性何以可能。"③ 正是由于此，海德格尔认为，"基础存在论就是人的此在的形而上学，只有人的此在的形而上学才能使形而上学成为可能"④，与此相应，海氏的基础存在论便首先展开为对此在之生存的存在论分析，后者又具体体现为对此在的烦、畏等情绪的现象学描述。

另外还有一个值得补充说明的问题，即"为什么"也是我们在研究和讨论中经常会涉及和使用到的发问方式，那么这种发问方式与前述作为形而上学探究之基本组成部分的"（这）是什么"以及"何以可能"两种发问方式之间又有何种关系呢？就"为什么"的发问方式而言，它一般展开为"为什么如此而非如彼"的特点；显然，在此发问中，一方面包含了对作为某种事实之"如此而非如彼"的承认，这一事实就其实质而言即是对某种对象性实在的表象性认识或理解的命题化形式，它往往都表达为"有某物（亦即某种存在者）存在"或"某物是什么"的形式；另一方面要求对"如此而非如彼"的事实提供某种必然性与合法性的论证，这一论证所指向的正是对作为事实的表象性认识或理解的命题化形式的可能性的追问，后者进一步涉及对"某物如何存在（是）"的思考。不难看到，这两个方面的工作及其之间的关系与康德在《纯粹理性批判》中曾提到的法律诉讼中的事实问题（quid facti）和权利问题（quid juris）的证明及其之间的关系有着相当的类似性。⑤ 就目的而言，康德对此所谓事实问题和权利问题的证明的提及乃是为了引出其后面的纯粹知性概念的

---

① ［德］海德格尔：《存在与时间》，陈嘉映、王庆节合译，熊伟校，生活·读书·新知三联书店1999年版，第28页。

② 黄玉顺：《形而上学的奠基问题》，载《面向生活本身的儒学》，四川大学出版社2006年版，第225页。

③ 同上书，第223页。

④ ［德］海德格尔：《康德与形而上学疑难》，王庆节译，上海译文出版社2011年版，第1—2页。引用时译文有所改动。

⑤ ［德］康德：《纯粹理性批判》，邓晓芒译，杨祖陶校，人民出版社2004年版，第79页。

先验演绎问题，即"对概念能够先天地和对象发生关系的方式"做出解释①，从而为"先天综合判断"的可能性提供论证，而这正是对作为形而上学探究之基本组成部分的形而上学的奠基问题的思考。所以，要而言之，"为什么"的发问方式其实乃是"（这）是什么"与"何以可能"这两种发问方式的统一性表达，正是因为此，海德格尔才将形而上学的基本问题一再概括为："为什么总是存在者存在而无（不存在者）反倒不在？"②

综上所述，任何发问和探究都包含着"（这）是什么"与"何以可能"这两个部分，它们同时也是作为存在论的一般形而上学的两个基本组成部分；"（这）是什么"的发问和思考在相当程度上乃是奠基于"何以可能"的发问与思考，这种奠基关系在形而上学的探究中就体现为"实存"之问比"本质"之问具有一种优先或基础性的意义。

同样，与一般形而上学的这两个基本组成部分相应，易道形而上学的沉思与建构也必然涉及这两个方面，即：以"性与天道"（或天地万物之道）作为研究对象或研究内容，易道形而上学一方面涉及对天地万物之道"是什么"的认识与把握；另一方面也必然关涉对认识和把握天地万物之道"何以可能"的追问与思考。

---

① ［德］康德：《纯粹理性批判》，邓晓芒译，杨祖陶校，人民出版社2004年版，第80页。
② 参见［德］海德格尔《形而上学导论》第一部分"形而上学的基本问题"，熊伟、王庆节译，商务印书馆1996年版。

附录二 《周易·乾卦》卦名新解

一 乾之再问

在传统经学中，传世本《周易》以《乾卦》作为首卦，并以"乾"字为卦名，无论在卦序排列上，还是在卦名形成上，都不是一种偶然，而是蕴含着某种特定的思想内涵，所以在整个《周易》思想研究中，对《乾卦》的解读便有着特别的意义，而后者又内含着对作为卦名的"乾"字的释义。① 正因为此，对"乾"字的释义也一直为易学研究者所特别注意。然而，这却并不意味着，我们对之可作盖棺定论了，相反，笔者认为围绕《乾卦》卦名之"乾"的释义仍然存在着以下问题：

纵观历代易学研究著作，对"乾"字的释义大体分为两种，一种是训"乾"为天，一种是训"乾"为健。前者如《说卦传》云："乾，天也，故称乎父"、"乾为天，为圜，为君，为父……"等；后者如《说卦传》云"乾，健也"，《易纬·乾凿度》云："乾训健，壮健不息"②，朱熹《周易本义》中说"乾者，健也，阳之性也"③，金景芳先生也说：

---

① 有学者从《大象传》体例和《帛书周易》出发，认为《周易·乾卦》卦名本字为"健"，"乾"和"键"是"健"的假借，此说颇值得注意。（参见廖名春《〈周易·乾卦〉新释》，《社会科学战线》2008年第3期）但问题是：一，从时间先后来看，《大象传》和《帛书周易》皆晚于传世今本《周易》（参见李学勤《孔子与〈周易〉辨》，载廖名春选编《周易二十讲》，华夏出版社2008年版），那么，先出现的"乾"字怎么会成为后出现的"健"的假借字呢？二，《周易》古经六十四卦中八纯卦的卦名与八经卦的卦名相同，如果按照八卦在前、六十四卦在后的看法，那么作为八经卦之一的"乾卦"岂不本应是"健卦"？但《易传》其他文献中并不见有称"乾卦"为"健卦"的。故笔者仍然认为"乾"应该是本字，"健"是假借字。

② 参见李道平撰《周易集解纂疏》卷一，中华书局1994年版。

③ 李光地：《周易折中》，刘大钧整理，巴蜀书社2008年版，第18页。

"乾，其实就是健"① 等。这两种解释其实皆出于《易传》，前者主要侧重于从卦象，即卦所象征的物象上解释，多为象数学派所强调；后者则与卦德，即从卦象引申出来的义理以及《周易·乾卦》卦爻辞的具体内容有关，多为义理学派所主张。② 当然，这两种解释之间也不是截然断裂的，相反，它们之间有着相当的关联，如孔颖达曾说："天者定体之名，乾者体用之称。故《说卦》云：'乾，健也。'言天之体以健为用。"③ 程颐也说："天者天之形体，乾者天之性情。"④ 高亨先生《周易大传今注》亦说："乾为天，天道刚健。"概而言之就是，以"天"为体，以"健"为用，而"乾"则是兼体用而言，意指天道刚健，此解释正体现了两千多年儒家哲学形上学的基本架构。也就是说，"乾"之被训为天和健，乃是与以天道为核心的易道形上学之理论建构有关。然而，无论是天还是健，其实皆非"乾"字本义或源始意义，而是引申义，即都是在对《周易·乾卦》的阐释中产生的。⑤ 从文字学上来看，许慎《说文解字》将"乾"放在"乙"部，并解释说："乾，上出也，从乙。乙，物之达也。倝声。"⑥ 许慎将"乾"字看作是形声字，即"乙"表义，"倝"表声。又释"乙"云："乙，象春草木冤曲而出，会气尚疆，其出乙乙也"⑦，即象征春天草木初生之状；释"倝"云："倝，日始出光倝倝也，从旦，声"⑧，描绘的是清晨太阳初升之景。显然，无论是表义的"乙"，还是表声的"倝"，它们都蕴含着一个共同的义项，即都意指某物正呈上升显现之势，简言之就是有某物显现、出现，而这与许慎释"乾"为"上出"正相合。朱骏声《说文通训定声》中也说："达于上者谓之乾。"⑨ 段玉

---

① 参见《周易讲座》，广西师范大学出版社2005年版。
② 李镜池：《周易探源》，中华书局1978年版，第233页。
③ 李光地：《周易折中》，刘大钧整理，巴蜀书社2008年版，第19页。
④ 同上书，第18页。
⑤ 此所谓"乾"字，本义乃是从词源学的意义上来说的某种源始意义，而非现代解释学意义上的"客观原意"，后者在相当程度上已被以海德格尔、伽达默尔等人为代表的存在论解释学所解构，而前者却一直为他们所运用，如海德格尔在其著作中经常对一些重要的哲学概念进行词源学分析从而试图展示其某种源始的意义。
⑥ 段玉裁：《说文解字注》，浙江古籍出版社2006年版，第740页。
⑦ 同上书，第740页。
⑧ 同上书，第308页。
⑨ 参见宗福邦等人主编《故训汇纂》，商务印书馆2003年版，第49页，"乾"字第2条。

裁《说文解字注》中的解释则更加明确，他说：

  此乾字本义也（即许慎之解释——引者按）。自有文字以后，用为卦名，而孔子释之曰："健也"，"健"之义生于"上出"。上出为乾，下注为湿。故"乾"与"湿"相对。俗别其音，古无是也。释从乙之恉，物达则上出矣。軋者，日始出光軋軋也。然则形声中有会意焉。①

可见，"乾"的源始意义应当就是上升或显现、出现，而健之义则是"乾"用为卦名后引申出来的。问题在于：表示显现、出现之意的"乾"字怎么会被用作《周易·乾卦》卦名，并进而被引申解释为具有形上学意义的天和健呢？（这里不仅涉及乾之字义及观念的衍化问题，亦涉及《周易》卦名产生的问题。）又，如果说作为"乾"之源始意义的"有某物上升显现"主要与上古先民"仰观俯察"的源始生活经验有关，从而体现为一种本源的生活感悟或生存领会，而作为形上学意义上的天和健则是与易道形而上学②的理论建构有关，那么上述问题同时也就可以表达为：从源始的生活感悟到形而上的哲学建构是如何可能的？对此问题的回答要求我们回到《乾卦》的卦象及卦爻辞中去寻求答案。故首先将《乾卦》全文抄录如下：

  ☰乾：元亨，利贞。
  初九：潜龙，勿用。
  九二：见龙在田，利见大人。
  九三：君子终日乾乾，夕惕若，厉无咎。
  九四：或跃在渊，无咎。
  九五：飞龙在天，利见大人。
  上九：亢龙有悔。

---

① 段玉裁：《说文解字注》，浙江古籍出版社 2006 年版，第 740 页。
② 参见杨生照《易道形而上学何以可能——以"象"为中心的〈周易〉思想研究》，华东师范大学博士学位论文，2012 年。

用九：见群龙无首。吉。

二　象、辞之探

众所周知，从文献构成来说，整个《周易》古经分为符号系统与文字系统两部分：前者指六十四卦的卦象部分，它是由"- -"（阴爻）和"—"（阳爻）两种符号重叠衍化而来，这种重叠衍化在相当程度上具有数学的纯形式化特征。后者则包括卦名、爻题与卦爻辞：卦名即是一卦的名称，一般认为晚于卦爻辞，并产生于卦爻辞，是为指称某卦方便而设；爻题的产生亦较晚，甚至要晚于卦名，它起着连接卦象与爻辞的作用，即一方面从形式的层面展示了爻位的变化规律以及各爻的阴阳性质，另一方面从实质的层面按照爻位的变化与性质将原来零散的卦爻辞进一步组织、编排和架构成一个统一的整体，此即《易传》所说的"圣人设卦观象，系辞焉而明吉凶"（《周易·系辞上》）；卦爻辞部分原来统称筮辞。黄玉顺先生在其《易经古歌考释》一书中从文学与文献学的角度，借助古典考据学（包括文字学、音韵学、训诂学等）的方法，对《易经》每一卦的卦爻辞进行了细致的研究，认为每一卦的卦爻辞中都含有几句歌辞，从而认为在《周易》古经中蕴藏着一部比《诗经》更早的上古诗集。由此他又进一步将卦爻辞部分分为象辞与占辞两部分，并指出：象辞是由大量的殷周时代的歌谣和少量的史记组成，它们都是"形象具体的事物描叙"，而占辞则专门用于占断吉凶休咎。他说：

> 千百年来，易学的最大成就在于确认了这样一个事实：《易经》是一部占筮之书，《易传》是一部哲理之作。但我们只知道《易传》是对《易经》的哲学化阐释，却不知道《易经》本身又是对一种更古老的文献的神学化阐释。这种古老文献，便是殷周歌谣。[①]

黄先生对易经古歌的发现，其意义和价值绝不仅限于文学和文献学（或历史学）的领域，它对于当代中国哲学的研究也具有相当深刻的思想意义，即：他向我们揭示出一种比一切神学和哲学形上学观念更为源始的

---

① 黄玉顺：《易经古歌考释·绪论》，巴蜀书社1995年版，第1页。

生活感悟，没有这种源始的生活感悟的发生，无论是神学还是哲学形上学的观念都是不可能的。这种源始性不仅包含历时层面的时间在先，而且还包含共时层面的逻辑在先。从整个《易经》文本来看，这种源始观念不仅体现在具有形式化特征的卦象上，而且也体现在具有实质性内容的古代歌谣中，而就《乾卦》来说，它又具体呈现为"纯阳"之象和"群龙"之歌两个方面。（由于用于占断吉凶休咎的占辞更多涉及的是某种神学性的观念，它正是奠基于源始的生活感悟的后发观念，故本文对占辞不作详细讨论。）

三 纯阳之象

从卦象的角度来看，如前所述，从"- -"和"—"两种符号重叠衍化为六十四卦具有数学的抽象的纯形式化特征，但同时这两种符号本身（亦称"两仪"）及其衍化过程中的各个阶段，即"四象"、"八卦"直到"六十四卦"也都被赋予了一定的象征意义，如"两仪"指的是阴阳，或可象征天地或男女等[①]；"四象"则指的是少阳、太阳、少阴、太阴，或可象征四时更替等；"八卦"则指的是乾☰、坤☷、震☳、巽☴、坎☵、离☲、艮☶、兑☱，分别象征天、地、雷、风、水、火、山、泽八种物象；至于六十四卦，即乾䷀、坤䷁、屯䷂、蒙䷃……既济䷾、未济䷿等所象征的物象就更多了，明代易学家来知德在其《易经集注》一书中曾对此作过详细的探讨，此处不作赘述（当然，其中也不乏牵强附会之论）。质言之，《周易》古经中的卦象系统不仅具有抽象的形式化特征，同时还表现出一种实质的具象性特征。然而，无论就其形式的衍化，还是就其实质的象征来说，它们都根源于或奠基于阴阳观念，后者正是中国古代先民从日常的生活实践中感悟所得的本源的生存领会，也就是说，卦象的形式推衍及其象征意义的产生都必须以这种本源的阴阳观念为基础，此亦即所

---

① 持"象征天地说"者如高亨先生："窃谓：最初乃以'—'象天，以'- -'象地。盖古人目睹天体混然为一，苍茫无二色，故以一整画象之；地体分为水陆两部分，故以两断画象之。"（参见高亨著《周易大传今注》，齐鲁书社1998年版，第25页。）持"象征男女说"者如郭沫若先生："八卦的根柢我们很鲜明地可以看出古代生殖器崇拜的孑遗。画—以像男根，分而为二以像女阴，所以由此而演出男女、父母、阴阳、刚柔、天地的观念。"（参见郭沫若著《中国古代社会研究》，河北教育出版社2000年版，第33页。）

以庄子说"《易》以道阴阳"(《庄子·天下篇》)之故也。尽管在传世的《周易》古经文本中并没有明确说"- -"和"—"就是阴和阳,也没有明确的关于阴阳观念的提法,但是说这两个符号蕴含了阴阳观念应是没有问题的,甚至还可以说,这两个符号可能就是阴阳观念的最源始也最抽象的表达。

阴阳观念的发生,无疑跟太阳的出没有着密切关系,这一点从"阴""阳"两字的字形上(即"陰""陽")亦可略见端倪。赵士孝先生曾通过对甲骨文、金文等文字学的考证,认为"阴"字的本义与阴天有关,"阳"字的本义指没有被树枝遮挡的高地,即向阳之地。这正说明"阴""阳"二字及阴阳观念的产生应当与太阳有关。[①] 无论是在东方还是在西方,太阳在上古先民日常生活中都发挥着举足轻重的作用,这是众所周知的:日出而作,日落而息,这不仅是先民们日常生活的最真实的写照,也是他们不得不遵循的基本生活规律。太阳不仅带来光明,而且使万物得以生长,人类得以生存和延续。当然,有光明就有黑暗,有创生也就有毁灭,如果说太阳所带来的光明是万物得以生长的前提,那么太阳的消失所带来的黑暗则是万物毁灭的根源。所以,人类为了生存的延续就必须不断地追求光明,中国古代神话"夸父追日"便是最好的证明。《乾卦》的卦象是纯阳之象,体现的正是古人对于永恒光明的追求,后者也蕴含了人类对自身生存的关照与领会。然而,通过长期生活经验的积累,人们逐渐发现与日升日落作为一种自然现象一样,光明与黑暗也都不是永恒的存在,相反它们会不断地相互转化。但这又不妨碍永恒光明作为一种理想而存在,因为其中寄寓着人类出于对自身有限性的本质认识而产生的某种永生的向往。[②] 人如果是无限的,那就无所谓光明与黑暗,更无所谓生存与毁灭了。

当然,太阳的运行总是在一定的时空(亦即是宇宙)之中,而此时空或宇宙在中国古人那里就是以"天"来表示的。不过这不是把"天"作为太阳运行的某种场所,就像桌子放在房子里一样。"天"字在甲骨

---

① 赵士孝:《〈易传〉阴阳思想的来源》,《哲学研究》1996年第8期。
② 对人之有限性本质的强调也一直是西方哲学的重要特点,而以康德和海德格尔尤甚。他们认为形而上学的内在可能性在相当程度上奠基于对人之有限性的本质存在的揭示。参见海德格尔《康德与形而上学疑难》,王庆节译,上海译文出版社2011年版。

文、金文等古文字中的写法都是像人形,即在"大"字上加一点,以表示至高无上之义。许慎《说文解字》云:"天,颠也,至高无上,从一大。"[1] 刘熙《释名·释天》亦云:"天,显也。在上高显也。"可见,"天"的本义就是指人之头顶以上的无限广阔的宇宙万象,亦即天象。如果说,太阳的运行就是天象的基本显现样式,那么,随着太阳作为光明的象征和万物得以存在的根源,"天"也就很自然地被古人作为纯阳之象的象征,并被领会为生生不息、创化不已之自然的显现的意义,最终被作为万物得以存在的终极依据。中国人一声声的"天啊!"在某种意义上正是对"天"之生生不息、创化不已的慨叹。由此便不难看到"天"和"乾"在各自本义上的相通性,而正是这种相通性才使得以"天"训"乾"得以可能。

四 群龙之歌

就《周易》所引古代歌谣来说,前面曾提到,它作为形象具体的事物描叙,有些记载了人们日常生活劳作过程中的各种所见所闻,有些则记载了古人的某些情感、情绪的表达。黄玉顺先生认为《乾卦》所引歌谣为"见龙在田,或跃在渊,飞龙在天",但可能未被作《易》者尽引。他还指出:"《易经》卦名通常就是所引古歌的诗题,往往摘自古歌的首句,《诗经》与此一脉相承。……本卦(亦即乾卦——引者按)名'乾',摘自古歌首句'见龙在田',而用'见'的假借字'乾'。"[2] 这应该说是迄今所见对《周易》古经卦名来源最好的一种解释。对于《乾卦》所引古歌,他分析道:

> 这是一首群龙出没之歌。……用"赋"的白描手法,描绘出一幅群龙百态图:有的龙在田野上出没隐现,有的在水泽中跳跃嬉戏,有的在飞舞翻腾。龙是中国远古先民们日常生活的一部分,对龙的赞颂表现了他们对自己生活的热爱。[3]

---

[1] 段玉裁:《说文解字注》,浙江古籍出版社2006年版,第1页。
[2] 黄玉顺:《易经古歌考释》,巴蜀书社1995年版,第67页。
[3] 同上书,第9页。

如果加上初九爻辞中的"潜龙"和上九爻辞中的"亢龙",那么就正好构成了一个完整的系统,它记录的正是龙之由潜变显、由隐而显的过程。所以,与其说它是一幅群龙百态图,毋宁说是一幅群龙变易图,它呈现了龙之由潜隐状态到显露状态的转变和飞跃。此转变和飞跃的过程,一方面,它体现了古人对群龙之活动的观察视角的不断转换,即由低到高、由下而上的空间位置转换。值得一提的是,与《乾卦》这种空间位置转换相类似,在《周易》中还有许多,可略举几例如下:

《咸卦》:"咸其拇","咸其腓","咸其股,执其随","咸其脢","咸其辅颊舌";

《艮卦》:"艮其趾","艮其腓","艮其限","艮其身","艮其辅";

《渐卦》:"鸿渐于干","鸿渐于磐","鸿渐于陆","鸿渐于木","鸿渐于陵","鸿渐于阿"。①

显然,这样的空间转换方式不是偶尔的,而很可能就是中国古代先民们所一贯采取的观察顺序,同时也是中国古代哲学中的空间观念的最源始的表达。② 另外,在这种观察视角的不断转换中隐含了一种时间的绵延(亦即前后相继)观念于其中。借用康德的说法,前者属于外直观,后者属于内直观,二者共同构成了中国古代先民直观其所生活于其中之世界的基本形式。此外,它还蕴含了古人对物之逐渐显现、绽出其自身存在之过程的原初领会,它具体展开为一种物之从无到有、从低级到高级的发展过程:从无到有,即是龙之由"潜"而"见",亦即对象物最初向人呈现其存在;从低级到高级,则是龙之由"见"到"跃"到"飞"直至"亢"的变化过程,亦即是对象物之由最初生成经过一系列的发展而达到高潮的过程,后者正体现出一种积极向上、刚健有为的自强不息精神。而这两方

---

① 此句在传世今本《周易》中为"鸿渐于陆",据高亨先生和李镜池先生考证,此中之"陆"当为"阿"之讹误,亦即山丘的意思。参见黄玉顺《易经古歌考释》,巴蜀书社1995年版,第245页。今从改之。

② 这似乎也正与达尔文在其进化论中认为人从最初以四肢爬行到后来以两脚直立行走的进化相吻合。

面的统一之处就在于：正是作为直观形式的空间转换和时间绵延使得龙之显现和变易飞跃成为可能。以上讨论已然表明，《乾卦》卦爻辞中象辞所蕴含的基本观念与"乾"字本义亦是相合的。此外，从读音上来看，"乾""健""键"（《帛书周易》作"键"）三字声母同为群母，韵母同为元部。这些都为"乾"之训为（或假借为）"健"提供了可能。①

五　本源之观

值得进一步说明的是，无论是日出日落还是群龙飞舞，它们都没有超出时空（亦即宇宙）之外，相反它们都必须通过时空的直观形式向人呈现出来从而获得某种存在的规定性。这种直观是一切存在者（包括作为主体的内在自我和作为客体的外在对象）得以存在的根本条件，从而也是一切形而上学和科学研究的前提和基础，因为没有直观提供或给出对象，任何认识或思想都是不可能的。所以这种直观可称为"本源之观"，因为它所观者乃是先于任何存在者的存在本身。《周易·系辞传下》中的一段话可以说是上古先民这种本源之观的最好说明："古者包牺氏之王天下也，仰则观象于天，俯则观法于地，观鸟兽之文与地之宜，近取诸身，远取诸物，于是始作八卦，以通神明之德，以类万物之情。"（按：此处"与地之宜"之"与"（與）当通"舆"，即指车）在此"仰观俯察"②的本源之观中，所观的并不是作为某种存在者的物，如某种实体化的"天""地""鸟兽""舆地"，而是使某种存在者之为某种存在者的存在本身或存在方式，即如天之"象"、地之"法"、鸟兽之"文"、舆地之"宜"。也就是说，在本源之观中，无物存在，既没有作为主体性存在者的自我，也没有作为客体性存在者的对象，有的只是本源的生活感悟，这种本源的生活感悟首先展现为人与自然的一体感通。或者毋宁说，作为主

---

① 也有学者认为根据《帛书周易》认为"键"字应该才是本字，而"乾"和"健"都是假借字。理由是："卦名以键列于六十四卦之首，盖以此为六十四卦之门户（即关键）。键，引申为门锁、关键、关闭、封闭、囚禁等义。"（参见邓球柏《帛书周易校释》，此处转引自廖名春《〈周易·乾〉卦新释》，《社会科学战线》2008年第3期）此亦只权且作为一说。至少就对《周易》文本的研究来看，此说似有本末倒置之嫌。

② 如果按照前述古歌中所体现之古人的观察方式，那么这种本源之观更确切地说应该是"俯察仰观"。

体性存在者的自我和作为客体性存在者的对象正是在此感通中得以生成并获得其存在的意义和价值。就《乾卦》而言，无论是纯阳之象中的阴阳观念，还是"群龙之歌"中的变易观念，也都必然来源于上古先民的本源之观，即：在阴阳观念的产生中，所观者并非作为存在者的太阳，而是日升日落这样的事情本身；同样，在变易观念的产生中，所观者并非作为存在者的龙，而是群龙飞舞这样的事情本身。

而之所以强调本源之观的时空形式，并不是把时空作为主体的某种先天属性（正如康德在《纯粹理性批判》的"先验感性论"中所做的那样），相反，这是强调本源之观的当下构成性，后者是使得空间的转换和时间的绵延成为可能，因为空间转换的每一个"点"和时间绵延的每一"刹那"都源于当下的本源之观。在《乾卦》中，作为观察者的劳动者、作为观察对象的太阳（乃至实体之"天"）和群龙都是在当下的本源之观中被构造出来，并在空间的转换和时间的绵延中获得某种持存性。只有在此之后，关于天道的形而上学以及关于万物的科学的思考研究才是可能的。

综上所述，《乾卦》从卦象到卦爻辞，完整地表达和呈现了古人对世界的原初领会及其生存的崇高理想，即"群龙之歌"表达了一种万物变化自生的观念，纯阳之象则表达了人们对永恒光明的追求，因此以《乾卦》作为首卦便是理所当然的，因为它构成了整个《易经》的总纲；而"乾"字又正好同时兼具这两方面思想，所以以乾字作为卦名也便是顺理成章的了。

附录三 求真与招魂:史学视域中的"易学三期说"与"德性天人观"
——钱穆的易学思想

作为中国哲学和中国文化的源头(诸子百家之源),同时亦是中国哲学史上最重要的经典之一(群经之首)的《周易》,两千多年以来一直是中国历代学者的必修课程。经过历代学者对《周易》的不断研究和诠释,在漫长的中国哲学史或中国思想史中形成和蕴藏着一个极其重要的易学史传统,并作为中国哲学史或中国思想史的内在核心精神而存在。

钱穆(1895—1990),20世纪中国最重要的历史学家之一,同时亦是广义的现代新儒家代表人物之一[①],一生以研究和复兴中国文化为职志,对于《周易》这部如此重要的经典及易学这个伟大的思想传统自然亦不可视而不见。毋宁说,传承并发展易学这个内在且核心的精神传统,乃是思考如何延续和复兴中国文化生命的必要前提和题中之意。事实上,钱穆不仅没有对这个易学传统视而不见,亦未曾忘却对易学精神的传承,相反,他自始至终都保持着自己特有的关注,并有着独到且一贯的见解。从总体上说,与其史学家的身份相应,同时也与其他现代新儒家学者不同,

---

[①] 作为现代中国思想界中"三足鼎立"(即以自由主义为代表的西化论派、以马克思主义为代表的激进派和以现代新儒家为代表的文化保守主义)之一的"现代新儒家",有狭义和广义之分。狭义的现代新儒家主要是以1958年联名发表《为中国文化敬告世界人士宣言——我们对中国学术研究及中国文化与世界文化前途之共同认识》(俗称"新儒家宣言")的四位哲学家,即牟宗三、徐复观、张君劢、唐君毅四人,以及他们的老师熊十力和他们的弟子(如蔡仁厚、杜维明、李明辉、林安梧等)为代表;而广义的现代新儒家则除此之外,一般认为还包括马一浮、梁漱溟、冯友兰、钱穆、贺麟、方东美等。可参见方克立、李锦全主编《现代新儒家学案》(上、中、下),中国社会科学出版社1995年版。

钱穆的易学研究亦主要是从史学角度展开的，这种史学的进路体现为一种不迷信传统经学古说，以文献的考辨与实证从而力求揭示易学发展的某种可信的历史事实真相的研究宗旨。在这种史学进路的指引下，钱穆对《周易》的卦爻象系统、卦爻辞部分及十翼（即《易传》）都进行过系统的研究，并提出了他的"易学三期说"：卦爻象本为古代文字，此为易学发展第一期；卦爻辞本为卜筮记录之辞，此为易学发展第二期；作为解释《易经》的十翼，亦即《易传》并非孔子所作，而是战国晚期至秦汉间的新儒家学者在吸收庄老道家之宇宙论思想并与孔孟所奠基之人生论哲学相融合的基础上而成的作品，此为易学发展第三期。其中的《易》本卜筮之书、十翼非孔子作，而为战国晚期新儒家所作等观点，不仅对20世纪易学研究的发展曾产生过极其重要的影响，而且对于今后的易学研究乃至整个中国哲学的发展依然有着非常深刻的意义，后者尤其体现在他对《易传》德性天人观哲学思想的考察研究中。因为，正是在对《易传》哲学思想的研究中，钱穆不仅"厘清"① 了整个先秦哲学天人观的衍化发展过程，而且还阐明了由《易传》所奠定的中国哲学及中国文化的"天人合一"的核心精神与"崇德广业"的思想特质，并依此提出了他对未来如何吸纳西方现代科学以延续和复兴中国文化的思考和展望。如果说，钱穆以探究《周易》的客观历史真相为目的的史学进路体现的是一种理性"求真"的科学精神，那么，他通过对《易传》哲学的研究来探寻中国文化的根本精神并由此来思考中国文化复兴的可能方向则包含了一种为中国文化"招魂"的人文关切。②

然而，或许可能一方面由于钱穆的专门易学著作不多，即只有极少的几篇文章及一些著作的部分章节；另一方面由于钱穆并非以易学家名世，而更多是以史学家著称，故从现有的学术界对钱穆学术思想的研究状况来看，学者们对其史学思想的研究成果已经相当宏富，而对其易学思想的研

---

① 这里的"厘清"二字加上引号，既非着重强调之意，亦非否定讽刺之意，而是与钱穆对先秦哲学天人观之衍化发展过程的梳理的背后所蕴含的某种历史主义的观念有关。具体讨论详见下文。

② 余英时曾以"一生为故国招魂"来概括说明钱穆一生的学术精神，其实亦即是钱穆的学术旨归。参见余英时《一生为故国招魂——敬悼钱宾四师》，载《钱穆与现代中国学术》，广西师范大学出版社2006年版，第16页。

究，则大多只是在谈到一些具体问题的时候才提及钱穆的名字，即如十翼与孔子的关系、《易传》哲学的学派归属及其与道家、阴阳家思想之间的关系等，而对于钱穆易学思想的整体而全面的研究则仍旧是阙如的。甚至杨庆中皇皇四十余万言的《二十世纪中国易学史》竟然连钱穆的名字都未提及，而即使是在其后来的《周易经传研究》一书中亦仍只是在讨论孔子与《易传》之关系的时候提到了钱穆的"否定说"。这不得不说是一大缺憾。另外，如余英时、罗义俊、陈勇、徐国利等学者（其中余英时是钱穆的弟子，罗、陈、徐等人则都是当代钱穆思想研究方面的专家）曾对钱穆的史学、文化学等方面的思想做出过相当深入而细致的研究，但对于钱穆的易学思想亦是鲜有涉及。

正是鉴于此，本文拟对钱穆的易学思想作一全面而系统的考察和研究，便显得很有必要。通过这一考察研究，将不仅可以填补学术界对于钱穆易学思想研究方面的空白，从而展现钱穆易学在现当代易学研究中的重要的学术地位和思想价值，而且也可以为钱穆学术思想的研究开辟新的领域和路径，进而对延续和复兴中国文化生命的可能方向做出思考。

一 从破除门户到史学立场——钱穆易学思想的研究进路

（一）"新儒家"的哲学进路及其门户意识

一般来说，在作为20世纪中国学术界一股非常重要的文化思潮和学术群体，即被称为文化保守主义的现代新儒家学者中，有着狭义和广义之分。本文所研究的钱穆，更多被看作是广义的现代新儒家。而之所以有这样的广狭之分，这乃是与钱穆婉言谢绝在1958年元旦由牟宗三、徐复观、张君劢、唐君毅四人联名发表的《新儒家宣言》上署名这一桩历史公案有着密切的关系。钱穆曾在《复张君劢论儒家哲学复兴方案书》中首先就表明他与牟、徐、张、唐等人在关于儒学复兴的观点立场上是"十符其九"，但最后又说：

> 客冬徐君复观来函，知与唐、牟诸君，将欲草拟中国文化宣言，邀以署名，当即复函婉谢。自念吾侪各有著作言论，流布人间。臭味相近，识者岂所不知？而争风气持门户者，正将因此张其旗鼓，修其壁垒。夜行疑鬼，则互相呼啸以自壮。将欲拯之，转以溺之，于彼于

此，两无补益，故不欲多此一追随耳。顷荷来示，属望殷勤，愧不敢任。而谓儒学复兴，有待多方面分途并进。窃不自揆，庶几于此分途之中，自效驽劣，不惮十驾，或堪有所到达。是亦所以仰报大君子之深情雅意于万一也。①

从"十符其九"的表达可见，就对于中国文化的认识和理解来说，钱穆与牟、徐、张、唐等人其实相差无几，至于对作为中国文化之主流的儒学所心存的温情和敬意，钱穆则更是丝毫不逊于他们。既然如此，那么钱穆为何还是谢绝署名呢？从后面的"婉谢"之辞中我们可以看到，钱穆之所以谢绝署名，其根本原因就在于他认为这样的宣言将有"争风气持门户"、"张旗鼓"、"修壁垒"之嫌，而这正是钱穆终其一生治学研究都在极力反对、抵制和纠正的做法，同时也是钱穆选择史学进路来研究中国文化的基本缘由。

余英时曾在讨论钱穆是否属于"新儒家"的专文《钱穆与新儒家》中指出："钱先生生前……雅不愿接受此'新儒家'的荣衔。这不仅是因为他极力要避免建立任何'门户'，而且更因为'新儒家'具有特殊涵义，不是他所能认同的。"②从余英时的说法中可以获知，钱穆之所以不愿意承认自己是"新儒家"，首先就是因为钱穆认为"新儒家"这个称号有极强的门户意识和壁垒观念之嫌，而强调"论学不立门户，是钱先生从早年到晚年一直坚持的观点"③。在《钱穆与新儒家》一文的开篇，余英时就引述清儒章学诚之名言"学者不可无宗主，而必不可有门户"，并指出这是其师钱穆一生治学研究都在遵守的基本精神。④其次是因为"新儒家"这个称号在钱穆那里有着特定的指称，即以熊十力、牟宗三、唐君毅、徐复观、张君劢等人为代表，而这个特定指称的产生正是以《新儒家宣言》的发表为标志的。余英时曾说："以我个人所知，钱先生晚年在

---

① 钱穆：《复张君劢论儒家哲学复兴方案书》，载《中国学术思想史论丛（九）》，《钱宾四先生全集》第二十三卷，台北联经出版事业公司1998年版，第252页。
② 余英时：《钱穆与新儒家》，载《现代儒学论》，上海人民出版社1998年版，第170页。
③ 同上。
④ 同上。

台北所了解的'新儒家'只是熊十力一派的专称。"①那么，钱穆与这个狭义特指的"新儒家"之间在对中国学术和中国文化的看法上到底有何差别呢？难道只是为了避免建立门户而成壁垒这么简单么？显然不是。从更深层面上来说，事实上，这乃是与他们各自的学术研究进路和方法有关，即：狭义特指的"新儒家"学者们对于中国学术和中国文化的研究主要侧重于以哲学的方式切入，而钱穆及其弟子们主要是从史学的角度进入的②，这使得狭义特指的"新儒家"学者们大多是以哲学家的身份出现，而钱穆及其弟子们则主要是以历史学家的身份被世人所获知。

由牟、徐、张、唐等四人联名发表的《新儒家宣言》中曾鲜明地指出：

> 我们研究中国之历史文化学术，要把它视作中国民族之客观的精神生命之表现来看。但这个精神生命之核心在哪里？我们可说，它在中国人之思想或哲学之中。这并不是说，中国之思想或哲学，决定中国之文化历史。而是说，只有从中国之思想或哲学下手，才能照明中国文化历史中之精神生命。因而研究中国历史文化之大路，重要的是由中国之哲学思想之中心，再一层一层的透出去，而不应只是从分散的中国历史文物之各方面之零碎的研究，再慢慢地综结起来。后面这条路，犹如从分散的枝叶去通到根干，似亦无不可。但是我们要知道，此分散的枝叶，同时能遮蔽其所托之根干。这常易使研究者之心灵，只是由此一叶面，再伸到另一叶面，在诸叶面上盘桓。此时人若

---

① 余英时：《钱穆与新儒家》，载《现代儒学论》，上海人民出版社1998年版，第200页。
② 值得说明的是，笔者在这里区分以"方式"和"角度"两个概念来区分狭义新儒家之对中国文化的哲学研究和钱穆对中国文化的史学研究，绝非只是一种"求雅换词"之举，而是与哲学和历史学这两种学问的本质内涵有关：如果说，历史学主要以人类的各种社会活动现象，如经济活动、政治活动、思想活动等为研究对象，那么，哲学则是以"天人之辩"，即人和世界的关系为研究内容，后者不仅包括对人类自身活动（即人性）的考察，还涉及对作为天道的世界统一原理和发展原理的探究。从学科划分来看，我们可以将历史学和文学、法学、经济学、理学等相并列，但却不能把哲学与它们相并列；在具体研究过程中，当我们进入更深层面时，我们可以有历史哲学、法哲学、经济哲学、科学哲学等，它们都是哲学下属的分支学科，反之（即哲学历史学、哲学法学、哲学经济学等）却没有。因此，从存在论的意义说，哲学其实是各门具体学科的划分之所以可能的前提和依据。当然，我们也必须强调的是，哲学对天道的追问必然离不开人自身的存在和视域，即所谓"以人观之"。

要真寻得根干,还得要翻到枝叶下面去,直看枝叶之如何交会于一中心根干。这即是说,我们必须深入到历史留传下之书籍文物里面,探求其哲学思想之所在,以此为研究之中心。但我们在了解此根干后,又还须顺着根干延伸到千枝万叶上去,然后才能从此千枝竞秀,万叶争荣上,看出树木之生机郁勃的生命力量与精神的风姿。①

从这段话中我们可以看到,"新儒家"学者们认为,研究中国文化之路大致可有两条:一条是"由中国之哲学思想之中心,再一层一层的透出去";一条是"从分散的中国历史文物之各方面之零碎的研究,再慢慢地综结起来"。其中,前者亦即所谓哲学的进路,后者其实就是史学的进路,而在这几位狭义的"新儒家"看来,显然只有前者,即中国哲学才是"照明中国文化历史中之精神生命"的唯一最佳入口,即"大路"。当然,他们也指出,后一条史学进路"犹如从分散的枝叶去通到根干,似亦无不可",只是由于"此分散的枝叶,同时能遮蔽其所托之根干",从而"易使研究者之心灵,只是由此一叶面再伸到另一叶面,在诸叶面上盘桓"。也就是说,这种史学的进路很容易使研究者囿限于对一些零碎的历史文物的细枝末梢的研究,而无法深入到中国文化历史的内在精神层面。

然而,尽管如此,钱穆依然不惧繁难曲折而选择了后一条进路。这一方面与作为学科的"中国哲学"乃是在与西方哲学的对照下而产生有关;另一方面则正是为了避免像狭义"新儒家"学者们从哲学层面切入中国文化的研究,进而陷入一个门户意识和壁垒观念极强的"道统论"。

首先,众所周知,中国古代并无"哲学"一词,它乃是由日本学者西周在翻译西语"philosophy"一词时所创,后由中国学者黄遵宪引入中国学界。而所谓"中国哲学"这门学科则是在西方文化强势冲击下,与西方哲学的对照下产生的。在钱穆看来,"中国思想中虽有与西方哲学相应的部分,而不相应的部分则更占分量。如果以中国思想之实来迁就西方

---

① 牟宗三、徐复观、张君劢、唐君毅:《为中国文化敬告世界人士宣言——我们对中国学术研究及中国文化与世界文化前途之共同认识》,载封祖盛编《当代新儒家》,生活·读书·新知三联书店1989年版,第10页。

哲学之名，恐怕容易流于削足适履"①，也就是我们常所谓的"以西格中""以西释中"等，从而徒见各种抽象的哲学概念，却丢失了中国文化的根本精神。

其次，以牟宗三、徐复观、张君劢、唐君毅等人为代表的狭义的"新儒家"学者们从中国哲学的研究切入中国文化，提出了"心性之学，正为中国学术思想之核心"②，"心性之学，乃中国文化之神髓所在"③，并以此为依据仿照禅宗搞出了"一种一线单传而极易中断的道统论"④。与此"道统论"相应的便是牟宗三提出的"儒学三期说"，即这个"道统论"由于强调"心性之学"的核心地位，将先秦以后自秦汉直至宋代一千多年的学术发展历史全部略去，以宋明理学，尤其是其中的陆王心学作为先秦孔孟之学的嫡传，其他的不是异端就是庶出。这一点尤以牟宗三在宋明理学"三系说"中将朱子斥为"别子为宗"最为典型。这也意味着，只有熊—牟一系的狭义"新儒家"才是中国文化尤其是儒学的正统接班人。由此可见"新儒家"门户意识和壁垒观念之一斑。进一步地说，在"新儒家"的道统论中，以思孟和陆王心学为儒学正统，而维系这一"正统"的哲学依据便是预设了一个内在而又超越的"良知""心体"，并以之为具有普遍性的形而上的"道体"。至于如何通达对于"道体"的理解和把握，这便取决于每个人自己对于"良知""心体"的"逆觉体证"（牟宗三语）。但问题是，到底是由谁来评判对此"心体"亦即"道体"的"体悟"和"证会"呢？事实上，在对于形而上的"内在且超越"的"心体"或"道体"之实在性的论证上，狭义"新儒家"学者们主要是借助康德、黑格尔等西方哲学的理论来展开的，这不仅具有一定的理性主义精神，而且也是中国哲学现代化过程中非常重要的一个环节；但当涉及如何通过对于内在的"良知""心体"的"逆觉体证"来通达对形上超

---

① 余英时：《钱穆与新儒家》，载《现代儒学论》，上海人民出版社1998年版，第193—194页。

② 牟宗三、徐复观、张君劢、唐君毅：《为中国文化敬告世界人士宣言》，载封祖盛编《当代新儒家》，生活·读书·新知三联书店1989年版，第17页。

③ 同上书，第21页。

④ 余英时：《钱穆与新儒家》，载《现代儒学论》，上海人民出版社1998年版，第201—202页。

越的普遍"道体"的把握以臻"圣境"的问题时,狭义"新儒家"学者们却抛弃了康德、黑格尔的理性精神,采取了一种具有神秘主义和判教色彩的宗教进路,而后者其实已经超出了学术研究的范围,并曾广受学术界所诟病。余英时亦曾指出:"新儒家建立道统在文字层面上是运用哲学论证;这是新儒家的现代化或西方化。"但是"如果我们细察新儒家重建道统的根据,便不难发现他们在最关键的地方是假借于超理性的证悟,而不是哲学论证,康德—黑格尔的语言在他们那里最多只有促进的作用,而且还经过了彻底的改造。""新儒家的道统观不仅对'学不见道'的门外人构成了不可克服的理解上的困难,而且在内部也发生了严重的分歧。"正是在涉及对心体良知之体悟证会的问题上,"新儒家"学者们抛弃了康德、黑格尔的理性主义反而又走上了一种非理性主义的神秘信仰,余英时曾将此称之为"良知的傲慢"。要而言之,"新儒家的主要特色是用一种特制的哲学语言来宣传一种特殊的信仰。……从史学的角度看,由于新儒家采取了最极端的'六经注我'的方式,其中不免留有许多值得商榷的地方"①。

(二)钱穆以"破除门户"为宗旨的史学立场

一方面出于对"中国哲学"研究所可能存在的"以西格中""以西律中"之问题的认识;另一方面为了避免或破除像狭义"新儒家"学者们那样由于其哲学的进路而走入具有极强的门户意识和壁垒观念的"道统论"②,钱穆选择了繁难曲折的史学进路来研究和延续中国文化,并且一直拒绝承认自己是"新儒家"。

如前所述,在钱穆一生的治学历程中,他都始终坚持强调不立门户、不修壁垒,而且其许多著作亦正是为了破除历史上的各种门户之见而作的。余英时在《钱穆与新儒家》一文中便曾指出:他的成名作《刘向、歆父子年谱》"是对康有为《新学伪经考》的全面而有系统的驳斥";他的《两汉经学今古文平议》是为了破除清儒"主观构造"出的经学史上

---

① 余英时:《钱穆与新儒家》,载《现代儒学论》,上海人民出版社1998年版,第202、204、205、223、224页。

② 事实上,如果说,新儒家对所谓内在且超越的心体良知之实在性的论证所运用的还是某种理性主义的哲学理路,那么,他们提出的通达此心体良知之领悟的"逆觉体证"之方,以及依此而构造出的一线单传的"道统论"则在相当程度上已经逸出了哲学的范畴。

的今文和古文的门户之争;他的晚年巨著《朱子新学案》则是"要打通理学内外各种门户",通过"拆除种种门户"从而让我们"看清朱子的真面目"。① 这就是说,门户之见、壁垒观念只会障蔽我们的双眼、遮住我们的视线,从而让我们无法看清历史的真相或本来面目。所以,钱穆强调要破除门户意识,就其直接目的来说乃是为了探寻和呈现客观的历史真相,亦即是求真。

当然,破除门户之见却不意味着学问没有宗主。恰恰相反,钱穆破除门户之见的要求正是与其学术的宗主有关。余英时曾这样说道:

> 钱先生反复强调门户之见必须打破,这和他在学术上的"宗主"有密切的关系。他一向认为中国学术传统以贯通和整合为其最主要的精神。经、史、子、集虽分为四部,四部之内又各有千门万户,但是所有部门都呈露中国文化的特性,因而也都可以互通。他常说,在中国学术史上,通儒的地位往往在专家之上。"通儒"自然是一种理想的境界,不是人人都能企及的。但每一时代总有少数人被推尊为通儒;凡是足当通儒之称的大概都是较能破除门户之见的学人。钱先生自己便是二十世纪国学界的一位通儒,经、史、子、集无不遍涉而各有深入。②

这就是说,在钱穆看来,尽管中国传统学术可以被划分为"千门万户",但这些千门万户之间却不是相互隔绝的,相反,它们都在从不同的侧面"呈露中国文化的特性",从而"也都可以互通"。所以,中国传统学术便是以贯通和整合各个部门之见的知识为主要精神。与此贯通和整合的精神相联系,钱穆将通过破除和打通各种专家门户之见而成"通儒"作为他一生治学研究的理想境界。这种"通儒"境界,因其能破除各种门户之见,故能居于各种专家之上;亦因其能贯通整合各种门户之见从而能够呈露中国文化的根本特性并达致极其高远之思想,故亦是常人所难以企及的。然而尽管如此,余英时却依然认为,其师钱穆堪称"二十世纪

---

① 余英时:《钱穆与新儒家》,载《现代儒学论》,上海人民出版社1998年版,第170—171页。

② 同上书,第172页。

国学界的一位通儒",其具体表现便是:"经、史、子、集无不遍涉而各有深入"。余英时曾指出:"他一生献身于中国史,特别是学术思想史的研究,与其说是为了维护传统,毋宁说是为了传统的更新而奠定历史知识的基础。"[①]可见,如果说,通过破除各种门户之见以显露所谓的历史本来面目,体现了钱穆史学研究的求真精神,那么他试图通过贯通整合各种门户之见以呈露中国文化的根本特性,并最终实现中国文化生命的自我更新和延续(即复兴),则体现了其史学研究的"招魂"诉求:前者只是其学术研究的直接目的,后者才是他学术研究的根本宗主所在。余英时曾这样叙述钱穆的治学之路:

> 钱先生最初从文学入手,遂治集部。又"因文见道",转入理学,再从理学反溯至经学、子学,然后顺理成章进入清代的考证学。清代经学专尚考据,所谓从古训以明义理,以孔、孟还之孔、孟,其实即是经学的史学化。所以钱先生的最后归宿在史学。[②]

从此叙述中不难窥见钱穆一生治学涉猎之广。然而,尽管其涉猎甚广,却也不是散漫无边的,相反,钱穆的学术有其归宿,即史学。也就是说,在钱穆看来,只有从史学的角度切入中国文化的研究,才能既可免于"以西格中""以西律中"的问题[③],又可不落于(甚至是破除)某种门户之见,从而最终臻于"通儒"之至境。那么问题是,为何是只有史学,而不是哲学的进路才能打通和破除门户之见从而臻于"通儒"之至境呢?余英时说:

> 钱先生论中国文化所采取的立场不是哲学而是史学。他不相信一部中国文化史可以化约为几个抽象的概念。从历史的立场出发,他不但分别从政治、经济、社会、学术、宗教、文学、艺术,以至通俗思想等各方面去探究中国文化的具体表现,而且更注意各阶段的历史变

---

① 余英时:《钱穆与新儒家》,载《现代儒学论》,上海人民出版社1998年版,第178页。
② 同上书,第173页。
③ 因为史学乃是中国传统学术所本有,这是无可置疑的;而哲学究竟是否为中国文化所固有,则一直存在争论,尤其是有许多治西方哲学的学者往往持否定观点。

动，特别是佛教传入中国以后所激起的波澜及最后与中国文化主流的融合。一言以蔽之，他所走的是一条崎岖而曲折的史学研究之路，其终极的目标是在部分中见整体，在繁多中见统一，在变中见常。①

显然，依余英时之见，哲学的研究主要展开为一种概念的考察，并往往呈现出某种抽象玄思的特点。而绵延了几千年的中国文化则是囊括了政治、经济、社会、学术、宗教、文学、艺术，以至通俗思想等多方面内容为一体的庞大而复杂的系统，绝非几个抽象的概念就能化约或谈尽的。如若仅从几个抽象的概念来研究中国文化，不仅不能把握中国文化的全貌，而且可能还会陷入某种神秘主义的境地或限于某种片面闭塞的管见。而钱穆的史学进路则正是从中国文化之各个部分的具体表现入手，注重对各个部分之间的内在联系及其各阶段的历史变动过程的考察，从而展现整个中国文化的核心精神和发展脉络。所以，余英时将其称为一条"在繁多中见统一，在变中见常"的"崎岖而曲折"的研究之路。可见，不仅是狭义的"新儒家"学者们对于从史学进路来研究和通达中国文化之内在精神的繁难曲折有着清醒的认识，钱穆及其弟子余英时对此史学进路的"崎岖而曲折"亦是有其清醒的意识的。那么，既然明知此路曲折难走，为何钱穆及其弟子们还要走这条路呢？余英时又说：

> 我们可以说"史学立场"为钱先生提供了一个超越观点，使他能够打通经、史、子、集各种学问的千门万户。而且他的治学经验更使他深切体会到：如果划地为界，局限于某一特殊门户之内，则对此门户本身也不能得到比较完整的了解。钱先生毕生致力于破除门户之见，更不肯自己另建门户，其更深一层的根据便在这里。②

其实称之为"史学立场"，从概念使用上来说，这在一定程度上亦是值得商榷的，因为"立场"一般意指在某个问题上所持的某种特定观点，而这一观点的成立又是需要一系列的理论或事实的依据作为支撑从而构成

---

① 余英时：《钱穆与新儒家》，载《现代儒学论》，上海人民出版社1998年版，第181页。
② 同上书，第173页。

一个相对完整的思想体系，这样就又难免陷入某种程度上的专家或门户之见。所以，与其说钱穆采取的是一种"史学立场"，毋宁说他采取的是一种史学的视域和进路来展开其对中国文化的研究。也就是说，相对于狭义"新儒家"学者们在对中国文化采取哲学的研究从而陷入某种门户壁垒之蔽，钱穆的"史学立场"或者说是史学的视域和进路，其首要的学术意义就在于，它可以在相当程度上使我们抛弃或避免形成某种门户意识和壁垒观念，从而先行居有一种超越的立场或观点，其次才是立足于这种超越的立场或观点，通过对各种学术门户之间的沟通性研究，及其演变发展的历史过程耙梳，从而获得对文化之生命精神及思想脉络的真相和全貌（即既非抽象玄虚的，亦非部分片面的）的把握。当然，史学的视域或进路究竟何以能够使我们先行居有这种超越的立场或观点，钱穆及其弟子在其讨论中似乎并未涉及。

就钱穆本人的学术研究来看，他的这种史学的视域和进路首先体现为一种辨伪考证的研究方法，其次在更深层面上还蕴含着一种寻求客观历史真相的治学鹄的和一种历史主义的哲学观念。这便是钱穆易学研究的思想视域和观念背景。以史学的方法和观念为视域和背景，钱穆通过对传统易学中的许多几成定论的看法进行了勇敢的质疑和认真细致的考辨，从而不仅在一定程度上揭示了《周易》的"历史真相"①（求真），即所谓"易学三期说"，而且还依据此"历史真相"阐明了中国文化生命的根本精神及其思想特质，即"天人合一"和"崇德广业"，并对中国文化如何应对和吸纳西方文化进而实现其自我更新及延续（复兴）进行了深入的思索（招魂）。以下便分别从"求真"和"招魂"两个方面具体考察和讨论钱穆易学思想的主要观点和内容。

二 求真：从"疑古剥皮法"到"易学三期说"——钱穆易学研究的史学方法及其基本观点

如前所述，钱穆一生以破除门户之见为治学精神，以成为"通儒"

---

① 这里的"历史真相"加上引号是因为，如果从当代哲学解释学的视域来看，其实这仍然只是钱穆对《周易》文本及其思想的某种解释而已，因为所谓的"历史真相"从根本上来说乃是子虚乌有的，是一种形而上学的预设。

为治学鹄的，使得他最后归宿于一种"史学立场"，亦即是从史学的视域和进路展开对中国学术及文化的研究，其中也包括对易学的研究。在易学研究方面，钱穆的主要成果有《易经研究》（1929）、《论太极图与先天图之传授》（1942）、《〈易传〉与〈小戴礼记〉中之宇宙论》（1944）、《与缪彦威书论战国秦汉间新儒家》（1944）、《中国思想史》之第十七章《〈易传〉与〈中庸〉》（1951）、《王弼郭象注易老庄用理字条录》（1955）、《朱子新学案》第四册中之《朱子之易学》（1971）等。从成果的形式来看，它们主要是由一些论文和少部分著作的章节构成，在钱穆一生的著作中可谓是冰山之一角。不过无论是从易学和中国文化的关系来看，还是就易学在钱穆学术研究中的地位来说，这些为数不多的成果不仅从一个侧面体现着其史学研究的实证主义方法和历史主义的哲学观念，而且还在更深层面表达着其对中国文本根本精神和思想特质的理解，及其对中国文化未来之更新延续的思考。

在这些成果中，又以《易经研究》和《〈易传〉与〈小戴礼记〉中之宇宙论》两篇最具代表性，亦即最能表达和体现钱穆易学研究的基本特色和主要观点，并且这些观点被其贯穿一生，故本文将主要以这两篇文章的内容为中心展开对钱穆易学思想的讨论，同时旁涉其他著作的内容。

（一）"疑古剥皮法"——钱穆易学研究的史学方法

在《易经研究》中，钱穆首先从方法的角度对历史上的各种易学研究方式进行了概括和批判：他将汉儒的易学称之为"方士易"，宋儒的易学称之为"道士易"，而风气日渐加盛的近人学者之以西方哲学来讲《易经》，他则题了一个新名叫作"博士易"。他认为，无论是"方士易"，还是"道士易"，抑或是"博士易"，都是"同样的讲错，同样的不靠谱"，而"他们讲《易》的错误与不可靠，无非是他们研究方法的失败"。与此相应，钱穆在《易经研究》中首先便提出了一个他认为是"比较可靠少错误的""研究《易经》的新方法"。[①]那么，钱穆所谓"可靠少错误的""新方法"到底为何呢？他说道：

[①] 钱穆：《易经研究》，载《中国学术思想史论丛（一）》，《钱宾四先生全集》第18卷，台北联经出版事业公司1998年版，第247页。

《易经》决不是一时代一个人的作品，而是经过各时代许多人的集合品。我们并可以说《易经》里的《十翼》，是最后加入的东西。我们可以说其是《易经》完成的第三期。次之卦爻辞，是《易》的第二期。其余只剩八八六十四卦，便是《易经》最先有的东西，是《易》的第一期。我们现在借用近人胡适之所称"剥皮"的方法，先把《易经》里的第三期东西剥去，再把他第二期的东西也剥去，单只研究《易经》第一期里面的东西。把第一期的《易》研究清楚了，再研究第二期。把第二期的东西弄清楚了，再来研究第三期。把《易经》成立次第依著历史的分析的方法去研究，这是我今天要提出的一个比较可靠而可以少错误的新方法。①

从这段话中我们可以明白地知道，钱穆所说的研究《易经》的"比较可靠而可以少错误的新方法"就是历史的分析的方法，也就是胡适针对中国古代史尤其是上古史研究所提出的"剥皮主义"，又称"剥皮法""剥笋法"，而后者（即胡适的"剥皮主义"）其实正是20世纪20年代产生的以顾颉刚、钱玄同等人为代表的"古史辨派"（亦称"疑古派"）的主要研究方法。胡适在《古史讨论的读后感》（该文初刊于《读书杂志》第十八期，后被收入顾颉刚编著的《古史辨》第一册中）一文中说道：

顾自己说"层累地造成的古史"有三个意思：（1）可以说明时代愈后，传说的古史期愈长。（2）可以说明时代愈后，传说中的中心人物愈放愈大。（3）我们在这上，即不能知道某一件事的真确的状况，也可以知道某一件事在传说中的最早状况。这三层意思都是治古史的重要工具。顾的这个见解，我想叫作"剥皮主义"。譬如剥笋，剥进去方才有笋可吃。……这种见解重在每一种传说的"经历"与演进，这是用历史演进的见解来观察历史上的传说。

这是顾这一次讨论古史的根本见解，也就是他的根本方法。……他的方法可以总括成下列的方式：（1）把每一件史事的种种传说，

---

① 钱穆：《易经研究》，载《中国学术思想史论丛（一）》，《钱宾四先生全集》第18卷，台北联经出版事业公司1998年版，第248页。

依先后出现的次序排列起来。（2）研究这件史事在每一个时代有什么样子的传说。（3）研究这件史事的渐渐演进，由简单变为复杂，由陋野变为雅驯，由地方的（局部的）变为全国的，由神变为人，由神话变为史事，由寓言变为事实。（4）遇可能时，解释每一次演变的原因。①

顾颉刚作为"疑古派"的重要代表人物，他的"层累地造成的古史"观，是20世纪中国学术界影响极大的一种关于中国古代历史形成过程的思想观念，也是"古史辨派"所持历史观的根本见解，即一种演进的历史观。正如胡适所说，这种"根本见解"同时也意味着一种历史的分析研究方法——"剥皮法"。这种"剥皮主义"的历史研究方法，意在脱去蒙在历史事件及史籍上的种种光环和面纱，从而将其客观的真实面目呈现出来；而从具体的操作上来说，这种"剥皮法"其实就展开为一种文献的考证与辨伪，亦即是一种实证主义的史学研究方法，其背后实乃是一种科学主义精神的信念与诉求。胡适在《古史讨论的读后感》一文中针对顾颉刚、钱玄同、刘掞藜、胡堇人四人的古史讨论曾这样说道："这一次讨论的目的是要明白古史的真相。双方都希望求得真相，并不是顾对古史有仇而刘对古史有恩。他们的目的既同，他们的方法也只有一条路：就是寻求证据。只有证据的充分与不充分是他们论战胜败的标准，也是我们信仰与怀疑的标准。"②不难看到，钱穆所提出的《易经》研究的新方法亦正源于此，在这个意义上，早年的钱穆其实也属于"疑古派"的重要一员。③尽管他在后来的学术研究中逐渐与"疑古派"分道扬镳，但他早年借助"疑古派"的历史研究方法所形成的易学研究观点（如"十翼"非孔子作等）却"数十年未变"④。甚至还可以说，"疑古派"通过这种普

---

① 胡适：《古史讨论的读后感》，载顾颉刚编著《古史辨》第一册，上海古籍出版社1982年版，第191—193页。

② 同上书，第189—190页。

③ 钱穆早年运用"疑古派"的这种考证辨伪方法研究古史的直接体现，便是他早年的成名作《先秦诸子系年》及后来的《论十翼非孔子作》，后者正是他在易学研究中的具体表达，对其后的易学研究热潮产生了极其深远的影响。参见廖名春《钱穆孔子与〈周易〉说关系考辨》，《河北学刊》2004年第2期。

④ 钱穆：《孔子传·再版序》，生活·读书·新知三联书店2002年版，第2页。

遍怀疑和层层剥皮的研究方法所蕴含的演进历史观及其所表达的实证精神和科学诉求，在钱穆一生的治学研究中也未丢弃或改变。这其中也包括他的易学研究。

（二）"易学三期说"——钱穆对所谓《易经》"真相"的揭示

在疑古思潮和剥皮方法的观照下，钱穆首先悬置了被附加在《易经》上已达千年的圣贤光环——"《易》经四圣，时历三古"（亦作"人更四圣，世历三古"），即所谓"伏羲画八卦，文王作卦辞，周公作爻辞，孔子作《十翼》"[①]，然后将早期易学的发展划分为三个时期进行研究：第一期研究"《易》卦象数"，即《周易》的卦爻象系统；第二期研究"上下篇的系辞"，即《周易》的卦爻辞部分；第三期研究"十传的哲理"，即作为一种哲学形上学理论建构的《易传》（"十翼"）部分。乍看起来，钱氏的这一"易学三期说"似乎与古代的"人更四圣，世历三古"说无甚差别，但其实这只是表面的。钱氏之说与古说的根本差别在于他们对这三个时期之易学文献的内容及其性质，即：古说不仅将这三期的文献看作是一体的，即所谓"四圣一揆"，而且还将它们的思想内容看作是一以贯之的，都是古代圣人对天人之际问题思考的智慧结晶；然而在钱氏看来，它们不仅在时间上呈现出某种递进的关系，而且其各自的历史来源和思想内容都有着本质的差异，即卦爻象数更多是与古代的文字起源有关，卦爻辞则是一种卜筮记录之辞，而"十翼"则属于理论化的哲学思想建构。所以，对这三者之间的递进关系的揭示，从更深层面上来说，体现的是一种不断前进或进步的，且是连续而非断裂的中国文化历史观。

值得一提的是，钱穆的这一"易学三期说"其实在朱子那里便已有雏形，后者作为宋明理学的代表人物之一，受到钱穆的极度推崇。他曾作上百万字的《朱子新学案》通论朱子的学术思想以应对和纠正狭义"新儒家"，尤其是牟宗三从陆王心学正统论的角度对朱子所做的"别子为

[①] 钱穆：《易经研究》，载《中国学术思想史论丛（一）》，《钱宾四先生全集》第18卷，台北联经出版事业公司1998年版，第247—248页。不过按照历史记载，此处"文王"之作当不仅包括卦辞，还包括将八卦演为六十四卦，即所谓"重卦"。

宗"的批评，从而达到破除门户之见的目的。①他在为该书所作的纲领性著作《朱子学提纲》中开篇就说：

> 在中国历史上，前古有孔子，近古有朱子，此两人，皆在中国学术思想史及中国文化史上发出莫大声光，留下莫大影响。旷观全史，恐无第三人堪与伦比。孔子集前古学术思想之大成，开创儒学，成为中国文化传统中一主要骨干。北宋理学兴起，乃儒学之重光。朱子崛起南宋，不仅能集北宋以来理学之大成，并亦可谓其乃集孔子以下学术思想之大成。此两人，先后矗立，皆能汇纳群流，归之一趋。自有朱子，而后孔子以下之儒学，乃重获新生机，发挥新精神，直迄于今。②

由此可见钱穆对朱子学术的推崇之一斑。对于朱子易学，钱穆亦是推崇备至，他曾说："朱子治易境界，实有超出宋儒义理清儒考据之外者。然朱子所论，亦非于义理有背，亦未尝置考据于不问，此正其不可及处。"③在朱子那里，由于其以象数与义理相统一为研究宗旨，同时兼顾哲学沉思和考据方法两个方面，使其尽管专门的易学著作极少，但依然能够在易学史上享有极其重要的地位，而这也正与钱穆史学研究之以破除门户之见、壁垒意识为鹄的相通。钱穆在其《朱子新学案》中亦曾指出朱子论《易》三层次，他说：

> 朱子论易，先分伏羲文王孔子之三层次。伏羲仅画卦，即象数之易也。文王周公始为之辞，易为卜筮书，其辞亦仅为卜筮而作，此即卜筮之易也。孔子十翼，始发明其义理，此则为说理之易。此三层次之分别说明，则可不烦再争其必为伏羲文王孔子之与否。抑且既有伏

---

① 钱穆曾在其《朱子新学案》的《例言》中说道："学者困于门户之见，治理学则必言程、朱、陆、王。""学者又有经学、理学、乃及汉学、宋学之辨，此等皆不免陷入门户。朱子学，广大精深，无所不包，亦无所不透，断非陷入门户者所能窥。本书意在破门户，读者幸勿以护门户视之。"参见钱穆《朱子新学案》第一册，台北联经出版事业公司1998年版。
② 钱穆：《朱子学提纲》，生活·读书·新知三联书店2002年版，第1页。
③ 钱穆：《朱子新学案》第四册，台北联经出版事业公司1998年版，第38页。

羲文王孔子之三易，则其下亦不害又有魏伯阳易，陈希夷易，濂溪易康节易之禅递别出。此非深究朱子治易之独特处，则不易骤晓。①

在钱穆看来，尽管朱子未能完全突破前人"人更四圣，世历三古"的经学古说，但朱子能够想到将早期易学分为"象数之易"、"卜筮之易"和"说理之易"三个相互区别又不断递进的层次来分别进行研究论说，已经是一极大之进步，充分显示了朱子不盲信传统旧说，但求恢复客观历史真相的疑古勇气和治学精神。以下便分别从卦爻象数、卦爻辞和"十翼"三个"层次"分别对钱氏"易学三期说"进行考察。（不过鉴于研究内容的多寡及重要性的不同，本节对钱氏"易学三期说"中的第三期，即"十翼"部分的讨论只涉及其对"十翼"作者的文献考辨，至于他对"十翼"的思想内容的研究则放到下一节讨论，因为后者乃是钱氏易学思想中最为精要的部分。）

1. "八卦文字说"与"象数一原"论——易卦象数的历史演变

在对《周易》研究中，卦爻象（包括八经卦和六十四别卦）的历史来源及其内在的逻辑结构，一直是易学研究的重要论题，甚至是首要论题。但是由于历史久远，加之它本身的抽象性、复杂性等特点，从古至今对它的解释亦可谓是五花八门，多彩纷呈。其中较有影响者，在古代主要有"伏羲观象设卦说"、"文字说"、"画卦说"、"结绳记事说"等，近代以后则有"生殖崇拜说"、"易卦源于龟卜说"、"易卦源于数字卦说"等。钱穆的观点大致也属于八卦"文字说"："八卦之用，盖为古代之文字。"②即以☰为古文天字、☷为古文地字、☳为古文雷字、☴为古文风字、☵为古文水字、☲为古文火字、☶为古文山字、☱为古文泽字。但是与古代的八卦"文字说"相比，钱氏又有所改进，即在其中也加进了一些"观象设卦说"和"画卦说"的内容。具体来说，他将八卦的形成归纳为三步：他首先指出，"《易》卦八八六十四个，起原只是八个。八卦

---

① 钱穆：《朱子之易学》，载《朱子新学案》第四册，台北联经出版事业公司1998年版，第40—41页。

② 钱穆：《国学概论》，商务印书馆1997年版，第3页。

的取象只有两爻：一象天，浑然不可分析。- -象地，地上山川草木蕃然可辨。此为八卦成象的第一步。"①继而在此象征天地的两爻的基础上循序渐进，便产生了震☳、坎☵、艮☶三卦：其中震卦"为一物在地底之象"，"为天神下格之第一卦"，钱氏并举古代先民"雷动起于地下"的看法及《易传》"雷出地奋"、《礼记》"雷始收声"等语作为证据；坎卦"为一物在地中之象"，"为天神下格之第二卦"，并举《孟子》"水由地中行"一语为证；艮卦"为一物在地上之象"，"为天神下格之第三卦"，并举《公羊传注》"山者阳精，德泽所由生，君之象"，《礼记》"因名山升中于天"等语为证。接着将这三卦反转，便形成巽☴、离☲、兑☱三卦：其中巽卦"为一物在天空下层之象"，"为地气上通之第一卦"，并举《庄子》"大块噫气，其名曰风"一语为证；离卦"为一物在天空中层之象"，"为地气上通之第二卦"，并举"地上万物，经火则其气融融而上"等常识为证；兑卦"为一物在天空上层之象"，"为地气上通之第三卦"，并举"水草交错为泽，毒虫猛兽居之，古人常纵火大泽以驱禽行猎"之常识及《尧典》"益烈山泽"、《韩非子》"鲁人烧积泽，天北风，火南倚，恐烧国"等语为证，他认为"泽卦与风火为类，本取象于烈泽，后人认作水泽、雨泽，都错了"②。这些是八卦成象的第二步。最后才是乾☰、坤☷两卦，钱氏认为，象征天地的这两卦分别是由"—"与"- -"两爻叠增而成，至于为什么一定是三画，他则觉得"这是牵强的，无可说了。不过是把来和上举六卦归成一律而已"③。这是八卦成象的第三步。此外，钱穆还用文字学上许慎的"六书说"来解释八卦的形成："八卦只是一种文字，只是游牧时代的一种文字。把文字学上的六书来讲，他应归入'指事'一类。"④

八卦之后便是六十四卦，钱穆依旧采取古代的"重卦说"，只是也运用了"六书说"中的"会意"来解释。⑤比如他说：☷本为雷在地下之

---

① 钱穆：《易经研究》，载《中国学术思想史论丛（一）》，《钱宾四先生全集》第 18 卷，台北联经出版事业公司 1998 年版，第 248—249 页。
② 同上书，第 249—250 页。
③ 同上书，第 249—250 页。
④ 同上书，第 250 页。
⑤ 同上。

象。后来沿用既久，一看便认它为雷，因此雷在地下，别又造了一个象䷗；䷖本位山在地上之象。后来沿用既久，一看便认它为山，因此山在地上，别又造了一个象䷖……其他卦亦仿此。当然，也有些不免牵强。至于最后的䷁、䷀，钱氏认为"益发没有理由可说。只求六划成卦，整齐一律，便成了六十四卦"①。但是，以这样的重卦方式将八卦之象变成的六十四卦，其卦象之所指毕竟是非常有限，无法满足人们的日常使用，这时候就需要将八卦依照原有卦象所蕴含的性质（亦即是卦德，如乾卦性"健"）进一步推扩出去，从而使得八卦具有更多的象征意义。如☰原来象天，之后又进一步象马、象头、象父……其他亦仿此。钱穆在此同样借用"六书说"称之为"假借"，他说："社会进化，人事日繁，往日游牧时代简单的几个代表自然界的卦象，终觉不够用，因此乃把卦象推衍开去，这譬如是六书里的'假借'。"②当然，钱穆也指出，这种卦象意义的"假借"，其实是一种"比附"：因为按照这样的推扩，"我们可以说，就是现世的火车、飞机之类，也未始不可比附到卦象里面去"③。但是，这种卦象作为文字使用，由于它的推扩受到卦德所限，加之卦象数量毕竟有限，故对于生活的无限可能来说，终究是不方便的，所以必然要被其他的文字所取代。因此钱穆说道："卦象尽是推衍，应用到底有窒碍。八卦只好算是古文字之僵化。后世实际应用的，还是另一种更巧妙更灵活的文字，便是现在用的文字。"④

在上述钱穆对从八卦的形成到重卦的发生及卦象的推衍，直至被新的文字所取代等问题的讨论中，我们暂且不论钱穆的说法究竟是否正确和客观，是否真的符合历史上的客观真相（因为事实上这些问题或许永远也不能有一个完全正确和客观的答案，而我们所做出的研究和讨论终究亦只是一种解释而已），但至少我们可以清楚地看到这样三个特点，即：第一，钱氏揭去了两千年以来一直被附加在八卦及六十四卦之上的神圣外衣和圣贤光环，使它走下神坛，与普通百姓的现实生活直接相联系，体现了

---

① 钱穆：《易经研究》，载《中国学术思想史论丛（一）》，《钱宾四先生全集》第 18 卷，台北联经出版事业公司 1998 年版，第 250—251 页。
② 同上书，第 251—252 页。
③ 同上书，第 253 页。
④ 同上。

钱氏不盲目信从传统及反对传统的经学研究模式的疑古精神；第二，钱氏运用文献考证的史学方法来研究史籍的形成过程及其内容性质的做法，其实是一种实证史学的研究方法，其实质乃是科学的实证精神在史学研究领域的表达；第三，钱氏认为卦象的形成演变经历了一个从简单到复杂、从抽象到具体的轨迹和过程，而这一过程也正是钱氏演进的历史观的基本内涵之一。从更深层面来说，这种演进的历史观，其内含的是一种历史进化论或进步史观的思想观念。这三个特点共同构成了钱穆对探求客观的历史事实真相的现代科学史学诉求，并一直贯穿和体现于其一生治学研究的始终。① 而这种科学史学，或者说是史学科学化的诉求，其背后的实质和动机乃是对近代以来西方文化对中国文化强势冲击的某种回应，和对实现中国学术及中国文化现代化的努力。所以，笔者在这里之所以不厌其烦地引述钱穆的原话和考证过程，亦正在于要努力呈现出这三个特点，因为这三个特点还将继续体现在下面的考察和讨论中。

与《周易》卦象直接联系的就是《易》之数。钱穆首先便指出了易卦之象与数的某种内在统一性。他说："从'数'的方面讲：一象奇数一。--象偶数二。这本是象数一原的。"② 显然，这是有见于一和--这两个阴阳爻符号在数学上所呈现出的某种特征，即象征"天"的阳爻一为一画，象征"地"的阴爻--为两画。由此便有了以数字来象征天地万物的想法，即《易传》所谓"天数一地数二"。又，从"天数一地数二"中转而引申出：奇数象天，偶数象地，这便有了"一象奇数三，--象偶数二"，即《易传》所谓"参天两地而倚数"。钱穆认为"这便复杂了，进步了"，并且猜测这种由卦象而引出的卦数与《老子》《庄子》中"一生二，二生三，三生万物"之语，及古代的日月星三光崇拜、五行说的起源等可能存在着某种关系。③ 接着，在"参天两地"即天数三地数二的基础上又引出了象征老阳、老阴、少阳、少阴的9、6、7、8，及甲子历数60和大衍之数50等，甚至还有勾三股四弦五这种"很高深的数学游

---

① 关于中国现代史学研究的实证精神和科学诉求，可参见杨国荣《科学的形上之维——中国近代科学主义的形成与衍化》第六章"史学的科学之维"，华东师范大学出版社2009年版。

② 钱穆：《易经研究》，载《中国学术思想史论丛（一）》，《钱宾四先生全集》第18卷，台北联经出版事业公司1998年版，第253页。

③ 同上。

戏"。在钱穆看来，"我想最先蓍卦，只以二三起数，至九六七八为止，只是一种初步的计数游戏，决不能像大衍数那样的繁复。""照《易》卦的象与数讲来，本来是很简单很粗浅的"，但是后来随着认识的发展，逐渐"把他看得很神秘"了。① 从以上对《易》卦之"数"的衍化的讨论中，从简单到复杂、从粗浅到高深的这种历史演进轨迹是非常明显的，尽管其中的一些讨论并非确证之言，而更多只是一种猜测性的思考。

此外，还有一个与《易》卦象数相关的事情，那就是占卦。依前述的八卦"文字说"，钱穆认为，最初的卦象主要是用于现实生活中人与人之间的意义表达和信息交流，如：☷以（艮下坎上，蹇卦）表示山上有水，以☶（坎下艮上，蒙卦）表示水在山下等，实如后世社会中流行的"拆字"，是"不足为奇"的。②但是由于人类社会早期，"民智浅陋，彼见卦象可以告我以外物，以谓必有类我而神明者主之，而敬畏之心渐起"③，即"他以为卦中有神，告他方便，他此后，一遇疑惑，便难免要乞灵卦神了，这便是占卦的起始"④。由此我们不难看到，从卦象作为文字的使用到占卦的产生，这其中也体现出从简单粗浅到复杂神秘的演进过程。

2. 从卜筮之辞到天命之言——《周易》上下篇卦爻辞的历史衍化

在钱穆的"易学三期说"中，《周易》卦爻辞部分作为易学衍化发展的第二期，它的形成乃是直接上承第一期卦爻象系统的。如前所述，《易经》卦爻象最初只作为文字表达和信息交流使用，后来由于它的特殊作用，即可以告民事物，从而被先民神化，并用于占卜之事。《易》卦爻辞便源于此占卦之事。钱穆曾指出："有了占，便渐有辞。辞的起源，是从占卜者口里记下来的话。"⑤也就是说，《易》卦爻辞实为上古先民的占卜记录之辞，即卜筮之辞。将卦爻辞看作卜筮之辞，而不是什么上古圣贤的

---

① 钱穆：《易经研究》，载《中国学术思想史论丛（一）》，《钱宾四先生全集》第 18 卷，台北联经出版事业公司 1998 年版，第 254 页。

② 同上书，第 255 页。

③ 钱穆：《国学概论》，商务印书馆 1997 年版，第 4 页。

④ 钱穆：《易经研究》，载《中国学术思想史论丛（一）》，《钱宾四先生全集》第 18 卷，台北联经出版事业公司 1998 年版，第 255 页。

⑤ 同上。

微言大义，这便意味着《易经》不再被看作什么高深莫测的哲学经典，而只是一本古人用于预测未来之吉凶的卜筮之书而已。关于《易》卦爻辞之来源成因的这一看法，在现代易学研究中，已基本得到确定和认可。但是，就是对这样一个看法的确认，在传统的经学时代却是很难发生的，甚至是难以想像的，因为这样一种看法的产生，其真实意义绝非只是对于一个文本的形成及其性质的某种看法的改变或更新，而是从根本上意味着一种对传统的经学研究模式和以儒家思想为核心的价值规范体系的挑战，或者更确切地说，其中内含着一种对于权威的挑战。这也就是为什么即使当我们撇开朱子之理学在中国哲学史上的深远影响和重要地位的时候，尽管其在易学方面的专门著作极少（即可见者只有《易学启蒙》《周易本义》及《朱子语类》中的若干关于易学研究方面的语录等），但朱子之易学在易学史上依然能够占有着极其重要的地位，因为朱子之易学概括为一句话就是强调"《易》本卜筮之书"①，他对整个《周易》文本（包括卦爻象、卦爻辞及"象辞相应之理"）的理解和解释亦正是从卜筮的角度切入的。朱子将其最重要的易学著作命名为《周易本义》，其目的盖亦在于此，即要求恢复《周易》的本旨。显然，朱子的这一探究《周易》之"本义"的诉求与钱穆追寻客观历史真相的史学研究在研究宗旨上具有一致性。所以，在钱穆对朱子之易学的研究中，钱氏对朱子易学可谓是推崇备至，这无疑与朱子之以《周易》为卜筮之书的见识密切相关。他说："朱子论易，不仅深切留意到无极太极先天后天之说，并以世俗如火珠林与灵棋课等与易相提并论，此其识解之宏通活泼，平实深允，洵可谓旷世无匹也。"②此处的"火珠林""灵棋课"等正是古代遗留下来的占卜之法。

既然《易经》卦爻辞本是卜筮之辞，那么，《易传》中对《易经》卦爻辞的理论化、哲学化的解释，便应是后世学者"强加"到《易经》上去的，而非《易经》卦爻辞之本义。所以，在对《易经》卦爻辞的讨论中，钱穆首先点明《易经》与《易传》是不同时代的产物，要区别对

---

① （宋）朱熹：《朱子语类》卷六十六，黎靖德编，岳麓书社1997年版，第1452页。
② 钱穆：《朱子之易学》，载《朱子新学案》第四册，台北联经出版事业公司1998年版，第36—37页。

待,即《十翼》里的话多是"板着面孔说正经大方话",与"卦辞里说的性质大异","这是因为《周易》上下经里还保留着不少古初卜辞遗下的痕迹,《十翼》却完全是后人的造作"[1]。而他用以证明这种著作时代和文本性质之区别的,正是对《易经》中一个极其常见且重要的卦辞"贞"字的含义的考证。

众所周知,在传统易学中,由于受《易传·文言传》解释权威(即《易传》一直被看作是孔子所作)和《左传》中穆姜对《随卦》"元亨利贞"之解释的影响,《易经》中的"贞"字基本都被解释成作为君子"四德"之一的"贞固"之德。但是钱穆说:

> 据《说文》:"贞,问也。"《系辞》(即《易经》卦爻辞——引者按)里的贞字,都应该做"贞问"解。《十翼》里忽然造出元、亨、利、贞的四德来,这是最无根据,从原始意义讲来,是最不通,最难信从的。[2]

显然,在钱穆看来,《易经》卦辞之"贞"应该依其本义(同时亦即是许慎《说文解字》的解释)而解作"贞问",即占卦以问吉凶,所以亦可作"占问"。他还运用"代入法"将"贞固"和"占问"这两种解释分别代入《易经》中所有出现"贞"字的卦爻辞中,指出"《周易》凡上下二篇里的'贞'字,照我讲法无一不通。照文言里"贞固"之德解,便无一可通"。[3]因此,"贞"字当作"占问"解无疑,这在现代易学亦已无甚异议。[4]值得补充说明的是,钱穆通过对"贞"字之含义解释的考辨,来纠正往昔对于卦爻辞的误解,及对《易经》卜筮之用的确证,在当时

---

[1] 钱穆:《易经研究》,载《中国学术思想史论丛(一)》,《钱宾四先生全集》第18卷,台北联经出版事业公司1998年版,第257页。

[2] 同上。

[3] 同上书,第259页。

[4] 不过,尽管《易经》卦爻辞之"贞"字的本义已被确定作"占问"解,但也不应因此便完全否定《易传》及《左传》对"贞"字所做的"贞固"之德的释义,因为后者作为一种解释已被延续使用千余年,早已融入人们的语言生活之中。所以,我们亦不必完全丢弃这个附加的含义,只需将其看作"贞"字的另一种含义便可。如冯友兰将构成其哲学体系的六本哲学著作命名为"贞元六书",以取"贞下起元"之意,显然这正是对"贞"字后一含义的使用。

中国的史学界和易学界亦是领先的,后来的李镜池、高亨等学者亦曾对《易经》"贞"字做出过详细考证以确定它的"占问"之义,都是钱穆之工作的延续。

既然《周易》的卦爻辞本是卜筮之辞,即卜筮的记录之辞,那么本该是非常零散的,但是我们今天看到的《周易》上下篇体例完整、井然有序,显然是经过后人编排过的。那么,这种编排又是出于何时何意呢?钱穆说:

> 最初的易辞,只在《周易》上下篇里存了一些痕迹。至于《周易》上下篇,是特别有它的用意的。《十翼》里面说,《易》之兴也,当殷之末世,周之德盛,当文王与纣之事,《易》言殷周之际,这却真是不错的。原来《周易》之作,在明周家之得天下盖由天命。后来《左传》里保存着田氏魏氏等篡窃齐晋的预言,很灵验的占卦,都是和《周易》同样的用意。不过《周易》里面的话,没有《左传》那样显露,格外难推详些罢了。①

这是说,最初作为占卦记录的卜筮之辞只是《周易》卦爻辞的一部分,并非就是后来完整的《周易》上下篇。后来完整的《周易》上下篇编纂成书乃是与周朝为了证明自身政权的合法性有关,即周之代殷而立乃是天命所归。对此,钱氏举了卦爻辞中的"利西南不利东北"之语和"师卦"六五爻辞"大君有命,开国承家,小人勿用"两例的解释为证:通过考证,钱氏认为,前者中的"西南"和"东北"应分别指周和殷;后者则讲的是武王伐纣之事。尽管钱穆没有明确说,但其实已经暗含了对《周易》卦爻辞形成时代的考证,即《周易》上下篇卦爻辞应产生于殷周之际。这在其晚年为其《中国学术思想史论丛(一)》所作的《序》曾得到过明确表达:"《易经》起于商、周之际。"

从以上钱穆对《周易》发展的第二期,即卦爻辞之形成和内容的讨论中我们可以看到,尽管他否定了旧的文王重卦并作卦爻辞(或亦说文

---

① 钱穆:《易经研究》,载《中国学术思想史论丛(一)》,《钱宾四先生全集》第18卷,台北联经出版事业公司1998年版,第259页。

王作卦辞，周公作爻辞）的说法，但是他并未否定《易经》卦爻辞之作于殷周之际，且正为周之代殷而立所作。在此，前述钱氏史学研究的三个特点，即疑古的精神、实证的方法和演进的历史观依然得到了体现。

3. "十翼"非孔子作——钱穆对《易传》作者的历史考辨

作为对《易经》的注释性文本，《易传》十篇（七种）被看作是理解和通达《易经》哲理的根本途径，故被后人称为"十翼"。它在钱穆的"易学三期说"中属于第三期的内容。在传统的经学中，受司马迁《史记·孔子世家》中"孔子晚而喜易，序彖、系、象、说卦、文言。读《易》，韦编三绝。曰：'假我数年，若是，我于《易》则彬彬矣'。"和班固《汉书·艺文志》中"人更三圣，世历三古"等说法的影响，"十翼"亦即《易传》一直被看作是孔子所作，此说法被延续千年，几成定论。直至宋代欧阳修方始怀疑除《彖传》、《象传》之外，其余《系辞传》等可能非孔子所作，之后清代学者崔述进一步又质疑《彖传》、《象传》可能亦非孔子所作。①但真正全方位开始对孔子作《易传》之说进行质疑并作出考证研究的，则是自近代的"疑古派"开始，而其中又是尤以钱穆的《论十翼非孔子所作》一文为先驱。廖名春曾通过对20世纪二三十年代学者们关于孔子与《易传》关系说的各种研究进行一种"学术史溯源"，并将其中有代表者按时间先后顺序进行排列后指出：

20世纪的头三十年里，《古史辨》诸君中系统而全面论证孔子与《周易》无涉、《易传》非孔子所作说的只有钱穆和李镜池，而钱穆说又早于李镜池两年，应该视为此说的代表。②

当然，廖名春在最后也进一步指出："《古史辨》诸君孔子与《周易》无涉、《易传》非孔子所作说，也有日本汉学的影响。"③质言之，钱穆乃是近代以来"十翼非孔子作"之说的代表。那么，钱穆到底是如何考证并得出此结论的呢？钱穆提出了十条证据，其大意可概括如下：

---

① 参见杨庆中《周易经传研究》，商务印书馆2005年版，第151页。
② 廖名春：《钱穆孔子与〈周易〉关系说考辨》，《河北学刊》2004年第2期。
③ 同上。

第一，汲冢所出有《易经》两篇，但无《十翼》。魏文侯好儒，以子夏为师，如果孔子作《十翼》，汲冢不应只有《易经》两篇。

第二，《左传》鲁襄公九年，鲁穆姜论元亨利贞四德与今《文言》篇首略同。以文势论，是《周易》抄《左传》，而非《左传》抄《周易》。

第三，《论语》"曾子曰：'君子思不出其位'"，今《周易》艮卦《象传》也有此语。果孔子作《十翼》，记《论语》的人不应误作"曾子曰"。

第四，《系辞》中屡称"子曰"，明非孔子手笔。

第五，《史记·自序》引《系辞》称"《易大传》"，并不称《经》，可见并不以为孔子语。

第六，《史记》推尊孔子，所以《五帝本纪》托始黄帝，而不述及《系辞》之伏羲、神农，可见太史公并不以《系辞》为孔子作品。

这六条前人多已说过，只是说非孔子作《十翼》。以下更进一层，认为孔子对于《易经》也并未有"韦编三绝"的精深研究，更遑论作《易传》。

第七，《论语》无孔子学《易》事，只有"加我数年五十以学易可以无大过矣"一条。据鲁《论》，"易"字当作"亦"。古《论》妄错"易"一字，便附会出"五十以学《易》"的故事。

第八，孟子、荀子皆不讲《易》。

第九，秦人焚书不焚《易》，一辈儒生因而把一切思想学问牵涉到《易经》里面去讲，以致造成汉初易学的骤盛。如果孔子作《十翼》，《易》为儒家经典，岂有不烧之理？

第十，《论语》和《易》思想不同。《论语》里的"道"只是人类的行为，而《系辞》里的"道"是抽象的独立之一物，明与《庄》、《老》说法相合；《系辞》里的"道"及于凡天地间的各种现象，这也与《论语》不同。《论语》里的"天"，是有意志、有人格的；而《系辞》里的"天"与"地"并举，是形下的。《论语》是以人事证天心，而《系辞》却以天象推人事。《论语》里的"鬼神"，也是有意志，有人格的；而《系辞》里的"鬼神"是唯气、唯物的。概括说，《易·系》的思想，大体上是远于《论语》，而近于

《庄》、《老》。《易·系》的哲学，是道家的自然哲学，它的宇宙论，可以说是唯气之一元论。因而建议，讲《易·系》的思想，应该让讲道家哲学和阴阳家哲学的时候去讲。①

　　以上所列十条证据中，前九条基本属于纯粹文献层面的考证，第十条则属于思想内容层面的辨析。此外，钱氏还在其后来的《国学概论》和《先秦诸子系年》等著作中，通过对孔门传《易》详加考察，力辩"十翼"非孔子所作，此处不作赘引。廖名春曾指出："可以说，一直到逝世，钱穆《易传》非孔子作的观点始终就未曾改变过。"②关于从文献层面考证《易传》与孔子的关系问题，学术界的研究讨论已不计其数，然而争议依旧还是很大，而且这种争议似乎在短时间内也不可能消失，加之此问题不属于本书研究的论题，故本书此处不拟对钱氏关于《十翼》非孔子作的文献考证之是非得失展开详细讨论，而只拟对其核心观点进行简短的辨析：依笔者之见，钱氏认为《易传》非孔子亲笔所作，这应该是对的。因为在历史上，孔子究竟有没有亲笔写过什么原创性的哲学著作，这依然是个历史之谜。但他认为孔子完全没有研读过《周易》，孔门与《周易》毫无关系，似乎于情于理都不通，有"疑古过勇"（张岱年语）之嫌。因为：从《左传》《国语》等著作中的记载来看，在春秋战国时期，《周易》一书经常被用作占卦卜筮的工具或作为经典进行引证，尤其是《左传·昭公二年》记载："晋侯使韩宣子来聘，见《易象》与鲁《春秋》，曰'周礼尽在鲁矣。吾乃今知周公之德与周之所以王也。'"③不管这个《易象》④究何所指，即《易

---

　　① 参见钱穆《易经研究》，载《中国学术思想史论丛（一）》，《钱宾四先生全集》第18卷，台北联经出版事业公司1998年版，第262—269页。钱氏论证"十翼非孔子作"十条证据的原文具体内容太多，限于文章篇幅，不能全引。故此处所概括之十条大意亦引自廖名春《钱穆孔子与〈周易〉关系说考辨》，《河北学刊》2004年第2期。
　　② 参见廖名春《钱穆孔子与〈周易〉关系说考辨》，《河北学刊》2004年第2期。
　　③ 《左传·昭公二年》，载杨伯峻编著《春秋左传注》（四），中华书局2009年版，第1226—1227页。
　　④ 也有学者如杨伯峻从宋代王应麟之见认为，这里的"易象"二字应当分开断句，即应指《易》和《象》两本书，前者（即《易》）是指《周易》，后者（即《象》）是指《左传·哀公三年》，"命藏《象魏》"之"象魏"的省称，它乃是"鲁国历代之政令"。参见杨伯峻编著《春秋左传注》（四），中华书局2009年版，第1226—1227页。

经》卦爻象，或整本《易经》或是《周易·象传》等，至少它是一本与《周易》相关的书，并且在鲁国是可以见到的。而孔子在当时就以博学著称，所以，说他完全不知道《周易》或完全没研读过《周易》显然有悖常理。当然，在钱穆治《易》之时，帛书《周易》尚未出土，且直至逝世，钱氏可能都未曾见到过帛书《易传》中孔子与其弟子论《易》的文献，故其坚持"十翼非孔子作"之说一生未变亦属情有可原。①从现今的易学界对此问题的讨论来看，笔者认为廖名春的看法相对比较中肯，兹引于下：

> 我们可以说，《易传》虽非孔子亲笔所书写，但《易传》源于孔子的《易》教，它对《周易》的解释，主要来源于孔子思想。
>
> 其实，所谓"作"也有狭义和宽义之分。狭义的"作"就是亲笔书写；宽义的"作"，并不一定是亲笔书写，也可以指学说的来源。先秦诸子之书，往往是聚徒讲学而成。讲学之言，弟子各有所记录，并加以加工整理，形成各种传本，在学派内部传习，有时还附以各种参考资料和心得体会。其中数传之后的东西和弟子的东西往往难以分辨清楚，所以就推本先师，转相传述曰：此某之书。先秦诸子之书，不必如后世作文，必皆本人手著，云某某之作，只是说其学出于某人。……从先秦古书的通例来看，"子曰"倒是它们出于孔子的铁证。研究孔子思想，可信史料首推《论语》，但《论语》也不是孔子手著。所以，古人所谓孔子作《易传》之说，虽然也有疏漏、不够缜密之处，但也基本上符合先秦古书的习惯，对之完全否定是不妥当的。②

依杨庆中对《易传》与孔子之关系的讨论在学界所存在的三种说法的划分，廖名春的这一看法，既非绝对的否定说，亦非完全的肯定说，而

---

① 不过，也有学者认为即使是帛书《易传》亦不能证明孔子研究过《周易》。如陈鼓应不仅认为传世今本《易传》中的"子曰"之"子"不是孔子，而是当时弟子对老师的一种普遍称呼，而且甚至还认为帛书《易传》中记载的孔子与其弟子论《易》的内容与《庄子》中所记载的孔子与其弟子的对话一样，都属于一种庄子道家的寓言式作品，而非可信的真实历史。笔者认为，陈氏之所以作如此说实乃为了替其"道家主干说"辩护而作出的曲为之说，有"削足适履"之嫌。具体讨论可参见拙文《易道形而上学何以可能——以"象"为中心的〈周易〉思想研究》，华东师范大学博士学位论文，2012年。

② 廖名春：《钱穆孔子与〈周易〉关系说考辨》，《河北学刊》2004年第2期。

是一种"谨慎肯定说"。①

要而言之，从上引钱氏考证"十翼"非孔子作的过程中，我们依然可以非常清楚地体会到其不迷信经学古说，但唯客观历史真相是瞻的疑古勇气及其依证（即依靠证据）立言的实证主义的史学研究方法，体现了钱氏易学及史学研究的科学诉求，并以此来应对强势的西方文化冲击，实现中国学术和中国文化的现代化。至于钱穆从《易传》（尤其是《系辞传》）和《论语》在思想内容上的差异来论证"十翼"非孔子作的部分，则放到下一节钱氏对《易传》哲学思想的研究部分进行讨论。

三 招魂：从"德性天人观"到中西哲学会通——钱穆对中国文化精神的探寻及其复兴之展望

如前所述，钱穆借助"疑古派"的"剥皮法"，延续朱子的易学"三层次"论，将早期易学发展划分成三个时期，即：《易》卦象数、《易》卦爻辞和"十翼"的哲理。而在三个时期的具体研究中，又是以对"十翼"的研究（包括对"十翼"之作者的考辨和思想的考察）最能代表和体现钱氏易学（"史学的易"）的基本特征和核心观点，并且也是钱氏易学思想中在学术界最有影响的部分。进一步地说，在钱穆对"十翼"的研究中，如果说，他从文献层面对"十翼"非孔子作的认真考辨（以及前述钱氏对于《易经》卦爻象数和卦爻辞的考辨）主要属于研究方法（即方法论）层面之更新的尝试，体现了其理性疑古、科学实证的态度和精神（此研究工作可谓之"求真"），那么，他从思想层面对"十翼"之哲学内容的深入剖析则已经涉及更深层面对中国文化之根本精神的探究及其生命之延续和复兴的思考。也就是说，在笔者看来，后者（即其对《易传》哲学思想的研究）其实远不仅是为了辨明所谓《易传》思想的真相，为了替中国有哲学，尤其是宇宙论形而上学的理论沉思和建构而争辩，进而达到应对西方文化之冲击和侵入的目的，而且还表达了他一生治学研究的文化情感与思想信仰，并寄托着他对延续和复兴中国文化之精神生命的深思与展望（此研究可谓之"招魂"）。也正是基于这样一种情感、信仰和观念，他对尽管已经饱受批判，甚至已经奄奄一息的中国文化依然

---

① 杨庆中：《周易经传研究》，商务印书馆2005年版，第165页。

充满信心，认为中国文化在将来可以摈弃旧粕，接纳并融汇西方文化（包括科学精神与民主政治，不过在这里钱穆更多侧重于前者，即科学精神这一方面）从而重获新生，大放光彩。

(一) 史学的视域与《易传》的注重

前文曾指出，与狭义的"新儒家"学者们更多侧重于从哲学的视域展开对中国文化之内在精神的探讨和对中国文化之延续复兴的思考不同，钱穆主要是从史学的角度进入对中国历史文化研究和考察。而之所以采取史学的角度而非哲学的视域来切入，这是与他毕生治学之以破除门户意识和壁垒观念为治学鹄的的宗旨有关。钱穆的这种史学进路，一方面，从研究方式来说，它既体现在理性疑古的态度和科学实证的精神上，也体现在通过这种疑古态度和实证精神所阐发出的一种演进的历史观；另一方面，从研究内容来看，它不仅涉及对各种历史典籍、历史事件、历史人物等的文献考辨，而且还涉及对各种学术著作、学术流派等的思想剖析。通过不断的思想剖析，不仅要求辨明和揭示历史上各种学术流派或思想人物之间的差异和联系，而且更重要的在于要求厘清和展现中国传统学术思想之演变的总体面貌和脉络历程，从而力图恢复和把握中国学术思想史之演进历程的历史真相，以期寻得其中真正有利于中国文化之延续复兴并贡献于世界文化发展的精神内容。所以，尽管钱穆避免甚至排斥从哲学的视域和方式来切入中国传统文化的研究，但他并不避讳对中国传统文化中之各种哲学思想的研究考察。毕竟要想真正领悟和把握中国文化的本质特征或根本精神，不进入其最深处的哲学层面进行思考显然是不可能的。只是在对中国传统的哲学思想进行研究考察时，他始终都在非常小心翼翼地进行，即他一方面在借用这个从西方传入的"哲学"概念，以展现中国哲学与西方哲学相通相近的地方；另一方面他又经常使用"思想"或"宇宙论"、"人生论"等中国学术固有概念，并力辩中国哲学与西方哲学之间所存在的更大的差异性，以避免陷入冯友兰所著两卷本《中国哲学史》所引来的"新瓶装旧酒"的批评，亦即是所谓"以西律中"、"以西格中"的窘境。[①]钱穆曾这样说道：

[①] 关于冯友兰《中国哲学史》之"新瓶装旧酒"问题的讨论，可参见李晓宇《"瓶""酒"之辩——冯友兰"中国哲学史"建构中的紧张与蒙培元的化解之道》，载黄玉顺、彭华、任文利主编《情与理——"情感儒学"与"新理学"研究》，中央文献出版社2008年版。

"哲学"一名词，自西方传译而来，中国无之。故余尝谓中国无哲学，但不得谓中国人无思想。西方哲学思想重在探讨真理，亦不得谓中国人不重真理。尤其如先秦诸子及宋明理学，近代国人率以哲学称之，亦不当厚非。惟中国哲学与西方哲学究有其大相异处，是亦不可不辨。①

由此可见钱穆对中国哲学研究态度之一斑。同时也可以说，钱穆对中国传统哲学思想研究的这种谨慎态度正是其史学的进路和方式的一种表达。

又，进一步从对中国传统哲学的研究来看，相较而言，钱穆又特别注重《易传》（还有《中庸》）。因为，首先，从整个两千多年的中国哲学史来说，《易传》哲学属于先秦哲学的一部分（这与其他学者如李镜池、郭沫若等将《易传》基本看作是秦汉以后的作品不同，后者的"疑古过勇"更加突出明显），而先秦哲学正是中国哲学与中国文化的原创和奠基阶段，亦即是雅斯贝尔斯所谓的中国哲学的"轴心时期"②，它形成并奠定了中国哲学与中国文化的根本精神和思想特质。其次，就先秦哲学思想的发展来说，又以《易传》（和《中庸》）可为巅峰。钱穆在其《中国思想史》一书中曾这样说道：

《易传》和《中庸》，出于不知谁何人之手，与《老子》同类，都是中国古代几部无主名的伟大杰作。老子思想之大贡献，在提出一个"天人合一"，即人生界与宇宙界合一，文化界与自然界合一的一种新观点。关于此一问题，本是世界人类思想所必然要遭遇到的唯一最大主要的问题。春秋时代人的思想，颇想把宇宙暂时撇开，本专一解决人生界诸问题，如子产便是其代表。孔子思想，虽说承接春秋，但是其思想之内在深处，实有一个极深邃的"天人合

---

① 钱穆：《现代中国学术论衡·略论中国哲学一》，载《钱宾四先生全集》第25卷，台北联经出版事业公司1998年版，第25页。
② 参见［德］卡尔·雅斯贝尔斯《历史的起源与目标》，魏楚雄、俞新天译，华夏出版社1989年版。

一观"之倾向,然只是引而不发。孟子的性善论,可说已在天、人交界处明显地安上一接榫,但亦还只是从天过渡到人,依然偏重在人的一边。庄子要把人重回归到天,然又用力过重,故荀子说其"知有天而不知有人"。但荀子又把天与人斩截划分得太分明了。这一态度,并不与孔子一致。老子提出了"人法地,地法天,天法道,道法自然"之明确口号,而在修身、齐家、治国、平天下一切人生界实际事为上,都有一套精密的想法,较之孟子是恢宏了,较之庄子是落实了,但较之孔子,则仍嫌其精明有余,厚德不足。而且又偏重在自然,而放轻了人文之比重。《易传》与《中庸》,则要弥补此缺憾。①

在短短不到五百字的篇幅中,不仅从作为哲学之核心问题的"天人观"的层面给出了先秦学术思想发展的总体脉络和思想进程,而且点明了《易传》(与《中庸》)在先秦学术思想史,乃至整个中国思想史上的地位。如此宏大宽广的视野和举重若轻的拿捏,实非一般的专家学者所能做到。从前引钱穆的话中,我们不难梳理出一个简单的钱氏先秦学术谱系:子产→孔子(→杨朱、墨子)→孟子→庄子→荀子→老子→作《易传》《中庸》的新儒家②;同时,从这个谱系中,我们也不难推想钱穆为

---

① 钱穆:《中国思想史·易传与中庸》,载《钱宾四先生全集》第24卷,台北联经出版事业公司1998年版,第82页。
② 从钱穆梳理出的这个钱氏先秦学术谱系中我们不难看到,其中有许多与传统的旧说相异的地方。如,传统经学旧说受司马迁《史记》所载"子思作《中庸》"之说影响,一般认为《中庸》为孔子之孙子思所作,子思是曾子弟子,同时孟子又曾受业于子思门人,所以,在传统经学中就形成了一个道统谱系,即:孔子(《论语》)—曾子(《大学》)—子思(《中庸》)—孟子(《孟子》)。这样,显然《中庸》是在孟子之前。但是钱穆通过他的考证研究认为,无论是从文本文势的角度看,还是从思想内容的角度看,《孟子》更近于《论语》,而《中庸》则更近于《易传》,所以他将孔孟并称为旧儒家,创作《易传》《中庸》者则称之为新儒家。又如,在道家学派中,传统旧说一般认为老子在前,庄子在后,但是钱穆通过文本及其思想的考证则认为应当是《庄子》在前,《老子》在后,尤其是钱穆还认为,庄子可能是孔子之后"儒分为八"中的"颜氏之儒"一支,即在思想渊源上庄子可能是上承颜渊。(参见钱穆《庄老通辨》,生活·读书·新知三联书店2005年版)钱氏的这些看法,都从不同侧面体现了他的理性疑古和科学实证的态度与精神。

何特别重视《易传》（与《中庸》）的思想了。①当然，仅从这个简单的先秦学术谱系，亦是不能说明《易传》哲学思想在先秦哲学发展中的重要地位乃至对现代中国哲学重建和中国文化复兴所具有的真实意义的，所以，以下便对钱穆的《易传》哲学研究的具体内容展开详细讨论。

（二）先秦哲学"天人观"的衍化与《易传》"德性天人观"的建立

钱穆对《易传》哲学思想的研究，主要体现在他于1944年写成的《〈易传〉与〈小戴礼记〉中之宇宙论》（以下简称《易戴宇宙论》）这篇长文。在《易戴宇宙论》一文中，钱穆梳理阐释出了一个蕴藏在《易传》（和《小戴礼记》）中，并构成了后世中国哲学与中国文化之核心精神与本质特征的"德性天人观"（即所谓中国文化之"魂"），并认为此"德性天人观"在应对当代中西文化碰撞的过程中，将不仅可以有助于我们接纳融汇西方文化（科学精神），而且在此接纳融汇过程中亦能确保中国哲学和中国文化之自身固有特色不失。当然，鉴于《易传》（和《中庸》）中的"德性天人观"思想并不是"前无古人，后无来者"的，相反，在钱穆的先秦学术谱系中，它乃是对其之前的先秦哲学天人观思想之衍化的总结，所以，以下对钱穆所解释的《易传》"德性天人观"思想的考察，亦不可能完全独立地进行，而是要将其放在整个先秦哲学天人观思想之衍化过程中来展开讨论。通过这一讨论我们将发现，在钱穆的思想中，《易传》（和《中庸》）所建构起来的"德性天人观"可以说是整个中国哲学与中国文化发展过程中的一个最重要的转折点。在此意义上，它

---

① 除了钱穆之外，其他的现代新儒家学者们在建构他们的哲学思想体系时，亦特别注重《易传》文本。郭齐勇便曾指出："现代新儒家代表人物特重《易传》，他们借助于诠释《易传》来阐发自己的哲学思想。熊十力的易学是以'乾元'为中心的本体—宇宙论；马一浮的易学是以'性理'为中心的本体—工夫论；方东美的易学是以'生生'为中心的形上学；牟宗三的易学是以'穷神知化'为中心的道德形上学；唐君毅的易学是以'神明之知'为中心的天人内外相生相涵的圆教。他们以现代哲学的观念与问题意识重点阐发了《周易》哲学的宇宙论、本体论、生命论、人性论、境界论、价值论及其间的联系，肯定了中国哲学之不同于西方哲学的特性是生机的自然观，整体和谐观，自然宇宙和事实世界涵有价值的观念，至美至善的追求，生命的学问和内在性的体验。他们重建了本体论和宇宙论，证成了超越性与内在性的贯通及天与人合德的意义。"（郭齐勇：《现代新儒家的易学思想纲要》，《周易研究》2004年第4期）显然，他们都从不同的侧面表明了《易传》哲学思想对于现代中国哲学之重建与复兴所具有的重要意义。

可被称之为中国哲学中的"蓄水池"①。

1. 从天帝百神的素朴宇宙观到"居仁由义"的"德性人生观"——钱穆对"中国哲学合法性"的争辩及中国哲学起源的阐明

在《易戴宇宙论》一文的开篇，钱穆首先便开宗明义，给出了写作该文所针对的问题指向，他说：

> 国人学者，颇谓中国根本无哲学；倘有之，亦以属于人生哲学者为主，而宇宙论则付阙如。窃谓斯二义，当分别而论。中西学术途径异趣，不能尽同。严格言之，谓中国无如西方纯思辨之哲学，斯固洵然。若谓中国有人生哲学而无宇宙论，则殊恐不然。人生亦宇宙中之一事，岂可从宇宙中孤挖出人生，悬空立说？此在中国思想习惯上，尤不乐为。故谓在中国思想史上，人生与宇宙往往融合透恰，混沦为一，不作严格区分，以此见与西方哲学之不同，是犹可也；谓中国有人生论而缺宇宙论，则断乎非事实。②

这就是说，在当时的许多学者看来，中国根本没有哲学，即使有，那也只是更多关乎现实的人的道德实践层面的问题，属于人生哲学方面；至于对在人之外的整个世界或宇宙的来源和去向，即宇宙论方面的问题，则是阙如的。这种看法，其实不仅仅存在于一些中国的哲学研究者那里，在西方哲学界亦是普遍存在的，其中最具代表者莫过于黑格尔。③对此，钱穆认为，中西文化和学术无论是从起源还是从其发展过程来说，都有很大的差异，这是不言自明的。所以，如果从严格意义上来讲，中国的确是没有西方那种纯思辨的哲学，亦即是作为本体论（ontology）的形而上学。这种本体论形而上学的产生，不仅与西方语言中所特有的系词 on（即英

---

① 此为西方一位哲学家对于康德在西方哲学史上的重要转折性地位的概括：以前的思想汇集于此，以后的思想从此处流出。

② 钱穆：《〈易传〉与〈小戴礼记〉中之宇宙论》，载《中国学术思想史论丛（二）》，《钱宾四先生全集》第18卷，台北联经出版事业公司1998年版，第25页。

③ 关于中国到底有无哲学，亦即所谓"中国哲学的合法性"问题，曾在21世纪初引起了中国学术界的广泛争论。此处不作详细讨论，可参见杨国荣教授之文《理解哲学》（《认识与价值》，华东师范大学出版社2009年版）或黄玉顺教授之文《追溯哲学的源头活水——"中国哲学的合法性"问题再讨论》（《四川大学学报（哲社版）》2011年第4期）。

文的 to be）有关，而且还与一种纯粹逻辑化的论证展开方式相联系，对后者的研究产生了西方学术中特有的逻辑学。显然这是中国学术文化中所没有的。尽管如此，但是如果说中国文化中只有人生哲学而没有宇宙论形而上学，这就是信口胡言了。因为人生离不开宇宙，作为宇宙中之一事，对它的深究无疑亦是不能离开对人所生存于其中的宇宙之终极问题的沉思。只是与西方哲学思想更多呈现出一种人生与宇宙（或曰人与世界）的分别和两离不同，中国哲学中更强调人生与宇宙的"融合透恰，混沦为一"，亦即是俗谓之天人合一。因此，要而言之，若以天人之辩作为哲学研究的根本问题，那么中国学术文化中无疑是有哲学的，且不仅有人生哲学，而且也有宇宙论哲学，二者共同构成了中国古代哲人对宇宙人生的终极追问。那么，在中国哲学中，到底是一种什么样的宇宙论哲学呢，尤其是它怎样与人生哲学融合为一的呢？这便是先秦哲学思想发展的功绩。

钱穆认为，在中国古代思想中，对宇宙之起源问题的思考其实发源甚早，他说：

> 亦可谓宇宙论之起源，乃远在皇古以来。其时民智犹塞，而对于天地原始，种物终极，已有种种之拟议。言其大体，不外以宇宙为天帝百神所创造与主持。人生短促，死而为鬼，则返于天帝百神之所。此可谓之"素朴的宇宙论"。中西诸民族，荒古以来，传说信仰，大率如是，并无多异。[①]

这就是说，在上古时期，由于民智未开，人们大多将天地万物之产生的根源和变化的动力归之于"天帝百神"的"创造与主持"。钱穆称之为"素朴的宇宙论"，其在实质上就是一种原始的有神论的宗教观念。并且这种思想现象，中西诸民族产生初期"并无多异"。紧接着：

> 迫于群制日昌，人事日繁，而民智亦日启。斯时也，则始有人生哲学，往往欲摆脱荒古相传习俗相沿的素朴宇宙论之束缚，而自

---

① 钱穆：《〈易传〉与〈小戴礼记〉中之宇宙论》，载《中国学术思想史论丛（二）》，《钱宾四先生全集》第 18 卷，台北联经出版事业公司 1998 年版，第 25—26 页。

辟藩囿。但亦终不能净尽摆脱，则仍不免依违出入于古人传说信仰之牢笼中，特不如古人之笃信而坚守。此亦中外民族思想曙光初启之世所同有的景象。其在中国，儒家思想，厥为卓然有人生哲学之新建。然孔子不云乎？曰"天生德于予。"又曰："天之将丧斯文也，后死者不得与于斯文也。天之未丧斯文也。匡人其如予何？"又曰："丘之祷久矣。"又曰："敬鬼神而远之。"然则孔子于古代素朴的天神观，为皇古相传宇宙论之主要骨干者，固未绝然摆弃也。墨家继起，主"天志"、"明鬼"，无宁为重返于古代素朴的宇宙论，而依附益密。①

这是说，随着社会生产的发展，人群数量的增多，这就意味着人们所要面对和处理的问题已经不再仅仅是人和宇宙自然界的关系问题（即天人之辩），而且还要应对人与人之间的关系问题（即群己之辩），这就要求人们开始对人类自身存在的意义和本质进行思考。这就产生了人类早期的人生哲学，此在中国思想文化中便是以孔孟儒家思想为代表。② 孔子讲"克己复礼为仁"（《论语·颜渊》），孟子讲"居仁由义"、"尽心知性知天"（《孟子·尽心上》），都是在强调人应当在现实的社会生活中践行仁义，从而最终体贴"性与天道"（《论语·公冶长》）。"《论语》好言'仁'，只重人与人的相交，对于人类意外的自然界似少注意。"③ 质言之，孔孟儒家以重人事、尊德性为其学问之主要特征和趋向。即使论及"道"的方面，在孔孟那里更多还是侧重于人道而非天道。钱穆曾说道：

《论语》里的"道"字，是附属于人类行为的一种价值的品词，

---

① 钱穆：《〈易传〉与〈小戴礼记〉中之宇宙论》，载《中国学术思想史论丛（二）》，《钱宾四先生全集》第18卷，台北联经出版事业公司1998年版，第26页。

② 如果补全些说，那么，在孔子之前则已有子产开启人文转向之端，在孔子当时及稍后则有杨朱和墨子之起，他们也都在不同视域和不同角度表现出对人生问题的关注。而孟子继起，正是要"距杨墨，放淫辞"以复孔子儒家之道。

③ 钱穆：《易经研究》，载《中国学术思想史论丛（一）》，《钱宾四先生全集》第18卷，台北联经出版事业公司1998年版，第268页。

大概可分为三类：一、是合理的行为，便是吾人应走的道路。譬如君子之道、父之道、相师之道等。二、是行为的理法，这是归纳一切合法的行为而成的一个抽象的意思。譬如志于道、朝闻道之类。三、是社会风俗国家政治的合于理法底部分，这是拿前两条合起来扩大了说的。譬如文武之道、古之道、天下有道等。总之，道只是我们人类的行为。其他还有说到"天道"的。子贡说："夫子之文章，可得而闻也；夫子之言性与天道，不可得而闻也。"孔子时常说及"天命"，却不说天命的所以然之"天道"，所以为子贡所未闻。①

至于涉及宇宙论的"天道观"层面，钱穆认为，孔孟仍然属于上古"素朴宇宙论"的范畴。钱穆曾说：

> 《论语》里的"天"字，是有意志，有人格的。如天生德于予、天丧予、获罪于天、天纵之将圣，天之将丧斯文、畏天命、天何言哉、富贵在天等。这是一种素朴的宗教观念……
> 《论语》里的鬼神，也是有意志，有人格的。所以说："非其鬼而祭之，谄也。""祭神如神在。""敬鬼神而远之。""未能事人，焉能事鬼。"②
> 惟孟子当时，道家气化的新宇宙观方在创始，孟子未受其影响，故孟子胸中之宇宙观，大体犹是上世素朴的传统。③

这就是说，在孔孟思想中，尽管他们将思想的目光从天上转到了人间，但对于作为宇宙中之最高主宰的天，他们依然停留于某种人格神化的理解，故其宇宙观仍然是一种原始的有神论宗教观。至于涉及宇宙自然界的运行变化之天道，孔孟则鲜有论及。受有神论宗教观的影响，钱穆认为，孔孟儒家所论之人生，亦是"近于畸神、畸性的，偏倾于人文的人

---

① 钱穆：《易经研究》，载《中国学术思想史论丛（一）》，《钱宾四先生全集》第18卷，台北联经出版事业公司1998年版，第264—265页。
② 同上书，第266—267页。
③ 钱穆：《〈易传〉与〈小戴礼记〉中之宇宙论》，载《中国学术思想史论丛（二）》，《钱宾四先生全集》第18卷，台北联经出版事业公司1998年版，第56页。

类心灵之同然，而异于专主自然者而言"①。也就是说，在对于人的本质及其存在意义或价值的理解上，孔孟儒家更强调作为人之所以为人的理性的道德意识，即所谓"仁""仁义"或"良知"等，而非人之"食色"本能意义上的感性生命：前者乃是人的社会属性，而后者则是人的自然属性。与孔孟儒家相反，随之继起的墨家学派，不仅在宇宙观上要求重返古代素朴宇宙观，即宣传一种有神论的宗教观，而且在人生论上，他们更强调人的感性的生命层面，从而陷入一种功利主义的价值观。这就无怪乎其后来成为一种"绝学"。

当然，值得补充说明的是，在孔孟思想中，与他们对社会人生的关注和原始的有神论宗教观相联系，孔孟儒家对于现实的人生活动总是能够持有一种积极向上的进取态度，但是当面对整个无限的世界或宇宙之时，孔孟又往往流露出某种无可奈何或无能为力。所以，钱穆认为，孔孟儒家那里经常表现出一种"尽人事，听天命"或曰"谋事在人，成事在天"的意味，并在认识论上表达为某种不可知论的观点。

2. 从气化自然的"天人合一观"到"化性起伪"的"天人二分观"——庄老道家的"反叛"与荀子的歧出

孔孟儒家之后，庄老道家继起，首先对旧的素朴宇宙观进行了彻底的破坏。钱穆说：

> 独至庄周、老聃氏起，然后对于此种古代素朴的宇宙论，尽情破坏，掊击无遗。盖中国自有庄老道家，而皇古相传天帝百神之观念始彻底廓清，不能再为吾人宇宙观念之主干。故论中国古代思想之有新宇宙观，断自庄老道家始。窃尝观之西土，如斯宾诺沙、费尔巴哈诸人，其破帝蔑神之论，极精妙透辟矣；然彼辈已起于中古以后，而其议论意趣，尚不能如我土庄周、老聃之罄竭而畅尽。则道家思想之为功于中国哲学界，洵甚卓矣。②

---

① 钱穆：《〈易传〉与〈小戴礼记〉中之宇宙论》，载《中国学术思想史论丛（二）》，《钱宾四先生全集》第18卷，台北联经出版事业公司1998年版，第31页。

② 同上书，第26页。

庄老道家哲学之兴起，主要是从宇宙观方面对旧的有神论宗教观进行了彻底的解构和摧毁，即与皇古"素朴宇宙观"之将宇宙万物的产生和变化看作是"天帝百神"之"创造和主持"不同，庄老道家将整个宇宙都看作是一气之聚散转化而成，无始亦无终。此"一气之化"便是道家所讲的宇宙之道。对于庄老道家所创立的这种宇宙论观点，钱穆将它称为"气化的宇宙观"，"以其认宇宙万物皆不过为一气之转化也"[1]；这种"气化的宇宙观"不仅"破帝蔑神"，而且具有"归极于自然，偏倾于唯物"[2]的特点。

当然，在庄老之中，钱氏认为又以庄子首当其功。钱穆曾说道："庄子言宇宙创物，不再称之为天或帝或神，而必独创一新词，而称之曰造物者，或造化者。"[3] "庄子之所谓造物者，即指此天地之一气。"[4]这就是说，为了凸显与旧的"素朴宇宙观"之真正决裂，庄子不仅从观念层面对"天"、"帝"、"神"的存在予以否定，而且还从语词上进行了破旧立新，即提出了"造物者"、"造化者"的概念。此"造物者"、"造化者"不再是任何有人格意志的天或帝或神，而只是"天地之一气"，或者说就是一气之聚散转化。所以钱穆说："庄子意，在此宇宙之内，则惟有一气，因于此一气之化而成万形。"[5] "庄子特谓宇宙间根本无物，仅有此一化。"[6] "大抵庄子认为宇宙万物，只是一气之化。"[7]既然认为宇宙万物皆为一气之转化而成，那么，所谓"天地"亦不例外："素朴宇宙观"中作为宇宙万物之最高主宰的天，在庄子思想中更多是与"地"合称并举，进而从形而上的地位下落到了形而下的层面，并将之也看作是"一气之化而成"。故钱穆说："庄子又常连文称天地，庄子明以天地为大垆。地有体，属形而下，天地连称并举，则天地为同类，天亦近于形而下，故天

---

[1] 钱穆：《〈易传〉与〈小戴礼记〉中之宇宙论》，载《中国学术思想史论丛（二）》，《钱宾四先生全集》第18卷，台北联经出版事业公司1998年版，第33页。

[2] 同上书，第28页。

[3] 钱穆：《庄老的宇宙论》，载《庄老通辨》，生活·读书·新知三联书店2005年版，第157页。

[4] 同上书，第158页。

[5] 同上。

[6] 同上书，第159页。

[7] 同上书，第154页。

地犹垆冶，非谓在此大垆熔铸万物之外，别有一熔铸万物之天或帝之存在。"①质言之，依庄子之见，宇宙之内，盈天地间，只此一气之聚散转化，而此"一气之化"亦正是宇宙之道，即天道。在此气化之道中，人物无高低贵贱之分，惟有乘此大道之化以臻逍遥之境，此外别无他事。在此，庄子又在相当程度上表露出对此大道之化的无可奈何；对于此大道之化的具体内容，即所谓宇宙运行变化之规律，更是无法获知的，因为在庄子看来，此宇宙大化根本上就是无常的。钱穆认为，庄子的这种思想可能亦是上乘孔门儒家。他说："凡宇宙间，一切不得已而不可知者皆是命。实则即是大道之化。此大道之化，则是不得已而又不可知者，此仍是庄子思想于儒家孔门知天知命之学若相异而仍相通之处。惟庄子特拈出一道字新谊，来替代孔门之天字，此则是庄子思想由儒家孔门之转手处也。"②

继庄子之后，《老子》一方面继承庄子的气化宇宙观，另一方面又一反庄子的不可知论而转为可知论，即与庄子喜言物化不同，《老子》始言"常道"。钱穆指出："老子于道之运行，又认为有其一定所遵循之规律，而决然为可知者。"③在老子看来，作为宇宙运行变化之规律的"常道"，尽管是不可言说的，即所谓《老子》开篇便言"道可道，非常道"，但却是可思可知的，《老子》五千言之思想功绩可以说正在于言明此天地万物运行变化之"常道"的具体内容。那么，老子所谓"常道"的具体内容究竟为何呢，尤其是，此"常道"是何以可知的呢？《老子》一书中对"道"的具体内涵进行了许多描述，实可一言以不蔽之，曰"反者道之动"（《老子》第四十章）。此所谓"反"即是"返"，即复归之意。复归于何处呢？老子说："复归其根"（《老子》第十六章）、"复归于婴儿"、"复归于朴"、"复归于无极"（《老子》第二十八章）。这里的"根"、"婴儿"、"朴"、"无极"，都是指"自然"之道（"道法自然"），亦即是无。《老子》说："天下万物生于有，有生于无。"（《老子》第四十章）其实，天下万物不仅源生于无，亦且复归于无，此即是宇宙之"常道"。故欲知大道，必以"观复"（《老子》第十六章）。钱穆说：

---

① 钱穆：《庄老的宇宙论》，载《庄老通辨》，生活·读书·新知三联书店2005年版，第158页。

② 同上书，第163—164页。

③ 同上书，第167页。

> 老子既知道有常，又知道之逝而必反，道之必归复其本始，故《老子》书乃不喜言化。因化无常而不可知，化日新而不反，不再归复其本始，而仅以成其独，故为老子所不喜也。故庄子喜言观化，而老子则转而言观复。复者，即化之复归于常也。①

那么，于此宇宙运行变化之"常道"，老子到底是如何获知的呢？这是因为道常显为象。《老子》云："道之为物，惟恍惟惚。惚兮恍兮，其中有象；恍兮惚兮，其中有物。"（《老子》第二十一章）对此，钱穆解释说：

> 老子意，大道化成万物，其间必先经过成象之一阶段。物有形而象非形。形者，具体可指。象非具体，因亦不可确指。……然象虽无形，究已在惚恍之中而有象。既有象，便可名。象有常，斯名亦有常。……道之可名，即在名其象。道之可知亦由知其象。②

这就是说，道虽无形，然其在化生万物的过程中却有象可见。此"象"不仅是从无形之道到有形之物之创化过程的过渡，而且也是我们由物以达道的中介，即我们可以通过对于物象及其相互之间的内在动态联系的把握来通达对宇宙运行变化之"常道"，亦即"大象"的领会。所以钱穆说："由庄子之观化，演进而有老子之观复，正因老子在大道与形物之间加进了一象的新观念。此则为庄书所未有也。"③值得一提的是，《老子》的这种"复归"思想和"象"的观念，从思想渊源上来说，很可能来自于《周易》，即：一方面，《周易》正是通过八卦和六十四卦之间的卦象变化来象征天下万物的运行变化；另一方面，《周易》中用以象征万物运行变化的六十四卦卦象之间亦具有一种循环往复的特点。所以，依笔者之见，《老子》一书很可能亦是一本战国时期的道家解易之作，即道家《易传》。④

---

① 钱穆：《庄老的宇宙论》，载《庄老通辨》，生活·读书·新知三联书店2005年版，第171页。
② 同上书，第172—173页。
③ 同上书，第173页。
④ 台湾学者高怀民亦持有此观点，可参见高怀民著《先秦易学史》第六章《道家易》，广西师范大学出版社2007年版。

与老子认为宇宙变化之"常道"为可知相应，对于宇宙之内的实际事务，老子的观点就不似庄子那样消极，而转为一种相对积极的态度，这一点我们在《老子》书中所讲述的各种人生处世之方及理想社会构想等，乃至于后世学者将《老子》看作一部兵书，或从中引申出一套政治哲学的思想等，都是不难体会到的。钱穆亦说：

> 在庄周，因于认为道化之无常而不可知，乃仅求个人之随物乘化以葆光而全真。而老子则认为道化有常而可知，乃转而重为治国平天下提出一番新意见与新方法，于是遂有老子所想像之圣人。故庄周始终对宇宙实际事务抱消极之意态，而至老子又转而为积极，此又两人之异趣也。①

但是，我们强调它是一种相对积极的态度，这是因为：尽管老子认为人在宇宙人生中可以有所作为，然与其"复归"思想相联系，老子将世间的一切礼乐典章、道德教化的文明创造都看作是人类的一种退化，是一种离开自然之道的体现。所以，要想真正实现达道保身的目标，就必须摈弃一切礼乐道德，从而回归自然无为的状态方可无所不为。所以，钱穆指出：

> 老子思想之于世事人为，虽若较庄周为积极，而其道德观，文化观，其历史演进观，则实较庄周尤为消极。则无怪于治老子学者之于世事人为，乃转更趋重于权谋术数，转更轻鄙于德教文化，而一切转更于己私功利为权衡，为向往矣。故庄周颇重个人修养，而老子转向处世权术，此又两家之异趣也。②

总而言之，无论是在宇宙论方面，还是在人生观方面，庄老道家相对于孔孟儒家都表现出相当的反叛，即：宇宙论方面从原始的天帝百神创世

---

① 钱穆：《庄老的宇宙论》，载《庄老通辨》，生活·读书·新知三联书店2005年版，第175页。

② 同上书，第185—186页。

的"素朴宇宙观"转变为唯物气化的宇宙观;人生观方面则从原来强调居仁由义、以德配天的德性人生观转变为轻德贵道、自然无为的消极人生观。事实上,如果更进一步从"群己之辩"的角度来理解儒道两家的人生观,那么,孔孟儒家的德性人生观更多体现为一种群体生命之共同存在的关怀,而庄老道家的自然人生观则主要体现为一种个体生命之自我超越的注重。但是,不管怎样,在人和世界或宇宙的关系上,他们依然都坚持一种天人合一,即人与宇宙相统一的观念和精神。

不过,在钱穆所梳理出的先秦学术谱系,尤其是哲学天人观的衍化过程中,就在庄子和老子之间,还有一位极其重要的儒家人物值得一提,那就是荀子。但是一方面由于考虑到庄老思想的相近性;另一方面考虑到尽管荀子对于先秦儒家思想之传承的贡献很大,但与同样作为儒家代表人物的孔孟及后来的《易》《庸》新儒家相比,钱穆更多还是将荀子看作是先秦学术演变乃至整个中国文化发展过程中的一种歧出,故这里的讨论采取的是前面先将庄老连述,此下再单论荀子。

对于荀子在先秦学术史,尤其是儒家思想发展过程中的地位和作用,钱穆曾这样说道:

> 战国思想,在庄周、惠施同时,及其稍后,除却道名两家外,尚多有反对儒家别树异帜的,于是又出了荀卿,来驳击诸家,重回孔子。荀子在当时,其有功儒家,不在孟子下,但孟子主"性善",荀子主"性恶",两人思想又恰相反。[①]

可见,在钱穆看来,就思想贡献来说,荀子之有功于儒家,不下于孟子;但是在思想内容上,孟荀二人却又有着极大的差别,此差别首先就表现在人性论上,即一个主"性善",一个主"性恶"。他们二人在后世儒学发展中的地位,即一个被看作是儒学正统,而另一个则被看作儒学异端,甚至是被踢出儒家学统,在相当程度上可以说亦与此截然相对的人性论思想紧密相关。由于孟荀人性论研究并非本书主题,故此处不拟对孟荀

---

① 钱穆:《中国思想史·荀卿》,载《钱宾四先生全集》第24卷,台北联经出版事业公司1998年版,第54页。

二人之人性论的是非得失作详细探讨，只就钱穆对荀子思想的理解和解释，来展现荀子在钱氏先秦学术谱系中的地位，尤其是其在先秦哲学天人观之衍化过程中的意义。对于荀子的性恶论，钱穆说道：

> 荀子指自然为"性"，人为为"伪"，人类文化皆起于人为，但人为与自然之界限，则并不能严格划分。谓人性中有恶，固属不可否认。但谓善绝非自然，全出人为，此见识太狭窄。①

在荀子那里，所谓"性"更多是就人有血肉之躯而言的，此血肉之躯乃是与自然界（即天）的其他事物一样，都由一气之聚散转化而成，属于自然界的一部分。（由于庄子的"破帝灭神"，此后的中国哲学家基本都告别了原始的素朴有神论的宇宙观，转而为一种唯物气化的宇宙观，荀子亦不例外。）人类为了维持其自然的血肉之躯的生存，势必会向外界有所求，求而不能得便有所争，争则必导致乱。②此便是荀子对人之性恶的论证思路。为了平息纷争或避免混乱，圣人制定了礼法以供常人遵守，从而使社会处于和谐稳定的状态，而人之循礼而行便是为善。（此亦是荀子对"礼"之起源的思考。）所以，与人之性恶相对亦相关，人之为善绝非出于自然，而是纯属人为，亦即所谓"伪"，它是对于自然的恶之本性的否定。此即是荀子的"化性起伪"之说。在钱穆看来，荀子提出人性中有为恶之可能，这是无法否认的，亦是有其所见的，但其认为人的本性中只有恶而无善，人之为善纯属人为，则显然太过"狭窄"。

进一步地说，荀子的"性恶论"及其"化性起伪"说，表面看来只是在论人，即是对人的本性及其活动之意义的理解，但事实上远不止如此：从更深层面上来说，荀子对于人之"性"与"伪"、"善"与"恶"的辨析及其基本立场，其背后蕴含的乃是一种人与自然相分离和对立的观念。这一点正是与其"明于天人之分"（《荀子·天论》）的思想一以贯之的："水火有气而无生，草木有生而无知，禽兽有知而无义；人有气、

---

① 钱穆：《中国思想史·荀卿》，载《钱宾四先生全集》第24卷，台北联经出版事业公司1998年版，第55页。

② 参见《荀子·礼论》："人生而有欲，欲而不得，则不能无求，求而无度量分界，则不能不争。争则乱，乱则穷。"

有生、有知亦且有义，故最为天下贵也。"(《荀子·王制》)这就是说，就人之有气息、有生命、有知觉来说，人与自然界其他事物（如水火、草木、禽兽等）是一样的，但除此之外，人还有"义"，即一种超越于自然界而属于人所特有的"道德意识"，正是此作为道德意识之"义"使得人与自然界（天）分离开来，并具有了一种高于自然界的地位。对于作为自然界的天，荀子认为它不仅"有自身的法则"，即所谓"天行有常，不为尧存，不为桀亡"，而且"又是一个没有意志渗入的过程"，即所谓"不为而成，不求而得"。杨国荣曾指出："对天的这一理解，侧重的是其自然之维，它在某种意义上与道家关于自然的看法有相通之处。"[1]正是有见于人之异于并高于自然（天），所以，在天与人、自然（无为）与人为之间，"与道家之侧重于无为有所不同，荀子在肯定天道自然的同时，又确认了人经纬自然的能力，强调其职能在于'治'天地"，即通过把握自然界的法则来"作用于自然"，从而使自然界"由自在的对象为人所用"，此即荀子所谓"制天命而用之"。[2]由此不难看出荀子力图扭转庄子"蔽于天而不知人"的诉求，进而重新回归孔子儒家注重人生的思想传统。

然而，钱穆对于荀子的这一"扭转乾坤"的工作似乎并不是很看重，他说道：

> 庄子意在扩大人的知识范围，不要仅仅拘囿在人生圈子之内；荀子则在规制人的知识范围，只许拘囿在人生圈内已够了。孔子奖励人"知命"，积极方面像是庄子，消极方面像是荀卿。而孔子的知命之学，还留有一条天人相通之路，荀子则把天、人界限划得太清楚了，遂变成天、人对立，变成"制天命而用之"了。[3]

显然，在钱穆看来，与庄子之只"知有天而不知有人"一样，荀子的"扭转乾坤"的工作亦有些"用力过猛"，即他从"明于天人之分"

---

[1] 杨国荣：《荀子的哲学思想》，载杨国荣主编《中国哲学史》，中国人民大学出版社2012年版，第85—86页。
[2] 同上。
[3] 钱穆：《中国思想史·荀卿》，载《钱宾四先生全集》第24卷，台北联经出版事业公司1998年版，第60页。

到"制天命而用之"的思想在相当程度上已经疏离了孔孟儒家一直以来都坚持强调的天人合一的精神传统。正是由于对天人合一精神传统的背离，使得荀子的思想基本不为后世儒家所取，甚至还有许多的批评。钱穆指出：

> 后来中国思想界，大体还是承袭孟子。荀卿在当时思想上之贡献，不在其提出了性恶论，而在其对其他各派反儒家思想能施以有力之抨击。①

可见在钱穆看来，荀子对于儒家思想发展的贡献并不在于其最著名的"性恶论""化性起伪"说及"明于天人之分"和"制天命而用之"的思想，而只是在于他对在其之前及当时各种反对儒家的思想流派（如道家、墨家、名家等）的驳击，其中甚至还包括对思孟学派的批判，以期重新回归孔子关注人生、隆礼重德的思想。

要而言之，如果说，荀子对于礼法的重视体现了其对儒家关注人生，隆礼重德之思想传统的一脉相承，那么，他提出的"化性起伪"说和"制天命而用之"的思想，及其背后所蕴含的"明于天人之分"的观念，则已经逸出了儒家，乃至整个中国传统文化之天人合一的精神传统。所以，在钱穆看来，荀子可以说是中国文化在其衍化发展过程中的一次"歧出"。② 荀子之后的《老子》再次回归天人合一这一精神传统，但是又依然偏于自然无为，而轻视人文德性，所以，真正实现先秦哲学天人观建构之"完成"的任务便落在了《易》《庸》新儒家学者的身上。

3. 推天道以明人事——《易传》"德性天人观"的建立

从孔孟儒家到庄老道家，尽管在他们各自的思想内部，其宇宙观和人生观在相当程度上还是可以融合统一的，但若从纵向的历史发展的角度来

---

① 钱穆：《中国思想史·荀卿》，载《钱宾四先生全集》第24卷，台北联经出版事业公司1998年版，第55页。

② 尽管钱穆一生治学都强调破除门户之见，试图展现中国传统思想文化发展过程的"真相"，然而，他从天人合一这一中国文化根本精神出发，将荀子看作是先秦乃至整个中国文化发展过程中的一次"歧出"，似乎在某种程度上依然有"判教"之嫌。

看，在宇宙观方面，庄老道家比之于孔孟儒家实是一大进步，但在人生观方面，庄老道家比之于孔孟儒家又更呈消极意态。所以，一方面剔除孔孟儒家思想中皇古素朴宇宙观之残余，另一方面力挽庄老道家之"蔽于天而不知人"的危趋，将孔孟儒家之积极的仁义——德性人生观和庄老道家之进步的气化——自然宇宙观进行一种更新的融合统一，从而建立新的"德性天人观"，便构成了此后哲学家们的主要思想议题。钱穆认为，这一任务最终乃是由战国晚期至于秦汉之际创作《易传》《中庸》的新儒家学者们所完成，并且，这也是与当时社会政治思想入一统的总体趋势相适应的。他说：

> 论战国晚世以迄秦皇、汉武间之新儒，必着眼于其新宇宙观之创立又必着眼于其所采庄老道家之宇宙论而重加弥缝补缀以曲折会合于儒家人生观之旧传统。其熔铸庄老激烈破坏之宇宙论以与孔孟中和建设之人生论凝合无间而成为一体，实此期间新儒家之功绩也。①

那么，作《易》《庸》之新儒家究竟如何将孔孟儒家之"德性人生观"和庄老道家之自然宇宙观熔铸统一起来的呢？对此，钱穆在论证"十翼"非孔子作时便首先指明《易传》，尤其是其中《系辞传》的思想，"大体上是远于《论语》而近于庄老的"，并提出了三条证据：

一、《系辞》言神、言变化，相当于庄老言自然、言道。《论语》好言仁，只重人与人的相交，对于人类以外的自然界似少注意。

二、《系辞》言利害吉凶，庄老言利害吉凶。孔子学说的对象为人群，故不敢言利而言义；庄老学说的对象为自然，故不必言义而迳言利。

三、《系辞》、《老子》均重因果观念。孔子贵"知命"，仅求活动于现有的状态之下，《老子》、《系辞》则于命的来源均有研究；这显见是他们思想上的不同。所以《易·系》里的哲学，是道家的自

---

① 钱穆：《〈易传〉与〈小戴礼记〉中之宇宙论》，载《中国学术思想史论丛（二）》，《钱宾四先生全集》第18卷，台北联经出版事业公司1998年版，第27页。

然哲学。他的宇宙论，可以说是唯气之一元论，或者说是法象的一元论。①

应该说，钱氏认《易传》思想之远于《论语》而近于庄老，这基本上是切合实际的。只是需要强调的是，这种"远近"关系主要就体现在其宇宙论思想方面。具体而言，一方面，从古籍《诗》《书》到《论》《孟》之言天基本都是指人格化的上帝，并且"天帝至尊，创制万物，不与物为伍"。直至庄老道家，方始"天地"并称，即将"天亦下侪于地为一物"。与此相类，《易传》(《戴记》)亦是将"天地"合言并举。②另一方面，《论》《孟》言"天"不及于阴阳、四时、五行等，而《易传》(和《戴记》)则常将"天地"与阴阳、四时、五行合言，"以见天地亦不过为阴阳、四时、五行，为一种畴物的，即谓其偏倾于物质自然现象，而不认有所谓超万物之上而创制万物之天帝"③。当然，这里更重要的在于，它们仅仅是"近于"而非"同于"。因为《易传》(和《中庸》)作者乃是一方面"采用道家特有之观点"；另一方面"又自加以一番之修饰与改变，求以附合儒家人生哲学之需要"④，从而成就一新的德性的宇宙观。那么，《易》《庸》新儒家到底是如何对庄老道家宇宙论进行修饰改进的呢？依钱穆看来，《易》《庸》新儒家学者对庄老道家宇宙论的修饰改进之内容，概括来说，包括三个方面，即：

第一，如前所述，庄老道家在摧毁解构旧的以天帝百神创造万物为内容的素朴宇宙观的同时，提出了一套新的气化—自然的宇宙观，即以宇宙万物皆为一气之聚散转化而成。《易》《庸》新儒家并没有全盘接受和吸取庄老道家的这种宇宙一气之化说，而乃是一种批判地继承。钱穆说道：

《易传》、《戴记》承其说，而又别有进者，即就此一气之转化，

---

① 钱穆：《易经研究》，载《中国学术思想史论丛（一）》，《钱宾四先生全集》第18卷，台北联经出版事业公司1998年版，第268—269页。
② 钱穆：《〈易传〉与〈小戴礼记〉中之宇宙论》，载《中国学术思想史论丛（二）》，《钱宾四先生全集》第18卷，台北联经出版事业公司1998年版，第28页。
③ 同上书，第31页。
④ 同上书，第33页。

而更指出其"不息"与"永久"之一特征是也。《易传》曰:"一阴一阳之谓道,继之者善也,成之者性也。"此所谓"一阴一阳",即指阴阳之永久迭运而不息也。故言"可大",必兼"可久"。言"富有",必言"日新"。"继之"、"成之",皆言一化之不息。而宇宙自然之意义与价值亦即在此不息不已、有继有成中见。①

这就是说,《易》《庸》新儒家学者乃是在继承道家宇宙一气之化说的基础上,进一步又指出了此一气之化的过程具有一种"不息"与"永久"的特征,并以此为宇宙自然之运行变化的意义和价值。这便与庄老道家要么将此一气之化看作是一个无规律可言与可循的过程(庄子),要么将此一气之化仅只是看作是一个纯自然无为的,且完全封闭式(即没有进步)的循环过程(老子),从而将宇宙运行变化都看作是一种无意义无价值的过程相区别。钱穆接着说:

> 夫"无为而物成",斯乃道家所喜言;然所以无为而能物成者,则胥此"不已"与"久"者为之。若苟忽焉而即已,倏焉而不久,则将无为而物不成矣。道家喜言无为而物成,儒家又必言物之"已成而明",而物之所以已成而得明者,又胥此"不已"与"久"者为之也。若苟忽焉而即已,倏焉而不久,则物虽成而即毁,终将昧昧晦晦,虽成犹无成也;又何以得粲然著明,以为法于天下,可传于后世乎?是则芒乎芴乎,虽已成而不明也。②

此即是说,庄老道家将宇宙万物之生成变化只看作是一个自然无为的过程,《易》《庸》新儒家则在此基础上进一步指出,不仅万物之所以能够在此自然无为的气化过程中成就其自身,是赖于此过程之不息不已与永久,而且万物之在其"已成"之后复能使其存在得以"粲然著明,以为法于天下,可传于后世",亦是赖于此过程之不息不已与永久。因为如若

---

① 钱穆:《〈易传〉与〈小戴礼记〉中之宇宙论》,载《中国学术思想史论丛(二)》,《钱宾四先生全集》第18卷,台北联经出版事业公司1998年版,第33—34页。
② 同上书,第34页。

此气化过程是"忽焉而即已,倏焉而不久"的,那么,万物要么是根本上无以生成,要么便是"虽成而即毁,终将昧昧晦晦,虽成犹无成",从而无以澄明于天下。进一步地说,与庄老道家将宇宙气化仅看作是一个自然无为的,"倏焉忽焉,驰焉骤焉,其间若不容有久"的过程相应,其亦"常疑大化之若毗于虚无",即将此气化过程往往看作是一个虚无的过程;相反,《易》《庸》新儒家在观此大化过程之时,因其将此过程看作是一个不息不已的永久过程,故"常主大化之为实有",即将此气化过程看作是一个实实在在、真实无妄的过程。以其真实无妄,故"特名之曰诚"。此"诚"便是众所周知的《中庸》文本中的一个非常核心的概念,因其首先与一种天道观相联系,故在整个儒家的思想观念体系中具有某种存在论的意义,并为以仁义之德性为核心的人道观提供了形而上的依据。也正是《易》《庸》新儒家的这种看法,使得宇宙自然之运行变化过程的意义和价值发生了根本的变化。①

第二,《易》《庸》新儒家指出了宇宙万物之气化过程具有不息不已与永久的特征,并将其看作是一个真实无妄的过程。于此气化过程之真实无妄,《中庸》名之曰"诚",然《易传》则不言"诚",而名之曰"易"。

> 《易传》颇不言"诚",顾其指名此不息不已之久者,即所谓"易"也。故曰:"阖户谓之坤,辟户谓之乾,一阖一辟谓之变,往来不穷谓之通。"一阖一辟,往来不穷,此即"易"道之不息不已也。"乾坤,其'易'之蕴邪?乾坤成列,而'易'立乎其中矣。乾坤毁,则无以见'易'。'易'不可见,则乾坤或几乎息矣。"此谓"易"即乾坤也。"乾,天下之至健也。坤,天下之至顺也。"至健之与至顺,即所以成其为不息不已之久者也。又曰:"夫乾,确然示人易矣。夫坤,隤然示人简矣。"其确然、隤然以示人者,此即所以成其为诚而明也。故《易系》与《中庸》,其论宇宙大化,殆所谓"同归而殊途,一致而百虑"也。②

---

① 钱穆:《〈易传〉与〈小戴礼记〉中之宇宙论》,载《中国学术思想史论丛(二)》,《钱宾四先生全集》第18卷,台北联经出版事业公司1998年版,第36页。

② 同上书,第37页。

此是专就《易传》言宇宙大化之所以有不息不已之永久的特征的原因，即乾坤成列，阖辟成变，亦即所谓"易"。庄老道家仅言宇宙为一气之所化，未详言此气化过程之发生的根源和动力。《易传》作者从《周易》古经中提炼出乾坤阖辟之道以为宇宙气化过程之发生的根源和动力，乾有至健之性，坤为至顺之物，乾坤阖辟即是至健者与至顺者的相互作用以化生万物。故所谓乾坤阖辟之道，亦即《易传》所谓"一阴一阳之谓道"。所以《庄子·天下》说："《易》以道阴阳。"

第三，《易》《庸》新儒家在指明宇宙大化具有不息不已、至诚实有之特征后，又进一步讲出了此宇宙之大化流行的德性和功业，即"生生"，或曰"生"、"育"、"开"、"成"。钱穆说道：

> 试问此悠久不息至诚实有之化，又何为乎？《易传》、《戴记》特为指名焉，曰：凡天地之化之所为者，亦曰"生"与"育"而已。①
>
> 所谓生、育、开、成，即天地不息不已悠久至诚之化之所有事。②
>
> 盖庄老言化，皆倏忽而驰骤，虚无而假合，虽天地无所用心焉，此所以谓之"自然"也。《易传》、《戴记》言化，则有其必具之征，与其所必至之业。此征与业为何？曰生、曰育、曰开、曰成是也。……《易传》、《戴记》之言化，主于"生"而谓之"德"，其所以绝异于庄周、老聃氏之言者又一也。③

庄老道家以宇宙万物皆为一气之所化，然其言"气化"尽是自然无为、倏忽驰骤、虚无假合，故其于宇宙万物之存在实无甚德性与功业可言。《易》《庸》新儒家则一转此气化自然宇宙观之偏，以生生不息之德，生、育、开、成之功以观宇宙之化。尤其是《易传》作者依此宇宙大化的生育开成之功及其所具有的变化莫测之妙（即《中庸》所谓"为物不二，生物不测"），又更进一步名之曰"神"，即《易传》所谓"阴阳不

---

① 钱穆：《〈易传〉与〈小戴礼记〉中之宇宙论》，载《中国学术思想史论丛（二）》，《钱宾四先生全集》第18卷，台北联经出版事业公司1998年版，第38页。
② 同上书，第40页。
③ 同上书，第41页。

测之谓神"。《易传》之"神"已绝非古昔素朴宇宙观中的有人格意志的天帝神灵,而是专指天地万物之生成化育的神妙莫测。如此,《易》《庸》作者笔下之宇宙万物,既非人格性的天帝百神所创,亦非纯自然无为的一气之聚散转化,而是兼具自然与德性为一体的。所以钱穆说道:

> 天地一大自然也。天地既不赋有神性,亦不具有人格,然天地实有德性。万物亦然。万物皆自然也,而万物亦各具德性,即各具其必有之功能。言自然,不显其有德性。言德性,不害其为自然。自然之德性奈何?曰不息不已之久,曰至健至顺之诚,曰生成化育之功。此皆自然之德性也。以德性观自然,此为《易传》、《戴记》新宇宙论之特色。所以改进道家畸物的自然宇宙论以配合于儒家传统的人文德性论者,即在此籀出此自然所本具之德性,以与人事相会通也。①

钱穆将《易传》《中庸》改进道家畸物的自然宇宙论以配合与儒家的人文德性论而成就的新宇宙论,名之为"德性的宇宙论"或"性能的宇宙论"。②

在此德性宇宙观的观照下,人生亦不再是和不应是如道家所言的那种无所作为的、无意义和无价值的自然过程,而应是一种积极有为的、崇德广业的德性人生。《周易·系辞下》云:"天地之大德曰生;圣人之大宝曰位;何以守位曰仁;何以聚人曰财;理财正辞,禁民为非曰义。"天地之根本德性即是不息不已地生成化育万物,此生生之德在人则为仁义之性,故人生在世亦当尽行仁义之德方才尽存人之性,尽人之性方才通天地万物之性。显然,此处之"生"乃言天道,"位"、"仁"、"财"、"义"等,尤其是"仁义"则是言人道。再者,《系辞上》亦云:"一阴一阳之谓道,继之者善也,成之者性也。"此所谓"一阴一阳"即指对立统一规律、乾坤阖辟之道,亦即是天地万物之所以能够生生不息、化育不已的根源和动力,而对于人生来说,则一方面应当承继此"一阴一阳"之

---

① 钱穆:《〈易传〉与〈小戴礼记〉中之宇宙论》,载《中国学术思想史论丛(二)》,《钱宾四先生全集》第18卷,台北联经出版事业公司1998年版,第43页。

② 同上书,第55页。

"道"，既要自强不息，也要厚德载物，做到张弛有度，方可能臻于至善之境，另一方面只有尽循乾坤之道，专修仁义之德，方才可能全其天命之性。很显然，此处"一阴一阳"所论亦是天道，而"继善成性"所论则属人道。《系辞上》又云："生生之谓易。""子曰：'易，其至矣乎！夫易，圣人所以崇德而广业也。知崇礼卑，崇效天，卑法地，天地设位，而易行乎其中矣。成性存存，道义之门。'"此所谓"生生"重言乃谓"生之又生"，同样亦是在强调"易道"所具有的生生不息、化育不已的含义与特征。夫子不仅特盛赞此"易道"之至深至神至妙，而且更进一步强调依据此生生不已之"易道"，人应当崇德广业，存其天命所成之性，以通道义之门，以法天地之德。同样很显然，此处所谓"生生之易"，乃是讲天道；而崇德广业，存其所成之性，以通道义之门，以法天地之德，则是在讲人道。所以，我们可以将《易传》的这种思想概括为：天德曰生，人道为仁。此外，《中庸》亦云："诚者，天之道也。诚之者，人之道也。"此语类似《孟子》中的"诚者，天之道也。思诚者，人之道也。"（《孟子·离娄上》）此亦即是说，天道生生不息而化育万物，乃是真实无妄的，绝非虚无假合之为，故人亦当本此至诚之性，修其至诚之德，从而达致与天地合德。同样亦可概括为：天道唯诚，人道思诚。

由此我们不难看出整个《易传》（和《中庸》）哲学的一个基本的思想特征或者是理论架构，就是从一种德性的宇宙观"推导"出一种德性的人生观，从而构成一种德性的一元的天人观、价值观，其中前者（即德性的宇宙观）为后者（即德性的人生观）提供某种形而上的依据和支撑，此亦即所谓"推天道以明人事"。当然，与其说是"推导"，其实也可以更确切地说，这乃是一种"调适"与"配合"，因为在钱穆看来，《易》《庸》中的人生论与孔孟儒家的人生哲学在根本精神上其实无甚差别，所以《易》《庸》思想的特别之处正在于其作者们改进调整了道家的自然宇宙论以使其适合于儒家的德性人生论，从而为儒家的人生论奠定新的哲学基础，并构建起新的融贯天人的德性一元论思想。从认识论的方面来说，《易》《庸》的这种融贯天人的德性一元论思想所蕴含的亦是一种可知论的观点，此观点不仅体现在对于有限的人生过程的领悟中，而且还体现在对于整个无限宇宙世界之流变过程的探究中，这就使《易》《庸》思想与之前的孔孟原始儒家及庄子思想有所区别，而与老子的思想则表现出某些接近之处。对此，钱穆便曾指出：

> 今试专就先秦儒道两家，观其对于宇宙论方面之思想演变，则大致可分为两阶段。自孔子至庄周为第一阶段，而《老子》书与《易·系传》则为第二阶段。此两阶段思想，显然有一甚大之区别。在第一阶段中，一切思想观点，大体从人生界出发，而推演引申及于宇宙界。换言之，在第一阶段中，常认为人生界虽可知，而复寄慨于宇宙界之终极不可知，此实为自孔子至庄周一种共同的态度。至第二阶段则不然。在第二阶段中，一切思想观点，乃大体改从宇宙界出发，然后再落实归宿到人生界。换言之，彼辈乃认宇宙界亦可知，彼辈对于检讨宇宙之创始，及其运行趋向，莫不有一套极深之自信。彼辈认为关于宇宙界一切轨律意向，莫不可以洞若观火。然后就其所知于宇宙界者，返而决定人生界之一切从违与归趋，此乃《老子》书与《易·系传》之共同精神，所由与孔子庄周异其宗趣也。①

钱穆对先秦儒道两家学术发展之演变阶段的划分，显然已然超出了纯粹学派之间的分歧，而更侧重于强调他们各自的思想理论本身之间的关联性及其发展的规律性，从中我们亦可看到钱穆试图摈弃或破除纯粹学派意义上的儒道分歧，但求实事求是的科学史学精神，因为这种学派意义上的分歧更容易陷入某种门户之争。不过，这里需要强调的是，说《易传》思想与孔孟儒家及庄子思想相区别，而与老子思想相接近，主要还是就人对于宇宙的可知性而言的，至于涉及宇宙本身的意义和价值的理解，以及有关人生意义和态度方面的思想，《易》《庸》显然又与老子思想有着更大的区别。也正是因为这种区别，使《易》《庸》和《老子》依然应被划归为不同的学派。所以，尽管钱穆亦在力阐《易传》（和《中庸》）思想中曾受庄老道家思想（甚至还有阴阳家思想）的影响，即对道家气化宇宙观的吸纳，但却并未因此就径直将《易传》看作是道家作品，而是认为《易传》应当是战国晚期至秦汉之间的"新儒家"学者的作品。强

---

① 钱穆：《庄老的宇宙论》，载《庄老通辨》，生活·读书·新知三联书店2005年版，第149页。

调其"新"正是要表明其在宇宙论方面与孔孟等原始儒家相区别；但称之为"儒家"，则又是要强调其与孔孟等原始儒家的一脉相承之处，而与道家、阴阳家等相区别，即从宇宙观到人生观，都彻头彻尾地被赋予了一种德性的精神与品格，从而成就为一种德性一元的天人观。将《易传》看作是"新儒家"学者所作，这不仅使钱穆与陈鼓应等力主"道家主干说"及"《易传》属道家作品说"在思想立场上有着本质性的差异，而且也从一个侧面体现着钱穆实事求是的科学精神和避免门户的史学态度。

（三）历史主义的科学史学观念与天人合一、崇德广业的中国文化精神——钱穆易学思想中的现代化诉求及其对中西哲学会通的展望

不过，如若仅仅从破除门户意识，重现《周易》思想之原貌真相的角度来理解钱穆的易学思想，尤其是他对《易传》德性一元的天人观哲学思想的考察研究，这显然是不够深入的。从前述钱穆对《易传》"德性天人观"之哲学建构的考察研究中，我们还可以引出以下两点思考和讨论：

首先，与钱穆易学研究中所采取的史学视域和进路相联系，他在对中国学术史上任何一个文本或思想家进行个案研究时，都始终强调要将该个案放到它所隶属的学术思想发展的历史阶段或历史过程中进行研究，而不是将其单独提取出来进行一种孤立的研究。只有这样才能在一开始便"赢获"一种更为宏观的视野，而不是被囿限于某个具体的方面或纠结于某个独立的部分。而要想真正做到这一点，唯一的途径便是要首先进入一种"比较研究"的视域，即将研究对象与其他的个案进行对比，通过全方位的对比来揭示它们之间的相互差异与联系，从而最终揭示出思想发展的某种规律。在钱穆对《易传》哲学思想的考察研究中，他亦正是从整个先秦学术发展，尤其是哲学天人观之思想衍化的历史过程着眼，从宇宙观和人生观两个方面（亦即所谓天人之际问题）分别将《易传》（和《中庸》）与孔孟原始儒家及庄老道家（甚至还有墨家和阴阳家等）的哲学思想进行比较，从而不仅提出以"新儒家"这一谨慎而折衷的概念来命名《易》《庸》作者，而且更重要的在于，他还剖析与理清了从孔孟儒家到庄老道家直至《易》《庸》新儒家之间的思想关联，尤其是他们之间的发展递进关系，从而在相当程度上揭示出了整个先秦学术发展，尤其是哲学天人观的理论建构之发展衍化过程的规律，即：在宇宙观方面，经历

了从古昔素朴的宇宙观,亦即原始的有神论宗教观到气化的自然宇宙观再到气化的德性宇宙观的发展衍化;在人生观方面,经历了从重天命而轻人事与德性的宿命论到"尽人事,听天命"的积极有为的德性人生观,再到倡导逍遥自然、清静无为的消极的人生观,直至再"回复"到以"尊德性、道问学"的方式来领悟天道并通达天人合一之境的积极的德性人生观的思想演进;在认识论方面,则是经历了从不可知论到可知论的两个历史阶段。从钱穆对这些思想衍化的历史进程及其规律的揭示来看,如果我们抛却某种学派的成见从而直面此思想衍化进程本身,那么我们便不难看出其中呈现出一种从简单到复杂、从蒙昧到理性、从落后到先进等不断发展和进步的历史趋势,而这种历史趋势所体现的正是思想自身的一种自我否定和辩证发展的过程。这种发展过程从前述"易学三期说"中其实亦可得到体现。并且,不惟思想史如此,在钱穆那里,可以说整个中国文化的历史发展过程都遵循着这样的规律。这便是钱穆作为一个历史学家所持有的一种演进的(或曰进步的)历史观。这种演进的历史观一方面与传统文化中所包含的那种厚古薄今、古胜于今的倒退历史观正相反对;另一方面与钱穆的理性疑古、科学实证的史学研究态度及方法正相呼应,共同构成了钱穆科学史学研究的基本内容。杨国荣在论及"疑古派"的科学史学研究时曾指出:"无论是历史观,抑或历史方法,其中都蕴含着一种历史主义的观念""疑古派的历史主义原则……有其科学的依据,这种科学依据便是进化论"[1]。将生物学领域的进化论思想作为历史研究的观念依据,无疑体现了近代以来一直都盛行的"科学观念对历史研究的统摄"[2],或者更确切地说,它就是一种科学主义倾向在史学研究中的具体表达。对于钱穆来说,无论是他早年作为"疑古派"的一员,还是后来与"疑古派"的分道扬镳,以历史主义的观念为原则的科学史学研究其实一直都伴随着他一生治学的始终,并隐藏在他治学研究的观念深处。因为,这种科学史学的研究本身并不是其治学研究的最终目的和指向,毋宁说,这种科学史学的研究只是钱穆一生所致力的实现中国文化和中国学术

---

[1] 杨国荣:《科学的形上之维——中国近代科学主义的形成与衍化》,华东师范大学出版社2009年版,第157页。

[2] 同上书,第158页。

现代化（或曰中国文化的现代性转化）的探索性尝试，而后者（即中国文化和中国学术的现代化）才是钱穆史学研究的终极指向。

其次，通过对先秦学术发展，尤其是哲学天人观的思想探索和理论建构之衍化过程的梳理，并与其历史主义的观念相应，钱穆不仅确立了《易传》（和《中庸》）的德性一元天人观在整个先秦哲学发展过程中的顶峰地位，而且阐明了此"德性天人观"的基本内容，即"天人合一"与"崇德广业"。又，一般来说，先秦哲学或者说先秦时代的学术往往被看作整个中国传统哲学与传统文化的原创和奠基阶段，秦汉以后的中国哲学和中国文化的发展基本都依循着先秦时期所奠定的基调和方向前进。对此，钱穆的看法亦不例外，他说："中国文化进展……可分为三阶段。第一：是先秦时代。天下太平世界大同的基本理想，即在此期建立，而同时完成了民族融和与国家凝成的大规模，为后来文化衍进之根据。"①他还说："先秦时代，那时中国人把人生大群的共同理想和信念确定下来了，这是中国文化演进的大方针，即中国文化之终极目标所在，在此期明白提出，以下则遵循此路向而前进。"②所以，作为先秦哲学之顶峰的《易传》（及《中庸》）在整个中国哲学和中国思想文化史上的核心地位，显然亦是毋庸置疑的。可以说，《易传》（和《中庸》）所建构的德性一元天人观，不仅奠定了后来两千多年中国哲学与中国文化的思想基调及发展方向，而且也是中国哲学与中国文化在未来的世界中能够绵延不断地继续发展下去的不竭源泉和动力。正是在这个意义上，其实钱穆对于《易传》哲学的思想研究便绝不仅仅只是某种思想史或哲学史的客观性考察，从而试图恢复某种所谓的思想的原貌真相，相反，其中不仅蕴含着他对中国哲学与中国文化之基本特征及核心精神的理解与把握，而且还寄托着他对中国文化之未来新开展的可能性的思考与展望。众所周知，"天人合一"一直被看作是中国哲学与中国文化的本质特征，即讲求宇宙与人生的通贯统一，这种通贯统一不仅是根源性的，而且也是目的性的，即宇宙既是人生的根源，也是人生的归宿。但是，在《易》《庸》产生之前，各家学者往往要么是重于人而不及天，要么是蔽于天而不知人，总是存在着一定程度

---

① 钱穆：《中国文化史导论》，商务印书馆1994年版，第203页。
② 同上书，第228—229页。

上的偏向，直至《易》《庸》新儒家起方才以儒家的德性人生观改进和统摄了道家、阴阳家的宇宙观，进而从德性的角度真正实现了理论层面上的"天人合一"，即在强调"天人合一"这一思想特征的基础上，进一步确立了崇德广业的核心精神。所以，如果从整个先秦哲学天人观的演进过程来看，尤其是在孔孟儒家和《易》《庸》新儒家之间，其中发生实质性变化的并非人生论，而是宇宙论，即：人生论依旧是儒家的德性人生论，但宇宙论却从"畸神"的变成了"畸物"的，并且是具有德性的，而非纯自然的。《易》《庸》新儒家的这种整合改进工作不仅奠定了中国哲学与中国文化注重内在德性和现实功业的实践精神，而且也展现出中国哲学，尤其是儒家德性论思想中所具有的开放性和稳定性的特征，后者（即儒家德性论的开放性和稳定性）为以后的中国哲学，尤其是儒家哲学能够不断地从其他思想和文化中吸纳养料，从而实现儒学自身的更新与发展指明了方向，即：以儒家的德性人生观为基底，不断吸收和消化其他文化中的宇宙观理论，从而一方面可以保证中国哲学与中国文化自身固有的天人合一的思想特征与崇德广业的实践精神的延续，另一方面又可以使儒学能够不断自我更新和与时俱进。钱穆曾指出：

> 中国人对外族异文化，常抱一种活泼广大的兴趣，常愿接受而消化之，把外面的新材料，来营养自己的旧传统。中国人常抱著一个'天人合一'的大理想，觉得外面一切异样的新鲜的所见所值，都可融汇协调，和凝为一。这是中国文化精神最主要的一个特性。[①]

钱穆这里所说的中国文化的"天人合一"的精神特征其实亦就是我们所谓的开放性特点，即中国文化总能够不断地接受和消化其他文化从而充实和完善自身。钱穆还说：

> 《易》、礼两家同为儒术发明新宇宙论，陈义精微，实为于中国思想史上有大贡献。虽其导袭阴阳，远本道家，亦不足深怪。……北宋理学兴起，始复有儒家自己一套的宇宙论。逮于南宋朱子之理气论

---

① 钱穆：《中国文化史导论》，商务印书馆1994年版，第205页。

出，而此一番新起的宇宙论，乃臻完成。若以孔孟时代为天帝人格化的古昔素朴的宇宙论，《易系》与《戴礼》为"畸于神"的"德性一元的宇宙论"，则两宋理学可谓是"畸于理"的"理性一元的宇宙论"。欲探究中国儒家思想所抱有之宇宙论，必分别此三者而加以探究。其畸于神与畸于理之两部分，虽在其贯通于人生论方面，莫不上承孔孟，而无大扞格；但畸神、畸理，终不能谓其无所歧异。继今而后，于此畸神、畸理之两面，是否重新有所轻重取舍，以为调和融通，再产生一更新的宇宙论，以使儒术更臻于发扬光大，则尚有待于此下新儒家崛起之努力。①

这是说，继《易》《庸》新儒家"畸于神"的德性一元天人观之后，宋代理学家一方面延续和继承传统儒家的德性人生论，另一方面进一步吸收佛道的宇宙论，从而建立了一个新的"畸于理"的理性一元天人观。此"理性一元天人观"与前述"德性一元天人观"的主要差异就在于各自的宇宙论思想上，即一个是"畸于理"的，一个是"畸于神"的：前者被钱穆称之为"理性一元的宇宙论"，其集大成者便是朱子的理气论。至于人生论方面，宋代理学则依旧是上承孔孟，无甚大变。此亦可见儒家德性人生观所具有的稳定性的特点。当然，对于钱穆来说，中国文化及儒家思想所具有的这种开放性和稳定性的特点，其更重要的意义还在于，它将是我们进一步应对和吸纳西方现代科学，从而实现儒学更新的延续和发展，而这也是此下新儒家所应有的努力之方向。在《易戴宇宙论》一文末尾处他曾明眼："余一向主以《易》、《庸》思想与宋代理学来会通西方科学精神，获得一更大之推扩。"②显然，钱穆之所以特别重视《易》《庸》思想和宋代理学正是因为它们将可以为儒学在保持自身固有的德性精神的基础上吸纳和会通西方现代科学提供思想指南。对此，钱穆分析道：

    西方哲学路径，往往有与中国哲学相比拟而不能完全相近似者。

---

① 钱穆：《〈易传〉与〈小戴礼记〉中之宇宙论》，载《中国学术思想史论丛（二）》，《钱宾四先生全集》第18卷，台北联经出版事业公司1998年版，第65—66页。

② 同上书，第74页。

杜威以为彼方希腊及中世纪基督教徒时代，偏于美术与宗教气质的哲学，都对于知识抱静观的态度。而近代科学态度则为实践的、活泼的。此一分别，以之比看中国哲学，则中国道家虽为反宗教的，主张自然主义，偏近于惟物论，而实际则为抱静观态度者。儒家虽对传统宗教信仰带有妥协调和的色彩，而其态度转为实践的与活动的。……《易系》与《中庸》里所说制器与尽物性的理论，以及鬼神的观念等，实大可藉此打通西方宗教、艺术与科学的相互间之壁垒。《易系》与《中庸》之宇宙观，确是极复杂、极变动的，无宁可谓其与近代西方的科学观念较近，与古代西方的宗教信仰较远。此处便有道家的功绩。而且《易系》之与《中庸》，终是属于杜威所说的"人的科学和艺术"方面者。又绝无如杜威所排斥如西方哲学界传统的形而上学与认识论等既无用而又麻烦的诸问题。则杜威所想像，欲为以后彼西方哲学另辟一新途径，使其可以运用新科学的实践的活动的知识方法，来解决社会的道德的幸福，以达到彼所想的一个复多而变动的人生局面之不断进步与长成之新哲学，其实此种意境与态度，早在中国《易系》与《中庸》思想里活泼呈现。①

至于宋代理学家畸于理的宇宙论，主张"格物穷理"，以达于"豁然贯通"之一境，其持论要点，似为与近代西方的科学精神，有其更接近之一面。窃意此后中国思想界，受西方科学精神之洗礼，其在哲学方面，尤其在宇宙论一方面，应该更有一番新创辟。《易》、《庸》思想与宋代理学中之理气论，早已为此开其先路。②

从钱穆的比较分析中可以看出，一方面，在宇宙观问题上，相比于道家的自然宇宙观（其对宇宙所持为静观态度）和西方传统的宇宙论哲学（包括希腊哲学和中世纪基督教哲学），《易》《庸》思想和宋代理学所持的气化唯物且活动的宇宙观及通过"格物穷理"以达"豁然贯通"的探究方法与西方现代科学中的许多思想和精神更为接近。这不仅意味着，中

---

① 钱穆：《〈易传〉与〈小戴礼记〉中之宇宙论》，载《中国学术思想史论丛（二）》，《钱宾四先生全集》第18卷，台北联经出版事业公司1998年版，第68—69页。

② 同上书，第69—70页。

国哲学与西方哲学之间绝非一种完全对立不相容的关系,而且还指示着中国哲学在未来所最可能有的发展方向,即通过对西方现代科学思想和精神的吸纳与会通,从而在宇宙论方面有一更新的"创辟"。另一方面,在天人观问题,即人与世界的关系问题上,《易》《庸》思想和宋代理学所持的德性或理性的"天人合一"思想,在一定程度上又可弥补或纠正西方哲学中人与世界的对峙分离所带来的各种理论和现实问题,这也将是中国文化对世界文化发展所可能有的贡献。

因此,正如前面曾多次强调指出的,钱穆对于《周易》思想尤其是《易传》"德性天人观"哲学思想的研究,其真正意义绝不仅仅只是出于要恢复某种客观真实的思想史原貌的目的,毋宁说,通过这一研究,钱穆乃是要阐明中国哲学与中国文化的根本精神(同时亦是易学的核心观念和内在精神),及其在未来应对西方文化的处境中所应有的某种可能的方向。而这也是钱穆从史学的角度展开其易学研究的最终指向:为中国文化"招魂"。

结语 "真"何以求 "魂"何所附

前文已分别从研究进路、基本观点和文化内核三个方面,对钱穆的易学思想进行了全面而系统的考察,指出:与其他的现代新儒家学者大多从哲学的进路切入《周易》的研究不同,钱穆乃是从史学的角度展开其易学的研究,并具体呈现为"求真"与"招魂"两个方面的内容。在"求真"方面,钱穆的易学研究主要体现为一种"疑古剥皮"的史学方法的运用和"易学三期说"的提出,即通过对各种历史文献之间的考辨与实证来探究易学发展的客观历史真相,认为《周易》的产生和发展经历了从作为古代文字的卦爻象到作为卜筮记录的卦爻辞直至作为哲学著作的"十翼"三个阶段,其中蕴含着一种历史主义的哲学观念,表达了其实现史学科学化的学术诉求。在"招魂"方面,钱穆的易学研究则主要体现为对以《易传》(和《中庸》)为代表的"德性天人观"哲学体系之建构的讨论,即通过对先秦哲学天人观之衍化过程的考察确定了中国哲学与中国文化的核心精神和根本特征:"天人合一"与"崇德广业",并指出《易传》(和《中庸》)所建构的"德性天人观"可以与宋代理学家所建构的"理性天人观"一起为我们思考如何吸纳和会通西方科学精神从而实现中国文化生命的现代化延续和复兴提供可能。不难看到，就其成果而言，钱穆的易学研究，尽管在具体形式上似乎不如许多专门易学家那样可观，但在实质内容上却是丰富而深刻的，尤其是其中的有些观点，不仅对当时的易学研究产生了很大的影响，而且对于思考未来的易学研究及中国文化的复兴之可能方向亦有着极其重要的意义。

不过，与其史学的研究进路相联系，无论是在"求真"方面，还是在"招魂"方面，钱穆的易学思想都存在着一定的问题。

首先，在"求真"方面，钱穆易学思想的问题可以概括为："真何以求？"余英时曾这样叙述其老师钱穆的学术旨归："他一生献身于中国史，特别是学术思想史的研究，与其说是为了维护传统，毋宁说是为了传统的更新而奠定历史知识的基础。这便是……'于旧机构中发现新生命'一语的本旨所在。"① 显然，在余英时看来，钱穆一生致力于中国传统学术思想史的研究，其根本目的绝非只是要维护传统那么简单，而恰恰是要实现"传统的更新"，亦即是中国文化的延续和复兴；而其欲求实现此目标的基本方法或途径就是通过疑古考辨的史学方法来揭示中国文化发展的历史真相，尤其是要找寻其中能够使中国文化走向现代化的因素或内容，这就是"为了传统的更新而奠定历史知识的基础"。然而，其问题亦正出在这里，即"历史知识"并非"历史真相"，不仅如此，在"历史知识"与"历史真相"之间其实还存在着一条无法逾越的鸿沟。

如前所述，钱穆的史学求真研究，其主要与一种"疑古剥皮"研究方法的运用有关，这种"疑古剥皮法"乃是通过搜集和掌握各种历史文献，并对各种文献进行考证辨析，尤其是对各种文献所载之内容展开"去伪存真"的研究，进而探寻所谓的客观历史真相。显然，此所谓"客观历史真相"的成立从根本上乃是建基于对历史文献的获取与研究，通过不断获取新的历史文献来证实或证伪关于历史事实真相的某种看法。然而，一方面，对于任何有限的个体研究者来说，文献的获取终究是没有止境的，亦即不可能穷尽的；另一方面，对历史文献的任何研究，从哲学诠释学的角度来说，都是一种"视域融合"，究其实质都是一种"效果历史"，即是研究者基于某种"前见"而进行的理解和诠释。这种对于历史文献的诠释便是所

---

① 余英时：《钱穆与新儒家》，载《现代儒学论》，上海人民出版社1998年版，第178页。

谓"历史知识",它与所谓的"客观历史真相"有着本质的区别。换言之,通过对历史文献进行的各种跨越时空的研究诠释,与其说它是在"剥皮",不如说它是在"包皮";或者与其说它是"解构",不如说它是一种"建构"。①因此,这种诠释和建构起来的"历史知识"与所谓"历史真相"之间,显然存在着一条难以逾越的鸿沟和界限。正是此鸿沟界限,使得钱穆的史学研究所追寻的"客观历史真相"究其实质而言只是某种形而上的预设,甚至可以说是假设,因为它存在于我们的思想和语言的彼岸。

进一步就钱穆本人的研究来说,尽管他始终强调要破除门户,从而追求客观真相,但是在钱穆的具体研究过程中,却又与这种"求真"的科学化诉求发生了某种偏离。钱穆在其最重要的著作《国史大纲》一书的开篇即指出"凡读本书请先具下列诸信念":

一、当信任何一国之国民,尤其是自称知识在水平线以上之国民,对其本国以往历史,应该略有所知。(否则最多只算一有知识的人,不能算一有知识的国民。)

二、所谓对其本国以往历史略有所知者,尤必附随一种对其本国以往历史之温情与敬意。(否则只算知道了一些外国史,不得云对本国史有知识。)

三、所谓对其本国以往历史有一种温情与敬意者,至少不会对其本国历史抱一种偏激的虚无主义,(即视本国以往历史为无一点有价值,亦无一处足以使彼满意。)亦至少不会感到现在我们是站在以往历史最高之顶点,(此乃一种浅薄狂妄的进化观。)而将我们当身种种罪恶与弱点,一切诿卸于古人。(此乃一种似是而非之文化自谴。)

四、当信每一国家必待其国民备具上列诸条件者比数渐多,其国家乃再有向前发展之希望。(否则其所改进,等于一个被征服国或次殖民地之改进,对其国家自身不发生关系。换言之,无异是一种变相的文化征服,乃其文化自身的萎缩与消灭,并非其文化自身的转变与发皇。)②

---

① 参见崔发展《乾嘉汉学的解释学反思》,《思想战线》2013年第3期。
② 钱穆:《国史大纲》(上),载《钱宾四先生全集》第27卷,台北联经出版事业公司1998年版,第19页。

钱穆在这里强调要成为一个有知识的国民，必须对本国的以往历史略有所知，而要对本国以往历史略有所知，则首先应当对本国以往历史心存"一种温情与敬意"，尤其是不可抱有偏激的虚无主义观念。显然，在钱穆看来，"温情与敬意"构成了对本国以往历史形成真切认识和把握的基本前提。即使暂且不论我们到底是否应该具有这种"温情与敬意"，仅就钱穆思想本身而论，他强调这种作为历史文化研究之前提的"温情与敬意"与其理性疑古、科学实证的史学求真诉求之间其实是不统一的，因为这种"温情与敬意"更多指的是一种非理性的情感。也就是说，在钱穆对中国传统文化的研究中，始终存在着一种理性与非理性的对峙，后者同时又体现为现代思想中普遍存在的科学与人文、传统与现代之间的紧张。①

其次，在"招魂"方面，钱穆易学思想的问题可以概括为："魂何以附？"如前所述，余英时曾以"一生为故国招魂"来概括说明钱穆的学术精神，其实亦是钱穆的学术旨归。称之为"招魂"，显然是一种比喻的用法：一般来说，"魂"作为一种精神性的存在，乃是与作为物质性的身躯或躯壳相对而言，并寄居或依附于某个身躯，二者共同构成一个完整的生命体。"魂"离了"躯"，便成为游魂野鬼，飘忽不定；"躯"失了"魂"便成为行尸走肉，了无生气。当然，在"魂"与"躯"两者之中，又以"魂"为生命之核心与根本。在钱穆的思想中，不惟具体的个人有生命，作为"大群"或群体的国家民族亦是有生命的，而国家民族的生命便是

---

① 当然，说到钱穆的这句"温情与敬意"，就不得不提与钱穆同时代的另一位历史学家陈寅恪那句广为流传的"了解之同情"。陈寅恪在为冯友兰的《中国哲学史》（上册）所写的"审查报告"中指出："凡著中国古代哲学史者，其对于古人之学说，应具了解之同情，方可下笔。盖古人著书立说，皆有所为而发；故其所处之环境，所受之背景，非完全明了，则其学说不易评论。而古代哲学家去今数千年，其时代之真相，极难推知。吾人今日可依据之材料，仅当时所遗存最小之一部；欲藉此残余断片，以窥测其全部结构，必须备艺术家欣赏古代绘画雕刻之眼光及精神，然后古人立说之用意与对象，始可以真了解。所谓真了解者，必神游冥想，与立说之古人，处于同一境界，而对于其持论所以不得不如是之苦心孤诣，表一种之同情，始能批评其学说之是非得失，而无隔阂肤廓之论。"（陈寅恪：《冯友兰中国哲学史上册审查报告》，载《三松堂全集》第二卷，河南人民出版社2000年版，第612页。）显然，在陈寅恪看来，对古人之立说持论表一种"同情"的态度乃是实现对古人学说之"真了解"及进而采取合理评判的前提。至少从字面意义上来看，陈寅恪的这一看法与钱穆强调对中国古代历史要具有"温情与敬意"的思想乃是相通的。

该国家民族的文化。①中华民族的生命就是中国文化,故所谓"为故国招魂",就是为作为中国或曰中华民族之"生命"的中国文化招魂。同时,钱穆还强调,无论是个体的"生命",还是群体的"生命",它们都"并不专指一时性的平铺面而言,必将长时间的绵延性加进去",也就是说,它们都要经历时间的绵延从而构成为某个过程,后者就作为国家民族之"生命"的文化来说,它又表现为该国家民族的历史。所以他说:"凡文化,必有它的传统的历史意义。"②正是在此意义上,钱穆往往将"历史"与"文化"并称,或者可以说,文化就是历史,历史就是文化,二者具有同一性。所以,有学者将钱穆的史学思想概括为"民族文化生命史观"。③

进一步就作为中华民族之"生命"的中国传统文化来说,它亦是有魂有躯的:通过对《周易》尤其是《易传》哲学思想的研究,钱穆指出,中国文化之"魂"便是指由《易传》"德性天人观"所奠定的"天人合一"的核心精神和"崇德广业"的思想特征,它既是中国文化之区别于其他各民族文化的根本标志,同时也是中国文化在两千余年发展过程中不断吸纳与会通其他文化的基本依凭,即以儒家固有的(亦即是由孔子所奠定的)德性人生观为根底,吸收其他思想文化中的宇宙论并调整改进之,以使其与儒家的德性人生观相配合,从而成就一新的天人观。近代以前,中国文化发展的历史过程是如此;从今往后,面对西方文化的冲击,中国文化的延续和复兴亦当不出此道。余英时便曾指出,钱穆之所以要为中国文化招魂,是因为在钱穆看来,"面对西方文化的挑战,中国文化自不能不进行调整和更新,但是调整和更新的动力必须来自中国文化系统的内部"。④这就是说,中国文化在未来的发展动力必须来自其系统内部,中国文化之"魂"。但是,余氏也多次强调:"钱先生所追求的从来不是中

---

① 钱穆:《中国文化传统之演进》,《中国文化史导论·附录》,商务印书馆1994年版,第241页。

② 同上。

③ 参见徐国利《钱穆的历史本体"心性论"初探——钱穆民族文化生命史观疏论》,《史学理论研究》2000年第4期。

④ 余英时:《钱穆与新儒家》,载《现代儒学论》,上海人民出版社1998年版,第179页。

国旧魂原封不动地还阳，而是旧魂引生新魂。"①此所谓"旧魂引生新魂"，应当就是指，未来中国文化的延续和复兴，只能以儒家德性人生观为根底吸收西方现代科学精神和思想并进行调整改进，从而成就一更新的宇宙论。此新的宇宙论，不仅可以在相当程度上解决西方现代科学在其发展过程中所产生的某些问题，而且它还将与原有的儒家人生观进一步构成新的天人观，从而构成中国文化的"新魂"，实现中国文化的新生。

钱穆这一为中国文化招魂的思路，在情感上是真切的，在逻辑上亦是自洽的，所以，若从表面上看，它似乎是合情合理的。然而，从更深层次来说，钱氏的这一"招魂"之思，其实一直都在纠缠于一种"本—末""体—用"的传统形而上学思维模式，即若从"魂"与"躯"的关系来说，以"魂"为文化之本、体，以"躯"为文化之末、用，那么，钱氏以《易传》（和《中庸》）的"德性天人观"来会通西方科学精神的思路，显然曾经与洋务派的"中体西用"思想是一致的；若从天人关系来说，天为人之本，故在天人观中，宇宙观往往构成了人生观的形上依据，由此，钱氏的招魂思想似乎又呈现出一种"西体中用"的意味。而无论是"中体西用"，还是"西体中用"，究其本质而言，都属于传统的"本—末""体—用"的形而上学思维模式。从当代的存在论视域来看，这种形而上学思维模式还不是最本源的，而是还有待奠基的，即我们必须进一步"回到形而上学的基础"，复归至形而上学得以可能的本源深处，钱穆的这种"招魂"才是可能的，中国文化的新生也才是有希望的。此所谓形而上学的基础或本源，从历时的角度说，它乃是指作为《易传》"德性天人观"乃至整个中国文化之源头的《易经》；从共时的角度说，它就是指我们当下的生活。

---

① 余英时：《一生为故国招魂》，载《钱穆与现代中国学术》，广西师范大学出版社2006年版，第25页。

参考文献

一 古籍类

（汉）司马迁：《史记》，中华书局2006年版。

（汉）班固：《汉书》，岳麓书社1993年版。

（魏）王弼：《王弼集校释》，楼宇烈校释，中华书局1980年版。

（魏）王弼、（晋）韩康伯注，（唐）孔颖达疏：《周易正义》，李申、卢光明整理，吕绍纲审定，北京大学出版社1999年版。

（唐）韩愈：《韩愈集》，岳麓书社2000年版。

（宋）邵雍：《皇极经世书》，中州古籍出版社2007年版。

（宋）程颢、程颐：《二程集》，王孝鱼点校，中华书局2004年版。

（宋）朱熹：《四书章句集注》，中华书局1983年版。

（宋）朱熹：《周易本义》，苏勇校注，北京大学出版社1992年版。

（宋）朱熹：《朱子语类》，黎靖德编，岳麓书社1997年版。

（宋）朱熹：《周易本义》，廖名春点校，中华书局2009年版。

（元）吴澄：《易纂言》，文渊阁四库全书本。

（清）阮元校刻：《十三经注疏》影印本，中华书局1980年版。

（清）王夫之：《船山全书》，岳麓书社1996年版。

（清）段玉裁：《说文解字注》，浙江古籍出版社2006年版。

（清）焦循：《易学三书》，李一忻点校，九州出版社2003年版。

（清）纪昀、陆锡熊、孙士毅等：《钦定四库全书总目·经部·易类》，中华书局1997年版。

（清）朱骏声：《六十四卦经解》，中华书局1953年版。

（清）李道平：《周易集解纂疏》，潘雨廷点校，中华书局1994年版。

（清）王念孙：《读书杂志》，江苏古籍出版社1985年版。

（清）王聘珍：《大戴礼记解诂》，中华书局1983年版。

（清）郭庆藩：《庄子集释》，王孝鱼点校，中华书局2004年版。

（清）杭辛斋：《杭氏易学七种》，九州出版社2005年版。

（清）皮锡瑞：《经学历史》，周予同注释，中华书局2004年版。

二 今著类

蔡尚思主编：《十家论易》，上海人民出版社2006年版。

陈鼓应：《老庄新论》，上海古籍出版社1992年版。

陈鼓应：《易传与道家思想》，生活·读书·新知三联书店1996年版。

陈梦家：《殷墟卜辞综述》，中华书局1988年版。

陈来：《古代宗教与伦理——儒家思想的根源》，生活·读书·新知三联书店2009年版。

陈来：《古代思想文化的世界——春秋时代的宗教、伦理与社会思想》，生活·读书·新知三联书店2009年版。

成中英：《易学本体论》，北京大学出版社2006年版。

冯契：《认识世界和认识自己》，华东师范大学出版社1996年版。

冯契：《中国古代哲学的逻辑发展》，东方出版中心2009年版。

冯契：《人的自由与真善美》，华东师范大学出版社1996年版。

冯友兰：《三松堂全集》，河南人民出版社2001年版。

高亨：《周易古经今注》，清华大学出版社2010年版。

高亨：《周易大传今注》，齐鲁书社1998年版。

高亨：《周易杂论》，齐鲁书社1979年版。

高怀民：《先秦易学史》，广西师范大学出版社2007年版。

贡华南：《味与味道》，上海人民出版社2008年版。

郭沫若：《中国古代社会研究》（上、下），河北教育出版社2000年版。

黄寿祺、张善文编：《周易研究论文集》第一辑，北京师范大学出版社1987年版。

黄寿祺、张善文编：《周易研究论文集》第三辑，北京师范大学出版社1990年版。

黄寿祺、张善文：《周易译注》，上海古籍出版社2004年版。

黄裕生：《真理与自由——康德哲学的存在论阐释》，江苏人民出版社2002年版。

黄玉顺：《易经古歌考释》，巴蜀书社1995年版。

黄玉顺：《面向生活本身的儒学——黄玉顺"生活儒学"自选集》，四川大学出版社2006年版。

黄玉顺：《爱与思——生活儒学的观念》，四川大学出版社2006年版。

贾丰臻：《易之哲学》，上海书店1991年版。

廖名春：《〈周易〉经传十五讲》，北京大学出版社2004年版。

廖名春选编：《周易二十讲》，华夏出版社2008年版。

李镜池：《周易探源》，中华书局1978年版。

李镜池：《周易通义》，中华书局1981年版。

李零：《〈孙子〉古本研究》，北京大学出版社1995年版。

林忠军：《象数周易演义》，齐鲁书社1999年版。

刘梦溪主编：《中国现代学术经典·金岳霖卷》，河北教育出版社1996年版。

刘大钧：《周易概论》，巴蜀书社1999年版。

刘大钧、林忠军：《周易经传白话解》，上海古籍出版社2006年版。

吕绍纲：《〈周易〉的哲学精神——吕绍纲易学文选》，上海古籍出版社2005年版。

吕绍纲：《周易阐微》，上海古籍出版社2005年版。

茅海建：《天朝的崩溃——鸦片战争再研究》，生活·读书·新知三联书店1995年版。

蒙培元：《心灵超越与境界》，人民出版社1998年版。

潘雨廷：《易学史丛论》，上海古籍出版社2007年版。

苏渊雷：《易通》，上海书店1991年版。

唐明邦、张武、罗炽、萧汉明编：《周易纵横録》，湖北人民出版社1986年版。

王国维：《王国维遗书》，上海古籍书店1983年影印版。

王国维：《观堂集林》，中华书局2006年版。

王树人、喻柏林：《传统智慧再发现》（上、下卷），作家出版社1997年版。

王树人：《回归原创之思——"象思维"视野下的中国智慧》，江苏人民出版社2005年版。

王振复：《巫术：〈周易〉的文化智慧》，浙江古籍出版社1990年版。

熊十力：《体用论》，中华书局1994年版。

杨国荣：《道论》，华东师范大学出版社2009年版。

杨国荣：《认识与价值》，华东师范大学出版社2009年版。

杨国荣：《科学的形上之维——中国近代科学主义的形成与衍化》，华东师范大学出版社2009年版。

杨国荣：《实证主义与中国近代哲学》，华东师范大学出版社2009年版。

杨国荣：《历史中的哲学》，华东师范大学出版社2009年版。

杨国荣：《成己与成物——意义世界的生成》，人民出版社2010年版。

杨宽：《西周史》，上海人民出版社2003年版。

杨庆中：《周易经传研究》，商务印书馆2005年版。

余敦康：《易学今昔》，广西师范大学出版社2005年版。

俞宣孟：《本体论研究》，上海人民出版社2005年版。

张东荪：《知识与文化》，商务印书馆1946年版。

张立文：《帛书周易注释》，中州古籍出版社2008年版。

张其成：《象数易学》，中国书店2003年版。

张锡坤、姜勇、窦可阳：《周易经传美学通论》，生活·读书·新知三联书店2011年版。

张祥龙：《海德格尔思想与中国天道——终极视域的开启与交融》，生活·读书·新知三联书店1996年版。

张祥龙：《孔子的现象学阐释九讲——礼乐人生与哲理》，华东师范大学出版社2009年版。

周予同：《周予同经学史论》，朱维铮编校，上海人民出版社2010年版。

朱伯崑主编：《易学基础教程》，九州出版社2000年版。

朱伯崑主编：《周易通释》，昆仑出版社2004年版。

朱伯崑：《易学哲学史》，昆仑出版社2009年版。

宗福邦、陈世铙、萧海波主编：《故训汇纂》，商务印书馆2003年版。

三 论文类

韩仲民:《帛书〈系辞〉浅说——兼论易传的编纂》,《孔子研究》1988年第4期。

何二元:《慎谈"新轴心时代"》,《中州学刊》2006年第1期。

姜广辉:《"文王演〈周易〉"新说——兼谈境遇与意义问题》,《哲学研究》1997年第3期。

姜广辉:《论中国文化基因的形成——前轴心时代的史影与传统》,《国际儒学研究》第6辑。

楼宇烈:《易卦爻象原始》,《北京大学学报》(哲学社会科学版)1986年第1期。

蒙培元:《伏羲与周易文化》,《天水师范学院学报》2008年第4期。

孙周兴:《形而上学问题》,《江苏社会科学》2003年第5期。

孙周兴:《本质与实存——西方形而上学的实存哲学路线》,《中国社会科学》2004年第6期。

汪宁生:《八卦起源》,《考古》1976年第4期。

徐山:《释"孚"》,《周易研究》2007年第4期。

杨国荣:《道与中国哲学》,《云南大学学报》(社会科学版)2010年第6期。

杨泽波:《中国"哲学突破"中的问题意识》,《云南大学学报》(社会科学版)2006年第1期。

叶秀山:《论时间引入形而上学之意义》,《哲学研究》1998年第1期。

张京华:《中国何来"轴心时代"?》(上、下),《学术月刊》2007年第7、8期。

张祥龙:《概念化思维与象思维》,《杭州师范大学学报》(社会科学版)2008年第5期。

张志伟:《关于海德格尔与中国哲学之间关系的几点思考——对黄玉顺〈生活儒学导论〉的批评》,《四川大学学报》2005年第3期。

赵士林:《〈易经〉走向〈易传〉:有关分与合的论争》,《读书》2012年第2期。

赵士孝：《〈易传〉阴阳思想的来源》，《哲学研究》1996年第8期。

周山：《〈周易〉诠释若干问题思考》，《安徽师范大学学报》（人文社会科学版）2003年第4期。

周玉燕、吴德勤：《试论道家思想在中国传统文化中的主干地位》，《哲学研究》1986年第9期。

朱本源：《中国传统文化的轴心时代：从殷周之际到秦的统一》，《陕西师大学报》（哲学社会科学版）1995年第3期。

四 译著类

［古希腊］亚里士多德：《亚里士多德选集·形而上学卷》，苗力田编，中国人民大学出版社2000年版。

［古希腊］柏拉图：《柏拉图全集》，王晓朝译，人民出版社2002年版。

［意大利］贝奈戴托·克罗齐：《历史学的理论和实际》，傅任敢译，商务印书馆1982年版。

［德国］恩斯特·卡西尔：《人论》，甘阳译，上海译文出版社2003年版。

［德国］恩斯特·卡西尔：《康德与形而上学问题——评海德格尔对康德的解释》，张继选译，《世界哲学》2007年第3期。

［德国］弗雷格：《算术基础》，王路译，王炳文校，商务印书馆1998年版。

［德国］海德格尔：《海德格尔选集》，孙周兴编译，上海三联书店1996年版。

［德国］海德格尔：《形而上学导论》，熊伟、王庆节译，商务印书馆1996年版。

［德国］海德格尔：《存在与时间》，陈嘉映、王庆节合译，熊伟校，生活·读书·新知三联书店1999年版。

［德国］海德格尔：《面向思的事情》，陈小文、孙周兴译，商务印书馆1999年版。

［德国］海德格尔：《路标》，孙周兴译，商务印书馆2000年版。

［德国］海德格尔：《时间概念史导论》，欧东明译，商务印书馆2009年版。

［德国］海德格尔：《物的追问——康德关于先验原理的学说》，赵卫

国译，上海译文出版社 2010 年版。

［德国］海德格尔：《康德与形而上学疑难》，王庆节译，上海译文出版社 2011 年版。

［德国］汉斯—格奥尔格·加达默尔：《真理与方法——哲学诠释学的基本特征》，洪汉鼎译，上海译文出版社 2004 年版。

［德国］黑格尔：《逻辑学》，杨一之译，商务印书馆 1966 年版。

［德国］黑格尔：《小逻辑》，贺麟译，商务印书馆 1980 年版。

［德国］胡塞尔：《胡塞尔选集》，倪梁康选编，上海三联书店 1997 年版。

［德国］胡塞尔：《欧洲科学危机与超验现象学》，张庆熊译，上海译文出版社 1988 年版。

［德国］卡尔·雅斯贝斯：《历史的起源与目标》，魏楚雄、俞新天译，华夏出版社 1989 年版。

［德国］康德：《任何一种能够作为科学出现的未来形而上学导论》，庞景仁译，商务印书馆 1978 年版。

［德国］康德：《纯粹理性批判》，邓晓芒译，杨祖陶校，人民出版社 2004 年版。

［德国］康德：《道德形而上学原理》，苗力田译，上海人民出版社 2006 年版。

［法国］让·雅克·卢梭：《论语言的起源——兼论旋律与音乐的摹仿》，洪涛译，上海人民出版社 2003 年版。

［美国］梯利：《西方哲学史》，葛力译，商务印书馆 1995 年版。

［美国］威廉·巴雷特：《非理性的人——存在主义哲学研究》，段德智译，上海译文出版社 2007 年版。

［英国］维特根斯坦：《哲学研究》，陈嘉映译，上海人民出版社 2001 年版。

北京大学哲学系外国哲学史教研室编译：《西方哲学原著选读》（上、下卷），商务印书馆 1981 年版。

陈波、韩林合主编：《逻辑与语言——分析哲学经典文选》，东方出版社 2005 年版。

熊伟主编：《存在主义哲学资料选辑》（上卷），商务印书馆 1997 年版。

后　记

与许多人的第一本书一样，本书也是作者在博士论文的基础上修订而成的。然而，此时距离博士毕业，已有近6个年头了。之所以一直拖到今日才将其出版，除了深感汗颜但又必须坦诚的懈怠拖延外，还有两个与我的研究计划有关的原因：

一是就我原来最初设想的《周易》研究计划来说，其实本书只是原来整个研究计划的三分之一部分。作为中国哲学与中国文化的核心经典，《周易》一书从文本层面（它经历了从"卜筮之书"到"群经之首"的跃升）到观念层面（它经历了从源始生活经验和朴素宗教观念到以"易道形而上学"[①]为基础与内核的价值规范体系的建立），都见证和参与了轴心时期中国文化之价值体系与思想特质的奠基和形成。基于此点，我认为《周易》这部"曾经"的经典，在今天依然可以超越时空，展现出其更新的思想意蕴，即作为轴心时期中国思想文化转型和奠基的典型文本，《周易》在文本和观念上的历史衍化，对正处于新轴心时代的当代中国重建新的合理、适宜的价值规范体系，尤其是重建新的形而上学仍然具有非常重要的思想参考意义。

从《周易》文本及其思想观念的衍化过程来看，《周易》之从"卜筮之书"跃升发展为"群经之首"以及以"易道形而上学"为基础的轴心时期价值规范体系的建构之所以可能，一方面与《周易》文本及其占筮

---

① 作为本书的核心关键词之一，"易道形而上学"是我对《易传》作者融汇先秦诸子百家思想，围绕《易经》的研究诠释从而建构起来的一整套哲学形而上学理论体系的一个概括。这样的概括，一方面可以凸显和展示易学在中国哲学与中国文化中的根源性与内核性地位，另一方面还可以摆脱和避免《易传》姓儒还是姓道的学派归属争论。

形式的特殊性有关，另一方面又离不开后世人们主体意识的觉醒和理性能力的扩充，并在此背景下对《周易》展开的实践运用和思想诠释。如果说《周易》文本及其占筮所蕴含的特殊观念构成了"易道形而上学"建构得以可能的"先天"根据或条件，那么，后世人们对《周易》的实践运用和思想诠释则是"易道形而上学"建构的基本途径和展开过程。所以，我原来的《周易》研究计划，其实包括了《易经》观念研究、《左传》《国语》筮例研究以及《易传》思想研究三个部分：第一部分的《易经》观念研究主要通过对《易经》特殊的文献构成、文本性质、占筮方式及其蕴含的特殊思想观念的考察，来探寻"易道形而上学"建构得以可能的"先天"根据或条件。第二部分《左传》《国语》筮例研究主要是拟通过对《左传》《国语》中所记载的春秋时期人们运用《周易》进行卜筮预测吉凶的一些具体筮例以及人们引用《周易》卦爻辞作为某种生活哲理或行为准则的考察研究，以展示春秋时期人们对《周易》的实践运用"易道形而上学"建构过程中的重要作用。此部分构成了从作为"卜筮之书"的《易经》向作为中国古代形而上学理论建构之典范的《易传》过渡的重要环节。第三部分《易传》思想研究主要是拟以"道—意—象—言—器"为思想架构，从本体论、价值观、认识论及经典诠释学等角度对《易传》七种文献中所蕴含的哲学思想展开讨论，尤其侧重对《易传》与《易经》之间的思想关联的考察，以展现《易传》作者对《易经》的思想诠释在"易道形而上学"建构过程中的重要作用。

不过后来因时间关系和博士毕业需要，就先把已完成的第一部分研究书稿（近20万字）进行修订后送审并参加答辩，而本书的主体内容就是这第一部分书稿。毕业参加工作之后，我曾以"易道形而上学何以可能——以'象'为中心的《周易》文本及其观念衍化研究"为题申获2013年中国海洋大学青年教师科研专项基金，再之后又以此题申报山东省和教育部的社科规划基金项目，但均未成功，心中不免郁闷惆怅。而就在这两年里，一方面由于中国经济社会发展对文化软实力的呼唤，另一方面又与国家对传承和复兴优秀传统文化的大力助推有关，中国大陆出现了新一轮的儒学复兴热潮，而推动这一热潮的大陆新儒家群体（及大陆新儒学思潮）也因此而受到了从学界到民间的广泛关注。

所以，第二个原因就是近几年我的研究关注重点从《周易》转到了当代大陆新儒学思潮，尤其是在2016年立项了国家社科基金项目"马克思主义视野下的当代大陆新儒学思潮演进研究"（批准号：16CKS050）之后，关于《周易》的研究计划只能暂且搁置，拟等手头的大陆新儒学研究项目结束之后，再将原来的《周易》研究计划完成。① 而已完成的第一部分书稿因不想将其搁置太久，且其字数已经不少，故而才打算将其加上三篇内容相关的附录文章（《从"是什么"到"何以可能"——形而上学的本质内涵及其基本问题》、《〈周易·乾卦〉卦名新解》、《求真与招魂：史学视域中的易学三期说与德性天人观——钱穆的易学思想》）先行付梓。

本书从最初构思写作到现在修订出版，与许多师友的认真指导和热心帮助是分不开的，所以在这里也必须要致以谢意。

首先要感谢的是我的两位导师杨国荣先生和黄玉顺先生。

杨老师是我的博士导师。以"学高为师，身正为范"为准则，杨老师无论在为学还是在为人上，他的修为都令后辈学子难以望其项背，同时也是我一生学习和追随的榜样。记得2008年刚入学时，杨老师与我们的第一次谈话中，他的一句"学哲学，路子一定要正，千万不能走偏"，不仅让我印象深刻，更让我在以后的哲学学习和研究中受益匪浅：他总是强调"学无中西"，要在一种世界哲学的视野下考察和吸收中西古今各种哲学思想。在论文的写作和修改过程中，杨老师不仅多次主动督促我们尽快交稿，而且在论文的具体内容上也总是不厌其烦地为我们进行细致的讲解与指导。除了学问上的悉心指导外，杨老师考虑到博士生没有经济收入，所以也时常通过各种方式在生活上给予我们关怀和帮助。在本书修订出版之际，杨老师又以极高的效率慷慨赐序，对本书予以推荐。这些都不是一句"感谢"可以说得尽的，唯有在以后的学习生活中加倍努力，才是对老师最好的报答。

黄老师是我的硕士导师，同时也是我的哲学启蒙导师。从本科阶段的初识哲学，到硕士阶段的学术引路，我在哲学上的问题意识、基本观念和

---

① 基于易学在中国传统哲学中的内核地位，当代中国哲学（尤其是儒学）的重建，必然也是离不开易学这个重要依凭的。因此我相信，对当代大陆新儒家关于重建儒学的思考，对于我下一阶段的《周易》研究的开展也必将起到相当的深化作用。

思想视域，许多都来自于黄老师的"生活儒学"思想。甚至于我的博士学位论文构思（即前面提及的《周易》研究计划），在相当程度上也是脱胎于黄老师的一篇《周易》研究的论文。① 在博士毕业参加工作之后，黄老师依然不忘时常关心我的学术发展状况，并不时给予提携和帮助。真的可谓是"恩重如山"。

孔子曾曰："知者乐水，仁者乐山"（《论语·雍也》）。两位老师的教导与关心不仅富有智者的深沉与敏锐，而且更有仁者的胸怀与风范。子贡曰："仁且智，夫子既圣矣。"（《孟子·公孙丑上》）

还要感谢我的同门师兄崔罡、同门王廷智，正是在他们的支持和鼓励下，我顺利完成了博士学业；感谢同门蒋孝军，从读博到毕业后的这些年里，正是我们经常性的电话或微信的交流帮我解决了各种思想、工作以及生活上的疑难问题；感谢我在华东师大樱桃河畔曾经"并肩作战"的各位同学，大家来自天南海北，有着各自不同的专业方向，但却能像兄弟一样，经常在一起酌酒论道、饮茶谈天。

自从来到中国海洋大学工作以后，我的同事陆信礼兄从学校的教学、科研工作到家庭日常生活等各个方面都给了我数不尽的帮助，尤其是本书的出版也是陆兄帮助联系的；杨晓斌兄在工作方面给了我许多的督促；学校文科处的金天宇处长、侯玉峰老师、徐晓琨老师在课题申报和本书的出版等方面给予了很大的支持。本书的出版有幸得到了中国海洋大学一流大学建设专项经费资助。在此向他们表示诚挚的感谢。

感谢中国社会科学出版社的责任编辑韩国茹女士对本书的出版给予的热情帮助和付出的辛勤劳动。

最后，还要感谢我亲爱的妻子宋晨曦，感谢她的深爱、信任与督促，尤其是若没有她的督促，也就没有本书的出版。

本书是在一种比较哲学的视野下展开的《周易》思想研究，即以康德关于"科学的形而上学何以可能"的哲思为参照来探寻"易道形而上学"建构得以可能的"先天"根据或条件。然而，无论是康德哲学，还是《周易》思想，都不是一朝一夕、一言两语就可以说清道尽的；所以，

---

① 参见黄玉顺《中西之间：轴心时代文化转型的比较——以〈周易〉为透视文本》，《四川大学学报》2003 年第 3 期。

也必须承认的是，将体大思精的康德哲学运用于复杂神秘、深奥玄妙的《周易》研究，一方面会面临着这种"运用"和比较的是否合法的问题，另一方面也在一定程度上存在着牵强附会之嫌。当然，至少有一点是毋庸置疑的，那就是《周易》思想和康德哲学都是当代中国哲学重建不可绕开的资源。

杨生照
戊戌年孟夏夜于青岛